Heribert Döring-Meijer (Hrsg.)

Die entdeckte Wirklichkeit

Die systemisch-phänomenologische Arbeit nach Bert Hellinger

Familienaufstellungen in Bewegung

Heribert Döring-Meijer (Hrsg.)

Die entdeckte Wirklichkeit

Die systemisch-phänomenologische Arbeit nach Bert Hellinger
Familienaufstellungen in Bewegung

Junfermann Verlag · Paderborn
2000

Satz: adrupa Paderborn

Die Deutsche Bibliothek – CIP-Einheitsaufnahme
Döring-Meijer, Heribert (Hrsg.):
Die entdeckte Wirklichkeit: Die systemisch-phänomenologische Arbeit nach Bert Hellinger. Familienaufstellungen in Bewegung / Heribert Döring-Meijer (Hrsg.). – Paderborn: Junfermann, 2000.
ISBN 3-87387-446-6

ISBN 3-87387-446-6

Inhalt

Einleitung 9

Systemisch-phänomenologische Einsichten, Arbeit und Aufstellungen in folgenden Bereichen:

Einzelpraxis

Baitinger, Hans: Homöopathie systemisch betrachtet – Formen der Ähnlichkeit und der Verstrickung 13

Döring-Meijer, Heribert: Ent-wicklung einer Ver-wicklung, oder: „Jenseits der Stille" 21

Ingwersen, Dagmar: Körperorientierte Systemische Therapie in der Einzelpraxis – „Methodenswitching" 33

Varga von Kibéd, Matthias / Sparrer, Insa: Tetralemmaarbeit als eine Form Systemischer Strukturaufstellungen 49

Klinghardt, Dietrich: Autonome Regulationsdiagnostik und Systemische Familientherapie 77

Prekop, Jirina: Die Aussöhnungstherapie 95

Klinischer Bereich

Ingwersen, Friedrich: Kinder in Todesnähe – das Geheimnis der Drogensucht 107

Ingwersen, Friedrich: „Geburt", „Hinbewegung" und Systemaufstellungen in der Klinik Rastede 125

Mehne, Sabine: Vom „Geben und Nehmen" in der Transplantationsmedizin 143

Ploetz, Klaus von: Erfahrungen mit Familienaufstellungen in einer Klinik in den neuen Bundesländern 147

Schilling, Roland: Die „gefundene Wirklichkeit" im stationären Setting einer Suchtklinik 157

Wyss, Rita: Systemaufstellung in einer psychiatrischen Abteilung in der Schweiz 181

Schule

Franke-Gricksch, Marianne: Systemisches Denken und Handeln in der Schule: „Eure Eltern begleiten Euch" 189

Mumbach, Bernd: Die Liebe der bösen Buben. Erfahrungen an einer Sonderschule für Erziehungshilfe 203

Organisationen

Grochowiak, Klaus: Systemdynamische Organisationsberatung 223

Siefer, Thomas: Geschäfte, Holzwürmer und Mentoren ... Systemische Lösungen in der Organisations-Beratung 235

Supervision

Biewer, Christa: Erfahrungen aus der Aufstellungsarbeit im Rahmen der kollegialen Supervision eines Teams, das mit schwerst mehrfachbehinderten Menschen arbeitet 251

Kowalczyk, Achim: Der Einsatz von Systemaufstellungen in Supervisionen von Jugendamtsmitarbeitern 265

Erfahrungsberichte

Schumacher, Ursula: „Leiden ist süß" 277

Souy, Silvia: Psychokinesiologie nach Dietrich Klinghardt – Systemisch-phänomenologische Arbeit nach Bert Hellinger 289

Anstatt eines Nachwortes

Geck, Karl: Männerrituale 297

Anhang

Anhang 1: *Döring-Meijer, Heribert:* Genogrammarbeit 303

Anhang 2: *Döring-Meijer, Heribert / Schilling, Roland:* Zu Familienaufstellungen, zum phänomenologischen Ansatz nach Bert Hellinger 307

Zeichenerklärung 310

Literatur 311

Autorenverzeichnis 317

Adressen 320

Stichwort- und Personenverzeichnis 321

In Dankbarkeit

meinem Lehrer und Freund

– Anton Suitbert Hellinger –

gewidmet.

Anstatt eines Vorwortes:

„Manchmal ist es ein Geschenk,
etwas zu verlieren –
nimm es ruhig entgegen.“

– Ana Pogacnik

Einleitung

Ich gebe die mir anvertrauten Buchbeiträge, Erlebnisberichte – so wie ich sie erhielt, und wie sie sich mir zeigten – an Sie weiter. Ich habe als Herausgeber nur einige „Schönheitskorrekturen" vorgenommen. Mir war es wichtig, Ihnen als Leser in einem Buch etwas davon zu präsentieren, was im Feld der Aufstellungsarbeit auf den verschiedensten Ebenen in Bewegung ist. Es ist selbstverständlich nicht repräsentativ für das gesamte Feld und erhebt keinen Anspruch darauf, alles zu zeigen.

Vor sieben Jahren hat *Gunthard Weber* in seinem Buch „Zweierlei Glück" die systemische Therapie *Bert Hellingers* einer breiten Öffentlichkeit zugänglich gemacht. Sechs Jahre ist es her, dass *Bert Hellinger* mit „Ordnungen der Liebe" ein Werkstattbuch zur Methode des Familienstellens veröffentlichte. Vieles hat sich seither getan: Bilder und einzelne Sequenzen von Aufstellungen wurden nicht nur in Therapeutenkreisen heftig diskutiert. Viele hat das oft schwere Schicksal von Menschen – und wie es in Aufstellungen sichtbar wurde oder gelöst werden konnte – bereits beim Betrachten von Videos tief bewegt. Die oft verblüffende Einfachheit, mit der Verstrickungen in Aufstellungen gelöst werden können, hat dazu beigetragen, dass das Interesse an Bert Hellingers Seminaren und entsprechender Literatur in der Öffentlichkeit ständig wächst und sich immer mehr Menschen zu Familienaufstellungen anmelden.

Aber die Verbreitung und Weiterentwicklung der systemisch-phänomenologischen Arbeit *Bert Hellingers*, – fast wichtiger – die wertschätzenden Haltung, die dahinter steht, beschränkt sich nicht nur auf die Person *Bert Hellingers*. Viele Menschen haben in den zurückliegenden Jahren an Fort- und Weiterbildungen teil genommen und die Methode in ihre eigene Arbeit integriert. Nicht immer handelt es sich dabei um Therapeuten, und so wurden vielfältige Anpassungen an andere Kontexte geleistet und zusätzlich Erkenntnisse beim Einsatz der Methode gewonnen. Einige davon zu zeigen, ist ein Anliegen dieses Buches.

Die verschiedenen systemischen Methoden und Modelle, gleich welcher Schule, insbesondere derzeit die systemisch-phänomenologische Arbeitsweise nach *Bert Hellinger*, haben neben vielen Befürwortern auch Kritiker und Gegner. **Und das ist gut so – und hält in Bewegung!**

Diese nehmen zwar ihre Argumentationskraft zu einem guten Teil aus dem Sachverhalt, dass sich die Dinge, die in Aufstellungen geschehen, nicht wissenschaftlich messen lassen. Möglicherweise wissen sie auch zu wenig über die Haltung, die hinter dieser Arbeit steht und wirkt. Aber auch das ist in einer wissenschaftlichen Welt nachvollziehbar und verständlich, die durch Fein-, Feinst- und Superfeinanalysen zur Entschlüsselung menschlichen Erbgutes gelangt, die daraufhin das Leben durch Industrieunternehmen patentieren und verändern will; in einer solchen Wissenschaft haben häufig Begriffe wie „Würdigung", „Ordnung" oder „Demut" nicht viel Platz.

Rund um die Aufstellungsarbeit ist manches in Bewegung gekommen und einiges bewegt sich gerade. *Bert Hellinger* zeigte uns jetzt in Berlin (Juni 2000), „den Schwingungen der Seele zu lauschen". Ich will mit diesem Buch dazu beitragen, Ihnen einen weiteren Überblick über diese Kontexte und die dazugewonnene Erkenntnis durch Forschungs-, Arbeits- und Erlebnisberichte zu verschaffen. Auch zeigen einige Autoren Möglichkeiten der Verbindung zwischen den verschiedenen systemischen Schulen und der systemisch-phänomenologischen Arbeit *Bert Hellingers* auf.

- Aus dem therapeutischen Bereich sind Berichte enthalten, die von Verbindungen der Aufstellungsarbeit mit anderen Therapiemethoden berichten, so von **Jirina Prekop**, die ihre Festhaltetherapie mit der Aufstellungsarbeit verbindet, oder **Dagmar Ingwersen**, die Aspekte der Körperpsychotherapie (KBT) mit verschiedenen systemischen Methoden in einem Methodenswitching integriert.

- **Matthias Varga von Kibéd & Insa Sparrer, Dietrich Klinghardt** und **Hans Baitinger** zeigen mit ihren Beiträgen neue Ansätze, Aspekte und Sichtweisen **nicht nur** für den medizinischen Bereich.
Ausserdem finden Sie im Beitrag von **Hans Baitinger** und im Anhang 2 des Buches eine detaillierte Beschreibung der Methodik der Familien- bzw. Systemaufstellung.

- Über den Einsatz der Aufstellungsarbeit an Psychosomatischen Kliniken, in der Psychiatrie und Suchtkliniken handeln die Berichte von **Friedrich Ingwersen**, **Klaus von Ploetz, Rita Wyss** und **Roland Schilling**. **Friedrich Ingwersen** beschreibt in einem weiteren Beitrag den **Vorlauf und die wesentlichen Elemente aus Bert Hellingers Arbeit** – die zum heutigen systemorientierten-körperpsychotherapeutischen Vorgehen in der soziopsychosomatischen Fachklinik in Rastede führten.

- Aus dem Organisationsbereich ist je ein Beitrag von **Thomas Siefer** und **Klaus Grochowiak** enthalten, und über den Einsatz bei Supervisionen berichten die Autoren **Achim Kowalczyk** und **Christa Biewer**.

- Einige Möglichkeiten in einer (Sonder-)Schule für Erziehungshilfe beschreibt **Bernd Mumbach**. Ihm verdanke ich auch die gute Darstellung der Grafiken sowie die **positive Unterstützung** in diversen Abschnitten dieses Buches. **Marianne Franke-Gricksch** beschreibt weitere Möglichkeiten der Unterstützung im System Schule.

- **Heribert Döring-Meijer** beschreibt einen längeren Prozess mit einer Klientin, die durch Einzeltermine und Teilnahme an Aufstellungsseminaren ihre Verwicklung entwickelte. Damit wird auch das von manchen Kritikern dieser Vorgehensweise so oft geforderte Thema „Nachsorge" nach einer Familienaufstellung angesprochen.

Neben weiteren Fachbeiträgen enthält das Buch auch Berichte von persönlichen Prozessen, Erfahrungen und Begleitungen. **Sabine Mehne** führt ihre zutiefst persönlich gemachten Erfahrungen über das „Geben und Nehmen in der Transplantationsmedizin" aus und möchte dazu beitragen, dass sich die **Medizin** auch für den **systemisch-phänomenologischen Ansatz** öffnet. **Ursula Schumacher** beschreibt ihre eigene Geschichte und ist als Teilnehmerin einer Fortbildung in der Lage, sowohl aus der inneren als auch der äußeren Perspektive zu berichten. **Silvia Souy** berichtet über die Bereicherung ihrer Arbeit der Psychokinesiologie durch die systemisch-phänomenologische Arbeit nach *Bert Hellinger*.

Ich möchte zeigen, was, wie und wo mit dieser Arbeit „Gutes" vollbracht werden kann, und ich möchte Mut machen; Mut all jenen, die nach Möglichkeiten suchen, in ihrem organisatorischen, beraterischen, therapeutischen, sozialpädagogisch-erzieherischen und auch medizinischen Umfeld mit dem Ansatz von *Bert Hellinger* helfend und heilend tätig werden zu können. Ich möchte aber auch all „jenen" entgegenwirken, die leichtfertig mit dieser Arbeit umgehen.

Ich hoffe, dass Sie die Beiträge anregen und neugierig machen, wiewohl ich weiß, dass es im Meer viele Strömungen in die unterschiedlichsten Richtungen gibt.

Karlsruhe, im Sommer 2000
Heribert Döring-Meijer

Hans Baitinger: Homöopathie systemisch betrachtet – Formen der Ähnlichkeit und der Verstrickung

Systemische Familienaufstellung und phänomenologische Psychotherapie nach Bert Hellinger

In der systemisch-phänomenologischen Form der Familienaufstellung nach *Bert Hellinger* steht uns ein Verfahren zur Verfügung, das in mehrfacher Hinsicht einer geeigneten Begleitung der klassisch homöopathisch geführten Behandlung im Sinne der §§ 208, 209 des Organons entspricht. Diese Eignungsmerkmale liegen zum Teil eindeutig außerhalb des Bereichs einer homöopathisch arzneimittelanalogen Therapieform, um so die Voraussetzung für die Aufgabenstellung der §§208, 209 des Organons erfüllen zu können. Wir finden aber auch Elemente der homöopathisch geprägten Ähnlichkeitsform und solche, die an die Wirkung der Arzneimittelprüfung erinnern.

1 Beschreibung der Methodik

Bei dieser systemisch-therapeutischen Anwendungsform kommt die dem Patienten unbewusste Dynamik eines intrapersonalen Bildes seiner familiären Situation durch die „Aufstellung" der zur Familie gehörenden Personen an die Wirklichkeit und wird heilsamen Einflüssen zugänglich. Bei der Erhebung der Anamnese werden alle zur Gegenwarts- und Herkunftsfamilie gehörenden leiblich verwandten Mitglieder aufgenommen (nicht nur die Erkrankten), vor allem auch die früh gestorbenen und diejenigen, die durch Trennung und andere Ereignisse anderen im System Platz gemacht haben (z.B. frühere Partner); andere schlimme Schicksale (Vertreibung, Verbrechen etc.) sowohl der eigenen Generation als auch der Generation der Eltern und Großeltern, manchmal auch der Urgroßeltern oder noch weiter zurückliegender Generationen, werden mit einbezogen. Der Patient wählt sich aus einer Gruppe möglichst geschlechtsidentische Stellvertreter der maßgeblichen, zu seiner Familie gehörenden Personen (im Falle einer Organisationsberatung der Personen seiner Arbeitswelt etc.) aus.

Außer der Benennung ihrer Rolle (Vater, Mutter, Geschwister, Partner, Kollege etc.) werden vor der Aufstellung in der jeweiligen Aufstellungsgruppe keine weiteren Erläuterungen gegeben, auch nicht im Sinne einer Psychodynamik. Diese werden vom Therapeuten eher zurückgewiesen, um dadurch die gesamte Dynamik in der Aufstellung der jeweiligen Person auch in ihrer spezifischen Beziehung zu den übrigen Personen in dem so entstehenden Bild entfalten zu lassen. Je größer die Bereitschaft und Fähigkeit des Patienten sich bei der Arbeit entwickelt, gesammelt, quasi „aus dem Bauch heraus" oder „mit Herz" und möglichst ohne bewusst vorgefertigte Bilder einzulassen, desto deutlicher wird die Dynamik im dargestellten Bild der Aufstellung. Die äußerste innere Sammlung des Therapeuten und der Stellvertreter ist ebenso für eine maximal wirksame Aufstellung in höchstem Maße wünschenswert. Im inneren Bild des Patienten kommt jeder Person ein Ort und eine Richtung zu. Analog stellt er die Stellvertreter im jetzt äußeren Raum an „ihre" Stelle mit einer ihnen entsprechenden „Blick"-Richtung. Neben der aufrechten Stellung an einem bestimmten Platz mit einer bestimmten Blickrichtung wird den Stellvertretern keine spezifische Haltung oder Gestik zugewiesen. Die Zurücknahme bzw. Zurückhaltung jeglicher persönlicher Äußerungen der Stellvertreter ist erforderlich, insofern diese bewusst als persönliche empfunden werden. Rationale Momente oder vorgefasste Bilder sollten möglichst ausgeschlossen bzw. vergessen werden. Diese stören eher im Erkennen der Dynamik als dass sie dieser nützen. Persönliche Äußerungen sind als solche zu kennzeichnen und stören eher die eigentliche Dynamik, als dass sie diese fördern.

2 *Dynamik in der Aufstellung und therapeutischer Impuls*

Im Feld der Aufstellung erzeugen sich genuin in den im Verhältnis zur repräsentierten Person wesensmäßig andersartig erkrankten Stellvertretern wie von selbst Symptomwahrnehmungen, von *M. Varga von Kibéd* und *I. Sparrer* als repräsentierende Wahrnehmung bezeichnet (1998, S. 21), die oftmals auf frappierende Weise den Empfindungen und anderen Zufällen der realen von ihnen vertretenen Personen ähneln, die dem Stellvertreter und meist auch dem Therapeuten bisher nicht bekannt waren, oft noch nicht einmal geahnt wurden und eine entsprechende Dynamik ausdrücken. Die Kraft des Symptoms kann sich so durch Kräfte, die über die dargestellte Familie oder das dargestellte System hinaus auf fremde Personen mit im Wesen andersartiger Erkrankung übertragen und erhält dadurch eine allgemeinere Bedeutung. Somit sind hier beide Kriterien des Similegesetzes (das bei andersartigem Wesen im Ausdruck Ähnliche) erfüllt. Wie dieser Prozess möglich ist bleibt ebenso im Verborgenen wie in der Homöopathie der ontische Urgrund der Symptomentstehung beim Patienten oder ein Ursprung der Kraft der Arznei, bestimmbare Symptome am Gesunden erzeugen zu können, nicht hinterfragt wird.

Aus der Erstaufstellung und in der weiteren Arbeit zur Lösungsaufstellung ist oft auch ein Hinweis auf die aktuelle Prognose erkennbar. Analog einer Arzneimittelprüfung erlebt der Stellvertreter unter der Wirkung des Bildes vorübergehend sich auswirkende Symptome. Der Patient oder der Aufstellende können sich durch die Wahrnehmung des Bildes und der Äußerungen der Stellvertreter/innen auf neuartige durch die Aufstellung geschaffene Weise der Pathologie der eigenen Familie oder des entsprechenden sozialen Feldes (Arbeitssituation etc.) bewusst aussetzen. Unter Umständen kann die direkte Wahrnehmung dieser Gegebenheit bereits einen heilsamen Effekt auslösen.

Haben die von den Stellvertretern empfundenen Symptome eine Ähnlichkeit oder andersartige Entsprechungen mit ihren eigenen Symptomen, besitzt die Wahrnehmung dieser Symptome auch für den Stellvertreter eine noch andere weitergehendere Bedeutung, die den Charakter der Erfahrung seines Selbst auf spezifische Art bereichert und in dieser Hinsicht eher Nachwirkungscharakteristik für den Stellvertreter besitzt. Sie gehen dann über die Wirkung auf die Person des aufstellenden Patienten hinaus.

Der eigentliche therapeutische (seelendiätetische) Wert der Methode leitet sich aus dem Umgang mit der Wahrnehmung dieser Dynamik ab. Sie besitzt die Qualität, die von *Hahnemann* beispielhaft am chronischen Kummer beschrieben wird. Die Wirkungen der Symptome z.B. der chronischen Trauer (aber auch Körpersymptome oder Diagnosen) drücken sich in einer Art von sinnlich wahrnehmbarer Form zwischenmenschlicher Dynamik reversibel in der Aufstellung aus. Die dadurch sichtbar werdende pathogene Dynamik des Klienten unterliegt den Formen der Identifizierung zwischen den Mitgliedern des Familien-Systems, durch stellvertretendes Handeln, ihrer Verstrickung in fremdes Schicksal, der Nachahmung fremden Schicksals durch Ähnlichkeit in Symptom und Krankheit, der Übernahme persönlicher oder systemischer Schuld, ungelebter Trauer, der Einmischung, um nur einige der möglichen Dynamiken zu nennen. Handlungen und Haltungen, die von einer Person meist gegenüber einer anderen Generation bewusst oder unbewusst vermieden werden, werden von anderen zum System gehörenden Personen wie durch eine Art von Ansteckung übernommen. Die diesen zugrundeliegende Dynamik ist für die Erhaltung des Systems existentiell notwendig. Charakteristischerweise ist dabei sinnlich wahrnehmbar, dass ein Familienmitglied ein anderes dadurch „schützen" kann, dass es eine Pathologie stellvertretend wie durch eine Art von Ansteckung für diese Person mit schlimmem Schicksal austrägt und sie dadurch von dieser eigentlich „verantwortlichen" Person abhält. Am häufigsten übernehmen Kinder diese Rolle für ihre Eltern oder weitere direkt verwandte Vorfahren (Großeltern, Onkel und Tanten) oder auch für deren frühere Partner. Derjenigen Person, die diese Krankheit stellvertretend austrägt, ist die Krankheit selbst jedoch unähnlich, sie fühlt sich dann oftmals wie besessen oder verrückt, d.h. nicht am richtigen Platz. Durch chronische Einwirkung einer pathogenen Dynamik wird eine an sich gesunde Person auf diese Weise krank. Die Erhaltung des Systems hat in dieser Form höhere Priorität für die Seele als das individuell empfundene Schicksal. Die schlimmste und damit tödliche Dynamik verkörpert der Ausschluss aus dem jeweiligen System, analog z.B. der Verbannung in der mittelalterlichen Gesellschaft und Gerichtsbarkeit, die in der Seele gleichbedeutend mit Sterben erlebt wird. Diese folgt der Dynamik einer schweren systemisch erlebten Schuld. Im Ausschluss wird Ähnlichkeit mit dem Sterbenden hergestellt, steckt sich der Lebendige eine Rolle an, um damit Tote im Lebenden lebendig zu erhalten oder zu verkörpern, so als ob der nicht gewürdigte und damit als Bedrohung erlebte Tod auf diese magische Weise überwunden werden könnte. Pathologie ist dann der Preis für die Fortdauer der Existenz des Systems als Lebensgrundlage. So stellt für die Seele die Gesundheit nicht das höchste Gut dar. Die Instanz eines kollektiven Gewissens des jeweiligen Systems regelt das gleiche Recht auf Zugehörigkeit aller zum System Gehörigen über das Bedürfnis nach Ausgleich von Geben und Nehmen innerhalb dieses Systems. Seine Störung bewirkt den Ausgleich im Schlimmen. So wird eine als existenziell empfundene Bedrohung vom System auf ein individuelles Schicksal abgelenkt. Die so vermiedene primäre Handlungsenergie mündet in einen pathologischen Umgang mit ihr. Dies ist die menschliche Triebfeder der Ansteckung und damit des Miasmas. Wird in geeigneten Fällen in der Aufstellungsarbeit die Krankheit als Person dazugestellt, zeigt sich die unmittelbare systemerhaltende Bedeutung der Krankheit, die sich oftmals bei nachfolgenden therapeutisch induzierten Lösungsaufstellungen verliert und so die Heilungsmöglichkeit zumindest prognostisch andeutet. In spezifischen Formen der therapeutischen Intervention, die allen drei Formen der von *Hahnemann* beschriebenen Interventionen entsprechen, werden im zweiten Schritt der Familienaufstellung gezielte Eingriffe in das Bild unternommen. Diese werden idealerweise getragen von einer phänomenologisch geprägten Haltung des Therapeuten. Jegliche Form einer Schematik stört hier.

Über die Herstellung einer Ordnung, in der die primäre Dynamik aus der Aufstellung des Klienten entwickelt wird, kann in der Lösungsaufstellung im Sinne einer Gegenüberredung die gesunde Lebenskraft in Gestalt der primären Liebe sich auswirken, um so die mental erfassbare pathogene Kraft zu löschen. So können sich z.B. vorhandene Verstrickungen bildhaft lösen. Hier ist jene Fähigkeit zur therapeutischen Intervention gefordert, die sich z.B. im Mesmerismus zeigt und mit einer reinen Arzneitherapie wenig Ähnlichkeit besitzt. Sie folgt eher dem Muster, „alles anzuwenden, was im Bereiche seines Einflusses auf den Kranken und seine Angehörigen und Umgebungen liegt, um Gram und Aergerniß von seinem Kranken zu entfernen. Dieß wird, dieß muß der Haupt-Gegenstand seiner Sorgfalt und Menschen-Liebe seyn" (*Hahnemann*). Der Kern jeglicher therapeutischer Bemühungen ist die primäre Liebe zwischen Kind und Eltern und zwischen Mann und Frau.

3 Wahrnehmungscharakteristik und sogenannte Arzneimittelaufstellungen

Hier ist ebenfalls äußerste Zurückhaltung persönlicher Wahrnehmungen des Therapeuten gefordert. Es erweisen sich hier die in der Lösungsaufstellung anwesenden gesammelten Stellvertreter als effizientes Korrektiv möglicher therapeutischer Interventionen. Die zur Verstärkung der Lösungsdynamik gefundenen Sätze, die dem Klienten in den Mund gelegt werden, werden in der Regel vorab von den Stellvertretern überprüft. Man könnte an dieser Stelle den Begriff eines Wahrnehmungsorgans („repräsentierende Wahrnehmung") der Aufstellungsgruppe prägen. Hier entsteht eine Kollision mit einer alleine durch Arzneitherapie geprägten therapeutischen Identität des Behandlers, die ein ähnlich potentes unmittelbares Korrektiv nicht besitzt, sondern nur mittelbar in Gestalt der klassischen Arzneimittelprüfung am Behandler selbst hat.

In der Arzneitherapie scheint die größte Hürde beim Verständnis heilsamer Impulse in der Versuchung zu liegen, in Gestalt von Arzneimitteln Gegenstände in der Hand zu haben, die absolute Macht besitzen, das Befinden jedes Menschen zu verändern, auch dann, wenn das Arzneimittel keine Ähnlichkeit zur Person besitzt. Im Falle einer ungelösten therapeutisch-konstitutionellen Verstrickung (s.u.) des Behandlers in fremdes Schicksal seiner eigenen Herkunftsfamilie mit ihrer im Vergleich zur homöopathischen Beziehung wie unter 2. beschriebenen andersartigen Dynamik der Ähnlichkeit u.a. pervertieren auch homöopathische Arzneimittel in der Hand von Therapeutinnen und Therapeuten in ihrer Prägnanz oder tragen in ihrer personal verstandenen Form zur Unterstützung der Verstrickung zumindest der Therapeutinnen und Therapeuten in fremdes Schicksal der Patienten bei, um dieses zu chronifizieren. Dann werden Symptome, die nicht dem an der Krankheit zu Heilenden zuzurechnen sind, in die Arzneiwahl einbezogen.

Genauso wie bei bestimmten Formen der Arzneimittelprüfung, wirkt sich eine so geartete Motivation mit ihrer spezifischen Form „therapeutischer" Verstrickung auch beim Versuch aus, Arzneimittel analog Familiensystemen „aufzustellen" und dabei Symptomen eine personale Form zu geben. Jedem Stellvertreter wird dabei ein Arzneimittelsymptom zugeordnet (z.B. das Symptom „Verschlimmerung durch Wärme" etc.). Der Stellvertreter des Symptoms empfindet analog dem Stellvertreter einer Person aus einem Familiensystem einen Affekt. Es ergibt sich eine analoge Dynamik der Symptome. Es gelte zu unterscheiden, welche persönlichen inneren Bilder die das Arzneimittelsymptom aufstellende Person in die Aufstellung einbringt, die zum Arzneimittel nur mittelbaren oder vielleicht keinerlei Bezug haben und so als persönliche Wahrnehmung das Bild der Arznei verfälschen. Hier wirkt eine gewisse Voreingenommenheit des Leiters einer Aufstellung vielleicht noch stärker als in der Familienaufstellung. Es wäre festzustellen, welche Äußerungen dem Bild der Aufstellung, welche den Stellvertretern selbst und welche dem Arzneimittel entsprechen. Bisher sind mir keine eindeutigen Kriterien bekannt, die eine angemessene Unterscheidung ermöglichen. Deshalb sind bei der geringen Anzahl bisheriger sogenannter Arzneimittelaufstellungen Aussagen über Arzneiwirkungen bzw. einem möglichen Umgang mit der Wirkung von Arzneien, die aus sogenannten Arzneimittelaufstellungen abgeleitet werden, zum jetzigen Zeitpunkt fragwürdig, wiewohl sie unter bestimmten experimentellen Bedingungen durchaus von Interesse sein mögen. Es bedarf hier noch jahrelanger empirisch-phänomenologischer Grundlagenforschung höchster Güte durch wirklich erfahrene homöopathische Therapeuten in Zusammenarbeit mit systemisch-phänomenologischen Experten, bevor an eine Verallgemeinerung dieser Erfahrungen gedacht werden kann. Im Zuge dieser Entwicklung kann sich aber durchaus eine wie auch immer geartete Selbsterfahrung für die Teilnehmer der Arzneimittelaufstellungen ergeben. Sie ist jedoch nicht mit einer eigentlichen Arzneimittelprüfung gleichzusetzen.

4 Möglichkeiten systemischer Supervision

Für den Behandler ist analog § 141 zu fordern, dass er eigene Verstrickungen und andere pathogene Mechanismen seines Systems erkennt und möglichen Lösungen zuführt, um den Fluss der primären Liebe zu ermöglichen. Das würde bedeuten, dass er das Instrument der Familienaufstellung an seiner eigenen Person ausreichend klar zur Anwendung bringen konnte. Dabei kann auch das Wesen seiner individuell ausgeprägten therapeutischen Motivation dargestellt werden, und so deren persönliche Hintergründe zutage treten. Folgen die homöopathisch orientierten Behandlungsweisen eher dem Muster des Similegesetzes, treten die allopathischen in ihrer Analogie zur Unähnlichkeitsbeziehung zutage. Dazwischen findet ein Übergang über bestimmte nichthomöopathische Formen der Ähnlichkeitsbeziehungen statt. Die spezifisch individuelle Motivation zeigt dabei oftmals den Charakter systemischer Verstrickungen oder Identifizierungen aus dem System der Herkunftsfamilie der Therapeuten. Die aus der eigenen Herkunftsfamilie entspringenden Mechanismen der Einmischung in fremdes Schicksal oder der Identifizierung werden als missverständlich therapeutisch motivierte Haltung sichtbar. Eine entsprechende systemische Lösung der Verstrickung aber befreit gebundene therapeutische Kraft sowohl beim Therapeuten als auch beim Patienten und macht sie für den Alltag verfügbar. Eine homöopathisch-therapeutische Tätigkeit kann durch eine solche Arbeit nur gewinnen. Dabei kann der Umgang mit vertrauten Ähnlichkeiten im direkten Kontakt mit Patienten, ihren Arzneimitteln und der Person des Therapeuten durch Erfahrungen bereichert werden, deren Quellen sich aus tiefen menschlichen Vollzügen speisen. So wird ärztliches Handeln und menschliches Leid in einen größeren Zusammenhang gestellt, in dem Homöopathie ohne Verfälschung sich weiterentwickeln kann.

Ich möchte mich bei den Kollegen *Otto Brink*, *Albrecht Mahr*, Dipl. Psych. *Eberhard Eberspächer*, meiner Frau *Heidi Baitinger*, *Christoph Thomas*, *Susanne Dietz*, *Elisabeth*

Häcker-Strohbusch, Angelika Gutge-Wickert und *Matthias Varga von Kibéd* für die zahlreichen Anregungen bedanken, die das Feld in kollegialem Austausch für weitere Arbeiten vorbereitet haben.[1]

1 Dies ist eine gekürzte Fassung eines Artikels in der *Allgemeinen Homöopathischen Zeitung* (AHZ), Heidelberg, Band 244 (1999) S. 103-106 und S. 144-150. In der vollständigen Fassung werden noch wesentliche Ausführungen zur Homöopathie gemacht. Wir danken dem Haug-Verlag für die freundliche Genehmigung für den Abdruck des 2. Teils dieses Artikels.

Heribert Döring-Meijer: Entwicklung einer Ver-wicklung, oder: „Jenseits der Stille"

In diesem Bericht – aus der Begleiterrolle – geht es darum zu zeigen, wie eine Verwicklung von Stufe zu Stufe ent-wickelt werden kann: Stufen der Versöhnung mit einzelnen Familienmitgliedern. Dies ist somit auch ein Bericht des mitunter langen Weges, der zurück gelegt werden muss, bis man sich mit beiden Eltern **wirklich** versöhnen kann. Er ist auch ein gutes Beispiel dafür, wie eine Lösung sich oft aus vielen Teillösungen ent-wickelt.

Nach jeder Stufe nahm sich die Klientin Zeit, um die Kraft für einen weiteren Schritt in sich wachsen und wirken zu lassen. Dann meldete sie sich, um eine weitere Ent-wicklung vor zu nehmen, oder – um es genauer zu sagen – sich ent-wickeln zu lassen. Diese Schritte werden im folgenden auch durch das Wiedergeben der (Teil)lösungsbilder der Aufstellungen illustriert. Es sind fokussierte Ausschnitte, nicht der ganze Prozess von 1¾ Jahren, die die Berechtigung von mehreren Aufstellungen sowie Zwischen- und Teillösungen bei Mehrfachverstrickungen zeigen.

Ulrike ist Lehrerin, Anfang 40, und alleinerziehende Mutter eines 11-jährigen Jungen. Sie wurde von mir über den oben genannten Zeitraum von 1¾ Jahren begleitet, was sowohl Arbeiten im Einzelsetting als auch Teilnahmen an Familienaufstellungen umfasste.

Sozialisation

Mit folgenden Worten kam Ulrike in meine Praxis: „*Eigentlich komme ich ja wegen meinem Sohn. Er ist jetzt 11, wird in der Schule auffällig, und ich habe ihn bei einem Psychologen vorgestellt. Ich habe jetzt die Wahl, ihm Ritalin*[1] *zu geben oder seinen Rausschmiss aus der Schule zu riskieren. Und ich habe das Gefühl, dass das irgendwie mit mir zu tun hat.*"

1 Das ist ein Medikament, das Kindern verabreicht wird, die als „hyperaktiv" gelten. Das Medikament ist eigentlich ein „Aufputschmittel", bewirkt aber bei hyperaktiven Kindern eine Beruhigung und Stabilisation.

Um die Familienstrukturen sichtbar und überschaubar zu machen, fertigten wir zunächst ein **Genogramm** an. Ein Genogramm ist die grafische Darstellung eines Familiensystems und wird auch als „Fingerabdruck eines Systems“ bezeichnet. In Ulrikes Fall umfasste es die letzten beiden Generationen.

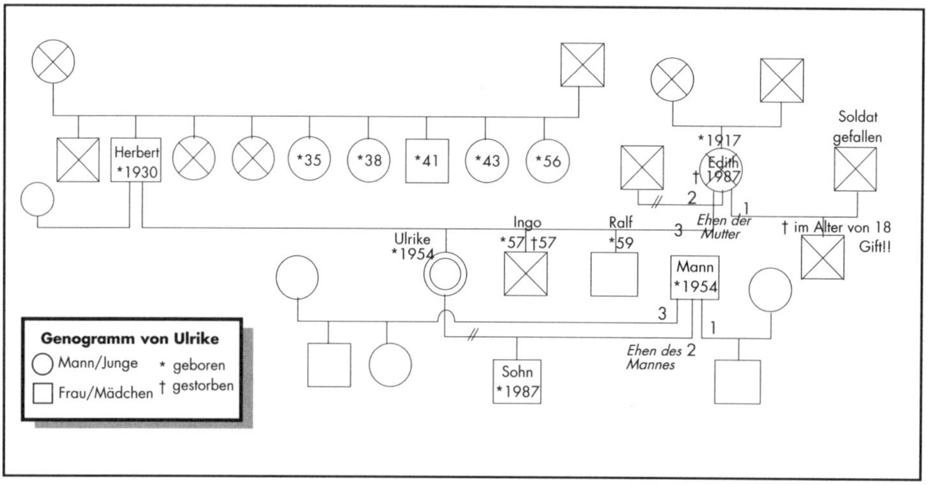

Ergänzend soll hier Ulrikes Sozialisation kurz dargestellt werden.

Eltern: Beide Eltern sind gehörlos; die Mutter verlor das Gehör im Alter von 6 Jahren durch eine Hirnhautentzündung. Der Vater entwickelte im Laufe der Kindheit eine zunehmende Schwerhörigkeit. Beide Eltern verbrachten ihre Schulzeit weitestgehend in Internaten. Die Mutter war 13 Jahre älter als der Vater.

Vater: Ihr Vater ist das zweite von insgesamt neun Kindern, wovon drei verstorben sind: der ältere Bruder und zwei jüngere Schwestern. Er gehörte zu einer Bevölkerungsgruppe, die vor Kriegsende „Heim ins Reich“ geholt wurden. Dadurch verlor die Familie ihren Besitz an Land, Hof und Vieh.
Als die ganze Familie nach dem Krieg nach Kanada umsiedelte, konnte Ulrikes Vater wegen eines gebrochenen Armes nicht auf das Auswanderungsschiff. Weitere Emigrationsversuche scheiterten daran, dass er als Gehörloser eine Bürgschaft benötigte und diese nicht erhielt; eine „Familiengeschichte“ besagt, dass dafür die Trägheit seines Vaters (also Ulrikes Großvaters) verantwortlich gewesen sei.
Nach dem Tod von Ulrikes Mutter ist der Vater heute wieder verheiratet.

Mutter: Ihre Mutter war ein Einzelkind; die Ehe ihrer Eltern wurde unter dem Druck der Schwangerschaft geschlossen. Der Großvater war vor dem Krieg Speditionsunternehmer gewesen, verlor aber diesen Betrieb aufgrund der schlechten Wirtschaftslage. Ulrikes Mutter konfrontierte ihre Eltern durch die Gehörlosigkeit mit dem Thema

Sterilisation, denn zur damaligen Zeit gehörte sie mit dieser Behinderung zum „lebensunwerten Leben". Ulrikes Mutter blieb von einer Sterilisation verschont, weil die Behinderung nicht erblich bedingt war. Aber der Makel in der Familie blieb.
Aus einer nichtehelichen bedeutenden Beziehung (sehr verliebt) zu einem Soldaten bekam sie einen Sohn (Ulrikes Halbbruder); der Soldat selbst ist im 2. Weltkrieg gefallen.
Nach dem Krieg gab es eine Eheschließung, die kinderlos aufgelöst wurde.
In der zweiten Ehe mit Ulrikes Vater wurden drei Kinder geboren. Ulrikes Mutter verstarb im Alter von 70 Jahren an Darmkrebs.

Ulrike: Sie ist das erste Kind ihres Vaters und das zweite Kind ihrer Mutter. Aus der oben genannten früheren Verbindung ihrer Mutter hat Ulrike einen älteren Halbbruder, der allerdings mit 18 Jahren durch Gift starb. Genaueres zu diesem Tode ist nicht bekannt; auch nicht, ob Dritte daran beteiligt waren oder ob es ein Unfall war.
Ein 2 Jahre jüngerer Bruder verstarb 11 Tage nach der Geburt, während die Mutter im Krankenhaus lag.
Der jüngste und noch lebende Bruder ist 5½ Jahre jünger als Ulrike.
„Ich wurde geboren, als meine Mutter 38 und mein Vater 25 Jahre alt waren. Ich wuchs bei meinen Eltern auf und habe an die ersten 6 Jahre nur sehr fragmentarische Erinnerungen. Mit 17 Jahren verließ ich mein Elternhaus. Bevor ich heiratete, hatte ich zwei langjährige Beziehungen. Mein Sohn wurde geboren als ich 32 Jahre alt war. Als mein Sohn ein Jahr alt war, trennte ich mich vom Vater meines Sohnes wegen seiner Alkoholprobleme."

Arbeitshypothese

Eine Arbeitshypothese ist für mich als Systemiker nur eine Arbeitsidee, die es mit dem Klienten zu überprüfen gilt: Meine Vermutung war, dass die Mutter dem ersten Partner (Soldat) in den Tod folgen wollte, ebenso der aus dieser Verbindung entstandene Sohn (Gift mit 18 Jahren). Möglicherweise ist der Sohn Ulrikes ebenfalls hier verstrickt. Eine Überprüfung zeigte dies aber nicht. Die Mutter, immer gebunden an den ersten wichtigen Partner, stand für Ulrike nicht wirklich als Mutter (emotional) zur Verfügung. Einen guten Platz für Ulrike glaubte ich beim Vater.

Nach der Erstellung des **Genogramms**, der **Sozialanamnese** und der **Arbeitshypothese** kam mir folgende Idee: Ich schicke des öfteren Patienten in helfende bzw. „lösende" Filme oder leihe entsprechende Videos aus. Zu jener Zeit lief in den Kinos gerade der Film „Jenseits der Stille". In diesem Film geht es um die Geschichte eines Mädchens, das gehörlose Eltern hat und selbst hören kann. Dann entdeckt sie die Musik und eine Leidenschaft für das Klarinettespielen. Dadurch macht der Film deutlich, dass solche Kinder in einer anderen Welt leben als die Eltern und dass sie sich dort ihren Platz suchen müssen. Dies kann zwangsläufig nur ohne die Unterstützung der Eltern geschehen und – in einem guten Sinne – gegen die Eltern: meistens müssen sie dazu die Welt der Eltern verlassen. Ich schickte Ulrike ins Kino, und sie war sehr berührt von der Rolle des Mädchens. Diese Rolle kannte sie so gut; eine Rolle mit all den frühen Verantwortungen, die es als Kind solcher Eltern zu übernehmen gilt, wie beispielsweise die Rolle der Dolmetscherin für die Gebärdensprache.

Der Vater

Ebenso sehr war sie berührt von der Rolle des Vaters und der Beziehung zwischen Vater und Tochter. Mit Hilfe des Films konnte sie das Schwere im Leben des Vaters verstehen; nämlich ein Kind zu haben, das aus der eigenen Welt fortgeht in eine Welt, in der es für ihn keinen Platz gibt. Dies konnte sie zum ersten Mal aus der Ferne sehen; und sie musste sich nicht schuldig fühlen; und sie musste sich nicht abweisend verhalten. Sie konnte die Ambivalenz, in der sie immer gelebt hatte, von außen betrachten.

Und so drehte sich ihre erste Aufstellung und ihre erste Ent-wicklung in einem Aufstellungsseminar in der Hauptsache um die „Versöhnung mit dem Vater". In der Aufstellung stand sie ihm konfrontativ gegenüber. Die Mutter schien an anderer Stelle gebunden.

Bild 1: Aufstellung „Herkunftsfamilie"

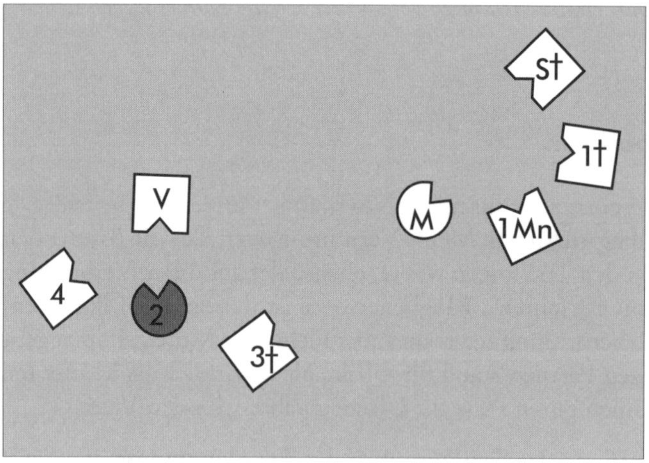

(Meine ursprüngliche Arbeitshypothese fand ich bestätigt.)

V	=	Vater
M	=	Mutter
1.Mn	=	1. Mann der Mutter
1†	=	erster Sohn der Mutter (verstorben)
2	=	Ulrike
3†	=	Ulrikes jüngerer Bruder (verstorben)
4	=	Ulrikes jüngster Bruder
S†	=	Soldat (1. Beziehung / Vater des ersten Sohnes der Mutter)

Ulrike empfand die Liebe zu ihrem Vater als sehr widersprüchlich. Es fiel ihr schwer, sich vor ihm zu verneigen und um seinen Segen zu bitten. Und so war die Arbeit an der Versöhnung mit dem Vater trotz des Aussprechens während der Aufstellung noch lange nicht abgeschlossen. Immer wieder begann sie, dieses Bild interpretieren zu wollen; und ich erkannte an der Richtung, in die die Interpretationen gingen, die „Tagesbereitschaft" für eine echte Versöhnung. Ich gab ihr eine Audiocassette mit dem Vortrag von *Hunter Beaumont* „Versöhnung mit dem Vater". Auch wenn sich Phasen des Zornes, der Trauer und der ständig wiederkehrenden Vorwürfe abwechselten, so blieb Ulrike mit großer Disziplin auf dem Weg, den sie eingeschlagen hatte.

Mitunter kam sie völlig verwirrt in meine Praxis, oder lag im inneren Kampf gegen ihren Vater. Und doch zeigten mir all diese – oft auch heftigen – Ausbrüche, wie tief ihre Liebe zum Vater ist; tiefer als sie sich dies vorstellen konnte und zu tief, als dass sie es zum damaligen Zeitpunkt hätte annehmen können.

So lag für mich das Hauptthema der Nachbetreuung nach dieser Aufstellung auf dieser tiefen Liebe zum Vater, mit der sie vertraut werden musste. Und immer wieder fielen ihr Vorbehalte und Aversionen aus der Vergangenheit gegenüber ihrem Vater ein, was mir zeigte, wie sehr sie sich damit beschäftigte.

Bei einer Symptomaufstellung in der Einzelarbeit kam zutage, dass es sich bei diesen ablehnenden Gefühlen nicht um ihre eigenen Gefühle, sondern um solche handelte, die sie möglicherweise übernommen hatte – wahrscheinlich von ihrer Mutter. Ich teilte ihr diese Vermutung mit, und es berührte Ulrike sehr. Allein die Erwägung half ihr dabei, sich von der Abneigung gegen den Vater ein wenig zu distanzieren. *(Unklar war in der Aufstellung, ob Ulrike mit dem ersten Partner – Soldat – der Mutter verstrickt ist.)*

Während einer Fortbildung mit *Ursula Franke* aus München lernte Ulrike die Möglichkeit der „Imaginationsaufstellungen" kennen. Dabei werden die einzelnen Familienmitglieder imaginiert, und man kann dann ebenfalls Positionen und Blickrichtungen einsetzen, ebenso wie lösende Sätze. Von da an benutzte Ulrike diese Methode für sich allein in der Meditation: Vor ihrem inneren Auge visualisierte sie das Bild ihres Vaters und ließ die aufsteigenden Gefühle zu. Sie blieb bei diesem Bild und ging in der Zeit zurück bis sie spürte, dass die Liebe zu ihrem Vater wieder floss. Dies gelang ihr immer besser. Sie hatte bemerkt, wie wichtig diese Versöhnung für sie war.

Was jedoch erhalten blieb, waren heftige Abwehrgefühle gegen körperliche Berührungen von ihrem Vater. Immer wieder spürte sie in sich eine Flut von Vorwürfen, Verachtung und eine irrationale Wut. Und sie spürte, dass hier die Wurzel für ihre Verachtung Männern gegenüber lag und auch der Grund dafür, dass sie sich ihrem geschiedenen Mann gegenüber ähnlich verhalten hatte. Sie erinnerte sich an Gedanken wie: „Der Alki! – Der hat sich doch nie wirklich um uns gekümmert!"

Doch so sehr sie sich eine Versöhnung mit dem Vater wünschte, so sehr bemerkte sie auch, dass sie dazu noch nicht in der Lage war. Sie fühlte sich nicht gedrängt, wollte die Eindrücke in sich wachsen lassen, der guten Kraft vertrauen und den richtigen Zeitpunkt auf sich zukommen lassen. Ich fand das in Ordnung und konnte Ulrike gut so lassen.

Die Mutter

Als ich sah, dass Ulrike den Prozess der Versöhnung mit ihrem Vater mit der notwendigen Achtsamkeit allein gehen konnte, vereinbarte ich mit ihr, nun das Verhältnis zur Mutter zu klären. Sie begann diese Ent-wicklung mit einer Aufstellung.

Bild 2: Aufstellung „Herkunftsfamilie"

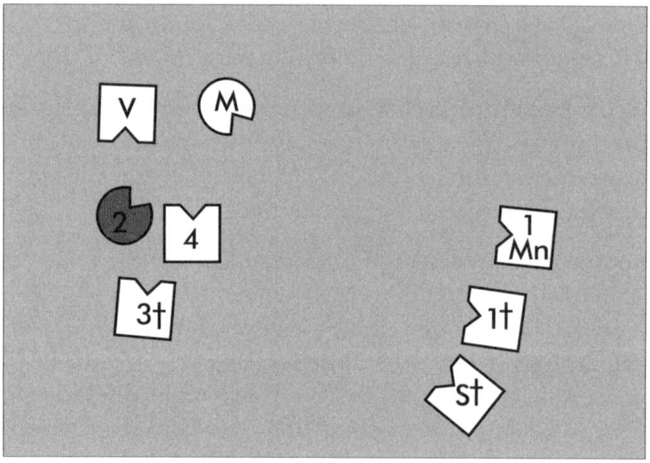

(Weitere Bestätigung meiner Arbeitshypothese [Mutter kann nicht beim Mann in der Herkunftsfamilie von Ulrike stehen – siehe Blickrichtung])

V	=	Vater
M	=	Mutter
1.Mn	=	1. Mann der Mutter
1†	=	erster Sohn der Mutter (verstorben)
2	=	Ulrike
3†	=	Ulrikes jüngerer Bruder (verstorben)
4	=	Ulrikes jüngster Bruder
S†	=	Soldat (1. Beziehung / Vater des ersten Sohnes der Mutter)

Ulrike erkannte, dass die Mutter den ersten, den „gefallenen" Partner sehr vermisste (siehe Blickrichtung der Mutter). Als ich die Stellvertreterin der Mutter während der Aufstellung bat, zur Überprüfung den Raum zu verlassen, war es für Ulrike wichtig zu sehen, dass sich die Stellvertreterin der Mutter draußen äußerst wohl fühlte und dort nur an den toten Soldaten denken konnte.[2] Später erzählte Ulrike mir, dass sie in sich auch eine tiefe Trauer verspürte, eine Sehnsucht nach der Mutter, so groß, dass sie diese zunächst nicht ganz zulassen konnte.

Bei der Nachbearbeitung dieser Aufstellung zeigte sich dies viel deutlicher: Sie spürte die tiefe Sehnsucht nach Mutterliebe klar und deutlich. Das gab ihr Kraft, und es schien, als ob sie mit dem Anerkennen der Sehnsucht auch schon einen Teil dieser Liebe erhalten hätte.

Aufgrund der Stärke, die sie dadurch erlangte, war Ulrike auch bereit, auf ihr eigentliches Anliegen zurück zu kommen: **die Auffälligkeit ihres Sohnes**.

Unter dieser Zielsetzung konnte sie während eines Aufstellungsseminars ihre Gegenwartsfamilie aufstellen. Sie stellte ihren ehemaligen Mann mit seinen vier Kindern und den jeweiligen Müttern, insgesamt drei, auf. Die Mütter standen jeweils gegenüber von ihrem Kind bzw. ihren Kindern (3. Frau).

2 Das Hinausstellen aus einer Aufstellung bedeutet das Verlassen des Systems; im Falle von Ulrikes Mutter das Nachfolgen zu dem verstorbenem ersten Partner (Soldat).

Bild 3: Aufstellung „Gegenwartsfamilie"

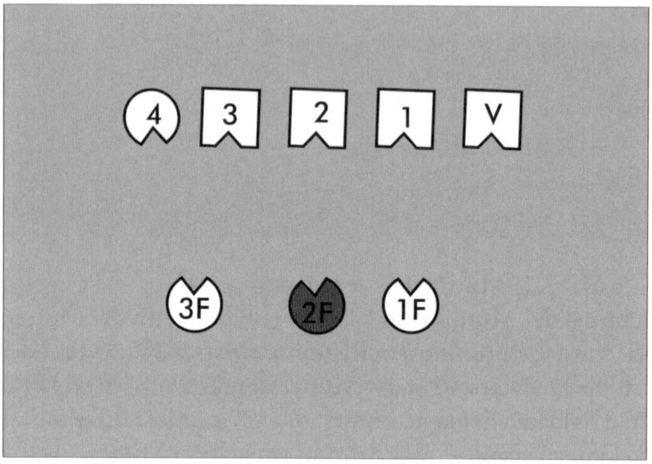

V	=	Vater (Ulrikes Mann)
1F	=	1. Frau
2F	=	2. Frau (Ulrike)
3F	=	3. Frau
1	=	erster Sohn (Mutter: 1. Frau)
2	=	zweiter Sohn (Mutter: 2. Frau)
3	=	dritter Sohn (Mutter: 3. Frau)
4	=	viertes Kind (Mutter: 3. Frau)

Ulrike war ihrem Mann gegenüber voller Zorn und Vorwurf. Sie begann zu weinen und verlor sich in dem Gefühl einer grenzenlosen Hoffnungslosigkeit. Ich fragte sie, wo sie jetzt sei und wie alt sie gerade sei.
Später erzählte mir Ulrike von diesem Augenblick:
„Als du mich das fragtest, wuchs meine Verzweiflung ins Unermessliche, ich fiel ins Bodenlose, denn nun war ich auch noch verwirrt und wagte kaum zu gestehen, dass ich keine Ahnung hatte und auch die Frage nicht einordnen konnte. Es entstand in mir Panik, Hilflosigkeit und eine sehr, sehr große Traurigkeit, die mich zutiefst beängstigte. Ich hatte den Eindruck, mit einem Gefühl konfrontiert worden zu sein, dem ich mit meinen üblichen Bewältigungsmustern nicht mehr begegnen konnte. Es war etwas, das viel, viel größer ist als ich."

(Diese Verwirrung, in der sie sich befand, signalisiert ein Kleinkindverhalten zwischen 0 – 3 Jahren: ein Kind, das noch keine Vorstellung über eine lineare Zeitstruktur hat. Deshalb konnte sie auch kein Alter angeben. Es wurde hier deutlich, dass ihre Mutter fehlte und dass eine unterbrochene Hinbewegung vorlag. Die Mutter stand für sie nie wirklich emotional zur Verfügung – sie war beim 1. Partner gebunden, wollte ihm und ihrem ersten Sohn nachfolgen. Ulrike hatte im Sinne eines systemischen Ausgleichs Gefühle der Mutter übernommen.)

Ich brach die Aufstellung ab. Nach einer kleinen Pause fragte ich Ulrike, ob sie zu einer Übung bereit sei, bei der sie sich halten lässt. Später erzählte sie mir, dass sie alles getan hätte, nur um nicht in diesem Gefühl der immensen Trauer bleiben zu müssen. Mit einer bonding-ähnlichen Arbeit des Haltens konnte die unterbrochene Hinbewegung zur Mutter ans Ziel gebracht werden; eine Versöhnung mit dem Vater konnte beginnen.

Dies bewirkte eine tiefgreifende Veränderung in Ulrikes Beziehung zu ihrem geschiedenen Mann und zu ihrem Sohn. Eine Begegnung mit ihrem geschiedenen Ehemann, die zwei Wochen später statt fand, verlief viel entspannter als sonst. Er war nicht mehr nur „der Alki". Dies ist bis heute so geblieben.

Nun war Ulrike auch bereit, in einer Aufstellung beiden Eltern gegenüber zu treten. Das, was sie sich am Beginn der Arbeit nicht getraut hätte, sollte die nächste Ent-wicklung sein.

Wir begannen sie mit einer Imaginationsaufstellung. Ulrikes Eltern standen sich gegenüber. Zwischen ihnen lag der jüngere Bruder, der 11 Tage nach der Geburt gestorben war. In diesem Bild spürte Ulrike wieder überdeutlich diese Gefühle von Vorwurf der Mutter an den Vater. Es war das Gefühl, das sie bereits in einer der ersten Aufstellungen mit dem Vater empfunden hatte. Sie sagte, sie könne sich nicht erinnern, dass ihre Mutter sich jemals über den Tod des Kindes und dem damit verbundenen Schmerz verbal geäußert habe. Vorwürfe habe sie erst recht nicht gehört. Doch durch die Wahrnehmungen in der Aufstellung wurde klar, dass sie selbst diesen Schmerz und auch die Vorwürfe an den Vater für ihre Mutter übernommen hatte. Diese Erkenntnis erleichterte sie, weil sie dem Vater dadurch näher kam. Gleichzeitig wurde sie ratlos, wenn sie daran dachte, wie sie sich nun verhalten solle. Ich riet ihr, keine Pläne zu entwerfen, sondern das Gesehene erst einmal auf sich wirken zu lassen.

Beim folgenden Einzeltermin entdeckte sie in meiner Praxis das Buch von *Jirina Prekop* und *Bert Hellinger* (1998) „Wenn ihr wüsstet, wie ich euch liebe". Beim spontanen Aufschlagen des Buches fand sie ein Thema, das ihr sehr passend erschien: Warum ich die Männer so wenig lieben konnte (S. 83 ff). In diesem Kapitel wird die Aufstellung einer Frau beschrieben, in deren Verlauf klar wurde, dass die Kinder beim Vater besser aufgehoben seien als bei der Mutter. Wichtiger war für Ulrike jedoch die abschließende Bemerkung *Hellingers*: *„Du hast jetzt ein neues Bild. Du darfst aber nicht gleich handeln nach dem Bild. Du musst jetzt warten, bis sich die Kraft sammelt und dann ergibt sich das Gemäße. Wenn du jetzt gleich handeln würdest, würdest du es zunichte machen. Eine neue Einsicht muss sich langsam entfalten in die inneren Vollzüge, sonst handelst du mit dem Kopf und nicht aus der Tiefe."* (S. 92f.)

Dieses Zitat entlastete Ulrike. Sie war sehr erleichtert und wollte das in der Aufstellung Gesehene „sich-entfalten-lassen".

Einige Wochen später las Ulrike den Aufsatz von *Siegfried Essen*: „Woher hab' ich das nur?"[3] Darin wird beschrieben, wie man von den Eltern übernommene Eigenheiten, wie „Verhaltensweisen", „Gefühle" und „Grundeinstellungen zum Leben" in einem imaginativen Ritual an die Eltern zurück geben kann. Ulrike bat mich, ihr beim Finden der passenden Sätze für ein solches Ritual behilflich zu sein. So suchten wir also gemeinsam nach Sätzen, mit deren Hilfe sie in Meditationsübungen die übernommenen Gefühle an ihre Mutter zurückgeben und gleichzeitig auch die Achtung ihr gegenüber ausdrücken konnte. Ziel war es, über das Zurückgeben hinaus der Mutter die Ehre zu erweisen und das eigene Leben in tiefer Dankbarkeit von ihr zu nehmen.

Obwohl sie diese Übung für sich zu Hause regelmäßig praktizierte, bemerkte sie bald, dass sich die Kraft nicht recht entfalten wollte, und so bat sie mich, dieses Rückgaberitual in einer Aufstellung noch einmal vollziehen zu dürfen. Dabei wurde sie mit einem Gefühl des tiefen Schmerzes konfrontiert.

An diesem Beispiel kann man sehen, dass es keinesfalls das (fast mechanische) Aufsagen von Lösungssätzen ist, das zur Ent-wicklung führt; ja noch nicht einmal die wirklich tief empfundenen Gefühle der Heilung. Meist ist es notwendig, das ganze Ausmaß dessen, was ist, anzunehmen. Eine Entwicklung ist nur mit den Verwicklungen möglich, indem diese ge-achtet und be-achtet werden.

Dies war in der Aufstellung möglich, und im Zurückgeben und der liebevollen Umarmung konnte ein Loslassen und Lieben entstehen.

Behinderung

Je mehr Ulrike sich mit ihren Eltern innerlich versöhnte, um so mehr bemerkte sie, dass die Behinderung ihrer Eltern etwas sehr Belastendes und Bedrückendes für sie ist. Auch daran konnte nun gearbeitet werden, und zwar mit einer imaginativen Symptomaufstellung für die Behinderung. In einer visualisierten Aufstellung aus Vater, Mutter, Tochter, Behinderung und Gesellschaft konnte sie zu einer Lösung kommen.

3 Siegfried Essen: „Woher hab' ich das nur?" Ein Rückgaberitual für die Einzeltherapie; in: Gunthard Weber (Hrsg.): *Praxis des Familienstellens;* Carl-Auer-Systeme, Heidelberg 1998, S. 135-141.

Bild 4: Aufstellung „Die Eltern und deren Behinderung"

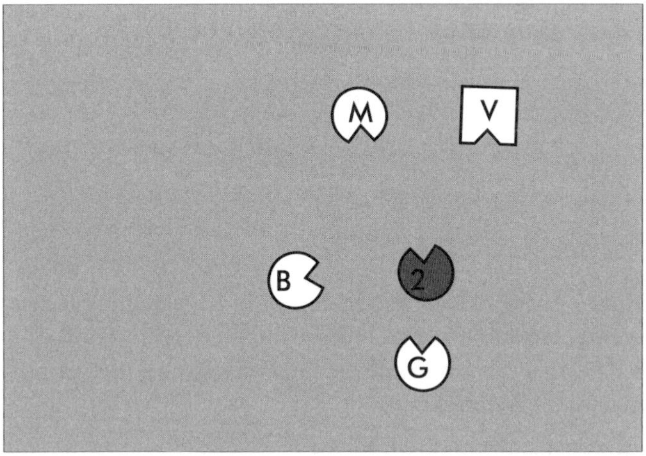

V	=	Vater
M	=	Mutter
2	=	Ulrike
B	=	Behinderung
G	=	Gesellschaft

In vielen Einzelschritten ent-wickelte sich für Ulrike immer mehr Klarheit hinsichtlich ihrer Verstrickung mit den persönlichen Geschichten ihrer Eltern. Aber schließlich erkannte sie, dass die Behinderung die Eltern auch stärkte; sie wirkte als Kraft und als etwas, auf das sich die Eltern verlassen konnten.

Bild 5: Aufstellung „Die Eltern und deren Behinderung"

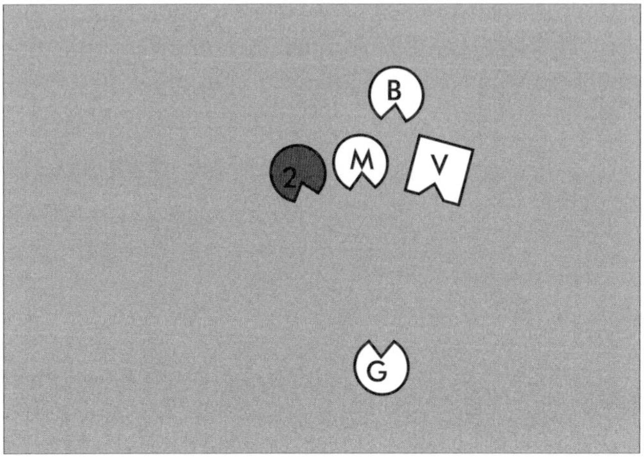

(Als Kind steht Ulrike im Lösungsbild hier untypischerweise rechts neben den Eltern, dies ist nicht der Platz der Kinder im System. Es macht aber die beiden Welten deutlich [„Jenseits der Stille"] und die besondere Verantwortung, die Ulrike im System getragen hat.)

V	=	Vater
M	=	Mutter
2	=	Ulrike
B	=	Behinderung
G	=	Gesellschaft

Damit war Ulrikes Ent-wicklung an einem Punkt angelangt, von dem aus sie allein weitergehen wollte. Sie nahm meine Hilfe während des darauf folgenden Jahres nur noch sehr selten in Anspruch, und selbst dann benötigte sie nur geringe Impulse oder einen Austausch auf der Meta-Ebene.

Auch das ursprüngliche Anliegen mit ihrem Sohn hatte sich geklärt. Sie hatte erkannt, dass es zwar einerseits die systemischen Dynamiken waren, in die er auch durch sie als Mutter verstrickt war, er andererseits aber auch seine eigenen Anteile im System einbrachte und auch zukünftig einbringen würde. Sie hängte Bilder des ersten Partners der Mutter und dem aus dieser Verbindung entstandenen Bruder auf und erzählte ihrem Sohn in „guter" Art von beiden.

Und je mehr sie dies so sehen konnte und auch Verantwortung an den Vater des Sohnes abgab, während sie gleichzeitig mehr in der Begleiterrolle für den Sohn war – und er so **beide** Eltern hatte –, erlebte ihr Sohn dies als Entlastung, und das Medikament Ritalin konnte einige Zeit verabreicht und ebenso wieder abgesetzt werden.

Auch beruflich hatte sie ihren Ent-wicklungsprozess bereichert: Als Lehrerin, die mit vielen persönlichen Einzelschicksalen zu tun hat, kann Ulrike zwar keine therapeutischen Maßnahmen ergreifen, doch ist sie seit ihrem eigenen Prozess in der Lage, Klassensysteme und Lehrerschaftssysteme zu verstehen. Daraus kann sie eine andere Haltung zu Schülern, Kollegen und Eltern einnehmen und bekommt eine Basis für ein wertschätzendes Handeln und einen achtsamen Umgang.

Dagmar Ingwersen: Körperorientierte Systemische Therapie in der Einzelpraxis – „Methodenswitching"

Wie die drei Ansätze, der systemisch-konstruktivistische, der systemisch-phänomenologische und der körperpsychotherapeutische Ansatz der „Konzentrativen Bewegungstherapie" (KBT) in einem Methodenswitching in meiner Einzelarbeit zusammenfließen

„Methodenswitching"

In meiner kurzzeittherapeutischen Praxis mit Einzelklienten habe ich gute Erfahrungen mit dem „Methodenswitching" gemacht. Ich will darstellen, auf welche Weise ich die folgenden drei Ansätze miteinander kombiniere, erstens den phänomenologisch-systemischen Ansatz nach *Bert Hellinger,* zweitens die konstruktivistisch-systemische Therapie der sogenannten „Neuen Heidelberger Schule" und drittens das körperpsychotherapeutische Verfahren „Konzentrative Bewegungstherapie", abgekürzt KBT. Es wird beschrieben, für welche therapeutischen Situationen sich jeweils die drei Methoden – auch manchmal im schnellen Wechsel angewandt – am besten eignen. Dabei steht für mich der Gedanke der „Kundenorientierung" im Vordergrund, wie ihn *Jochen Schweitzer* beschrieben hat (*Schweitzer* 1995). Damit ist gemeint, dass der Therapeut seine Angebote „gemäß dem subjektiven Bedarf" seiner Klienten „schneidert". Im Sinne einer Auftragsklärung ist es wichtig, das Anliegen der Patienten genau zu ermitteln. Es hat sich für mich bewährt, sowohl über verbale als auch non-verbale Signale der Klienten, die Landkarte ihrer Ideenwelt und den Grad ihrer aktuellen Veränderungsbereitschaft zu erfassen und meine Wahl der Methode darauf abzustimmen. Mir geht es also beim „Methodenswitching" darum, möglichst zu jedem Zeitpunkt der Therapie die Klientin „dort abzuholen, wo sie sich gerade befindet".

Wann welche Methode?

Hauptsächlich drei Gesichtspunkte leiten mich bei der Wahl des Verfahrens im Sinne eines Pacings, d.h. Mitgehen mit den von mir angenommenen Bedürfnissen des Klienten:

1. Die Klientin wünscht speziell eines der drei Verfahren. Dann beginne ich mit diesem speziellen Verfahren, was nicht ausschließt, dass zu einem späteren Zeitpunkt „Methodenswitching“ ansteht.

2. Der Klient lässt sich leichter über eine der Methoden erreichen aufgrund der speziellen Beziehungsaufnahme oder der Kommunikationsmuster, die er anbietet. Wenn z.B. ein Patient eher auf emotionales und körperorientiertes Erleben ausgerichtet ist, wähle ich bei entsprechenden Signalen Elemente aus der Körperpsychotherapie. Scheint ein Patient vorwiegend auf der kognitiven Ebene erreichbar, kommt ihm der konstruktivistische Ansatz vielleicht zunächst entgegen.

3. Der dritte Gesichtspunkt ist die von mir jeweils einzuschätzende Bereitschaft der Patientin, Lösung in den Blick zu nehmen und zu wagen.

Alle drei Ansätze gehen unterschiedlich mit Lösung um. Die Aufstellungsarbeit steuert direkt auf Lösung zu, während die beiden anderen Methoden in Bezug auf Lösung mehr Spielräume offen lassen.

Die mehrgenerationale Sicht und die phänomenologische Philosophie der Aufstellungsarbeit bilden meist die Grundlage für meine Orientierung an guten Lösungen für den Patienten und sein System. Wie direkt oder zu welchem Zeitpunkt wir auf diese Lösungsmöglichkeit zusteuern, orientiert sich daran, wie offen sich ein Patient den Themen der phänomenologisch-systemischen Aufstellungsarbeit gegenüber zeigt und wann seine Bereitschaft erkennbar wird, sich den schweren Themen zu stellen, wie Schicksal, Schuld, Würdigung etc. Darauf gehe ich später noch ein.

Die Körpertherapie spricht tiefe Schichten des Nicht-bewussten an und fördert die Entstehung von inneren Bildern, die den Weg zum Aufstellungsprozess ebnen. Die konstruktivistisch-systemische Therapie mit ihrem großen Repertoire an kommunikativem Handwerkszeug koppelt sich sprachlich an die Problem- und Lösungsbeschreibung des Klienten und seines Systems an und schafft so Spielräume einerseits für die Entwicklung einer tragfähigen Beziehung zwischen dem Therapeuten und den Klienten und legt andererseits Ressourcen für die Bereitschaft zur Lösung frei.

Die Konzentrative Bewegungstherapie

Ich möchte nun das Verfahren der Konzentrativen Bewegungstherapie erläutern, um dann anhand von Kasuistiken zu schildern, wie über die Körperarbeit zur systemischen Aufstellungsarbeit gelangt werden kann. Die KBT konzentriert sich auf zwei Schwerpunkte:

1. Mit der Fokussierung auf die Wahrnehmung des Körpers, der Bewegung und Körperhaltungen wird das Bewusstsein für den Umgang mit sich selbst gefördert. Darüber kann ein direkter Zugang zu den eigenen Besonderheiten, zu möglichen Einschränkungen und Blockierungen, aber auch zu Ressourcen sowohl auf der körperlichen als auch auf der seelischen Ebene eröffnet werden. Über die Auseinandersetzung mit dem Körpererleben können Erinnerungen – manchmal traumatischer Art – wach werden, die zur emotionalen Auseinandersetzung mit den erlebten Inhalten führen.

2. Ein weiterer Schwerpunkt ist die Handlungs- und Symbolisierungsebene. Hier nehmen wir auch Gegenstände zur Hilfe, wie z.B. Bälle, Seile, Stäbe, Sandsäckchen, Steine, Holzkugeln und vieles mehr, die durch ihre sinnliche Qualität als Projektionsfläche für seelische Inhalte dienen. Es werden mögliche Lebensthemen und Konfliktsituationen symbolisch in Bewegungsangebote übersetzt, wie z.B. „meinen Platz im Raum finden", „mir meinen Raum nehmen", „mein Tempo, mein Maß finden", „wie gehe ich mit Grenzen um", mit „ Nähe und Distanz", mit „Geben und Nehmen", um nur einige wenige zu nennen. Über das Tun und Wahrnehmen werden aktuelle Konflikte konkret erlebbar, und es wird ein Bewusstwerdungsprozess über eigenes Erleben und Verhalten in Gang gesetzt. Sowohl korrigierende Erfahrungen, als auch neue Lösungen können in der „Als-Ob"-Situation oder Probesituation der Behandlungsstunde umgesetzt werden.

Über die KBT zur Aufstellungsarbeit

Durch die Arbeit mit der KBT können innere Bilder aufsteigen und Gefühle wach werden, die den Zugang zu nicht bewussten Informationen öffnen, mit denen dann z.B. auf der phänomenologisch-systemischen Ebene weiter gearbeitet werden kann.

Ich illustriere das anhand einer Kasuistik:
Eine 24-jährige auffallend burschikos wirkende Sozialpädagogin kommt zu mir in die Praxis, weil sie darunter leide, noch nie eine Partnerschaft eingegangen zu sein und sich gefühlsmäßig blockiert zu erleben. Sie wolle durch die Körpertherapie einen Zugang zu ihren Gefühlen finden und zu ihrer Weiblichkeit. Sie leide auch darunter, seit ihrem 13. Lebensjahr nicht mehr weinen zu können. Sie könne keine traumatischen Erlebnisse erinnern, die Familienanamnese zeigt keine Auffälligkeiten. Sie ist zunächst sehr kooperativ in der Behandlung. Als ich ihr aber vorschlage, sich auf den Boden zu legen, um sich im Liegen zu spüren und Erfahrungen im Kontakt mit dem Boden zu machen, weigert sie sich strikt. Sie könne das nicht ausprobieren, es überfalle sie bei dem Gedanken große Angst, sich ausgeliefert zu fühlen und vom Boden verschlungen zu werden und dann „auszurasten". Statt dessen versuchen wir zunächst, uns dem Thema „Boden" über Übungsangebote im Stehen und Sitzen anzunähern. Nach einigen Sitzungen kommt sie von selbst wieder auf das Lie-

gen zu sprechen, und sie wolle da „nun ran". Als sie auf dem Boden liegt, sagt sie, sie empfinde am ganzen Körper Kälte und fühle sich wie tot. Es fühle sich sehr bedrohlich für sie an. Ich frage sie, wer tot sei. Zunächst fällt ihr nichts ein. Ich frage sie konkret nach Schicksalen im mütterlichen System, weil Erfahrungen mit dem Boden in der KBT nicht selten zum archetypischen Thema „Mutter" führen. Da fällt ihr plötzlich ein, dass der ältere Bruder ihrer Mutter im Alter von 13 Jahren tödlich verunglückt sei, als er vom Baum gefallen sei. Nun war so etwas wie ein Schlüssel zu dem fremdartigen „Sich-tot-Fühlen" und zu dem fehlenden Zugang zu ihrer Weiblichkeit gefunden. Einerseits war sie – entsprechend der Hellingerschen Beschreibungsweise – mit dem toten Onkel identifiziert, andererseits gehörten die fehlenden Tränen und das „Sich-erstarrt-Fühlen" zur Mutter, die damals als kleines Mädchen bei dem Unfall dabei gewesen sei und später nie davon gesprochen habe. Die Identifikation mit dem Onkel konnte durch entsprechende Vollzüge nach Bert Hellinger gelöst werden. Während dieser Arbeit hat die Klientin immer wieder heftig geweint, und sie berichtete, dass ihr sehr warm dabei würde. Genauso wichtig war es, das schwere Schicksal der Mutter anzuerkennen und „bei ihr zu lassen". So wurde der Weg frei, der Mutter gegenüber die Position eines Kindes einzunehmen. Nachholend konnten Vollzüge gemacht werden, die das Nehmen der Mutter zum Ziel hatten. Bert Hellinger nennt den Vorgang dieser inneren Bewegung „Hinbewegung". Für diesen Vollzug stelle ich mich in der Einzelarbeit – die Mutter repräsentierend – zur Verfügung. Mir fiel auf, wie das Burschikose nach und nach von ihr abzufallen schien. Sie weinte noch ein paarmal heftig. Aber das waren nun ihre Tränen. Sie berichtete, dass sie sich fühle, als sei ein Schleier gelüftet.

Wann sollte mit phänomenologisch-systemischen Lösungen gewartet werden?

Nicht alle Klienten sind so schnell bereit wie diese, sich den schicksalhaften Themen der Hellingerschen Aufstellungsarbeit zu stellen: wie z.B. Verantwortung für das eigene Tun und die eigene Schuld zu übernehmen, Ordnungen anzuerkennen, Verzicht auf Vorwurf, schwerem Schicksal zuzustimmen, Verzicht, in das Schicksal anderer einzugreifen, oder vom Vorwurf abzulassen und die dahinter verborgene Liebe zu finden, um nur einige Themen der phänomenologisch-systemischen Sichtweise zu nennen. Die Aufstellungsarbeit bietet sich erst an, wenn sich beim Klienten eine zur Lösung drängende Kraft zeigt, d.h. wenn der Veränderungswunsch für den Therapeuten spürbar nachvollziehbar wird und der Klient offensichtlich bereit ist, die Verantwortung für sein Handeln und die Folgen zu übernehmen.

Nicht selten kommen Klienten in die Praxis, die auf der Beziehungsebene durch ihre Neigung zu symmetrischen Eskalationen (auf deutsch: maligner Machtkampf) den Therapeuten herausfordern und entsprechend noch sehr gefangen sind in problemerhaltenden Mustern. Das hat aus systemischer Sicht damit zu tun, dass etwas oder jemand im System nicht gewürdigt ist, für das oder denjenigen der Klient unbewusst vehement eintritt und dabei den Therapeuten stellvertretend zum Gegner macht. Hinzu kommt, dass ein großer Teil dieser Klienten meist schon viel Zeit in ihr Leid investiert haben und ihrem Leid noch eine Weile treu bleiben. Der Therapeut ist aufgefordert, das zu akzeptieren.

Wenn man sich verleiten lässt, zu früh auf die Lösung zuzusteuern, die einem mit der Mehrgenerationenperspektive und der Kenntnis über die Zusammenhänge von Bindung, Ordnung und Liebe, ja manchmal quasi ins Auge springt, wird der Patient häufig böse. Der Patient wird böse, weil er den Triumph des Therapeuten über das Symptom, das heißt das Nicht-Gesehene im System fürchtet und dieses schützen will.

Handwerkszeug des konstruktivistisch-systemischen Ansatzes

Nachdem einige Patienten infolge zu schneller und zu direkter Konfrontation mit oben genannten Themen mehr oder weniger böse die Therapie bei mir abgebrochen hatten, fand ich bei den systemischen Lehrern der sogenannten Heidelberger Schule und ihnen nahestehenden Lehrern im Hinblick auf die Kommunikation mit den Patienten und der Therapiegestaltung ein reichhaltiges Handwerkszeug zu einem wesentlich flexibleren Kommunizieren.

Sehr hilfreich ist für mich z.B. die Unterscheidung von *Steve de Shazer* zwischen sogenannten „Besuchern“, sogenannten „Klagenden“ und sogenannten „Kunden“ (*de Shazer* 1989). **Besucher** in diesem Sinne formulieren keinen klaren Veränderungsauftrag. **Klagende** äußern sehr präzise ihre Beschwerden, aber Veränderung wird in erster Linie von anderen erwartet, z.B. vom Therapeuten oder Menschen ihrer Umgebung. **Kunden** geben dem Therapeuten einen klaren Behandlungsauftrag.

„Besucher“ und „Klagende“ zeigen häufig ein von sekundären Gefühlen (wie *Hellinger* sie bezeichnet) geleitetes Verhalten. Das sind Gefühle, die dazu dienen, den Status quo eher aufrechtzuerhalten, als sich den darunter verbergenden primären, lösenden Gefühlen zu stellen, die zu einer veränderten Sicht der Welt in Bezug auf die Zustimmung zum Schicksal führen. Denn die primären Gefühle sind meist sehr schmerzhaft, und Menschen neigen dazu, sie zu vermeiden und auf sekundäre Gefühle auszuweichen. Häufig sind Patienten, die sekundäre Gefühle zeigen, vorwurfsvoll – auch und gerade dem Therapeuten gegenüber –, als wollten sie etwas einfordern. Einige reagieren bei Anregungen des Therapeuten mit einem „Ja-aber-Muster“, und der Therapeut fühlt sich bald machtlos. Bei anderen Klienten fühlt sich der Therapeut stark aufgerufen, viel zu tun und sich anzustrengen, bis er merkt, dass er eigentlich mehr Veränderung für die Klienten will, als die Klienten selber.

Nach der Empfehlung von *Steve de Shazer* hat es sich von der Grundhaltung her bewährt, „Besucher“ und „Klagende“ zu loben und hartnäckig zu warten, ob sie eventuell „Kunden“ werden. Das kann schon innerhalb einer Sitzung wechseln. Mit den „Kunden“ kann man in der Regel ohne Umschweife auf die Aufstellungsebene gehen, die ja stark lösungsorientiert ist. Hier lasse ich in der Einzelarbeit die Patienten meist relevante Personen des Systems visualisieren im Sinne einer imaginierten Aufstellungssituation, in der dann auch Vollzüge mit Lösungssätzen möglich werden.

Vorbereitend biete ich eine Körperwahrnehmungsübung an zur inneren Sammlung. Oder ich lasse in der Einzelbehandlung den Patienten sein System mit Sandsäckchen statt Personen aufstellen und lasse dann die Klientin über die verschiedenen Positionen der Sandsäckchen stellen und wahrnehmen, was sie auf den verschiedenen Plätzen erleben. Außerdem trete ich selber auf die einzelnen Plätze und melde der Klientin meine Wahrnehmung zurück. Gemeinsam finden wir ein Lösungsbild. Für die nötigen Vollzüge durch Lösungssätze stelle ich mich entweder als Stellvertreter über dem entsprechenden Sandsäckchen zur Verfügung, oder ich arbeite über Imagination weiter.

Nun zurück zu den Patienten, die eher eine problemerhaltende Haltung zeigen, aber doch so sehr leiden, dass sie sich in Therapie begeben. Wie kann der Weg zu einer problemlösenden Bereitschaft geebnet werden? Es braucht eine einfühlsame, manchmal auch wohlwollend provozierende, mit der inneren Bewegung des Patienten mitgehende Haltung des Therapeuten im Sinne eines Pacings. Hier sind zwei der drei Ansätze – die konstruktivistisch-systemische Therapie und die KBT auch in Verbindung miteinander – äußerst hilfreich.

Über die Körperpsychotherapie zu primären Gefühlen

Wenn die Klientin stark körperlich reagiert oder körperliche Beschwerden im Vordergrund stehen, bietet sich die Körperarbeit an. Diese eignet sich dazu, von den sogenannten sekundären, problemerhaltenden Gefühlen zu den dahinter liegenden primären, lösenden Gefühlen zu finden über Erinnerungen, die durch die Körperarbeit aktiviert werden.

Fallbeispiel

Eine Patientin mit psychosomatischen Magenschmerzen äußert sich äußerst vorwurfsvoll und böse auf ihren Mann. Auf die Frage, warum sie böse auf ihn sei, weiß sie keine Antwort. Eigentlich sei er gut zu ihr. In einer Behandlungsstunde, in der ich mit der Methode der KBT mit der Patientin arbeite, kommt sie nicht „auf die Füße" wegen stark auftretender Magenschmerzen. Wir arbeiten als Vorbereitung zunächst an den Füßen, um eben „auf die Füße" zu kommen. Als sie ihren rechten Fuß in die Hand nimmt, beginnt sie heftig zu weinen und sie erinnert sich, wie ihr Vater ihr als Kind im Zorn einen Vorschlaghammer auf den Fuß fallengelassen habe. Ich begleite sie unterstützend in ihrem Zorn und ihrem Schmerz, den sie in dieser Situation nachholend herauslassen kann. Die Magen-

schmerzen lassen nach und treten nur noch selten und abgeschwächt auf. So wird es nun auch möglich, dass wir die systemischen Zusammenhänge ihrer ihr unerklärlichen, bösen Gefühle ihrem Mann gegenüber bearbeiten, die vom Vater auf den Mann verschoben waren.

Die „Hinbewegung"

Ich möchte eine weitere Kasuistik bringen, in der beschrieben wird, wie über das Aufgreifen von körperlichen Symptomen zu systemischen Zusammenhängen gefunden werden konnte und darüber hinaus von sekundären Gefühlen zur primären Liebe der Mutter gegenüber.

Bert Hellinger nennt diesen seelischen Prozess „Hinbewegung" (*Weber* 1993). Wenn der „Fluss der Liebe" zu einem Elternteil, am häufigsten zur Mutter, unterbrochen ist, zieht sich das Kind zurück, und in Folge fällt es ihm schwer, auch später als Erwachsener Bindungen einzugehen. Er oder sie begegnet der Welt häufig depressiv oder mit Vorwürfen. Der geglückte Vollzug einer Hinbewegung führt zu einer tiefen Zustimmung zum Leben und setzt Kräfte frei, aus dem, was man fürs Leben bekommen hat, etwas zu machen.

Fallbeispiel

Eine zu wechselnden Körpersymptomen und Depressionen neigende 45-jährige Patientin kommt zur 10. und letzten Sitzung der Therapie. Nachdem sie sich zu Beginn der Therapie mir gegenüber immer wieder schnell vorwurfsvoll zeigte, der Rapport jedoch hinreichend gut gehalten werden konnte, arbeiteten wir einige Sitzungen an ihrer Beziehung zu ihrem Vater, der sich suizidiert hatte, als die Patientin 18 Jahre alt gewesen war. Sie konnte endlich ihre tiefe Liebe zum Vater ausdrücken und mancherlei anderes Unerledigtes für sich abschließen. Dieser letzten Sitzung ging ein Wochenendseminar voraus, in welchem es aus verschiedenen Gründen zwar zu einer abstrakten Strukturaufstellung (Sparrer & Varga v. Kibéd 1998) gekommen war, aber nicht zu der von ihr erwarteten „vollständigen" Familienaufstellung.

Darüber zeigte sie sich zu Beginn dieser Abschlusssitzung wütend und vorwurfsvoll mir gegenüber, wie ich es von früheren Sitzungen auch schon kannte. Immer passiere ihr das gleiche, sie bekomme nie, was sie brauche. Es liegt mir die Vermutung nahe, dass ihre vorwurfsvolle Haltung, die sie zum wiederholten Male gezeigt hat, Ausdruck einer Mutterübertragung auf mich war. Systemischer Hintergrund für ihr gestörtes Verhältnis zur Mutter, das auch schon zuvor in der Therapie Thema war, ist folgender: Ihr Vater sei vor der Ehe mit ihrer Mutter mit einer Frau verlobt gewesen, die gestorben sei. Die Klientin ist in der Hellingerschen Terminologie mit dieser früh verstorbenen Verlobten „identifiziert" und da-

rüber mit ihrem Vater auf eine Weise verbunden, die es ihr schwer macht, aus der Position eines Kindes zur Mutter zu finden. Vor dem Hintergrund dieser Zusammenhänge wird es mir möglich, die Vorwurfshaltung nicht persönlich zu nehmen und sie auf das Thema „Mutter" hinzuführen. Schließlich gelingt das, als ich ihr rückmelde, dass sie auf mich wirke wie ein kleines, bedürftiges Kind, das verzweifelt versuche, etwas existentiell Wichtiges zu bekommen. Sie beginnt heftig zu weinen und äußert heftige Schmerzen, die sich im Brustbereich eingestellt hätten. Sie könne gar nicht mehr richtig atmen und nicht mehr ruhig sitzen, weil sie Angst habe zu ersticken. Die Körpersymptome, die sie zeigt, deuten auf eine anstehende „Hinbewegung" zur Mutter hin, wie oben umrissen. Ich ermutige sie zu tun, was ihr jetzt gut tue. Sie steht auf, hält beide Hände auf der Brust – flach und schnell atmend. Sie sagt, sie habe ein schweres Gefühl auf der Brust, als „ziehe es sie runter". Ich schlage ihr vor, dieser inneren Bewegung zu folgen. Sie neigt langsam ihren Körper in Richtung Boden. Als sie auf der Seite zusammengerollt auf dem Boden liegt, sagt sie, es ergreife sie Panik, weil sie fast keine Luft mehr bekomme. Ich berühre die schmerzhafte Stelle im Brustbereich und lasse sie kräftig mit offenem Mund gegen den sanften Druck meiner Hand atmen. Dann lasse ich sie sagen: „Bitte, Mutti!" Dabei lasse ich sie ihre Hände mit den Handflächen oben nach vorne strecken und „Bitte, Mutti!" wiederholen, bis sie lauter wird und zu schreien beginnt. Ein tiefer Schmerz bricht auf und löst sich, sie kommt näher zu mir, und ich nehme sie in meine Arme – stellvertretend für die Mutter. Sie liegt auf meinem Schoß, und sie hält mich ganz fest, wozu ich sie immer wieder ermutige. Nun kann sie in einer regressiven Trance nachholend ihre Liebe zur Mutter fließen lassen und innerlich zu ihr finden und sie im Hellingerschen Sinne „nehmen". In meinen Armen, mich anschauend und durch mich hindurch zu ihrer Mutter spricht sie lösende Sätze nach, die Bert Hellinger „das Morgengebet" nennt und die damit beginnen: „Liebe Mutti, ich nehme es von dir, alles, mit allem drum und dran. Zu dem hohen Preis, den es dich gekostet hat und den es mich gekostet hat ..." (Weber 1993). Nachdem sie sich langsam aufgerichtet hat und zurückmeldet, sie könne nun sicher stehen, verlässt sie die Praxis sichtlich gelöst.

Ein paar Wochen später ruft sie mich an und bedankt sich noch einmal herzlich. Sie äußert ihre tiefe Zufriedenheit darüber, wieviel sie von der Therapie profitiert habe und dass alles genau richtig gelaufen sei. Körperlich gehe es ihr erstaunlich gut. Auffällig sei, dass sie die Farben in der Welt so intensiv wahrnehme und sich daran freue. Außerdem habe sich das Verhältnis zu ihren Töchtern grundlegend geändert, sie fühle sich viel mehr als Mutter und könne ihnen ungewohnt liebevoll begegnen.

Externalisierung von Körpersymptomen

Die Externalisierung wurde als Technik von dem australischen Familientherapeuten *Michael White* (*White* 1990) entwickelt. Symptome werden assoziiert mit möglichen inneren Bildern. So wird der Klient gefragt, wenn das Symptom ein Wesen wäre, ob es dann männlich oder weiblich sei, ob es aus der Pflanzen- oder Tierwelt stamme und wie es räumlich vom Patienten wahrgenommen werde, z.B. ob es vor ihm stehe oder hinter ihm. Durch diese Vorgehensweise wird erreicht, dass das Muster der Beschreibung des Symptoms, die meistens auf Verfestigung des Symptoms hinausläuft, unterbrochen wird mit dem Ziel, das Symptom und die persönliche Identität des Patienten zu unterscheiden. So kann über hypnotherapeutische Imaginationstechniken ein neues Verhältnis zu den Symptomen entwickelt werden.

Eine KBT-typische Vorgehensweise, mit dem Phänomen der Externalisierung umzugehen, ist es, für das Körpersymptom einen Gegenstand als Symbol auszusuchen.

Fallbeispiel

Eine Patientin klagt über immer wieder auftretende, heftige Unterleibsbeschwerden. Sie wählt eine Holzkugel dafür aus. Als sie auf dem Rücken liegend die Kugel auf ihren Unterleib hält, erlebt sie das als sehr wohltuend. Ich frage sie, wenn ihr Schmerz im Unterleib der Kugel etwas mitteilen könne, was er ihr sagen würde und umgekehrt. Es entsteht ein Dialog zwischen Unterleib und Kugel. Unter Tränen kommt ihr bis dahin verleugneter Kinderwunsch zu Tage. Im weiteren Verlauf werden die dahinterliegenden systemischen Zusammenhänge deutlich, die es ihr so schwer machen, ihr Frausein zu leben. Es stellt sich heraus, dass sie – in der Terminologie von Hellinger – mit der Mutter des Vaters identifiziert ist, die ihren Mann verlor, als sie mit dem Vater der Patientin schwanger war und die dann drei Kinder alleine großziehen musste. Die starke Bindung der Patientin an ihren Vater wird auf diesem Hintergrund nachvollziehbar. In der nachfolgenden Sitzung kann sich über Imaginationsarbeit und dem Nachsprechen von lösenden Sätzen, die mit der Achtung vor dem schweren Schicksal der Großmutter zu tun haben, die Identifizierung auflösen, so dass die Großmutter schließlich zur Ressource wird. Anschließend kann sie zur Mutter finden und sie durch eine nachholende „Hinbewegung" „nehmen". Darüber wird der Weg zu ihrer Weiblichkeit frei. Später berichtete sie, dass sich ihre Unterleibsbeschwerden weitgehend gelegt hätten und sie sich von ihrem Freund getrennt habe, der keine Kinder hatte haben wollen.

Vom konstruktivistisch-systemischen Ansatz zu phänomenologisch-systemischen Lösungen

Nun zur konstruktivistisch-systemischen Therapie: Wann kommt dieser Ansatz in meiner Einzeltherapie zum Tragen? Drei Leitgedanken führen mich:

1. Mit Hilfe der Fragetechniken der Systemischen Therapie, auf die ich später noch näher eingehe, bietet sie einen guten Einstieg zu Beginn der Therapie, um sich kundig zu machen über die Klienten und ihre Anliegen. Also beginne ich häufig eine Therapie mit diesem Ansatz.

2. Immer wenn eine symmetrische Eskalation zwischen Klienten und mir droht, greife ich auf diesen Ansatz zurück. Er bietet wertvolles Handwerkszeug, wie man aus eskalierenden Mustern aussteigen kann. Das führe ich später noch aus.

3. Der dritte Gesichtspunkt, der mich leitet, ist, wenn Klienten signalisieren, dass sie eher auf der kognitiven Ebene erreichbar sind, dann bleibe ich bei diesem Ansatz, bis die Kräfte für die phänomenologisch-systemischen Lösungen gesammelt sind.

In der konstruktivistisch-systemischen Therapie wird auf Festlegungen im Sinne von Deutungen oder Interpretationen verzichtet. Vielmehr wird den Klienten dazu verholfen, ihr Symptom und ihre Probleme in einen neuen sinngebenden Zusammenhang zu stellen, als zwar „suboptimale, aber doch kreative Lösungen anderer nicht besser lösbarer Probleme", wie *Gunthard Weber* und *Jochen Schweitzer* es formuliert haben (*Schweitzer* & *Weber* 1994).

Über die bekannten Fragetechniken, z.B. das zirkuläre Fragen und das hypothetische Fragen, wird sich zunächst über die Landkarte der Ideenwelt und des Verhaltens des Patienten in seinen speziellen Kontexten bzgl. der Gegenwart, der Zukunft und der Vergangenheit kundig gemacht (*v. Schlippe* & *Schweitzer* 1996). Durch solche Fragen werden die Klienten gleichzeitig zu vielseitigen, die Möglichkeiten erweiternden Denkspielen eingeladen, indem lösungsrelevante Unterschiede im Erleben, im Handeln, im Verhalten in verschiedenen Kontexten impliziert werden.

Einige Beispiele

„Woran würde ihre Mutter merken, dass Sie nicht mehr auf Ihre Lebensfreude verzichten und Ihr Leben selbständig gestalten?"

„Würde sie sich freuen, wenn Sie eine Arbeit finden und abends mit Freunden weggingen?"

„Wer würde sich noch freuen?" „Wer würde sich eher nicht freuen?" (Damit würde man z.B. Loyalitäten erfragen.)

Oder: „Woran würde Ihr Mann merken, dass Sie selbstbewusster reagieren, woran Ihre Kinder, Ihr Chef?" usw.

Merkt der Therapeut, dass zuviel Veränderung heikel erscheint oder es schwierig für den Klienten ist, Ideen über Veränderung zuzulassen, geht man eher auf die Nicht-Veränderungsseite, das heißt, der Therapeut zeigt sich neutraler einer Veränderung gegenüber und lässt den Veränderungsimpuls in der Verantwortung und Entscheidung des Klienten, mit Fragen wie z.B.: „Wie sieht Ihr Leben in fünf Jahren aus, wenn sich nichts ändert?"

Mögliche Antwort: „Dann würde ich in der Psychiatrie landen." „Nehmen wir an, Sie wollten nicht erst in fünf Jahren in die Psychiatrie, sondern schon in drei Monaten. Was müssten Sie tun, um das so schnell zu schaffen?" Oder man stellt Verschlimmerungsfragen wie: „Wie müssten Sie sich verhalten, damit Ihre Minderwertigkeitskomplexe stärker werden?" Geht der Therapeut auf die Nicht-Veränderungsseite im Sinne eines advocatus diaboli, hat der Klient eher die Herausforderung und damit die Chance, selbst auf die Lösungsseite zu gehen. Der Therapeut koppelt sich so neutral wie möglich an das sichtbare und verborgene Ideengebäude des Patienten und seines Systems an. Auf diese Weise fühlt sich der Klient eher respektvoll gesehen, und es kann leichter ein tragfähiger Rapport zustande kommen.

Droht eine Gefährdung des Rapports durch die Einladung des Klientin zu einer symmetrischen Eskalation mit evtl. drohendem Beziehungsabbruch, bietet das Handwerkszeug des konstruktivistischen Ansatzes weitere Auswege. Die Therapeutin geht – statt in das Kampfmuster einzusteigen – in eine metakommunikative Position und nimmt den Beziehungsabbruch hypothetisch vorweg. Damit entsteht eine Chance, dass dem Konflikt der Wind aus den Segeln genommen wird.

Sie fragt z.B.: „Worauf würde das mit uns beiden hinauslaufen, wenn ich so weitermache wie bisher? Müsste ich dann eher damit rechnen, dass Sie die Therapie abbrechen oder wären Sie eher zufrieden, dass ich auch Themen anspreche, die für Sie unangenehm sind?" „Nehmen wir an, ich wäre so unmöglich und wollte provozieren, dass Sie ärgerlich die Therapie abbrechen, was müsste ich tun?" „Woran würde ich z.B. merken, dass Sie ärgerlich oder unzufrieden wären?"

Bei diesen Neutralitätsfragen geht es darum, sich „kundenorientiert" dem Klienten und seiner inneren Landkarte anzunähern und so eine tragfähige Beziehung entstehen zu lassen. Außerdem geht es darum, gedanklich Handlungsspielräume zu schaffen, sowohl für den Klienten als auch für die Therapeutin, um aus der drohenden Eskalation aussteigen zu können und sich möglichen Lösungen wieder anzunähern.

Wie komme ich nun über den konstruktivistischen Ansatz zur phänomenologisch-systemischen Lösungsebene? An wesentliche Informationen komme ich durch das Erstellen des Genogramms. Dann hat es sich als besonders nützlich erwiesen, gerade mit Hilfe der zirkulären Fragetechnik, die für das System relevanten Personen, die manchmal auch ausgeklammert sind, einzuführen, wie z.B. mit der Frage: „Was würde Ihr verstorbener Vater Ihnen in dieser Situation raten?" „Angenommen es würde Ihnen geschenkt werden, Ihre noch unbekannte Halbschwester zu treffen, was glauben Sie, wie sie reagieren würde?" „Nehmen wir an, Sie würden sich entscheiden, Kontakt zu Ihrem Vater, den Sie seit der Scheidung Ihrer Eltern nicht mehr gesehen haben, aufzunehmen, wie würde Ihre Mutter darauf reagieren?"

Manchmal reicht als erster Schritt das konstruktivistische Einführen der ausgeklammerten Personen, um einen lösenden Prozess in Gang zu setzen. Durch dieses Vorgehen können mögliche Widerstände umschifft werden, die Entwicklung der Kräfte für die Aufstellungsebene wird behutsamer angeregt als über die direkte Konfrontation. Außerdem kann der Therapeut sich mit diesem Handwerkszeug jederzeit von der Veränderungsidee wieder zurückziehen, wenn es zu früh scheint, und den „Tanz des Klienten" – wie *Gunthard Weber* es einmal genannt hat – „noch eine Weile mittanzen" (mündliche Mitteilung), bevor einem der „Kairos" (d.h. der rechte Augenblick) „geschenkt" und eine Aufstellung gewagt wird.

Die Verbindung der drei Ansätze und „Methodenswitching" in der Praxis: eine Kasuistik

Abschließend möchte ich noch eine Kasuistik schildern, in der alle drei Ansätze zum Tragen kommen. Methodisch wende ich dabei die hypothetisierenden und zirkulären Fragetechniken an, später die Externalisation des Symptoms sowohl auf gedanklicher Ebene als auch über die körperorientierte Symbolarbeit. Schließlich arbeiten wir auch mit Lösungssätzen des phänomenologisch-systemischen Ansatzes und zum Schluss mit der Aufstellung.

Es handelt sich um eine 17-jährige Schülerin, die seit ca. 1½ Jahren unter einer atypischen Bulimie litt, gleichzeitig zur Magersucht neigend. Sie musste manchmal mehrmals am Tag erbrechen, induzierte das Erbrechen aber nicht selbst, sondern es kam bei bestimmten Speisen von selbst, bis sie fast nichts mehr bei sich behalten konnte und sehr abmagerte.

Es fanden fünf Sitzungen statt. Zu einer Sitzung lud ich die Eltern ein, die sich zunächst sehr misstrauisch zeigten und gerne in die Therapie involviert werden wollten.

1. Sitzung

Zur ersten Stunde kommt sie mit ihrem Freund, quasi als Bodygard. Ich begrüße das mit der Bemerkung, Therapeuten gehören gut geprüft, bevor man sich auf sie einlässt. Ich beziehe den Freund in die Fragen ein, und mache mich bei beiden kundig, wie die Familie auf ihr Symptom reagiert. Die Eltern würden sie unentwegt beobachten und seien sehr besorgt, die Geschwister auch, am stärksten jedoch der Vater. Sie umschreibt ihr Symptom als „jemand, der raus will". Auf die Frage, wenn das Symptom ein Mensch wäre, ob es dann ein Mann oder eine Frau wäre, antwortet sie: ein Mann. Wir nennen ihn „Herrn Kotz", was beide sehr erheitert. Es stellt sich heraus, dass „Herr Kotz" sich nicht gerne so unfreundlich und böse wegschicken lassen will, wie sie es gerne täte. Ich mache den Vorschlag, wann immer „Herr Kotz" sich meldet, möge sie ihn freundlich begrüßen und lustvoll und liebevoll kotzen. Sie bemerkt, dass sie das zwar „abartig" finde, aber irgendwie gefalle ihr die Idee. Das Genogramm gibt nicht viel Aufschluss. Sie wisse nicht viel über die Familie, sie seien alle nett. Ihre Eltern wüssten vielleicht mehr. Ich sage ihr, was ich wissen muss, könne ich von den Eltern selbst erfahren. Sie müsse nichts wissen und sich nicht kümmern. Damit führe ich die Generationengrenze ein und impliziere, dass sie Kind sein darf und die „Großen" die Dinge, die es zu erledigen gibt, alleine regeln, und dass sie, was nicht zu ihr gehört, an die „Großen" abgeben darf. Sie geht sichtlich erleichtert.

2. Sitzung

Zur zweiten Sitzung kommt sie alleine und berichtet, dass das bewusste Kotzen und Freundlich-sein zu „Herrn Kotz" gut gewesen sei, obwohl sie mehr gespuckt habe. Ihre Eltern hätten aber bemerkt, dass sie fröhlicher gewesen sei, und dass ihre Augen wieder geglänzt hätten. Aber der Druck sei gerade im Moment wieder so stark da. Er solle weg sein. Ich frage sie, wo im Körper sie den Druck spüre. Sie führt ihre Hand an den oberen Brustbereich und weint. Ich schlage ihr vor, sich einen Gegenstand aus meiner Sammlung für den Druck auszusuchen. Sie wählt einen Igelball, den sie – auf dem Boden sitzend – an diese Stelle auf der Brust führt und hin und her rollt. Ich frage sie, wie es wäre, wenn sie den Igelball (den Druck) jemandem abgeben würde. Sie antwortet, das könne sie nicht, dann würde sich derjenige ja schlecht fühlen. Das wolle sie keinem zumuten. Ich frage sie: „Nehmen wir an, für dich sei es bestimmt, dass es dir richtig gut im Leben ginge, und das Schlimme gehöre gar nicht zu dir, sondern zu jemand anderem. Wie würde der andere sich fühlen, wenn du es ihm wegnehmen würdest?" Sie: „Der würde das nicht wollen. Der würde sie behalten wollen." Ich: „Wie würde der dich anschauen, wenn du mit aller Liebe und Respekt den Igelball zurück geben und sagen würdest: ‚Ich achte dein Schlimmes. Bitte schau freundlich auf mich, wenn es mir im Leben gut geht und ich bleibe.'?" Sichtlich berührt antwortet sie: „Der würde lieb schauen, weil ich ja gar nichts dafür kann." Ich frage sie: „Von wo schaut der lieb auf dich?" Sie: „Von rechts oben." Ich: „Lass dich hören, wie er sagt: ‚Ich freue mich, wenn es dir gut geht. Ein Schlimmes reicht. Du hast nichts damit zu tun und du bist frei.'"

Spontan gibt sie mir den Igelball. Wir probieren noch eine Weile, wie es ist, wenn sie ihn sich wieder nimmt. Schließlich lässt sie den Ball bei mir und ich lege ihn weg. Der Druck sei gegangen, sagt sie.

3. Sitzung

In der dritten Stunde berichtet sie, dass sie seit einem Monat nicht mehr gespuckt habe. Ich mache eine sogenannte Rückfallprophylaxe nach Art der Heidelberger Schule und spekuliere über die Prophezeihung, dass sich die Anfälle hin und wieder noch mal melden könnten, aber dass vielleicht die Abstände größer werden. Wir besprechen, was sie tun müsste, um einen Rückfall zu provozieren. Sie müsse Ruhepausen weglassen und durcharbeiten. Sie schildert, was sie in den Ruhepausen machen würde, wenn sie sie sich gönnen würde, wie z.B. sich mit Freunden treffen, lesen, Klavier spielen usw.. Ich gebe ihr die Aufgabe, wenn sie sich das nächste Mal übergeben müsse, dabei zu den liebevoll schauenden Augen zu gucken und zu sagen: „Ich bleibe." Sie sagt: „Dann kann ich aber wohl nicht mehr kotzen." Ich antworte: „Schauen wir mal." Diese Intervention bezieht sich auf Bert Hellingers These (Hellinger 1994), dass Bulimikerinnen, die eher zur Magersucht neigen, beim Erbrechen einem Impuls folgen, der symbolisch darauf hinweist, dass sie verschwinden wollen aus dem Leben im Sinne der familiären Dynamik „Lieber gehe ich als du", also dass sie für jemand anderes im System gehen wollen. Wir besprechen, wie das anstehende Elterngespräch gestaltet werden solle, und ob sie dabei sein wolle. Sie entscheidet sich, lieber nicht dabei sein zu wollen, was ich positiv aufnehme. Ihre Entscheidung zeigt mir, dass sie dabei ist, die Generationengrenze einzuhalten.

4. Sitzung (mit den Eltern)

Im Elterngespräch erkläre ich diesen meine Arbeitsweise. Ich schildere ihnen meinen guten Eindruck von ihrer Tochter und gebe vorsichtige Suggestionen, die darauf zielen, dass sie sich in ihrer Schuldzuschreibung sich selbst gegenüber entlasten. Ich anerkenne, wie sehr sie sich einsetzen für ihr Kind, und zeige mich beeindruckt von den Gaben ihres Kindes. Ich erkläre ihnen, dass solche Symptome, wie ihre Tochter sie zeige, in anderen Zusammenhängen zu suchen seien, als auf der Ebene von eventueller persönlicher Schuld der Eltern. Die Eltern zeigen sich sehr entlastet und betonen, dass sie der Therapie nunmehr sehr positiv gegenüberstehen, nachdem sie gesehen hätten, dass ihrer Tochter doch wohl wirklich geholfen werde.

Das Genogramm ergibt folgende Fakten: Ein älterer und ein jüngerer Bruder des Großvaters mütterlicherseits sind früh gestorben, der Vater des Großvaters ist im Krieg gefallen, als der Großvater 18 Jahre war. Der andere Großvater der Mutter ist in der Gefangenschaft verhungert. Väterlicherseits ist ein jüngerer Bruder der Großmutter im Krieg verhungert. Hier zeigen sich mögliche Nachfolgetendenzen im System, in dem Sinne, dass beide Eltern unbewusst dazu tendieren, den jeweiligen Toten im System in den Tod folgen zu wollen. Es liegt nahe, dass das Muster bei der Tochter „Lieber gehe ich als du, liebe Mama und vielleicht auch lieber Papa" zu ihrer Symptomatik einer Essstörung geführt hat. Diese genographischen Informationen bestätigten meine Hypothese und das Vorgehen in der zweiten Sitzung, in welcher die Tochter zu der Entscheidung gefunden hatte, das Fremde, das Schlimme dort zu lassen, wo es hingehört, ohne es konkret benannt zu haben. Die Wirkung wird durch den eher abstrakten Charakter der Vollzüge nicht geschmälert, besonders da es sich um eine junge Patientin handelt, die durch das Nicht-Wissen-Müssen der Zusammenhänge der Älteren entlastet wird, indem sie in ihrer Kind-Position Sicherheit vor Verstrickung erfährt.

5. Sitzung

In der letzten Sitzung berichtet die Klientin, dass sie während der zwei Monate seit dem letzten Mal zwar noch einmal gespuckt habe, dass sie aber nicht mehr das Gefühl habe, dass „da jemand raus wolle". Um die Lösung der zweite Stunde zu reaktivieren und damit zu sichern, komme ich noch einmal auf die liebevoll schauenden männlichen Augen zu sprechen und frage, wie er schaut, wenn er ihre Entwicklung betrachte. Sie meint, er schaue immer noch wohlwollend. Auf die Frage, wie es dem Symptom gehe, wenn es sich zurückziehe, sagt sie: „Wenn ich mit mir im Reinen bin und gut auf mich aufpasse, kann es sagen: ‚Oh, das war's'." Wir kommen zu dem Schluss, dass in diesem Fall ihr Symptom ja zum Freund geworden sei, der sie aufmerksam sein lasse, mit sich selbst sorgfältig umzugehen. Die Klientin äußert noch ein Anliegen: Sie fühle sich in der Familie manchmal noch so allein, obwohl ihre Mutter doch so stark auf sie fixiert sei und sie dazu tendiere, sie zu kontrollieren. Wir stellen das System mit Hilfe von Figuren auf. Mutter und Vater stehen den Kindern gegenüber. Die Mutter schaut auf die Klientin, die Klientin schaut zwischen den Eltern hindurch ins Leere. Die Geschwister stehen nebeneinander, aber nicht in der Rangfolge. Die Hypothese bestätigt sich, dass die Klientin etwas aus dem mütterlichen System im Hellingerschen Sinne „übernimmt" – stellvertretend für die Mutter. Ich stelle die Ursprungsordnung auf, so dass Eltern und Kinder im Halbkreis stehen. Die Klientin äußert spontan: „Das gefällt mir. So stehe ich nicht mehr allein, aber ich kann nach vorne schauen." Ich lasse sie sagen: „Ich bin euer Kind. Ich bin die Kleine. Ihr seid die Großen. Ich gehöre dazu und muss mich nicht kümmern. Das überlasse ich euch." Sie meldet zurück, so fühle sie sich geborgen, und gleichzeitig könne sie nach vorne schauen und sich nun um ihre eigenen Angelegenheiten kümmern. Wir beschließen die Therapie.

Vor ein paar Wochen, ein Jahr nach Beendigung der Therapie, bin ich der Mutter der Klientin zufällig beim Einkaufen begegnet. Sie berichtete sichtlich froh, dass es der Tochter gut gehe und sie immer noch symptomfrei sei, obwohl sie sich mitten im Abiturstress befinde.

Matthias Varga von Kibéd & Insa Sparrer: Tetralemma-arbeit als eine Form Systemischer Strukturaufstellungen

I

Systemische Strukturaufstellungen sind ein systemisches Aufstellungsverfahren zur Repräsentation und Modifikation von Struktur und Veränderungsdynamik unterschiedlichster Systeme. Das Verfahren der Systemischen Strukturaufstellungen wurde im Verlauf der vergangenen zehn Jahre von den Autoren gemeinsam entwickelt. Der Aufstellungsprozess erfolgt in vieler Hinsicht ähnlich wie beim *Familienstellen Bert Hellingers*, jedoch werden anstelle von (oder zusätzlich zu) Familienmitgliedern hier auch abstrakte Teile, innere Anteile der KlientInnen, Organe und Symptome, Personen z.B. aus dem Arbeitsbereich, Symbole, Gegenstände, Werte u.a. aufgestellt.

Die Systemischen Strukturaufstellungen umfassen mittlerweile über sechzig verschiedene Formen, die auf einer gemeinsamen einheitlichen Grammatik der Interventionen aufbauen (vgl. dazu *Sparrer* & *Varga v. Kibéd* 1998, *Varga v. Kibéd* & *Sparrer* 2000). An dieser Stelle seien exemplarisch die *Tetralemmaaufstellungen* als eine dieser Formen vorgestellt. *Tetralemmaarbeit* (erstmals eingeführt in *Varga v. Kibéd* 1995, 1998; Näheres in *Sparrer* & *Varga v. Kibéd* 2000) ist eine Methodik, auf der diese Aufstellungsform beruht, die sich aber auch in andere therapeutische und beraterische Gesprächs- und Interventionsformen integrieren lässt, und die grundsätzlich für alle Arten von Dilemmata, allgemeiner: für Entscheidungssituationen mit polaren Gegensätzen, geeignet ist.

II

Die Systemischen Strukturaufstellungen weisen, neben vielen grundlegenden Gemeinsamkeiten, eine Reihe von grundsätzlichen Unterschieden zum Familienstellen nach *Bert Hellinger* auf. Wir möchten diese hier kurz darstellen, um Missverständnissen vorzubeugen, die entstehen können, wenn Prämissen des Familienstellens auf die Systemischen Strukturaufstellungen übertragen werden.

1. Bei den Systemischen Strukturaufstellungen verwenden wir **drei unterschiedliche *Grundkategorien von Symbolen*:** *RepräsentantInnen im engeren Sinne, Orte* und *freie Elemente*. Dabei verstehen wir unter *Symbolen* oder *Repräsentanten im weiteren Sinne* (R.i.w.S.) alle Personen, Gegenstände usw., die wir bei systemischen Aufstellungen verwenden, um Elemente eines anderen Systems zu repräsentieren. In systemischen Familienaufstellungen werden nur (personale) *RepräsentantInnen im engeren Sinne* (R.i.e.S.) verwendet, d.h. RepräsentantInnen, die von Bild zu Bild verstellt werden können, aber innerhalb des Aufstellungsbildes einen festen Platz einnehmen. *Orte* sind dadurch gekennzeichnet, dass sie bei Umstellungen während der ganzen Aufstellung (im wesentlichen) an demselben Platz bleiben. *Freie Elemente* sind dagegen nicht einmal innerhalb eines Aufstellungsbildes in Bezug auf ihren Platz festgelegt, sondern können sich nach ihren eigenen Impulsen frei bewegen.

Bei jeder dieser Kategorien unterscheiden wir in der Grammatik der Systemischen Strukturaufstellungen nochmals zwischen sechs Subkategorien, und zwar:

(a) *gewählte Repräsentanten*, die zunächst noch nicht aufgestellt werden, deren Reaktionen die LeiterInnen einer Aufstellung aber im Auge behalten und die später dazugestellt werden können; diese Kategorie ermöglicht erhebliche Komplexitätsreduktionen bei den Anfangsbildern und ist insbesondere wichtig beim *schichtenweisen Aufbau einer Aufstellung*, bei dem die RepräsentantInnen gebeten werden, auf Unterschiede zwischen mehreren Phasen zu achten, in denen man das Aufstellungsanfangsbild allmählich entstehen lässt, was die Anzahl der relevanten Unterschiede im Anfangsbild und damit dessen diagnostischen Wert erhöht;

(b) *Repräsentanten mit intendiertem Reframing*, so z.B. die *Hindernisse* bei *Problemaufstellungen*, bei denen die Umwandlung in *Schutzwälle* und *Helfer* als Möglichkeit dem Klienten schon zu Beginn der Aufstellung mitgeteilt wird;

(c) *Repräsentanten mit intendiertem Kategorienwechsel*, so etwa, wie weiter unten kurz erläutert, die ersten vier Positionen bei einer *freien Tetralemmaaufstellung*, die zunächst als Repräsentanten im engeren Sinne gestellt werden, um dann in der Regel nach wenigen Umstellungen als Orte in eine Standardanordnung gebracht zu werden;

(d) *Repräsentanten mit räumlicher Ausdehnung*, so z.B. die bei *Rückgaberitualen* verwendeten *symbolischen Gegenstände*, oder die *Bereiche* für vergangene und zukünftige Zustände in der *Neunfelderaufstellung* u.a.;

(e) *Repräsentanten mit zeitlicher Form*, wie etwa *Zeitlinien* als Spezialform der *Orte* in der *Zielannäherungsaufstellung*;

(f) *Grenzen*, so etwa *statische Grenzen* als Spezialfall der *Orte*, wozu etwa Fenster und Türen des Raums, in dem eine Aufstellung stattfindet, gehören, sobald auf sie von RepräsentantInnen im Aufstellungsbild in relevanter Weise Bezug genommen wird (z.B. durch den Wunsch, zur Tür hinaus zu gehen oder auf sie zu schauen).

Die Verwendung dieser unterschiedlichen Symbolarten erlaubt in der Aufstellung auch die Darstellung zeitlicher Aspekte, räumlicher Unterschiede und spezifischer biographischer Abläufe und erweitert die Möglichkeiten der Systemsimulation durch Aufstellungen gerade für die Anwendungen im Organisationsbereich beträchtlich.

Darüber hinaus lassen sich in dieser umfassenderen Grammatik leichter fruchtbare Querverbindungen zu anderen therapeutischen Ansätzen finden, so etwa zur *Satirschen Skulptur-* und *Familienrekonstruktionsarbeit*, zum *Psychodrama Morenos*, zur Verwendung szenischer Darstellungen und dynamischer Skulpturen wie etwa bei *Gunther Schmidts hypnosystemischen Ansatz* und bei anderen Vertretern der *Heidelberger Schule*. Der grammatische Ansatz der Systemischen Strukturaufstellungen ist daher auch als Beitrag zum Methodenvergleich und Dialog der Therapieschulen zu sehen.

2. **Ausgeschlossene Systemmitglieder müssen nicht explizit benannt werden**; es reicht aus, wenn sie aufgestellt und unter einer logisch angemessenen Bezeichnung, die möglichst keine zusätzliche Information in das Bild hineinträgt, einbezogen werden. Sie können daher z.B. aufgestellt werden als „das, was fehlt", „das, worum es geht", „das, was für ... auftaucht" oder „das, wohin ... blickt", um nur einige Möglichkeiten zu nennen. Es kann sein, dass sich im Verlauf des Aufstellungsprozesses herauskristallisiert, um wen oder was es sich handelt, doch ist die explizite Deklaration, um wen es sich handelt, keine notwendige Voraussetzung für die Wirkung der Aufstellung.

Dieses Vorgehen erlaubt die Anwendung der systemischen Aufstellungsarbeit auch in Fällen, in denen die explizite Information für die KlientInnen prinzipiell unverfügbar ist. Darüber hinaus bildet diese Vorgehensweise eine der Grundlagen der (hypnotherapeutisch motivierten) Form der *halbverdeckten* und der *verdeckten Arbeit*, bei der die Aufstellungsteilnehmer und u.U. sogar die Leiterinnen der Aufstellung die Inhalte des Anliegens der KlientInnen nur zu einem kleinen Teil oder, bis auf rein strukturelle Information, gar nicht erfahren. (Das Vorgehen hat in dieser Hinsicht Ähnlichkeiten mit den Formen, die *Ernest Rossi* in der *Ericksonschen Hypnotherapie* weiterentwickelt hat.)

Diese Arbeitsweise ermöglicht die Einhaltung schwieriger Kontraktbedingungen, so etwa, wenn bei *Organisations-Strukturaufstellungen* mit Mitgliedern verschiedener Hierarchieebenen einer Organisation im selben Raum gearbeitet werden soll, oder, wenn in einer Organisation (ohne externe, d.h. nicht zu dieser Organisation gehörige Personen als Repräsentanten) für diese Organisation aufgestellt werden soll (was für klassische *Organisationsaufstellungen* zurecht als bedenklich bis unmöglich angesehen wird).

3. Systemische Strukturaufstellungen arbeiten **gleichzeitig auf verschiedenen Deutungsebenen**; so kann dasselbe Aufstellungsbild in einer Strukturaufstellung auf der Ebene der Familienmitglieder, der Ebene der Körperteile und Organe, der Ebene des beruflichen Kontextes, der Ebene der Handlungsoptionen u.a. verstanden werden.

Wir gehen dabei wie in der Ericksonschen Hypnotherapie davon aus, dass unser Unbewusstes weiss, welche Interpretationsebenen für das Anliegen der Klientin jeweils besonders relevant sind. Wir sprechen von einer Aufstellung mit ***Strukturebenenwechsel***, wenn sich bei der Aufstellungsarbeit Indizien dafür ergeben, dass die explizit symbolisierte und aufgestellte Strukturebene auf eine andere Strukturebene hinweist und dieser Hinweis zum Anlass genommen wird, nun mit den Elementzuordnungen der anderen Ebene weiterzuarbeiten; so etwa, wenn die Stellung und die Reaktionen abstrakter Systemelemente, wie etwa *Ziel, Hindernisse, Ressourcen* oder *Gewinn* bei einer *Problemaufstellung* starke partielle Isomorphien zur Beziehungsstruktur der Familienmitglieder in einer Familienaufstellung aufweisen, und dies zum Anlass genommen wird, von der Problem- zur Familienaufstellung durch *Umdeutung* der entsprechenden RepräsentantInnen überzugehen.

Ein *expliziter Strukturebenenwechsel* erfolgt, wenn die abstrakten Teile entsprechend (im genannten Beispiel also etwa in Familienmitglieder) *explizit umbenannt* werden und damit offen auf der Familienebene weitergearbeitet wird. Von einem *impliziten Strukturebenenwechsel* sprechen wir dagegen, wenn etwa bei dem gerade genannten Beispiel auf der Problemebene weitergearbeitet und die Parallele zur Familie nicht angesprochen wird, die Umstellungen und Prozessarbeit jedoch für beide Ebenen gelten, sodass implizit die Familienebene immer mit angesprochen wird. Diese Form der ***systematisch ambigen Arbeit*** mit Systemischen Strukturaufstellungen ist eine besonders fortgeschrittene und wirkungsvolle Form des systemischen Aufstellens und bewährt sich besonders gut dann, wenn es gilt, die Diskretionsbedürfnisse der KlientInnen zu schützen, was z.B durch die spezifischen Bedingungen des Arbeitskontrakts für Beratung in Organisationen häufig erforderlich ist.

4. Systemische Strukturaufstellungen sind ***lösungsorientiert***. Vor der Aufstellung wird im Gespräch erarbeitet, was das Ziel ist, oder genauer, woran es sich zeigen würde, dass das Problem der Klientin gelöst ist. Beim Auffinden des Lösungsbildes ist es nicht erforderlich, Gründe für die Entstehung des Problemzustandes zu finden. Es kommt darauf an, Schritte in Richtung auf eine Lösung zu machen und die dabei hilfreichen Prozesse wahrzunehmen.

Die Therapeuten sollten dabei auch naheliegende Deutungen möglichst unterlassen, wenn der Kontrakt mit den KlientInnen und deren Weltbild das zulässt („Wenn dir eine Deutung einfällt, dann nimm ein Aspirin und warte bis der Anfall vorbei ist", sagt *Steve de Shazer*). Der Klient entscheidet bei der Arbeit mit Systemischen Strukturaufstellungen in vieler Hinsicht selbst, was die Aufstellung für ihn bedeutet. Wir vertrauen wie in der Ericksonschen Arbeit darauf, dass sein Unbewusstes das für ihn Relevante erkennt und für ihn passend deutet. Gegebenenfalls erarbeiten wir, wenn die KlientInnen dies wünschen oder es uns für die Stabilität der Ergebnisse als hilfreich erscheint, Hilfestellungen zur kognitiven Deskription.

Das lösungsorientierte Vorgehen im Aufstellungsprozess wird durch die Einbettung der systemischen Strukturaufstellungen in Vor- und Nachbesprechungen mit Formen der ***lösungsfokussierten Kurztherapie*** (*de Shazer, Kim-Berg*; vgl. z.B. *de Shazer* 1996) nachhaltig unterstützt (weshalb wir diese Verbindung in unserem Ausbildungscurriculum weitergeben).

5. Es gilt das **Primat der Prozessarbeit**. Dies bedeutet, dass es wichtiger ist, *dass* ein bestimmter Prozess erfolgt, als das explizite Wissen darüber zu haben, *zwischen wem* er erfolgt. So kann es z.B. darum gehen, dass eine Belastung oder Schuld zurückgegeben wird. Hier ist weniger relevant, ob der, an den diese Belastung zurückgegeben wird, explizit benannt werden kann oder nur als z.B. „diejenige Person, um die es hier geht" bezeichnet und aufgestellt wurde. Dies bedeutet eine Erweiterung der Interventionsmöglichkeiten und der möglichen Kontraktbedingungen, da eben vielfach nicht das ungewöhnlich umfassende Vertrauen vorausgesetzt werden darf, das für eine Familienaufstellung besonders wichtig und förderlich ist; keineswegs ist damit natürlich der Wert der offenen Arbeit mit expliziten Deklarationen gemindert, wo sie eben anwendbar ist.

6. Der Begriff des Systemischen ist bei der Systemischen Strukturaufstellungsarbeit in einem Sinne zu verstehen, der ihn zu einem nichttrivialen Bindeglied der als *„systemisch-konstruktivistisch"* und der als *„systemisch-phänomenologisch"* bezeichneten Ansätze (deren gegenwärtige oft polemische Auseinandersetzung aus unserer Sicht sowieso eine unnötige Verzögerung einer potentiell sehr fruchtbaren Zusammenarbeit darstellt) werden lässt. Wir verstehen **„systemisch" als *komparatives Aspektwechselprädikat***, das dadurch zu definieren ist, dass ein Ansatz in einer Hinsicht systemischer ist als ein anderer, wenn er in dieser Hinsicht in höherem Maße als jener gestattet, von der Zuschreibung von Eigenschaften an Systemelemente abzusehen (und stattdessen Strukturen, Kontexte und Dynamiken betrachtet).

III

Die Tetralemmaarbeit fußt auf einem Einteilungsschema der indischen Logik, das ursprünglich zur Kategorisierung der verschiedenen Standpunkte, die ein Richter in einem Streitfall zwischen zwei Parteien in Erwägung zu ziehen hatte, angewandt wurde

(Tetralemma, sanskrit: catuskoti „vier Ecken /Aspekte“, „Urteilsvierkant“). Die vollständige Charakterisierung dieser Standpunkte wurde dann auf erkenntnistheoretische, psychologische und metaphysische Fragen übertragen, um auch hier zu einer vollständigen Stellungnahme möglicher Sichtweisen und Argumentationen zu gelangen (vgl. dazu auch *Sturm* 1996).

Verdeutlichen wir die vier Positionen des Tetralemmas zunächst an der ursprünglichen Anwendungssituation eines Streits zwischen zwei Parteien. Der Richter hat in diesem Fall vier Möglichkeiten in Betracht zu ziehen:

Position 1: Der Angeklagte hat recht.
Position 2: Der Kläger hat recht.
Position 3: Beide Seiten haben recht. (Es könnten widersprüchliche oder ungenaue juristische Bestimmungen vorliegen, u.a.)
Position 4: Keiner von beiden hat recht. (Es könnten z.B. die Ansprüche beider Parteien auf ein bestimmtes Grundstück ungerecht fertigt sein, da das Grundstück in Wirklichkeit einer dritten Partei gehört.)

Dieses Einteilungsschema sieht vielleicht auf den ersten Blick banal aus. Wir möchten nun eine andere Form der Darstellung geben, die zeigt, auf welche Weise jede Position zur vorangehenden eine *Kontexterweiterung* darstellt, und dadurch auf einen ersten von vielen nichttrivialen Aspekten dieses Schemas, bei dem z.B. auch in den traditionellen Darstellungen die Reihenfolge der dritten und vierten Position keineswegs austauschbar war, hinweisen.

IV

Nehmen Sie eine eigene Überzeugung, die Sie bislang noch nicht angezweifelt haben. Solange kein Zweifel da ist, lässt es sich mit dieser Einstellung gut leben, und Sie vertreten die **Position 1** und fühlen sich im Recht mit Ihrer Überzeugung. Es kann nun eintreten, dass Sie eine Erfahrung machen, die für Sie leise Zweifel an Ihrer Einstellung weckt. Es taucht am Horizont Ihrer bisherigen Welt etwas auf, das die bisherige Überzeugung verneinen oder einschränken könnte. Zu dieser Zeit wissen Sie noch nicht, was statt Ihrer Überzeugung der Fall sein könnte. Sie vermuten nur, dass es etwas Anderes geben könnte, das einem „nicht das bisherige“ entspricht.

Überlegen Sie, ob Ihnen jemand einfällt, der eine gegenteilige Meinung vertritt. Diese andere Person verträte dann die **Position 2**: „Eine gegenteilige Überzeugung ist richtig“. Damit haben wir zusätzlich eine neue Position, ein „**Statt dessen**“ zur ersten Position. Wir erhalten einen Gegensatz: **das Eine** und **das Andere**. **Das Andere** stellt eine Kontexterweiterung zum vorherigen Zustand der Welt, in der es nur eine einzige Überzeugung gab, für Sie dar. Wenn wir uns jetzt nicht entscheiden können, was für uns passt, wünschenswerter oder richtig ist, sprechen wir von einem *Dilemma.* Trotz der Unannehmlichkeiten, die dieses bereiten kann, stellt es gegenüber der auf eine Überzeugung reduzierten Welt oft einen Fortschritt dar. (Eine nach einer Phase des Zweifels wiedergewonnene Überzeugung oder Beziehung ist ja schließlich auch häufig vertieft.) Betrachten wir das Tetralemma als ein Entwicklungsschema im Verstehen von Begriffen und Situationen, so gehört zur Möglichkeit der Entwicklungsschritte auch die Zustimmung zur Entstehung gewisser Zwickmühlen der Wahl zwischen zwei Möglichkeiten.

Zur **dritten Position** gelangen wir dadurch, dass wir beiden bisherigen Positionen einen Platz geben können. Die dritte Position erweitert das Dilemma um den übersehenen Kontext der Verbindung der beiden Pole des Dilemmas. Aus dem „**entweder – oder**“, in dem wir uns befinden, wenn das Dilemma gerade aufgeblüht ist, wird zunächst der Suchprozess eines „**sowohl – als auch**“ eingeleitet, bei dem beide Positionen noch isoliert voneinander bestehen bleiben, und in manchen Fällen gelingt es uns, eine Form von „**Beides**“ zu finden, zu dem das „sowohl – als auch“ eine Vorstufe bildete. (Diese ebenso wie die folgenden Details sind typisch für unsere Form der Tetralemmaarbeit und lassen sich in den traditionellen Formen des Tetralemmas nicht nachweisen.)

Betrachten wir zur Verdeutlichung des Tetralemmaprozesses noch einige Varianten der dritten Position als einer Verbindung der ersten beiden Positionen, die dabei auch in einem erweiterten Kontext betrachtet werden müssen (näheres zu diesen und fünf weiteren Varianten, wie auch generell zum Tetralemma, in *Varga v. Kibéd* & *Sparrer* 2000):

Die **Iteration**: Wir verhalten uns eine zeitlang gemäß
Position 1: und anschließend eine zeitlang gemäß.
Position 2: Wenn wir eine *reguläre Form des Abwechselns* zwischen diesen Positionen gefunden haben, stellt die Iteration bereits einen Subtyp der dritten Position *Beides* dar, und sowohl *das Eine* wie auch *das Andere* findet hier seinen Platz.

(Geschieht der Wechsel zwischen den Positionen noch in einer irregulären und unbefriedigenden Form, so liegt nur ein Subtyp von *sowohl-als auch* vor.)

Der **Kompromiss**: eine Verbindung der Wünsche beider Teile unter Einschränkungen.

Werden etwa in einer Gruppe von den Teilnehmern zwei unterschiedliche Wünsche für ein Ausflugsziel geäußert, so könnte ein Kompromiss z.B. darin bestehen, dass die Teilnehmer in zwei Gruppen gemäß den geäußerten Wünschen an die beiden verschiedenen Orte fahren, jedoch nicht die ganze Gruppe dasselbe tut. Eine andere Form des Kompromisses wäre die Wahl eines dritten Ortes, der gewisse Eigenschaften beider Ausflugsmöglichkeiten vereint, der zwar für keine der beiden Gruppen das primäre Wunschziel darstellt, aber eine gemeinsame Unternehmung ermöglicht.

Zum Kompromiss gehört also das Akzeptieren einer Einschränkung bei der Lösung, um eines anderen Wertes willen. Da aber beide Seiten bei einem einigermaßen gelungenen Kompromiss sich einbezogen fühlen können, kann der Kompromiss als Subtyp der dritten Position gelten. (Ein instabiler und fragwürdiger Kompromiss ist dagegen eher ein Subtyp von *sowohl-als auch* oder sogar ein verkapptes *entweder-oder.*)

Die **paradoxe Verbindung**: *das Eine* und *das Andere* sollen trotz Ihrer Unvereinbarkeit (durch irgendeine überraschende Kontextmodifikation) zugleich gelten.

*Viktor Frankl*s berühmte *Metapher vom dreidimensionalen beidäugigen Sehen* als Modell einer geglückten physiologischen Paradoxienlösung (für die Vereinbarung des Dilemmas zweier zweidimensional unvereinbarer Bilder der beiden Augen für sich genommen) ist hilfreich, um die Grundstruktur der Beispiele dieser interessanten und therapeutisch wichtigen Art von *Beides* zu verstehen.

Der Begriff der *systemischen Schuld* ist ein tiefergehendes ethisches Beispiel, dessen Konsequenzen für die systemische Familienaufstellungsarbeit *Bert Hellinger* (auf der Basis von Ideen *Boszormenyi-Nagy*s, der wiederum aus *Martin Buber*s Werk schöpfte) in seinem Vortrag zu Schuld und Unschuld aus systemischer Sicht so klar und anrührend darlegte (vgl. dazu auch *Hellinger* 1997 und *Weber* 1997).

Wenn etwa jemand ein Kind überfährt, das plötzlich auf die Fahrbahn läuft, empfindet er in der Regel auch dann schwere Schuld, wenn er nicht anders handeln konnte und damit nicht die Freiheit hatte, unschuldig zu bleiben. Diese „unschuldige" oder „systemische Schuld" überhaupt als Schuld zu bezeichnen, öffnet paradoxerweise dem Schuldigen eine Vielzahl bewusster Ausgleichsmöglichkeiten im Guten, gerade da, wo zuvor unbewusster Ausgleich im Übel erfolgte; dafür finden sich zahllose Beispiele in den Fallgeschichten von *Hellinger.*

Die **übersummative Verbindung**: dies entspricht am ehesten dem traditionellen Begriff der dialektischen Synthese. Die Position eins und die Position zwei verschmelzen oder verbinden sich zu einem größeren Ganzen, das seinerseits nicht einfach auf diese beiden Teile reduziert werden kann.

Das Kind geht in diesem Sinne über Mutter und Vater hinaus, und eine Gestalt kann nicht als bloße Zusammensetzung von Vordergrund und Hintergrund verstanden werden.

Die **Mehrdeutigkeit**: Mehrdeutigkeit ist eine besonders häufig übersehene Form von *Beides; Ambivalenztoleranz* und vage, absichtlich mehrdeutige hypnotherapeutische Sprache sind typische therapeutische Anwendungen dieser Form von *Beides*. Mehrdeutige Begriffe heissen in gewissem Sinne *das Eine* und *das Andere* zugleich, und erst der jeweilige Kontext der Verwendung entscheidet, welche der Deutungen zum Tragen kommt. Die systematisch ambige Aufstellungsarbeit kann als eine Form von *Beides* für die dabei miteinander verbundenen parallelen Strukturebenen gesehen werden.

Erinnern Sie sich noch an die Überzeugung, mit deren Anzweiflung Sie zu den ersten drei Positionen der Tetralemmaarbeit gelangten? Nun geht es noch einen Schritt weiter: Die **Position vier** weist auf einen **übersehenen Kontext** des Dilemmas hin. Sie gibt eine Antwort auf Fragen wie die folgenden:

- Wie kam es überhaupt zu dem Dilemma zwischen *dem Einen* und *dem Anderen*? (Frage nach dem *vergangenen Kontext*)
- Was übersehe ich bei dieser Frage im Moment? Wo ist mein blinder Fleck? (Frage nach dem *gegenwärtigen Kontext*)
- Was in der Zukunft hindert mich daran, eine Entscheidung zu fällen? Womit müsste ich nach der Lösung des Dilemmas fertigwerden? Um was geht es nach der Entscheidung, das mir jetzt bereits Angst macht? (Frage nach dem *zukünftigen Kontext*)
- In welchem Kontext macht es einen Sinn, diesem Dilemma ausgesetzt zu sein? Wieso sind beide Positionen für sich genommen so wichtig, dass keine Entscheidung getroffen werden kann? (*zeitloser Kontext*)

Solange diese Kontexte unberücksichtigt bleiben, droht die dritte Position instabil zu werden. Erst die Berücksichtigung der vierten Position ermöglicht eine stabile Entscheidung. Die vierte Position erweist sich so als Kontexterweiterung der dritten und vorhergehenden Positionen. Dies beantwortet die (in der Geschichte der indischen Logik oft umrätselte) Frage nach dem Sinn der gegebenen Reihenfolge der dritten und vierten Position.

V

Eine statische logische Analyse des Tetralemmas als Einteilungsschema bringt keine entsprechende Begründung der Reihenfolge der Positionen – erst eine Deutung wie die, die wir dem Tetralemma in der Tetralemmaarbeit als *Prozessschema* mit fortlaufenden Kontexterweiterungen gegeben haben, ist dazu imstande.

Sie beginnen nun zu sehen, dass diese vier Positionen, so harmlos sie zu Beginn geklungen haben mögen, sich als sehr gehaltvoll erweisen können. Sie beinhalten drei unterschiedliche Kontexterweiterungen. Die erste Kontexterweiterung, beim Übergang von der ersten zur zweiten Position, beinhaltet das Auftauchen einer „neuen Welt", da in einem Wittgensteinschen Sinne die Welt, in der es für uns zur ersten Position keine Alternative gab, nicht als dieselbe Welt angesehen werden kann wie die, in der nach einer Phase des Zweifelns (und durch sie) ein *statt dessen* auftauchte. Die zweite Kontexterweiterung, die Entdeckung der übersehenen Verbindung zwischen den Polen des Dilemmas, stellt eine *interne Rahmenerweiterung* dar, da wir hier das Thema der ersten beiden Positionen als Hauptthema behalten, aber in unserer Betrachtung innerhalb des Themas über diese beiden Positionen hinausgehen. Die dritte Kontexterweiterung, der Übergang zum übersehenen Kontext, bildet eine *externe*

Rahmenerweiterung, ein hypnotherapeutisches Reframing im engeren Sinne, bei dem das Hauptthema wechselt.

VI

Nagarjuna, der Begründer des Madhyamika-Buddhismus, ging in seiner Kritik an den Argumentationsformen der indischen Logiker über diese vier Positionen noch hinaus. Erst die Einbeziehung dieser als *vierfacher* oder *vierfältiger Negation* („*fourfold / four-cornered negation*") bezeichneten ***fünften „Nichtposition"*** gibt der *Tetralemmaarbeit* (und den darauf aufbauenden *Tetralemmaaufstellungen*) ihre eigentliche Kraft und große Flexibilität für kreative Problemlösungen. *Nagarjuna* negierte (in den Mulamadhyamikakarikas) alle vier Positionen und antwortete (in Vigrahavyavartani) auf die Frage, ob er denn damit nicht wieder einen neuen Standpunkt eingenommen habe, sinngemäß mit der Ablehnung jedes Anspruchs auf einen letzten Standpunkt in seiner eigenen Lehre (vgl. dazu *Streng* 1967).

Der Sinn dieses *fünften Aspekts*, der als „Nichtposition" bezeichnet und vorsichtshalber nur indirekt als vierfache Verneinung der Positionen des Tetralemmas eingeführt wurde, gilt in der Literatur zur indischen Logik als besonders schwieriges und dunkles Kapitel, das gerne mit Formulierungen wie „the mysterious negation of the madhyamikas" garniert wird. Dass die vierfache Verneinung alle vier Positionen des Tetralemmas zurückweist, ist für eine statische Betrachtung des Schemas schon katastrophal genug, zumal bei einem Dilemma, bei dem *das Andere* eine klassische Negation *des Einen* ist, schon die dritte und vierte Position des Tetralemmas das Gesetz vom ausgeschlossenen Widerspruch und das Tertium non datur zu verletzen scheinen; selbst nichtstandardlogische Rekonstruktionsversuche bekamen daher unlösbar erscheinende Schwierigkeiten bei der Deutung der vierfachen Negation.

Die Selbstanwendung dieser Negation jedoch durch die Ablehnung des Standpunktcharakters des fünften Aspekts ließ Rekonstruktionsversuche der Argumentation *Nagarjunas* aus der Sicht der klassischen Logik und sogar der modernen formalen Logik als ziemlich aussichtslos erscheinen. Erst seit den neueren Entwicklungen nichtpräventiver paradoxientheoretischer Systeme, d.h. Systeme, die Paradoxien nicht verbieten, sondern im System zulassen und analysieren (beginnend 1975 mit den Arbeiten von *Saul Aron Kripke*, *R..L. Martin* & *P.W. Woodruff*), ist eine theoretische Analyse zwar in gewissem Umfang mit formallogischen Mitteln möglich, aber immer noch sehr schwer allgemeinverständlich vermittelbar. Ein praktischer Zugang zu einigen Grundzügen dieses fünften Aspekts wird jedoch durch die *Tetralemmaarbeit* ermöglicht und in den *Tetralemmaaufstellungen* nicht nur zugänglich, sondern häufig zur entscheidenden Grundlage effektiver therapeutischer und beraterischer Musterunterbrechungen.

Diese vierfache Negation wird auch als ***Negation des Tetralemmas*** oder als das negierte Tetralemma bezeichnet; unsere Aufstellung des Tetralemmas bezieht sich also eigentlich auf dieses negierte Tetralemma. Wir bezeichnen dabei die bloße Negation der ersten vier Positionen als ***schwache fünfte***, die die Selbstanwendung der Negation einbeziehende Negation als ***starke fünfte „Nichtposition"***.

VII

Kommen wir nochmals auf unser Verlaufsschema zurück. Nach dem Einnehmen der vierten Position bestehen verschiedene Möglichkeiten, im Tetralemmaprozess weiterzugehen:

Wir können den ganzen Prozess vergessen und wieder bei Position 1 beginnen. Dies nennen wir dann einen **Rückfall**.

Wir können den ganzen Prozess von außen betrachten und berühren damit die fünfte „Nicht-Position". Anschließend gibt es die Möglichkeit, nochmals den gleichen Prozess von Position 1 bis 4 zu durchlaufen, diesmal jedoch *mit* der Erinnerung an den ersten Durchlauf. Diesen Teilprozess nennen wir (in Anlehnung an den Sprachgebrauch von *Gunther Schmidt*) eine **Ehrenrunde**.

Es gibt außerdem die Möglichkeit, scheinbar etwas Neues, in Wirklichkeit aber „das Gleiche in Grün" als neue erste Position einzunehmen. Dies nennen wir eine **Symptomverschiebung**.

Und schließlich gibt es auch die Möglichkeit, einen wirklich neuen Standpunkt (**das Neue**) als neue erste Position einzunehmen; ein **kreativer Schritt** dieser Art führt gewissermaßen auf eine andere Ebene und erfordert in der Regel einen Kontakt mit der starken fünften „Nichtposition".

VIII

Bezeichnungen wie „Rückfall" und „Symptomverschiebung" klingen abwertend, „Ehrenrunde" und erst recht „kreativer Schritt" aufwertend – und sind aus einer nichtsystemischen Sicht meist auch so gemeint; aus systemischer Betrachtungsweise ist aber anzumerken, dass eine Ehrenrunde, wenn sie den Vorwärtsprozess zu sehr beschleunigt (also z.B. schneller, als der Klient es erträgt), ungünstiger sein kann als ein Rückfall; und ein kreativer Schritt, der im Chaos ohne Ende landet, kann so gesehen einer Symptomverschiebung unterlegen sein. Sie sehen: erst der Kontext entscheidet, welcher nächste Schritt dran ist.

IX

Der Prozess des negierten Tetralemmas läuft gewissermaßen in Form einer räumlichen Spirale immer weiter. In diesem Prozess ist ein folgender Schritt nicht besser als der vorangehende. „Besser" ist es letztlich, wenn wir voranschreiten, also im Prozess bleiben, ungünstig ist es letztlich, auf einer Position zu verharren – aber selbst diesen Standpunkt kann man nicht festhalten. (Die Lehre vom negierten Tetralemma hat daher ganz konkret mit der Praxis zur buddhistischen Lehre von der Nichtanhaftung zu tun und wurde und wird auch so verwendet.)

Auch die fünfte „Nicht-Position" gilt es wieder zu verlassen, denn solange wir keinen neuen Standpunkt einnehmen, können wir nicht handeln. Jemand, der immer außen bleibt, gelangt in die vierte *Satir*-Kategorie, die des „Irrelevanten", der nie zu einem Gegenüber wird, da er ständig die Position wechselt. Aus der Sicht der Tetralemmaarbeit ist dies das *Missverständnis einer schwachen fünften „Nichtposition" als Position.*

Den Prozess, bei dem wir uns mit einem Dilemma unter den Gesichtspunkten des negierten Tetralemmas mit all seinen möglichen Verzweigungen auseinandersetzen, den wir weiter oben von der ersten Position bis zur fünften Nichtposition und darüber hinaus geschildert haben, bezeichnen wir als den ***Tetralemmaprozess***.

X

Tetralemmaarbeit besteht nun in der Klärung von Entscheidungsprozessen, indem die zuvor dargelegten Phasen des Tetralemmaprozesses für einen vorliegenden konkreten Entscheidungsprozess nachvollzogen werden; zunächst bis zu der Position, die dem Klienten schon vertraut ist, und anschließend, indem das Schema des Prozesses zur Generierung neuer und eventuell auch zur Entdeckung unterwegs übersehener Standpunkte und Perspektiven genutzt wird.

Eine besonders nachhaltige Form der Tetralemmaarbeit sind die ***Tetralemmaaufstellungen***. Nach der Erläuterung des Tetralemmaprozesses und der Definition der Tetralemmaarbeit wenden wir uns nun dieser Form der Systemischen Strukturaufstellungen anhand eines Beispiels zu.

XI

Aus den vier Positionen des Tetralemmas und seiner Negation bei *Nagarjuna* als fünftem Aspekt haben wir die Tetralemmaaufstellung als eine systemische Aufstellungsform entwickelt, bei der zunächst sechs RepräsentantInnen im weiteren Sinne auszuwählen sind, und zwar je einer für jede der vier Positionen, eine Repräsentantin für die Klientin und eine Repräsentantin für die fünfte Nicht-Position. Wir verwenden dabei alle drei Grundkategorien von Symbolen bei Systemischen Strukturaufstellungen: *Repräsentanten im engeren Sinne, Orte* und *freie Elemente.*

Was immer in einer systemischen Aufstellung repräsentiert, bezeichnen wir als *Repräsentanten im weiteren Sinne.* Wie anfangs schon erläutert, verstehen wir unter *Repräsentanten im engeren Sinne* Personen und Gegenstände, die für Systemelemente stehen und solange an ihrem Platz bleiben, bis die Leitung sie umstellt; Orte werden aufgestellt und behalten während der ganzen Aufstellung ihren Platz (weitgehend) bei. Wir sprechen von designierten Orten, wenn sie zunächst wie Repräsentanten aufgestellt werden und erst für das nächste (oder ein späteres) Bild von der Leitung als Orte an ihren endgültigen Platz gestellt werden. Freie Elemente werden vom KlientenIn aufgestellt und dürfen sich nach eigenem Gutdünken bewegen und ihren spontanen Impulsen folgen, bekommen manchmal sogar den paradoxen Auftrag, nur genau das zu tun, was sie gerade möchten. Durch diese drei Symbolkategorien erhalten wir für die Systemischen Strukturaufstellungen erheblich detailliertere Möglichkeiten, zeitliche Dynamiken und räumliche Einflussbereiche zu symbolisieren.

Wir stellen folgende Teile auf:

- den **Focus**: dies ist die *Repräsentantin (im engeren Sinne)* der *Klientin in Bezug auf ihre Frage nach der Dilemma-Situation;*
- **das Eine** als die Seite des Dilemmas, der die Klientin (zur Zeit des Beginns der Aufstellung gerade) näher steht. Es wird als *Ort* aufgestellt, was bedeutet, dass die Repräsentantin (im weiteren Sinne) während der ganzen Aufstellung im wesentlichen am selben Platz stehen bleibt;
- **das Andere** als die Seite des Dilemmas, die der Klientin weniger vertraut ist oder der sie (momentan gerade etwas) weniger zugewandt ist. Das *Andere* wird ebenfalls als *Ort* gestellt;
- **Beides**, ebenfalls durch einen *Ort* symbolisiert;
- **Keines von Beiden**, wiederum als einen *Ort;*
- **Und auch dies nicht – und selbst das nicht**, die *fünfte (5) „Nichtposition"* des negierten Tetralemmas, symbolisiert durch ein *freies Element,* das sich also spontan verändern darf.

XII

Bei der Tetralemmmaaufstellung unterscheiden wir eine freie und eine feste Form. Bei der ***freien Tetralemmaaufstellung*** werden die ersten vier Positionen zunächst als *designierte Orte* gestellt. Das bedeutet, sie erhalten erst im zweiten Bild (oder noch etwas später) ihren endgültigen Platz. Die freie Tetralemmaaufstellung gibt eher Aufschluss über biographische Verstrickungen, die feste eher über gegenwärtig ablaufende innere Prozesse. Bei einer ***festen Tetralemmaaufstellung*** werden die vier Orte bereits im ersten Bild in einem Quadrat aufgestellt, bzw., mit einer gewissen Variabilität für die aufstellenden KlientInnen formuliert, „auf dem Umfang eines Kreises oder einer Ellipse mit dem Blick ins Innere dieses Gebietes und so, dass jeweils die erste und zweite, bzw. die dritte und vierte Position einander gegenüberstehen“.

XIII

Es folgt die Kurzfassung eines Fallbeispiels mit einer Tetralemmaaufstellung, das den Ablauf des Verfahrens verdeutlichen soll. Die Aufstellung fand in einem Fortbildungsseminar statt.

Für die graphischen Darstellungen werden folgende Abkürzungen verwendet:

LeiterIn der Aufstellung: Leitung
Seminarteilnehmerin: (T)
Focus: (F)
Repräsentant für „das Eine“: (E)
Repräsentant für „das Andere“: (A) (Die beiden ersten Positionen erhalten bei der Tetralemmaarbeit im allgemeinen noch jeweils einen inhaltlich gefärbten „Rufnamen“ vom Klienten.)
Repräsentant für „Beides“: (B)
Repräsentant für „Keines von Beiden“: (K)
Repräsentant für die fünfte „Nicht-Position“: (5)
(mR steht für einen [männlichen] Repräsentanten, wR für eine [weibliche] Repräsentantin)

Lösungsfokussiertes Vorgespräch und Themenwahl für die ersten beiden Pole

LEITUNG: Was ist im Moment dein Anliegen?

T: Ich habe verschiedene berufliche Ausrichtungen, die mir alle Spaß machen, aber die schwer aufeinander abgestimmt werden können.

LEITUNG: Angenommen ... du gingest nach diesem Seminar nachhause ... und irgendwann ... isst du zu Abend ... und dann ... legst du dich schlafen ... und ... schläfst ein ... Und ... mitten in der Nacht ... geschieht etwas ganz Erstaunliches ... fast schon ... ein Wunder – ... und das Wunder besteht darin, dass dein Problem gelöst ist ... einfach so ... aber da es ja Nacht ist, hast du nicht gemerkt ... dass es geschehen ist ... Woran würdest du am nächsten Morgen merken, dass das Wunder für dich geschehen ist? Was wäre dann anders?

(Anm.: Wir verwenden oft Miniaturversionen der Wunderfrage in kurzen Aufstellungs-Vorinterviews, obschon das Stellen der Wunderfrage in der lösungsfokussierten Arbeit ein erheblich subtilerer Prozess ist.)

T: An einem Gefühl der „Freiheit". „Freisein von Beurteilungen", in irgendeinem Sinne „erwachsener", ... und ... „frei" noch in anderen Weisen.

LEITUNG: Und wenn also „die Freiheit", „Freiheit von Beurteilungen" und „in irgendeinem Sinne »erwachsener« sein" für dich *das Eine* ist – was ist dann für dich dazu *das Andere*, die andere Seite dazu, zu der „Freiheit"?

T: Die „Aufgabe", meine Aufgabe.

Hier zeigt sich, wie wenig wir wissen, was das Gegenteil von etwas ist. Es war kaum zu erwarten, dass etwas wie „die Aufgabe" das Gegenteil von „die Freiheit" ist. Dies exemplifiziert, dass wir in der Regel nicht wissen können, was das Gegenteil von etwas für jemanden ist, dass dieses Gegenteil, bzw. *das Andere* zu einem vorgegebenen *Einen* eben nicht eindeutig bestimmt ist.

Auswahl der RepräsentantInnen

LEITUNG: Wähl' bitte zunächst jemanden für dich in Bezug auf dieses Anliegen. Wähle für dich eine Frau, bei allen anderen Rollen bist du ganz frei.

Die Teilnehmerin wählt eine Repräsentantin aus.

LEITUNG: Wir nennen deine Repräsentantin während der Aufstellung jetzt deinen „Focus". Und jetzt kommen die vier Positionen, ...

(Anm.: Das Tetralemma wurde bereits ausführlich erläutert; sonst würden die Rollen mit ganz kurzen Erklärungen an dieser Stelle eingeführt.)

LEITUNG: ... also zunächst *das Eine*. Dann wähle also jemanden für das Eine. Was ist dir im Augenblick gerade näher, „die Freiheit" oder „die Aufgabe"?

T: Die Freiheit.

LEITUNG: Gut dann – also ist *das Eine* „die Freiheit", und wähle dafür eine Repräsentantin.

Die Klientin kommt dieser Aufforderung nach, ebenso bei den folgenden Schritten.

LEITUNG: Jetzt kommt *das Andere*, und der gegenwärtige Rufname für *das Andere* ist „die Aufgabe".

LEITUNG: Und jetzt wähle jemanden für *Beides*, was immer das hier heißen mag. Das ist das Feine bei Aufstellungen, dass wir nicht genau wissen müssen, was unter den jeweiligen Begriff fällt. – Und jetzt *Keines von Beiden*, wenn es weder um „die Aufgabe" geht, noch um die „Freiheit", noch um *Beides*, sondern eben um *Keines von Beiden*. – Und jetzt kommt noch die fünfte Position und die versteht sowieso keiner und ***sie darf sich anschließend nach ihren eigenen Impulsen bewegen*** und ist darum eine ***Nichtposition***. Sie heißt ***Und auch dies nicht – und selbst das nicht***! Jede und jeder ist passend dafür, den oder die du dafür wählst.

Jetzt die einzelnen RepräsentantInnen **dieser Aufstellung** mit ihrer Kurzform:
LeiterIn der Aufstellung (in diesem Fall beide Autoren, abwechselnd sprechend): Leitung
Seminarteilnehmerin: (T)
Focus: (F) (wR)
Repräsentant für „das Eine" „die Freiheit": (E) (wR)
Repräsentant für „das Andere" „die Aufgabe": (A) (mR) (Die beiden ersten Positionen erhalten hier, wie bei der Tetralemmaarbeit im allgemeinen, noch jeweils einen inhaltlich gefärbten „Rufnamen" vom Klienten.)
Repräsentant für „Beides": (B) (mR)
Repräsentant für „Keines von Beiden": (K) (mR)
Repräsentant für die fünfte „Nicht-Position": (5) (wR)

LEITUNG: Gut, jetzt können wir schon anfangen. Beginne mit den vier Positionen und stell zunächst diese auf.

Anleitung des Aufstellungsprozesses für das Anfangsbild

LEITUNG: Wir machen eine freie Tetralemmaaufstellung, das heißt, du kannst alle Repräsentanten einfach irgendwie hier im Raum anordnen. Du berührst zunächst die Schultern von *das Eine* und lässt dich überraschen, wo deine Hände sie hinführen. Du achtest auf deine Fußsohlen und deine Handflächen zugleich, spürst deinen Atem und machst einen kleinen Schritt nach vorne und folgst der Bewegung, in der du dich gerade schon befindest. Die Repräsentantin achtet dabei auf alle Unterschiede im Sehen und Hören, in Atem und Herzschlag, in Leichtigkeit, Schwere, Wärme und Kälte, im Gleichgewicht, in der Innen- und Außenorientierung, und auf alle Unterschiede – von den Fußsohlen bis zur Kopfhaut –, bis sie an ihren Platz gekommen ist – und deine Hände werden wissen, welcher Platz passend und stimmig für sie ist im inneren Bild, das nach außen kommt, und sich erst dann von den Schulterblättern der Repräsentantin lösen – und die Repräsentantin wird weiter auf alle körperlichen Unterschiede achten, während die anderen Repräsentanten dazukommen.

Die Klientin stellt, von ähnlichen Anweisungen begleitet, die vier Positionen ihres Tetralemmas auf.

Wir haben die Erfahrung gemacht, dass eine derartige vom hypnotherapeutischen Sprachgebrauch geleitete Art der Induktion beim Aufstellen zu „guten RepräsentantInnen" und einem gesammelten Aufstellen durch die KlientInnen führt. „Ein guter

Repräsentant zu sein" ist aus unserer Sicht keine Eigenschaft von Personen, sondern die Folge eines angemessenen Umgangs mit den RepräsentantInnen und Klienten bei der Aufstellung. Die Betonung von Unterschieden und Körperwahrnehmungsformen lässt die Tendenz zu persönlichen Interpretationen nahezu verschwinden. („Wir können verstehen, was *besser* heißt, ohne zu wissen, was *gut* heißt." – *Steve de Shazer*)

Wie oben erwähnt, werden bei einer freien Tetralemmaaufstellung zunächst *designierte Orte* wie Repräsentanten i.e.S. aufgestellt und erst bei der ersten (oder manchmal auch einer folgenden) Umstellung an die vier einander gegenüberliegenden Plätze (auf dem Umfang eines Kreises oder einer Ellipse) gebracht, wo sie dann zu *Orten* werden.

LEITUNG: Stell jetzt deine Repräsentantin dazu – und jetzt die fünfte Position, die dann, sobald du sie aufgestellt hast, sich nur noch nach ihren eigenen Impulsen frei bewegen sollte. Sie hat einfach die Freiheit, genau das zu machen, was sie möchte.

Wir erhalten folgendes Bild *(die Pfeile geben die Blickrichtung der RepräsentantInnen i.w.S. an)*:

Anfangsbild

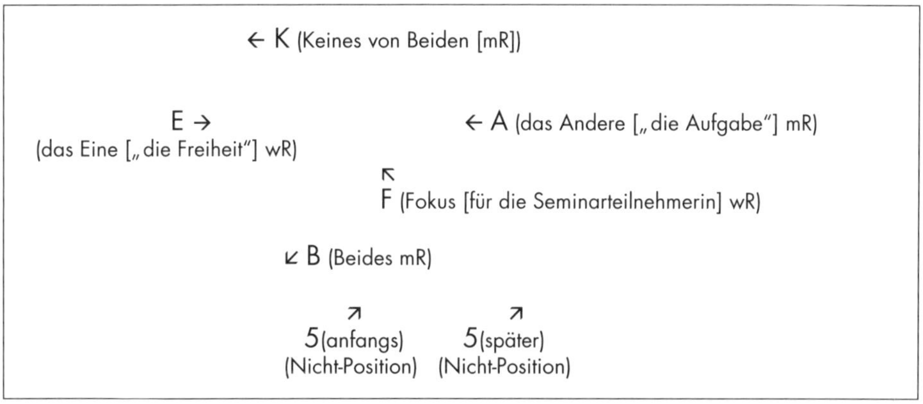

Befragung der RepräsentantInnen zum Anfangsbild

LEITUNG: Wie geht es *dem Einen*, „der Freiheit", und was hat sich verändert während der Aufstellung der übrigen Teile?

E: Es geht mir gut mit *dem Anderen*; ich bin irritiert durch *Keines von Beiden*, fühle mich einsam; dies wurde besser durch den Kontakt mit *dem Anderen*, bleibt aber als Gefühl über.

LEITUNG: Gut, danke. Wie geht es *dem Anderen*, „der Aufgabe", und was für Unterschiede gab es hier?

A: Auch ich finde den Blick zum *Einen* wohltuend.

LEITUNG: Die Art wie *das Eine* und *das Andere* übereinander sprechen, klingt nicht sehr nach einem unversöhnlichen Gegensatz oder einem Dilemma. Der Aspekt einer Themenverschiebung beginnt sich jetzt schon zu zeigen.

A: Ich möchte gerne dem *Einen* nah sein. Der Focus ist in Reichweite, auch wenn er woanders hinschaut. Mit dem *Fünften* kann ich nichts anfangen. Es geht mir besser, wenn ich sie nicht sehe.

(Die *fünfte Position* macht sich daraufhin für *das Andere* etwas sichtbarer.)

LEITUNG: Wie geht es *Beides*?

B: Als ich hierher geführt wurde, bekam ich Schauer; ich spüre Hitze, hab' einen Kloß im Magen und spüre Übelkeit und Kälte im Rücken. Ich wäre gerne die *fünfte Position*, weil die sich bewegen darf.

(Während *das Eine* und *das Andere* miteinander in Verbindung stehen und Kontakt haben, ist die Position *Beides* durch Stellung und Blickrichtung partiell „draußen".)

LEITUNG: Wie geht es *Keines von Beiden*? Was für Unterschiede gab es?

K: Als ich bei dem *Einen* nahe vorbeigeführt wurde, war das sehr unangenehm. Es war mir sehr angenehm, dass sie (die T) mich noch etwas weggerutscht hat. Ich habe den Drang, mich jetzt noch mehr weg zu drehen. Ich spüre auch so einen Druck von links.

LEITUNG: Wie geht es dem *Focus*? Was hat sich geändert, als die anderen gesprochen haben?

F: Zunächst war ich ganz aufgeregt, als ich aufgestellt wurde. An dem Platz wurde ich etwas ruhiger. Was mir hier fehlt, ist die Verbindung. Ich spüre nicht die Verbindung zur „Aufgabe". Es war angenehm, dass das *Andere* auf mich Bezug nahm. Das *Fünfte* war für mich bedrohlich, als es (*Anm.: während des Aufstellungsprozesses*) auf mich zukam. Jetzt fühl' ich mich ruhiger; ich habe immer noch kalte Hände. Es ist gut, dass *Keines* wegblickt und ich ihn nicht sehen kann.

LEITUNG: Wie geht es der *Fünften*? Wie war es auf dem kleinen Weg bisher?

5: Ich würde gerne mit jedem in Beziehung treten und kann doch wieder nicht. Ich bin mir der Freiheit zwar bewusst, aber ich nütze sie nicht, ich weiß mit ihr wenig anzufangen. Ich war dankbar, dass gesagt wurde, dass ich mich bewegen darf.

LEITUNG: Es gibt andere Versionen der Fünften, die ihre Freiheit ganz vergessen haben. Diese ist sich ihrer Freiheit bewusst, weiß aber nicht so recht was damit anzufangen.

(*Anm.: Utilisation der Äußerungen von 5 im Zusammenhang mit dem Thema der Klientin*)

Rückmeldung der Klientin zum Anfangsbild mit Befragung

LEITUNG zu T: Kannst du mit diesen Aussagen etwas anfangen?

F (nach einer kurzen Pause): – Ja, ... das ist für mich alles völlig schlüssig. Bei *Keines von Beiden* hab' ich das Gefühl, als wäre er ein kleiner Junge.

LEITUNG zu K: Passt das für dich?

K: Ja. Zunächst, wie ich herkam, bin ich stärker geworden; jetzt möchte ich nur noch weg.

Erste Intervention / Stellungsarbeit (Umwandlung der designierten Orte) als Vorbereitung einer Prozessarbeit

LEITUNG: Hier läge wohl eine Prozessarbeit mit der vierten Position nahe, aber wir sollten sie noch etwas vorbereiten.

Wir stellen das Bild so um, dass die ersten drei Positionen weitgehend in Standardanordnung gebracht werden; insbesondere wird *Beides* so gestellt, dass es etwas mehr dazu gehört, *das Eine* und *das Andere* etwas näher zusammen, jeweils einen Schritt nach vorne.

Ergebnis der 1. Umstellung (Orte statt designierter Orte)

↙ K (Keines von Beiden)

E → (das Eine) ← A (das Andere)

↑ F (Fokus)

↑ B (Beides)

5 (Nicht-Position) → bewegt sich frei im Raum

Befragung zum zweiten Bild

LEITUNG: Der *Focus* schaut sich bitte in beide Richtungen um – und jetzt achten alle darauf, was sich für sie jeweils ändert, während die vierte Position mehr einbezogen wird! (Die Repräsentantinnen nehmen auf Aufforderung jeweils mit K Blickkontakt auf.) Was hat sich dabei für die Positionen jeweils geändert?

E: Meine linke Hand fing an zu zittern, als *Keines* vorbeigeführt wurde; der stellt mich ganz schön in Frage; habe die Angst, wenn noch mehr von dem *Keines von Beiden* kommt, dann verschwind' ich, dann bin ich nicht mehr da.

(Anm.: Starke Beeinträchtigung des angestrebten Einen durch den ungenannten Kontext des Dilemmas)

LEITUNG: Die „Freiheit" fürchtet sich also vor dem Keines, dem Kontext. – Was hat sich für die „Aufgabe" geändert?

A: Bevor wir aufeinander zu gegangen sind, habe ich den Impuls gehabt, *das Eine* zu entlasten.

LEITUNG: Also unglaublich kooperative Pole des Dilemmas, oder? Man sieht: Das Dilemma ist hier nicht das Problem (die Klientin nickt vor sich hin).

A: Als *Keines von Beiden* näher rückte, hatte ich ein Alarmgefühl – näher darf er jetzt nicht mehr kommen.

LEITUNG: Wie wirkt auf *Beides* diese Umwendung?

B: Wer sind die alle? Etwas befremdlich fand ich die freundliche Reaktion der *Fünften.* Ich kann das immer mehr annehmen, mag die *Fünfte* hier am liebsten. Mit *Keines von Beiden* habe ich Probleme, da gibt es eine Beunruhigung. *Das Eine* und *das Andere* sind schon wichtig, aber da hab ich weniger Erfahrung mit.

LEITUNG: Und für K selbst?

K: Na ja ... (schulterzuckend).

F: Musste schlucken als ***Keines*** näher kam; Herzklopfen (unangenehm), ringt nach Atem; Erleichterung, wenn *Beides* spricht, sodass ich auch mal lachen kann und mich von da (K) auch mal distanzieren kann.

Zweite Intervention / Test zur Prüfung einer partiellen Musterrepräsentation

Wir verwenden den Platztausch als Test für das Vorliegen der partiellen Repräsentation eines fremden Schicksals- oder Verhaltensmusters im Sinne der Loyalitäten bei *Boszormenyi-Nagy* und der *„Identifikationen"* bei *Bert Hellinger*; letzteren Begriff vermeiden wir wegen der theoretischen Inadäquatheiten, die sich aus der Beobachtung von *„Mehrfachidentifikationen"* für den Identifikationsbegriff ergeben. Eine deutliche Erleichterung des das Muster potentiell repräsentierenden Elements am fremden, überwertigen oder absurden Ort wird als positives Testergebnis und Anlass für ein *„Desidentifikationsritual"* genommen, genauer: *für ein Ritual zur Unterbrechung einer partiellen Musterrepräsentation.*

LEITUNG zu F und K: Achtet bitte beide darauf, wo die Füße des anderen jeweils stehen ... – und tauscht dann ganz schnell die Plätze. (F und K tauschen die Plätze; F atmet auf.)

LEITUNG zu F: Geht es dort besser, schlechter, gleich oder anders?

F (sofort und ganz entschieden im Stimmton): besser!

LEITUNG: Also spontane Verbesserung an der Stelle von einem Kontext; bitte wieder zurücktauschen.

Dritte Intervention / Prozessarbeit: Ritual zur Aufhebung einer Musterrepräsentation

LEITUNG zu T: Du hast den Kontext selbst zuvor als „kleiner Junge" bezeichnet; in deiner Beschreibung kam vorhin beim Wunder das Thema „in irgendeinem Sinn erwachsen" vor. Das nehmen wir jetzt als Hinweis hier für ein kleines Ritual. Und du achtest jetzt einfach darauf, wie die beiden (F und K) das hier für dich machen und wie das auf dich wirkt, während sie ihre Haltung ändern.

LEITUNG zu F: Steh bitte genau gegenüber von *Keines*, und *Keines* blickt bitte genau in diese Richtung. Geh dann bitte langsam, mit leicht geöffnetem Mund und vollem Blickkontakt auf *Keines* zu.

(Anm.: 5 taucht währenddessen erheiternd/unterstützend mit Berührung direkt hinter F auf und bringt F kurz zum Lachen.)

LEITUNG: Und was die *Fünfte* so macht, kann man nie voraussagen – die hat so ihre Eigenheiten. du gehst weiter langsam auf *Keines* zu *(Anm.: Veränderung der Mimik in heiterer Richtung unter Einfluss der Fünften)* und der Einfluss der *Fünften* bewirkt, dass eine etwas andere Stimmung bei alledem herrscht ... geh einen kleinen Schritt weiter nach vorne ... und noch einen ... in Zeitlupe nach vorne ... tief atmen ... bleib' im Blickkontakt ... noch einen Zentimeter und ... noch einen ... und ...

LEITUNG dreht F, der in kurzem Abstand (*unter einem halben Meter*) vor K steht, ruckartig parallel rechts neben K mit gleicher Blickrichtung wie K und unterbricht eine mögliche Blickverbindung von F und K mit dazwischen gehaltener Hand, und fragt F, was jetzt anders ist im Vergleich zu der Situation davor.

F (entschieden, nach kurzem Besinnen): Ruhiger.

LEITUNG: Gut; geh jetzt an den Platz zurück, wo du ihm vorher gegenüber standest. Wie nimmst du *Keines* jetzt von da aus wahr?

F (deutlich ausgeglichenerer Stimmton): Ich bin ruhig, ich habe warme Hände (angenehm).

Vierte Intervention / Prozessarbeit zur Bekräftigung der aufgehobenen Musterrepräsentation und zur würdigenden Einbeziehung zuvor Ausgeschlossener

LEITUNG: Vielleicht kannst du jetzt zu ihm (K) sagen – und prüf dabei, ob es für dich passt: „Ich sehe dich."

F: „Ich sehe dich."

LEITUNG: „Und ich bin jetzt ruhig."

LEITUNG: „Und ich sehe einfach *dich.* "

LEITUNG: Und vielleicht kannst du auch zu ihm sagen: „Du bist du und ich bin ich."

LEITUNG: „Und das ist jetzt klar."

F wiederholt jeweils bereitwillig diese Sätze; während des ganzen Rituals ist T aufmerksam und mit deutlichen Signalen der Zustimmung dabei.

LEITUNG zu K: Wie geht es dir, wenn sie (F) das zu dir sagt?

K: Ganz recht, noch etwas ungewohnt.

LEITUNG zu K: Dann kannst du zu ihr (F) sagen: „Ganz in Ordnung."

LEITUNG zu F: Und dann könntest du zu ihm (K) sagen: „Und da du du bist"

LEITUNG: „erkenne ich dich als dich an."

K und F wiederholen jeweils die vorgeschlagenen Sätze weitgehend wörtlich.

LEITUNG zu F: Wie geht es dir, wenn du das sagst?

F: Gut!

(Anm.: Typische Beispiele für die hypnotherapeutisch übliche Verwendung von Quasitautologien, hier in der Prozessarbeit bei Aufstellungen. Große Teile der Prozessarbeit lassen sich fast durchgehend mit Quasitautologien durchführen – vorausgesetzt, die Sätze werden in einer angemessenen „zuhörenden" Haltung als Vorschläge sanft angeboten!)

LEITUNG zu F: Jetzt schaust du nochmal zu ihm (K) und sag zu ihm, wenn es stimmig für dich ist, was ich dir jetzt vorschlage: „Und als der, der du bist – wer immer du auch bist – gehört dir *dein* Platz."

LEITUNG: „Und das gestehe ich dir ganz zu."

F wiederholt.

LEITUNG fragt F, wie es ihr geht, wenn sie das sagt – und achtet dabei ständig parallel darauf, ob die Situation für die Klientin T weiter stimmig ist.

F: Ja, ich merke ich muss nochmal hingucken, wenn ich sage „dein Platz gehört dir" – aber es ist in Ordnung.

LEITUNG zu F: Und sag nun noch vielleicht zu ihm (K): „Und jetzt beziehe ich dich *ein*, indem ich dir deinen Platz gebe."

F (verändert die Betonung so, dass der Satz noch zustimmender wirkt): „Und jetzt beziehe ich dich **ein**, indem ich dir **deinen** Platz gebe."

LEITUNG zu K: Hat es dich erreicht? Ist es so in Ordnung? Fehlt noch etwas für dich?

K: Ich wundere mich, wie wichtig ich plötzlich werde. Das ist sehr ungewohnt.

LEITUNG zu K: Sag mal zu ihr (F): „Es wundert mich, dass ich so wichtig bin. Aber es ist schon recht."

K wiederholt dies.

Fünfte Intervention: Prozessarbeit zur Verknüpfung mit dem Ausgangsanliegen der Klientin und zur Absicherung der Umwandlung des zuvor Ausgeschlossenen in eine Veränderungsressource

LEITUNG zu F: Und du könntest noch zu ihm (K) sagen: „Und jetzt schaue ich, was hier geschieht" und zeig dabei auf die beiden (ersten Positionen, E und A).

LEITUNG: „Und schau du bitte freundlich zu."

F: „Und schau du bitte freundlich zu, und lach nicht über mich!"

LEITUNG zu K: Sag du vielleicht zu ihr (F): „Wenn ich freundlich schaue ... ist das einfach nur freundlich."

K wiederholt das, F zeigt sich beruhigt und bewegt.

Sechste und siebte Intervention / Stellungsarbeit: Stufenweises Hereinnehmen der Klientin anstelle des Focus in das Aufstellungsbild nebst Übergang zur Prozessarbeit mit rituellen Sätzen zur Würdigung, Einbeziehung und Umwandlung eines zunächst ausgeschlossenen Kontexts durch die Klientin

Die Klientin sagt, dass der ganze Prozess sie sehr berührt habe und wird gebeten, zuerst hinter den Focus zu treten und das Aufstellungsbild, insbesondere die vierte Position, von dort aus zu betrachten. („Halbhereinnehmen" des Klienten anstelle des Focus, um den Prozess weicher zu gestalten, was sie zuerst mit einer gewissen Traurigkeit und unter beginnenden Tränen vollzieht.) Wir lassen sie nach einer gewissen Zeit dann ganz (statt des Focus) an ihre Stelle treten und zur vierten Position sagen: „Etwas an dir berührt mich ... es rührt mich an“, was sie zu „... es rührt mich sehr, rührt mich an“ verstärkt. Der sich verstärkende Ausdruck der Trauer bei der Klientin wird von uns in den nächsten rituellen Sätzen aufgegriffen und in Worten ausgedrückt:

LEITUNG zu T: Sag vielleicht noch weiter zu ihm (K): „Und ich werde traurig, wenn ich dich ansehe.“

LEITUNG: Schau mal direkt zu ihm (K) und sag zu ihm: „Du bist sehr wichtig.“

LEITUNG: „Und etwas in mir weiß das schon ganz deutlich.“

T wiederholt dies, und LEITUNG fragt T „Passt das so bisher für dich alles?“, was die Klientin deutlich bestätigt.

An diesem Punkt stellt sich die *Fünfte* direkt vor die Klientin und lächelt sie so an, dass diese zu lächeln beginnt, und die *Fünfte* sagt darauf zur Klientin mit leisem Lachen: „Es ist schön, dich anzusehen!“

LEITUNG: Der *Fünften* kann man nur sehr begrenzt Vorschriften machen; aber Bitten an sie kann man schon äußern, ohne jede Garantie allerdings, ob sie erfüllt werden. Aber sie (die *Fünfte*) kommt hier genau an der Stelle, wo sonst die Trauer vielleicht zu schwer erträglich würde.

LEITUNG zu T: Vielleicht kannst du zu ihm (K) sagen: „Ich bekomme unerwartete Hilfe, wenn ich zu dir schaue.“

LEITUNG: „und ich beziehe dich ein“

LEITUNG: „selbst, wenn es auf heitere Weise ist.“

T kann all diese Sätze sprechen und gut annehmen. Da bei K nochmals etwas Druckgefühle auftreten, schlägt LEITUNG T vor, zu sagen: „Du bist einfach du ... und dein **Schicksal** ist **dein** Schicksal ...“

K: Jetzt nimmt der Druck wieder ab.

LEITUNG zu T: Und jetzt kannst du zu ihm sagen „und meins ist nur das Meine“.

T wiederholt mit Zustimmung; LEITUNG schlägt T vor, den nächsten Satz einfach zu sprechen und seine Stimmigkeit erst nach dem Aussprechen zu prüfen : „Und außerdem – lange danach!“

K: Traurig irgendwie.

LEITUNG schlägt nun T vor, zu K zu sagen: „Dir das deine ...“

LEITUNG: „Und ich erst lange danach.“

LEITUNG: „Und mir nur das Meine.“

T wiederholt und LEITUNG korrigiert, da das Nachsprechen des „lange danach“ zuvor etwas zögernd wirkte, das „lange danach“ in „ein bisschen nach dir ... und ich beziehe dich als dich ein.“

K: Ich kann es jetzt besser verstehen, da die *Fünfte* in der Nähe ist.

LEITUNG schlägt T vor, zu K zu sagen: „Und wenn's damit jetzt bei mir leichter wird ... mit der Aufgabe ... und der Freiheit, wie immer das zusammengehört ... dann schau bitte freundlich!“

LEITUNG: „Und von Zeit zu Zeit ... immer wieder ... ab und zu ... schau ich zu dir“

T wiederholt mit einer erneuten Welle von Erschütterung und Rührung.

LEITUNG zu T: Und ergänze noch, indem du ihn anschaust: „mit Liebe“. Und dann kannst du noch zu ihm sagen: „Und wenn daraus etwas Leichtes wird ... und irgend etwas Lustiges, dann widme ich **dir** das.“

Während der Wiederholung dieser Sätze beginnt die Traurigkeit der Klientin sich in etwas Heitereres zu wandeln.

LEITUNG zu T: Jetzt hast du einen guten Schutzpatron (auf K weisend) für bestimmte Formen von Erleichterung. – Ist es bei dir angekommen?

T bestätigt.

LEITUNG: Dann schau mal zu deiner lieben Aufgabe und deiner lieben Leichtigkeit!

T akzeptierte diese Umdeutung der „Freiheit“ in „Leichtigkeit“ ohne Rückfrage.

Achte Intervention / Stellungsarbeit zur Klärung der veränderten Beziehungsmöglichkeiten der ursprünglichen Pole des Dilemmas

Was hat sich denn für die Leichtigkeit (E) geändert?

E: Intensives Gefühl als der Focus da noch stand, gingen meine Arme von selbst hoch, wie ein „seht her“. Und jetzt ein großes Maß an Berührung durch diesen Prozess.

LEITUNG zu T: Geh doch jetzt einmal zu E und stell dich auf ihre rechte Seite und wechsle einen Blick mit ihr. Wie ist es da neben der Leichtigkeit für dich?

T: Noch ziemlich ungewohnt – aber irgendwie gut.

LEITUNG zu T: Sag zu E: „Es ist irgendwie gut, mal ganz neben dir zu stehen ... ich komme wieder zu Besuch.“

T wiederholt.

LEITUNG zu A: Wie geht es jetzt der „Aufgabe“?

A: Ich fühl' mich einerseits aufgewühlt, angerührt, und beobachte so mehr neugierig das Geschehen.

LEITUNG: Und die Ängste sind weg?

A: Ja. (Er kann jetzt ganz ruhig neben der zuvor störenden *Fünf*, die sich gerade neben ihn gestellt hat, stehen.)

LEITUNG zu T: Jetzt kannst du mal neben die „Aufgabe" treten und ihn mal ansehen und prüfen, wie es ist, dort zu sein.

T tritt auf die rechte Seite von A, findet es dort aber „noch arg ungewohnt und etwas schwierig". Auf der linken Seite wird es „einfacher", wie T sagt.

(Anm.: In der Grammatik der Systemischen Strukturaufstellungen ist im allgemeinen die rechte Seite neben einem Ort die eigenverantwortliche, die linke die geführte und kann daher meist schon früher als die rechte eingenommen werden.)

Neunte Intervention / Prozessarbeit zur Trennung zweier Aspekte bei der dritten Position und zur Einbeziehung dieser Aspekte

B: Mir geht es schlechter, das Gefühl, dass meine Beine wegschmelzen.

LEITUNG zu T: Schau bitte mal hierher zu *Beides*; vielleicht kannst du zu ihm sagen (mit Geste zum Einen und zum Anderen weisend): „Dies ... und das. ... Beides. ... Etwas mehr Zeit."

B: Immer noch zum Umfallen.

LEITUNG zu T: Ich mache noch eine Sache: Schau bitte zu *Beides*, und stell dir vor, dass hier etwas davor (vor B) wäre. (Einer der Leiter hält dabei die Hand vor das Gesicht von B, so dass dieses für T teilweise verdeckt ist, und beginnt beim nächsten Satz, die Hand in Zeitlupe wegzuziehen, als ob sich ein Schleier lüftet.)

LEITUNG: Wie ist das für dich (T), wenn sich das hier trennt (d.h. die Hand vor dem Gesicht von B zur Seite gezogen wird)?

T: Das ist angenehmer so. So ist er (B) nicht mehr so wichtig.

Dann fordert LEITUNG T auf, zu B zu sagen: „Meine Aufgaben sind nur meine Aufgaben ... und das deine lass ich dir ganz". T wiederholt dies heftig bewegt und dabei atmet *Beides* plötzlich tief und erleichtert durch.

LEITUNG: Das heißt, da ist eine Person aufgetaucht (in B), und *das eigentliche Beides* steht jetzt hier. (Nämlich wo die zur Andeutung der Entschleierung verwendete eine Hand des Leiters sich gerade befindet.)

Das heißt, bei *Beides* gibt es eine Überlastung; von dieser Person wird eine Art Auftrag übernommem, hier – **bei der Hand des Leiters** – steht die „**eigene Art der Verbindung**".

(LEITUNG führt dies damit als Namen für *das eigentliche Beides* ein, indem er darauf hinweist. Anschließend wird ein neuer Repräsentant für *das eigentliche Beides* unter dem Namen „**die eigene Art der Verbindung**" anstelle der Hand von der Leitung mit ins Aufstellungsbild gestellt.)

LEITUNG bittet T, sich neben die „**eigene Art der Verbindung**" zu stellen, vom *Einen* zum *Anderen* zu schauen, und sich an die beginnende gute Gewohnheit zu erinnern, immer wieder in diese Richtungen zu blicken.

Zehnte und abschließende Intervention / Prozessarbeit: Das Nehmen des Lösungsbildes

([5] stellt sich neben E.) E fühlt sich ganz ruhig.

Da nun alle RepräsentantInnen sich mit der Aufstellung gut fühlen, wird T von LEITUNG aufgefordert: „Breite dort, wo du stehst, die Arme weit aus, und führe sie mit einer umfassenden Bewegung, mit der du das ganze Bild einlädst, zu dir zu kommen, zum Herzen, und lass dich überraschen, was dein Herz damit anfängt – **denn eine Aufstellung endet immer mit einem neuen Anfang.**"

Nach einer gewissen Zeit endet dann die Aufstellung mit den Worten:

LEITUNG zu T: Und die Fortsetzung dazu – ist dann in der Außenwelt ... Für dich geht es gerade los ... und deine lieben Rollenspieler entlässt du in ihr eigenes Leben.

(Abschließend erfolgten noch einige kurze Entrollungshinweise an die ehemaligen RepräsentantInnen.)

Dieses Beispiel sollte den LeserInnen den Ablauf einer **eher komplexen** Tetralemmaaufstellung verdeutlichen.

XIV

Zum Abschluss sei noch eine Bemerkung zur Natürlichkeit von Analogien zwischen Tetralemma- und Familienaufstellungen angefügt. Die Loyalitäten zum Vater und zur Mutter haben zunächst in den meisten Fällen für das Kind einen mehr oder weniger ausgeprägten Dilemmacharakter. Dieses Dilemma lässt sich aus der Sicht des Familienstellens im Nehmen beider Eltern auflösen, etwa durch typische rituelle Sätze des Zumutens wie: „Und ich mute dir zu, liebe(r) Mutter/Vater, dass mir der Vater/die Mutter genauso lieb sein darf wie du – und du bleibst mir dabei so wichtig wie er/sie." Sind damit die beiden Eltern die ersten beiden Positionen eines Tetralemmas, so wird die Ursprungsfamilie, bzw. **„das Nehmen beider Eltern"** zu einer der Deutungen der dritten Position. Die vierte Position ist dann der Schritt in das eigene System, also der Weg in die eigene Gegenwartsfamilie, denn hier geht es eben weder um die Vater- noch um die Mutterloyalität als Hauptthema, da das neue System dem Prinzip der indirekten Zeitfolge zwischen den Systemen gemäß (vgl. *Sparrer* 1997) dem älteren gegenüber in der systemischen Aufstellungsarbeit vorrangig behandelt wird.

Und die fünfte „Nichtposition" für dieses Beispiel eines Tetralemmaprozesses?

Vielleicht sollte man sie in der Generationenfolge, und vielleicht sogar, besser noch, in dem Strom des Lebens, in dem wir sind und der durch uns hindurchfließt und uns zugleich umgibt, suchen?!

Wir hoffen, dass wir Ihr Interesse daran, selbst mit dem Tetralemmaprozess erste Erfahrungen zu machen, geweckt haben und würden uns freuen, von Ihren Erfahrungen zu hören.

Dietrich Klinghardt: Autonome Regulationsdiagnostik und Systemische Familientherapie

Einführung

Das diagnostische Muskeltesten – in Deutschland als Sammelbegriff bekannt unter dem Namen **Kinesiologie** – hat in den 30 Jahren seit der Entdeckung in den USA durch *George Goodheart* und – unabhängig davon – *Yoshiaki Omura* weltweit große Verbreitung gefunden. Heute gibt es eine große Fülle an „kinesiologischen" Methoden und Organisationen sowie zahlreiche wissenschaftliche Veröffentlichungen, die großenteils den klinischen Wert dieser Methode bestätigen. Obwohl bis heute die Anerkennung dieser Methoden durch die universitäre Medizin fehlt, ist das Muskeltesten heute aus der Praxis vieler Schul- und Veterinärmediziner, Heilpraktiker und anderer Anwender nicht mehr wegzudenken.

Durch die Arbeit des amerikanischen Psychiaters *John Diamond* hat das Muskeltesten auch seit vielen Jahren in die „alternative Psychotherapie" Einzug gefunden.

Ich habe eine Form der Biofeedback-Psychotherapie entwickelt, die unter dem Namen Applied Psycho-Neurobiology (APN) in den USA, in Deutschland unter dem Namen Psychokinesiologie (PK) bekannt ist. Kernstück der PK ist es, mit Hilfe des Muskeltestens einen Dialog mit dem Unterbewussten des Klienten führen zu können. In den letzten Jahren sind viele Elemente der systemischen Familientherapie nach *Bert Hellinger* in diese Methode eingeflossen. Die damit erzielten Heilerfolge bei der Behandlung chronischer Erkrankungen sind oft erstaunlich.

In diesem Aufsatz versuche ich die „Systemische Psychokinesiologie – SPK" in groben Zügen vorzustellen.

Zur Entwicklungsgeschichte der systemischen Psychokinesiologie

Die der Methode zugrunde liegende autonome Regulationsdiagnostik (RD) – im Englischen „Autonomic Response Testing (ART)“ – entwickelte sich aus einer Verschmelzung mehrerer hauptsächlich manueller Biofeedback-Verfahren:

1. der Neuralkinesiologie, einer Sonderform der Kinesiologie, die von *Klinghardt* und *Williams* Anfang der 90er Jahre entwickelt wurde,
2. der von dem New Yorker Arzt und Forscher *Y. Omura* entwickelten Muskeltestmethode, die unter dem Namen „bidigitaler O-Ring-Test“ bekannt ist,
3. dem Armlängenreflextest nach *Raphael von Assche* und
4. der Elektroakupunktur nach *Voll* (EAV).

Durch meine langjährige Beschäftigung mit der Physiologie des autonomen Nervensystems *(Dietrich Klinghardt, Doktorarbeit an der Unversität Freiburg, 1978)* ist deutlich geworden, dass die hier erwähnten Methoden – Muskeltest, Armlängentest und EAV – den Stresspegel des ANS qualitativ und quantitativ erfassen. Damit gehören diese Methoden der autonomen Regulationsdiagnostik aus wissenschaftlicher Sicht zur Gruppe der Biofeedback-Messmethoden.

Die in diesem Beitrag beschriebene Vorgehensweise kann mit Hilfe eines Elektroakupunkturgerätes und jeder kinesiologischen Testmethode angewandt werden, obwohl hier die besonderen Schritte der RD-Methode hervorgehoben werden.

Physiologie und Anatomie des ANS

Das ANS hat drei Hauptäste (*Langley* 1920):

1. Das sympatische Nervensystem (SNS), welches die Aufgabe hat, den Körper auf die Interaktion mit der Außenwelt vorzubereiten und sich ihr anzupassen.
2. Das Parasympatische Nervensystem (PNS), welches die Aufgabe hat, die Innenwelt oder das Organsystem auf einen anabolen, heilenden Metabolismus einzustellen. Heilung, Entspannung und Meditation sind Funktionen, die durch das PNS gesteuert werden.
3. Das enterische Nervensystem (ENS), welches Neuronen des ANS sind, die in den verschiedenen Schichten des Darms und dessen Anhangsorganen zu finden sind. ***Zahlenmäßig*** gibt es in diesem Teil des ANS mehr Nervenzellen als im Rückenmark!

In der Elektroakupunktur wird eine einfache Hautwiderstandsmessung verwendet: ein Ast des SNS innerviert die Schweißdrüsen. Ist das SNS aktiviert, sammeln die Drüsenbläschen innerhalb von Bruchteilen einer Sekunde Flüssigkeit an, die Haut wird für elektrischen Strom leichter passierbar, der Hautwiderstand senkt sich. Es ist der Verdienst von Dr. med. *Reinhold Voll,* der erkannte, dass sich der Tonus des SNS und damit der Hautwiderstand verändern lässt, wenn man dem Klienten Medikamente, Homöopatika usw. auflegt (bei modernen Geräten wird das Mittel in den Stromkreis des Gerätes gegeben). Auch seelischer Stress führt zu einer Hautwiderstandsänderung.

Beispiel: Gibt man dem Klienten, der allergisch ist auf Kuhmilch, einen verschlossenen Glasbehälter mit Milch in die Hand, vermindert sich der Hautwiderstand der gesamten Körperoberfläche des Klienten sofort (was eine Stressreaktion anzeigt). Das ANS erkennt also die potentiell schädigende Wirkung der aufgelegten Substanz bereits außerhalb des Körpers – in Körpernähe. Ich nenne diese – durch eine Antennen-ähnliche Funktion des ANS vermittelte – Funktion und Fähigkeit des Organismus das „energetische Immunsystem" (allgemein bekannt sind das „humorale" und das „zelluläre" Immunsystem).

Das einfache Prinzip der Hautwiderstandssenkung bei Stress wurde verwendet im ursprünglichen Lügendetektor (GSR=galvanic skin response). Wenn ein Verdächtiger Fragen beantwortet, die in Zusammenhang stehen mit einem begangenen Verbrechen, sinkt der Hautwiderstand, sobald diese Person innerlich stressbesetzte Bilder vor sich sieht oder durch Lügen innere Spannung erzeugt.

Die Kinesiologie, so wie sie bei der autonomen Regulationsdiagnostik angewendet wird, verwendet eng verwandte Mechanismen: die Muskelspindel der quergestreiften Muskulatur ist unter anderem innerviert durch einen Ast des sympathischen Nervensystems. Ist der Tonus im SNS hoch, ist der Testmuskel stark. Ist der Tonus im SNS vermindert, ist der Tonus im Muskel vermindert. Alle kinesiologischen Phänomene beruhen auf diesem Prinzip. Da sich andere Schulen des Muskeltestens an anderen – meiner Meinung nach zumindest unzureichenden – Theorien orientieren, möchte ich mich unter dem wissenschaftlichen Namen „autonome Regulationsdiagnostik (RD)" mit der hier folgenden Diskussion von diesen anderen kinesiologischen Schulen abgrenzen.

Die Neurologie ist hier noch etwas komplizierter: Wenn im System ein Stresssignal entsteht – z.B. durch Denken an ein stressvolles Ereignis in der Vergangenheit –, erreicht dieses durch die limbisch hypothalamische Axe den Hypothalamus (HT), den zentralen Regler des ANS im Gehirn. Sind diese afferenten Signale vom Inhalt her kongruent mit den ankommenden Signalen der fünf Sinne (z.B. wenn wirklich ein Tiger zur Tür hereinkommt), werden alle Muskeln im Körper sofort maximal stark – durch Anhebung des Muskeltonus. Sagen aber die fünf Sinne dem HT: „Hier ist absolut keine Gefahr", und doch kommen Stresssignale im Hypothalamus an (von dem Denken an ein stressvolles Ereignis), dann schließt der HT, dass zuviel Stress im System vorhanden ist und reduziert sofort den Tonus im gesamten ANS: ein vorher starker Testmuskel („Indikator-Muskel") wird schwach.

Wird beim Muskeltesten ein Organ durch die freie Hand des Untersuchers gehalten, und ein vorher starker Muskel wird schwach, ist folgender neurologischer Weg in Anspruch genommen:

1. afferente Bahnen (zum Hirn führend): sensorisch, parasympathisch und sympathisch (Zielorgan: Hypothalamus);
2. efferente Bahnen (vom Hirn wegführend): sympathisch, parasympathisch und motorisch (Zielorgan: motorische Neuromatrix und Muskelspindel).

Beim Testen von Emotionen und geistigen Inhalten ist der afferente Weg anders: Über die fünf Sinne (z.B. das Hören der Stimme des Therapeuten, der eine Frage stellt) und mit Sicherheit auch dem sechsten Sinn (die elektromagnetische Feldwirkung der Interaktion zwischen Behandler und Klient – erspürt durch das energetische Immunsystem) wird zunächst der kognitive bewusste Teil des Gehirns aktiviert, von hier aus durch komplizierte Schaltbahnen das limbische System, von dem aus über die limbisch-hypothalamische Achse das Signal den Hypothalamus erreicht. Der efferente Weg ist der gleiche wie oben dargestellt.

Psychokinesiologie

Um unsere Vorgehensweise in der PK zu verstehen, ist es eigentlich nur wesentlich, dass der Leser sich merkt, dass ein starker Testmuskel schwach wird, wenn in der Seele, im Verstand oder im Körper ein Stresssignal ausgelöst wird – in Abwesenheit von wirklicher Gefahr (im Moment, mit den fünf Sinnen erfahrbar).

Wir können den Lügendetektor, die EAV oder die RD gleichermaßen verwenden, um im therapeutischen Bereich festzustellen und zu demonstrieren, wenn durch einen therapeutischen Dialog ein Stresssignal ausgelöst wird. Aus neurologischer Sicht wird deutlich, dass RD den anderen Methoden überlegen ist, da nicht nur SNS-, sondern auch PNS-Signale und sowohl motorische als auch sensorische Reizantworten in den Test mit eingehen.

Durch eine in Deutschland erst seit kurzem bekannten Testmethode, dem Heart Rate Variability Test, konnten wir alle RD- und SPK-Phänomene verifizieren. In diesem Test wird der sich ständig verändernde Abstand zwischen zwei Herzschlägen gemessen und computertechnisch erfasst. Das Herz hat ein intrinisches Nervensystem, das sowohl SNS- als auch PNS-Anteile hat. Auch die autonome Innervation des gesamten Blutgefäßsystems geht in den Test mit ein. Im Wesentlichen gibt es drei Messwerte:

1. Tonus des SNS,
2. Tonus des PNS,
3. Adaptationsreserve (wieviel Stress kann dieser Organismus noch vertragen und überleben).

Durch die unten angegebene Vorgangsweise sind dramatische und anhaltende Verbesserungen objektivierbar geworden. Die HRV-Methode ist an allen amerikanischen Universitätskliniken als wissenschaftliche Messmethode anerkannt.

Wir gehen davon aus, dass bestimmte Erinnerungen aus bestimmten, für das Überleben des Individuums wichtigen Gründen, verschoben werden in das Unterbewusste. Damit sind die Inhalte für den bewussten Teil des Gehirns nicht mehr verfügbar. Der Klient kommt auf Grund eigener Konzentration und Willigkeit an bestimmte Informationen nicht mehr heran. Wann immer eine Frage des Therapeuten auf den vergrabenen Inhalt zusteuert, verrät sich das Unterbewusste dadurch, dass im ANS ein Stresssignal ausgelöst wird. Dieses wiederum kann sowohl für Klient als auch Behandler sichtbar gemacht werden durch den Muskeltest (oder durch Messwertveränderung bei der EAV). Durch wiederholte einkreisende Fragen gelingt es dem Behandler oft, das vergrabene Material aufzudecken. Dies zeigt sich oft durch das spontane Heraufquellen von tiefen Gefühlen oder einfach dem „Evidenzgefühl“ in der Magengrube sowohl von Behandler als auch Klient. Material, das so aufgedeckt wurde, kann dann im nachfolgenden therapeutischen Gespräch bearbeitet und geheilt werden.

Philosophische Betrachtungen

a) Das Fünf-Körper oder Sphärenmodell

Wir gehen davon aus, dass es fünf unterschiedliche Ebenen oder Sphären der Realität gibt. Krankheitsursachen können auf jeder dieser Ebenen liegen. Die Behandlung muss auf der Ebene ansetzen, wo sie entstanden ist oder auf einer der darüber befindlichen höheren Ebenen.

Erste Ebene oder Sphäre: Die physische Ebene ist der Aspekt unseres Körpers, den wir mit unseren fünf Sinnen wahrnehmen können. Hier drücken sich praktisch alle Symptome aus. Der physische Körper ist das, was wir sehen, anfassen, riechen können usw.

Zweite Ebene oder Sphäre: Der elektromagnetische oder Energiekörper ist der über den physischen Körper hinausgehende Bereich, der erzeugt wird durch elektrische, magnetische, Schwerkraft und andere Felder, die im physischen Köper erzeugt sind, aber deutlich in ihrer Größe sphärenartig über diesen hinausgehen.

Dritte Ebene oder Sphäre: Der mentale Körper wird erzeugt durch innere Haltungen, Muster, Gedanken und Glaubenssysteme und kann mit gegenwärtigen Instrumenten schon nicht mehr gemessen werden. Dies ist die Ebene der „konventionellen“ Psychotherapie und der Homöopathie.

Vierte Ebene oder Sphäre: Die vierte Ebene ist der Intuitive oder Spirituelle Körper. Trancezustände, Ekstase, Besetzung, Fluch und Familienverstrickungen gehören auf diese Ebene. Dies ist die Ebene der systemischen Familientherapie. Es sind die unteren Frequenzen der Seele.

Die fünfte Sphäre ist das, was ich Seele nenne. Es ist der Teil von uns, der mit allem verbunden ist.

b) Hierarchische Organisation der fünf Körper

Wichtig für das Verständnis unserer Methode ist folgendes: jede Maßnahme – und jedes Trauma – auf einer höheren Sphäre hat einen sofortigen und durchschlagenden Effekt auf jede niedere. Jede Maßnahme oder jedes Trauma auf einer niederen Sphäre hat einen langsamen und abgeschwächten Effekt auf die höhere. Jede Art des Muskeltestens und der Elektroakupunktur wirkt ausschließlich auf der zweiten Sphäre, dem Energiekörper. Da alle therapeutischen Maßnahmen (aber auch Verletzungen) innerhalb des zweiten, dritten, vierten und fünften Körpers stark und rasch nach unten durchschlagen, sind Informationen über Behandlungseffekte und Wirkungen auf diese Sphären oder Körper mit allen Methoden der autonomen Regulationsdiagnostik sofort nachweisbar.

c) Die Familie ist ein Trauma-Puffersystem

Der Körper ist ein elegantes System. Er ist so angelegt, dass ein einfallender Stress (Stressor) sich über verschiedene Systeme verteilt, so dass kein Teil – trotz oft schwerem Trauma – ganz kaputt geht. Ein Schlag auf den Kopf führt häufig z.B. zu einer Subluxation mehrerer Halswirbel, das Kiefergelenk verschiebt sich. Sowohl HWS als auch Kiefergelenk tragen den Stress des Unfalltraumas mit! Das Fußgewölbe ändert sich sofort, um die veränderte Kopfstellung zu kompensieren. Die Faszien im Halsbereich verspannen sich, um sich den neuen anatomischen Verhältnissen anzupassen. Das führt zu einem Lymphstau mit chronischen Halsschmerzen usw., usw.

Ist ein Stress sehr groß, verteilt er sich über die fünf oben erwähnten Körper. Ist der Stressor so groß, dass die fünf Körper nicht mehr funktionstüchtig bleiben können, verteilt sich der Stress jenseits des Individuums auf das Familiensystem. Die Familie ist ein Puffersystem für die Traumen der Familienangehörigen. Es ermöglicht das körperliche, emotionale, mentale und geistige Überleben des schwer traumatisierten Individuums. Familienmitglieder sind unbewusst-willige Mitträger des Impaktes von schweren Traumen. So zeigte sich z.B. in einer publizierten Studie bei den Nachkommen von Holocaust-Überlebenden ein posttraumatisches Stresssyndrom noch drei Generationen später!

Praktische Vorgehensweise

Ein Klient wird zunächst mit RD voruntersucht. Dabei gibt es vier wesentliche Schritte:

1. Test für eingeschränkte Regulationsfähigkeit (ER). In diesem Test wird zunächst auf körperlicher Ebene erfasst, ob die normalen ANS-Regelkreise funktionstüchtig sind. Lebensmittelallergien, Schwermetallvergiftungen, Narbenstörfelder und andere Probleme spielen hier oft eine Rolle.

2. Test für neurogenes Switching (SW). In diesem Test wird erfasst, ob neurologische Störungen bestehen, die das Testergebnis verfälschen. Hier spielen auf körperlicher Ebene unbehandelte Operationsnarben und Infektionen im Kieferbereich oft eine Rolle.

3. Test für bereits bestehenden Stress in den Hauptorganen: Thymus, Schilddrüse, Lunge, Herz, Darm usw. werden sorgfältig palpatorisch untersucht, wärend mit der anderen Hand der sogenannte Indikatormuskel nach Stärke oder Schwäche untersucht wird. Löst der leichte oder moderate Druck auf ein Organ ein Stresssignal aus, ist an dem Organ etwas nicht in Ordnung. Durch Auflegen von Substanzen (Heilmittel, Homöopathika, Kräuter usw.) versuchen wir, ein Mittel zu finden, das das Stresssignal annulliert. Aus Erfahrung wissen wir, dass dieses Mittel im allgemeinen das Organ wieder funktionstüchtig macht, das es vertragen wird und im Moment vom Organismus begehrt wird. Durch das Auflegen von Bakterienkulturen, biochemischen Substanzen, Giftstoffen usw. ist es auch möglich, Verdachtsdiagnosen zu stellen, die dann mit Hilfe von medizinischen Tests abgeklärt werden können.

4. Durch den Test mit der von mir „direktes Resonanzphänomen" getauften Methode ist es möglich, jenseits davon den physischen Körper auf sehr feine Art zu untersuchen auf Infektionen, Krebs, Stoffwechselstörungen usw. Die Erklärung dieser methodischen Schritte würde den Rahmen dieses Beitrags sprengen.

Anwendung der RD in der konventionellen Psychotherapie (Psychokinesiologie)

Der Patient wird untersucht und vorbehandelt bis Schritt 1-3 keine Abnormalität zeigen: Das ANS kann jetzt zuverlässig vermitteln, was im Unterbewussten (tief im limbischen System) vorgeht. Jetzt werden dem Klienten Fragen gestellt im Hinblick auf seine gegenwärtigen Lebensprobleme. Anstatt den Patienten antworten zu lassen, lassen wir den Körper sprechen: Wird der vorher starke Testarm schwach, wissen wir, dass unsere Frage in Richtung eines – meist verborgenen – Konfliktes gestellt wurde. Durch gezieltes Nachfragen in die gleiche Richtung – immer wieder unter Berücksichtigung des Stresssignals – wird der Klient oft erstaunlich rasch an verinnerlichte Konfliktinhalte herangeführt, die dann therapeutisch bearbeitet werden können. Behandler, die so vorgehen, sehen oft rasche Heilungen, vor allem bei Schmerzerkrankungen.

Der Systemische Ansatz

Bei ernsthaften Erkrankungen, z.B. Krebs, oder den neurologischen Erkrankungen (chronisches Müdigkeitssyndrom, MS, ALS, Parkinson, Alzheimer usw.) gab es mit der nicht-systemischen PK zwar Verbesserungen, aber oft keine Heilungen. Daher versuchte ich, den gleichen Ansatz zu verwenden, um systemische Inhalte aufzudecken. Ich beschreibe im Folgenden, wie die von mir entwickelte Vorgehensweise aussieht, die oft zu Langzeiterfolgen führt. Sie ist auch, genau wie der oben beschriebene Ansatz, durch die HRV-Methode objektivierbar geworden. Ich nenne diese Methode „Systemische Psychokinesiologie" (SPK).

Das Genogramm (eine Anleitung für die Erstellung eines Genogramms befindet sich im Anhang 1 dieses Buches): Da bei der SPK nur zwei Personen anwesend sind, der Therapeut und der Klient, müssen die Stellvertreter durch andere methodische Schritte ersetzt werden. Dies gelingt unter anderem durch konsequente Verwendung eines vom Klienten vor der Behandlung erstellten Genogramms. Die Anfertigung des Genogramms hat oft einen ähnlich heilenden Effekt wie eine Aufstellung. Man kann es gewissermassen als „Aufstellung auf Papier" ansehen, obwohl hier natürlich andere Regeln zu gelten scheinen, als bei der Arbeit von *Bert Hellinger*. So unterschiedlich beide Methoden ausschauen, der Effekt ist oft verblüffend ähnlich.

Die acht Schritte der Systemischen PK
Folgende Schritte bei der Anwendung dieser Vorgehensweise haben sich bewährt:

1. Der Klient bekommt den Auftrag, neben den wesentlichen Büchern von *Bert Hellinger* auch das Buch „Familiengeheimnisse" von *John Bradshaw* zu lesen. In diesem Buch ist eine ausgezeichnete Anleitung für die Erstellung eines 3-Generations-Familiengenogramms.

2. Ohne das Genogramm zu diskutieren, wird der Klient zunächst mit Hilfe der oben beschriebenen Schritte 1-3 untersucht und so anbehandelt, dass das ANS testbar ist und kein Organstress nachweisbar ist.

3. Jetzt wird das Genogramm im Detail nach der Vorgehensweise von *Hellinger* diskutiert. Wir suchen nach Ausgeschlossenen, nach Benachteiligten, nach Vergessenen, nach Familienmitgliedern, die durch Nachteile Anderer Vorteile hatten. Wir suchen nach Menschen mit schweren Schicksalen, nach früh Verstorbenen, nach abgetriebenen Kindern, nach Müttern, die im Kindbett starben. Wir suchen nach früheren Partnern, die nicht gesehen werden, nicht geachtet wurden oder deren

schmerzhafte Gefühle nicht heilen konnten. Und wir suchen nach solchen, die nicht zu ihrer Sachschuld gestanden und Scham und Schuld auf spätere verschoben haben. Diese Personen, Ereignisse und Zusammenhänge werden im Detail besprochen, und diese Personen werden auf dem Genogramm mit Rotstift markiert.

4. Während in der Familienaufstellung jetzt im Allgemeinen der Therapeut aufgrund seiner Intuition die Entscheidung trifft, wer aufgestellt wird, wird in der SPK jetzt folgendermassen verfahren: Vor dem Gespräch wurde der Klient ja so anbehandelt (Schritt 1-3), dass sich bei Berühren der Körperorgane kein Stresssignal mehr zeigte. Nach dem Genogrammgespräch werden jetzt wieder alle 13 Hauptorgane durchgetestet („PK-Organatlas": Gehirn, Schilddrüse, Thymus, Lunge, Leber, Herz, Gallenblase, Magen, Dünndarm, Bauchspeicheldrüse, Dickdarm, Blase, Niere). Jetzt zeigt sich eigentlich immer ein Organ unter Stress, das sich vorher nicht gemeldet hatte! Das heißt, dass das Genogrammgespräch Stress im System ausgelöst hat, der vorher nicht bestand oder zumindest nicht sichtbar war. Dieser Stress wird, wie wir mit der HRV-Methode zeigen konnten, über das parasympathische Nervensystem vermittelt, nicht dem Sympathikus, wie heute noch meist in der Schulmedizin aufgrund der Veröffentlichungen des amerikanischen Physiologen *Walter Cannon* vor 30 Jahren angenommen wird. Dem Klienten ist im allgemeinen nicht bewusst, auf was sich dieser Stress beziehen könnte.

5. Genau wie sonst in der RD (oder Kinesiologie, Elektroakupunktur) Medikamente aufgelegt werden, die durch ihre Resonanz einen Ausgleich im ANS bewirken, werden jetzt gedanklich Personen „aufgelegt", um herauszufinden, welche Person einen Ausgleich im gestressten ANS bewirkt. Der Reihe nach werden die mit Rotstift markierten Personen im Genogramm durchgetestet: Der Klient wird gebeten, sich innerlich ein Bild von dieser Person zu machen, während der Untersucher mit der einen Hand das vorher „schwach" getestete Organ wieder hält, während er mit der anderen den vorher schwachen Indikatormuskel testet. Von den vielen möglichen Personen findet sich so immer eine (und nur eine!), die den Ausgleich an dem gestressten Organ bewirkt! Der vorher schwache Arm wird stark, sobald die wesentliche Person in den Blick gebracht wird!

6. In der klassischen PK-Behandlung haben wir einen bereits in der Akupunktur bekannten Zusammenhang wiederentdeckt: Jedem Organ, das sich bei seelischen Belastungen als gestresst meldet, sind bestimmte Gefühle zugeordnet. So meldet sich die Niere oft bei dem Gefühl „Angst", die Leber bei dem Gefühl „Wut". Wenn sich nach dem Genogramm-Gespräch ein Organ meldet, können wir auch diese Gefühls-Worte gegen das Organ testen *(semantisches Testen: D. Klinghardt, Lehrbuch der Psychokinesiologie, 1996)*. Das Gefühls-Wort, das im Test den Ausgleich bringt, ist das Gefühl, das oft tief im Unterbewussten aktiviert ist.

7. Ausgerüstet mit dem genau benannten und identifizierten Gefühlsinhalt und der betroffenen Person in der Familie oder Ahnenreihe können wir jetzt wieder durch sorgfältiges Nachfragen und Dialog mit dem Indikatormuskel oder Elektroakupunkturgriffel (als Stimme für das Unterbewusste) die Umstände klären, die zur Verstrickung geführt haben. Erst wenn die Umstände so sorgfältig wie möglich geklärt sind, kommt der nächste Schritt.

8. Heilender Dialog: An dieser Stelle verlassen wir den Muskeltest (oder die EAV) und lassen den Klienten mit den Toten oder den lebenden Familienangehörigen sprechen, so wie wir das von *Bert Hellingers* Arbeit kennen. Es fällt dem Klienten in der Regel leicht, selbst zum Stellvertreter für die nicht Anwesenden zu werden. Meist spürt der Klient deutlich die Anwesenheit der Toten und der Opfer, das Gefühl von Realität und Wahrheit steht unerschütterlich im Raum. Der Therapeut ist hier genau wie bei der Aufstellungsarbeit sowohl Zeuge als auch Geburtshelfer, Übersetzer und der, der den Schutzraum schafft und aufrecht erhält, in dem der Klient seine direkte Erfahrung haben kann. Durch gelegentliche Hilfestellung mit und ohne Muskeltest können viele Verstrickungen auf diese Weise sehr präzise und mit großer Tiefe gelöst werden. Es scheint von Vorteil zu sein, dass der Klient bei der RD-Methode mit geschlossenen Augen liegt. Dadurch ist oft eine tiefere Einstimmung in den Heilvorgang möglich. Der Therapeut sitzt – ähnlich wie der Psychoanalytiker – am Kopfende des liegenden Klienten. Es scheint die Verbindung zum Klienten und seinen Toten und die intuitive Eingebung zu fördern.

Variationen der Methode

Inzwischen haben wir faszinierende weitere Entdeckungen gemacht.

1. Wie oben bereits beschrieben, testen wir mit unserer Methode nicht einfach drauflos, sondern ermitteln zuerst, ob das ANS wirklich testbar ist. Dieser Schritt heißt: Test für eingeschränkte Regulationsfähigkeit (ER). Dieser Behandlungsschritt ist oft der schwierigste und doch auch der wichtigste in unserer Methode. ER beschreibt die Unfähigkeit des ANS, auf innere und äußere Reize adäquat zu reagieren. Wir fanden, dass nach dem vorangehenden Genogrammgespräch die gedankliche Vorstellung an das ausgeschlossene oder verstrickte Familienmitglied die Regulation öffnet (anstatt das Auflegen von Medikamenten usw.). Wir haben diesen Schritt bereits mehrere hundert Mal mit Hilfe des HRV-Testes objektivieren können.

2. Neurogenes Switching: Denkt der Klient an das Familienmitglied, das in den Blick gebracht werden muss, verschwindet das Switching (anstatt das an dieser Stelle typische Austesten von Narben und Störfeldern). Switching ist ein messbares Phänomen im Nevensystem und zeigt einen Zustand von Dysorganisation an. Alle klassischen neurologischen Tests für neurogenes Switching und HRV-Messungen haben unsere Resultate mit der SPK objektivieren können.

3. Gestörte Organe: Fanden wir bei der vorausgehenden RD-Untersuchung der Organe z.B mehrere gestresste Organe, z.B. die Niere, die Leber und das Herz, dann finden wir bei der systemischen Testung oft, dass jedes kranke Organ einen – oftmals toten – Verwandten vertritt (oder eines seiner Opfer) oder mit ihm unsichtbar in Verbindung steht. Wir sagen dann dem Klienten, dass das betroffene Organ „in Resonanz ist" mit dieser Person. Mit unserer RD-Methode ist es immer möglich, innerhalb der betroffenen Organe das primär betroffene zu finden. Die Person, die mit diesem in Zusammenhang steht, ist die Person, die hier hauptsächlich in den Blick gebracht werden muss.

Beispiel: Bei einer jungen Patientin attackierte ihr Immunsystem ihre Nieren. Sie hatte Autoimmun Glomerulonephritis. Sie kam zu mir unter der Annahme, dass sie nur noch wenige Wochen zu leben hatte. Ihre Hauptbeschwerden kamen zu diesem Zeitpunkt von einer versagenden Leber mit hohen Leberenzymwerten und einer zunehmenden inneren Vergiftung. Bei der Untersuchung zeigte sich folgendes: Der Thymus (Immunsystem) testete als hauptbetroffenes Organ, das kausal verantwortlich war für die Attacke auf die Nieren. Das beginnende Nierenversagen war verantwortlich für den Stress in der Leber. In der SPK zeigte sich folgendes: Der Thymus (das Immunsystem) war der Stellvertreter für eine frühverstorbene Ehefrau des Großvaters der Klientin. Die Niere „war" der Großvater und die Leber die spätere Ehefrau dieses Mannes (die Großmutter meiner Patientin).

Die verstorbene Ehefrau war nach ihrem frühen Tod weder vom Mann, noch von der späteren Frau gewürdigt oder anerkannt worden. Es gab nicht einmal ein Grab für sie! Die nicht Gesehene hatte vor allem viele unausgedrückte Gefühle ihrem früheren Mann gegenüber, aber auch gegenüber seiner späteren Frau. Die Therapie war einfach: Sobald die Frau von der Enkelin gesehen, anerkannt und mit Liebe ins Herz geschlossen wurde, sobald sich die Patientin stellvertretend für Großvater und Großmutter tief verbeugte (in Gedanken), geschah das „Wunder": die für den Angriff auf die Nieren verantwortlichen Antikörper verschwanden innerhalb von sechs Wochen, die Leber erholte sich sofort. Mit der Niere ging es für mehrere Monate noch etwas langsam voran. Dann riet ich der Klientin, stellvertretend für die tote erste Ehefrau, in ihrem Garten einen Gedenkplatz einzurichten, und regelmässig Blumen dorthin zu bringen. Innerhalb von drei weiteren Monaten waren ihre Nieren klinisch gesund. Dieser Fall wurde von den anderen mitbehandelten Ärzten der Universitätsklinik als „spontane Remission" bezeichnet.

Zum Schluss noch ein weiterer Fall aus meiner Praxis:

Die Ehe einer mir bekannten Ärztin war problematisch. Ihr Mann war hochverschuldet. Er verlor immer wieder hohe Geldbeträge bei verschiedenen finanziellen Geschäften, mit denen er versuchte, sein Geld zu verdienen. Sie war praktisch die Alleinverdienerin. Sie sah ihren Mann als Versager und sie fand in sich – ihrem Mann gegenüber – weder das Gefühl von Liebe noch das Gefühl von Respekt.

Bei der Genogrammbesprechung fielen mehrere Personen auf. Nach dem Gespräch meldete sich – mit Hilfe der RD-Diagnostik – bei der Klientin der Dünndarm mit dem Gefühl: „Einsamkeit". Im Test zeigte sich, daß die Person, die den Dünndarm vertrat, ihr mütterlicher Großvater war, der nicht gewürdigt war. Er wurde von den Eltern der Großmutter nicht akzeptiert, begann zu trinken und wurde nach relativ kurzer Zeit von seiner Frau (Großmutter der Klientin) aus dem Haus geworfen. Er verschwand.

Die Klientin wurde aufgefordert, sich tief vor ihm zu verbeugen, ihn zu sehen, anzuerkennen und die durch Bert Hellinger bekannten Lösungssätze zu sprechen. Abwechselnd übernahm die Patientin auch stellvertretend die Rolle dieser Großmutter und ihrer Eltern und die Rolle ihrer Mutter, der Tochter dieses Mannes. Jetzt müsste die Klientin noch für alle stellvertretend die entsprechenden Lösungssätze sprechen. Die Toten werden sehr stark spürbar bei diesen Sitzungen, manchmal fast zu stark.

Nach der Würdigung dieses Großvaters geschah so etwas wie ein „Wunder": Bereits nach der Sitzung, in der die Klientin erkannte, dass ihr Mann in dem Kraftfeld ihrer Ursprungsfamilie gar keine Chance hatte, etwas anderes als ein Versager zu sein, spürte sie wieder echte Liebe und Hinwendung zu ihm. Auf den Tag genau zwei Wochen nach der Sitzung gelang dem Mann ein erstaunliches Geschäft beim Verkauf von Bauland: er wurde über Nacht vom chronischen Schuldner zum Millionär.

Nachfolgend das Genogramm und das dazugehörende grafische Schaubild des Großvaters der Klientin:

Patientin: die Person, die auf dem Genogramm mit dickerem Rahmen umgeben ist. Geboren: 1951, College und Medizinstudium. Erkrankung (Erythema Nodosum) vor 15 Jahren. Akute Symptome ausgeheilt durch Diät. Chronisch niedere Leukozytenzahl (seit Behandlung völlig normalisiert).

Ihr Ehemann, links daneben: geb. 1957, zweiter von drei Brüdern, Volksschule, Geschäftsmann und Investor.

Großvater mütterlicherseits: Fred Wade, geb. 1885, Alkoholiker, Volksschulabschluss, wahrscheinlich Tod durch Pankreas und Leberkrebs, starb als „Gammler" im Militärkrankenhaus.

Seine Frau, Großmutter der Patientin: H.W: geb. 1889, 1978 natürlich gestorben, Volksschule, danach Business-Schule. Ließ sich von Ehemann scheiden, nachdem er sie einmal schlug. Wurde von ihren Eltern unterstützt, ihren Mann sofort zu verlassen. Hat den Mann nie wieder gesehen.

Grafisches Schaubild des Genogramms:

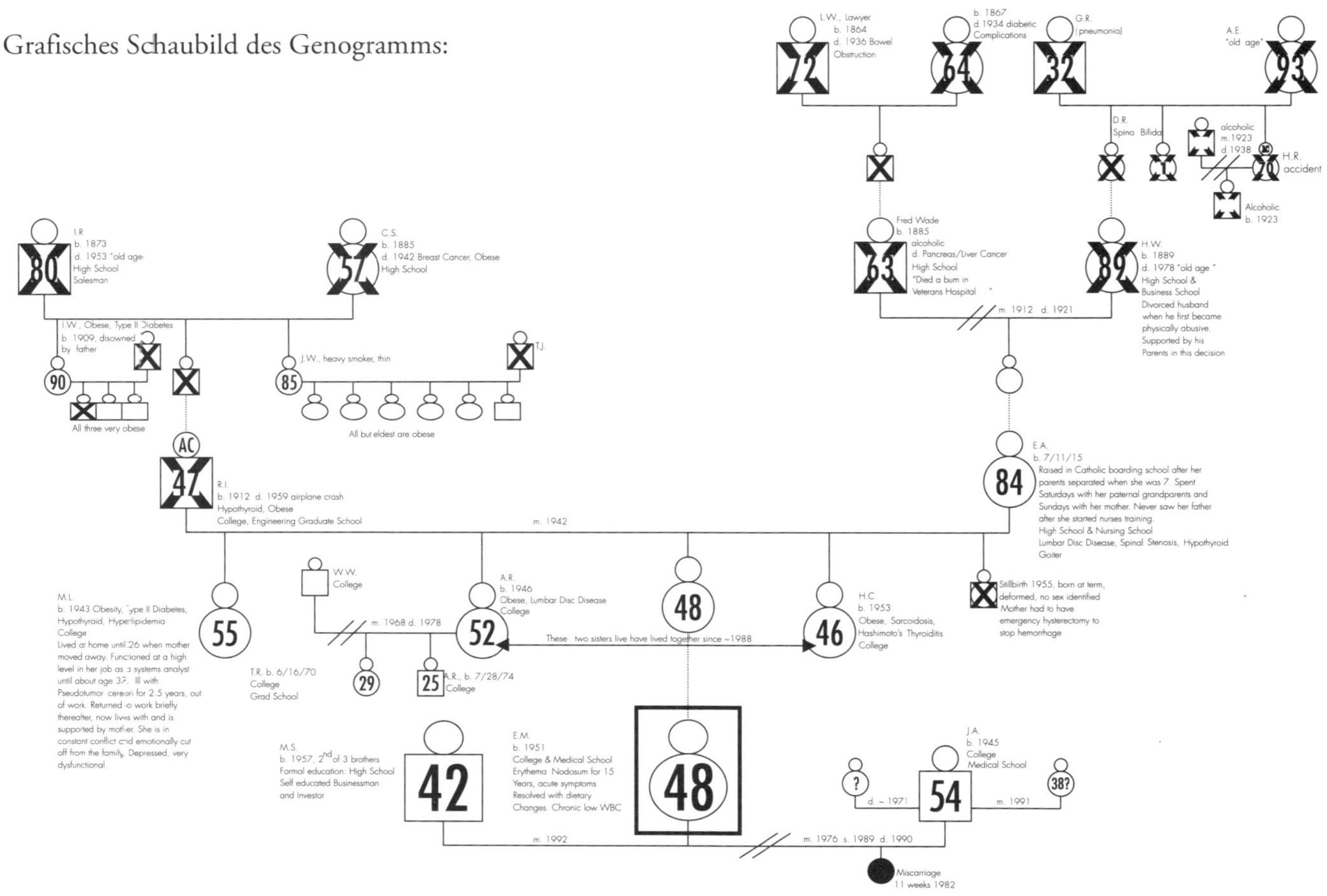

Diskussion: Diese Methode hat offensichtliche Nachteile und Vorteile gegenüber der Familienaufstellung. Ich möchte meine Gedanken dazu hier tabellarisch darstellen:

Vorteile der SPK

- Präzision: durch ständige „Nachmessung" der Behandlungsschritte mit Hilfe der RD,
- Anwendung im medizinischen Bereich zur gezielten Behandlung von definierten Erkrankungen (als Zusatzmethode),
- lässt sich einfach in den normalen Fluss einer ganzheitlichen medizinischen Behandlung einbauen,
- nicht so abhängig von der Intuition des Therapeuten und der Zuverlässigkeit der aufgestellten Personen wie bei der FA,
- braucht nur zwei Personen,
- rasch überprüfbare Effekte auf Körpersysteme,
- Klient ist selbst beteiligt an Lösung,
- Klient kann wärend der Sitzung bereits in einen Trance-/Heilzustand gehen; führt oft zu schnelleren Resultaten (durch Behandlung im Liegen),
- durch Verwendung des Genogramms muss der Klient bereits viel an Eigenarbeit geleistet haben vor der Sitzung: der Klient ist bereit!
- Durch Verwendung des Genogramms wird weniger übersehen, und es werden weniger Fehler gemacht.
- Der Klient – **der seine Familie gut kennt** – steht als Stellvertreter (Surrogat) für die eigenen Familienangehörigen. Das bringt in der Einzelbehandlung viele Vorteile, manchmal aber auch Nachteile.

Vorteile der Familienaufstellung (FA) – Nachteile der SPK

- Die Toten oder Nicht-Anwesenden können sich bei der SPK nur über zwei Personen ausdrücken oder melden – *viele komplexe non-lineare Information, Interaktionen und Details können nicht in den Blick gebracht werden.*
- Bei der SPK ist der Klient oft nicht fähig – als Resultat der Verstrickung –, die wirklichen Zusammenhänge zu sehen und zu konfrontieren. Der Klient wird selbst energetisch zum Hindernis der Wahrheitsfindung, die Sitzung verläuft im Sande.
- Bei der FA ist das durch mehrere aufgestellte Personen erzeugte Kraftfeld als Informationsträger stärker als das Feld von nur zwei Personen wie bei der SPK. Die Zuschauer können diesen positiven Effekt massiv verstärken.
- Bei der FA ist der Therapeut weniger beteiligt am Prozess. Er steht nahe am Geschehen, aber doch außerhalb; eventuell weniger Kraftverbrauch, mehr Objektivität möglich, weniger seelische Belastung.

- Bei der FA gibt es bereits eine große Zahl von Anwendern (sehr viel mehr als in der SPK). Dadurch ist ein morphogenetisches Feld entstanden, das der Methode mehr Kraft und Wirksamkeit gibt.
- FA: derzeit höherer Grad an wissenschaftlicher Anerkennung.
- FA: die technischen Schritte sind weniger komplex als bei der SPK. (Die innere Haltung zu lernen ist jedoch eine Lebensaufgabe. Bei der SPK können gute Ergebnisse bereits erzielt werden, wenn die innere Haltung noch nicht ganz ausgereift ist. Ich sehe dies als Nachteil und Gefahr der SPK und Vorteil der FA.)

Nachteile beider Methoden

Durch die Placebo-Effekt-Forschung wissen wir, dass folgende Gefahr besteht: Der Klient und die aufgestellten Personen werden immer eine Tendenz haben, sich den Erwartungen des Therapeuten entsprechend zu verhalten. In anderen Worten: Die Therapie deckt das auf, was der Therapeut – und die Zuschauer – erwarten. Dieses Problem gilt jedoch nicht nur für die FA und SPK, sondern für die ganze Schulmedizin und darüber hinaus für alles, was wir als Realität bezeichnen. Die Realität verhält sich – und verändert sich – unseren Erwartungen entsprechend. *Bert Hellinger* gibt mit Hinweisen über seine phänomenologische Vorgehensweise wichtige Einsichten, wie dieser Effekt minimalisiert werden kann.

Zur praktischen Anwendung

Die Behandler, die mehrere Methoden beherrschen, sind sich einig: Die beste Vorgehensweise besteht darin, das psychotherapeutische Werkzeug zu benutzen, das der Situation angemessen erscheint. Ich verbinde medizinische Behandlungen fließend mit psychotherapeutischen Vignetten, PK- und SPK-Elementen, und jeder meiner Patienten wird, wenn die Zeit reif ist, aufgefordert „aufzustellen“. Manche Klienten stellen nie auf, manche nur einmal, andere mehrmals. Zwischen Aufstellungen können Wochen oder aber auch Jahre vergehen. Oft sehen wir, dass nach einer Aufstellung noch ein „Rest“ nicht ganz erledigt ist. Es ist eine Freude, mit Klienten nach einer Aufstellung mit SPK nachzuarbeiten. Wie mit einem Laserstrahl kann man oft in kürzester Zeit das noch unvollständige Element aufdecken und klären.

Mit dieser synergistischen Vorgehensweise sehen wir oft dramatische Heilerfolge, die wohl mit einer Einzelmethode nicht möglich wären.

Zum Schluss noch einige vergleichende Betrachtungen aus der Chaostheorie

Das Familiensystem genügt allen Anforderungen eines non-linearen Systems aus der Physik und kann mit chaostheoretischen Gesetzmäßigkeiten untersucht werden. Non-lineare Systeme oszillieren in ihrem Seins-Zustand zwischen Chaos und Ordnung. Diese Oszillationen ihrerseits unterliegen einer tieferen Ordnung, die im Verborgenen wirkt und nicht messbar ist. Es sind holistische Systeme, die mit konventioneller Logik nicht beschrieben werden können.

Ein typisches non-lineares System ist das Wetter. Kleinste Einflüsse, z.B. die durch den Flügelschlag eines Schmetterlings verursachten Luftturbulenzen in Asien können – kombiniert mit unendlichen anderen synergistischen Einflüssen – mitverantwortlich sein für einen Wirbelsturm in Oklahoma! Ein System kann im Chaos erstarren (z.B. Wüstenbildung, anhaltende soziale Unruhe in gewissen afrikanischen Ländern) oder in der Ordnung (ein begradigter und eingedämmter Fluss, die deutsche Bürokratie). Der ständig oszillierende Wechsel zwischen beiden Zuständen ist wichtig für die Gesundheit und Kraft eines Systems.

In der Familie gelten gleiche Regeln: Zuviel Ordnung und zuviel Chaos wirken über Generationen krank machend und einschränkend. Kleinste Ursachen können auch hier massive Effekte auslösen: z.B. ein banales Missverständnis zwischen Vater und Sohn kann zu einer lebenslangen Entzweiung führen mit massiven Konsequenzen über Generationen.

In der Familienaufstellung wird das oft vorhandene Ungleichgewicht zwischen Ordnung und Chaos sichbar gemacht, die Maßnahmen des Therapeuten führen das System in Richtung größerer Ordnung. Das vordergründige Oszillieren zwischen Ordnung und Chaos während einer Aufstellung spiegelt tiefe dahinter liegende Gesetzmäßigkeiten wieder, die *Bert Hellinger* „Ordnungen der Liebe" nennt. In letzter Zeit hat *Hellinger* mehr und mehr auf den therapeutischen Eingriff verzichtet und das aufgestellte System der Eigendynamik überlassen, das auch ohne therapeutischen Eingriff immer auf eine veränderte und verbesserte Ordung zuzustreben scheint. Dies ist eine typische – der Chaostheorie entsprechende – Vorgehensweise.

Die Familienaufstellung ist selbst ein nicht-linearer Prozess, der allerdings in den therapeutischen Dialogen zwischen aufgestellten Einzelpersonen zum linearen Prozess wird. Lineare Prozesse sind, wie die Newtonsche Physik, unvollkommene Annäherungen an die Wahrheit. Sie sind mit Logik nachvollziehbar und mit dem Willen steuerbar. Sie können trotz dieser Einschränkungen eine starke Heilwirkung haben. Die Eigendynamik einer Aufstellung verläuft non-linear und folgt den Gesetzmäßigkeiten der Chaosphysik. Eine dieser Gesetzmäßigkeiten ist die „Fraktale Geometrie". Zerbricht man einen Kristall und untersucht die Bruchstücke („Fraktale") mit einem Vergrösserungsglass, so sehen die Bruchstücke fast identidsch aus wie der ursprüngliche Kristall. Das Bruchstück wiederholt und enthält die für den ursprünglichen Kristall typischen Charakteristika. Atome und Quantenteilchen widerholen die typischen Strukturen von Sonne und Planeten und sind ein Fraktal des Sonnensystems.

Bei der SPK wird der Körper als metaphorische Repräsentation des Familiensystems betrachtet, wobei Organe und physiologische Systeme die symbolischen Vertreter für Familienmitglieder sind. Die hier gefundenen Zusammenhänge genügen ebenfalls den Gesetzmässigkeiten der Chaosphysik: der Organismus ist ein „Fraktal" der Familienstruktur. Wie oben aufgezeigt, wiederholen die Organe und die physiologischen Systeme innerhalb eines Organismus die Dynamiken, die zwischen Familienmitgliedern bestehen (und bestanden). Eingeschränkte Regulationsfähigkeit weist hin auf ein erstarrtes System, Switching auf einen hohen Grad an Chaos, Abwesenheit von gestressten Organen ist ein Hinweis auf ein System, welches sich in Richtung von zu viel Ordnung bewegt und gefährdet ist, bald zu erstarren. Zuviel gestresste Organe bei der RD-Diagnostik sind ein Hinweis auf einen Zustand von zuviel Chaos. Ziel der Behandlung ist es – genau wie bei der FA –, innerhalb der Möglichkeiten und der vorgegebenen Einschränkungen das dynamische Gleichgewicht zwischen Chaos und Ordnung wieder zu finden.

Die oben beschriebene Methode, die „Heart Rate Variability"-Messung, kann objektiv demonstrieren, wo der Organismus des Klienten im Moment ist – zwischen Ordnung und Chaos – und welche Veränderung erzielt wurde durch die therapeutische Arbeit. Im Vergleich mit anderen medizinischen und psychologischen Heilmethoden konnten wir an einem großen Patientenkollektiv aufzeigen, dass die Systemische Familientherapie nach *Hellinger* bei weitem die zur Zeit effektivste Methode ist, um das Autonome Nervensystem tiefgreifend und anhaltend zu heilen. Die HRV-Messung gilt im Augenblick in Fachkreisen als die zuverlässigste Methode, die Gesundheit des Organismus und die Belastbarkeit des Immunsystems auf nicht-invasive Weise zu erfassen. Die Kombination von SPK und FA war bei unseren Untersuchungen jeder der beiden Einzelmethoden überlegen.

Jirina Prekop: Die Aussöhnungstherapie

Die drei Schritte der Aussöhnung bei „Unterbrochener Hinbewegung" (Bindungsstörung) und als Ergänzung des Familienstellens nach Bert Hellinger

Um dieses einmalige Medium zur Versöhnung mit den nicht anwesenden Eltern zu verstehen, ist das Wissen um die Festhaltetherapie unabdingbar. Denn die Aussöhnungstherapie entstand im Treibhaus der Festhaltetherapie und ist lediglich als eine ihrer Arten, die unter ihr Dach gehören, einzuordnen. Sie findet in festhaltenden Armen statt, *die emotionale Konfrontation* mit der Mutter oder mit dem Vater kann aber nur unter einer *Visualisierung* geschehen.

Was ist die Festhaltetherapie?

Zunächst ein Blick in ihre Geschichte: Ursprünglich wurde diese Therapie von *Martha Welch* (USA) unter dem Namen „holding" für autistische Kinder erfunden und als das natürlichste Mittel für die Rehabilitation der gestörten Bindungen von *Niko Tinbergen*, dem Nobelpreisträger für vergleichende Verhaltensforschung, vor allem für Instinkte begründet. Allmählich erkannten diese Gründer die Wirksamkeit des „holdings" auch bei anderen, nicht-autistischen Bindungsstörungen. Auf bemerkenswerten Wegen (näheres darüber berichte ich in meinem Buch „Hättest du mich festgehalten") konnte ich im Jahre 1981 diesen therapeutischen Ansatz übernehmen und unter Mitwirkung meiner Kollegen weiterentwickeln.

Ein besonders großer Entwicklungssprung ereignete sich mit der Verbindung der systemischen Sichtweise *Bert Hellingers* und mit seiner Art des Familienstellens. So formte sich das besondere Konzept der Festhaltetherapie, das nach *Prekop* benannt wurde, um es von anderen festhaltetherapeutischen Praktiken rein erzieherischer Art zu trennen. Ihr führendes ethisches Prinzip ist mit dem von *Bert Hellinger* identisch: Es geht um die Liebe und die Achtung bei jedem Einzelnen, der zum familiären System gehört. Der Weg dazu führt über das Erkennen dessen, was krank macht und die Rehabilitation der verletzten Bindungen, die *Bert Hellinger* gerne „abgebrochene Hinbewegungen" nennt.

Ich staune jedesmal von neuem über die Weisheit des höheren Kraftfeldes, in das wir eingebunden sind, welches es uns im Zeitalter der immer mehr auseinanderklaffenden Familien und zunehmender Lieblosigkeit durch tief und schnell wirkende Therapien möglich macht, zur Quelle der Liebe zu gelangen.

Die Bindungen zwischen Mutter und Kind, Vater und Kind sowie der Paarbeziehung sind oft durch einen angestauten Schmerz verletzt, den man weder sprachlich ausdrücken und bewältigen, noch bei systemischer Aufstellung auflösen kann. Hierbei ist die Festhaltetherapie geeignet. Im Festhalten und Gehaltenwerden haben die zwei zueinander gehörenden Menschen die Chance zur emotionalen Konfrontation. Diese findet in enger Umarmung statt. Die beiden drücken ihren Schmerz von Bauch zu Bauch, von Herz zu Herz, von Antlitz zu Antlitz so lange aus, bis sie sich ineinander hineingefühlt haben und ihre Liebe wieder fließen kann. Der hautnahe Kontakt hat den Sinn, dass sich jeder Einzelne tiefer als sonst wahrnehmen kann, zugleich auch den Freibrief spürt, den ganzen bis dahin verdrängten Groll ausdrücken zu können und im gegenseitigen Einvernehmen das gleiche auch seinem Gegenüber zu vermitteln.

Bei den Gefühlsäußerungen haben Schreien und Weinen Vorrang. Die Wut muss manchmal hinausgeschrien werden, damit das Herz die Trauer und die Sehnsucht nach der Liebe zulassen kann. Die verbalen Äußerungen sind dabei zweitrangig. Weder Anschuldigungen noch Schimpfworte sind zulässig. Wenn die Gefühle mit Worten mitgeteilt werden, dann nur in der „Ich"-Form, z.B. „Ich bin wütend", „Ich habe dich so vermisst". Unter dem gegenseitigen Hineinfühlen zeigt sich die Schiene, auf der sich die bis dahin entgleiste Liebe wieder viel sicherer fortbewegen kann. Denn der Mensch spürt, dass er geliebt wird und lieben kann, trotz aller Störungen, und dass die Liebe weit größer als die Wut und die Angst ist. Dadurch, dass er sich auf eine solch bedingungslose Liebe verlassen kann, fühlt sich der Mensch geborgen. Nur unter dieser Geborgenheit kann die Liebe gelingen.

Ebenso wird auf die andere Bedingung der Liebe geachtet, die *Bert Hellinger* ans Licht brachte: die Liebe gelingt nur dann, wenn die systemische Ordnung eingehalten wird. Das heißt, dass jeder, der zum System gehört, seine ihm gehörende Stelle im System in aller Achtung, wenn möglich auch in Liebe bekommen soll. So wird während des festhaltetherapeutischen Prozesses darauf geachtet, dass die Eltern groß sind und das Kind klein. Dies zählt auch dann, wenn das Kind schon erwachsen ist und die Mutter oder der Vater schon gebrechlich alt sind. Deshalb liegt beim Festhalten das Kind unten auf dem Rücken und von oben wird es von einem seiner Eltern umarmt. Umgekehrt wird es nicht zugelassen.

Ein anderes Beispiel für die Berücksichtigung der systemischen Ordnung: Falls die Mutter nicht bereit ist, den Vater des Kindes zu achten, wird das Festhalten als kontraindiziert eingestuft. Allerdings wird ihr dazu eine Hilfe angeboten, bewährterweise mittels der Aufstellung der Ursprungsfamilie. Grundsätzlich wird angestrebt, dass der

Betroffene seine Mutter und seinen Vater achten kann. Denn nur dann, wenn er diese Wurzeln, aus denen er entstand, trotz aller erlittenen Lücken achtet und sie in sich vereinigt, kann er seine Flügel aufspannen, um seine eigenen Wege frei zu fliegen, und dabei auch Fehler begehen, ohne dabei die Selbstachtung zu verlieren. Solange ich meine Eltern anschuldige, weil sie mir etwas schuldig geblieben sind, bin ich durch diese Schuld immer noch mit ihnen verbunden, allerdings auf eine negative Weise. Ich bin dauernd noch das benachteiligte, rebellierende Kind, das nicht alles bekam und deshalb nicht erwachsen werden kann. So etwa verbindet die Schuld auch den Schuldner mit dem Gläubiger.

Frei und erwachsen ist der Mensch erst dann, wenn er die Schuld der Eltern in Achtung aufzulösen vermag, sich dafür bedankt, was er überhaupt bekommen konnte und mit den Eltern in seinem Herzen die eigene Verantwortung übernimmt. Im Grunde also verläuft beim Festhalten ein emotionaler Nachvollzug des systemischen Ordnens.

Der Prozess kann erst dann beendet werden, wenn die beiden Menschen ihre Liebe wieder spüren und sich an der erneuerten Bindung freuen können.

Selbstverständlich sollte das Festhalten als eine ganz natürliche Lebensform zum Austragen und Aussöhnen eines Beziehungskonfliktes auch ohne die therapeutische Anleitung und Begleitung gelebt werden. Falls es sich der Mensch aber aus eigener Kraft nicht zutraut, oder es zwar wagt, jedoch merkt, dass die Konfrontation rieselt und in einer Sackgasse gelandet ist, braucht er einen Fachmann. Im Laufe des Praktizierens der Festhaltetherapie wurde erkannt, dass sie viel komplizierter ist, als man ursprünglich gedacht hätte, weil sie ja ein komplexes Spektrum der verschiedenen Blockaden erkennen muss, um diese lösen zu können.

Beispiele:
Beim Festhalten zwischen Mann und Frau wirken Übertragungen aus der eigenen Kindheit. Der Mann zieht sich genau so von seiner Frau zurück, wie er es bei seiner Mutter pflegen musste. Bei der Frau kommen unter der sehr engen Umarmung die Erinnerungen an ihre inzestuöse Vorgeschichte hoch.

Hier hat der Therapeut zu erkennen, wohin der Schmerz wirklich gehört, d.h. die Konfrontation mit dem wirklichen Täter zu vermitteln, damit der unschuldige Ehemann es für ihn nicht büßen muss. Relativ oft passiert, dass der Festgehaltene spontan in seine perinatale Zeit zurückgeht. Dies muss der Therapeut anhand der Art der Körperhaltung, der Atemnöte, der oralen Äußerungen, dem Bedürfnis, am Kopf gehalten werden zu wollen usw. erkennen, um die damaligen Geburtserlebnisse, inkl. der symbiotischen Verbindung mit der Mutter emotional nachvollziehen zu lassen. Im Unterschied zu anderen therapeutischen Arten der Rückführung hat die Festhaltetherapie den Vorteil, dass sie in den therapeutischen Prozess des „Geboren-Werdens“ beide realen Menschen, die Mutter und das Kind, einbezieht und nicht mit Vertretern arbeitet. Die Störung der Bindung ereignete sich ja nicht nur beim Kind, auch die Mutter hat sie erlitten. Bei beiden färbte der erlittene Schmerz auf die weitere Beziehung ab.

Es wurden vier Modifikationen der Festhaltetherapie entwickelt, um:

- die emotionale Bindung, die aufgrund Frühgeburt, Kaiserschnitt, Hospitalisierung usw. in der frühesten Lebenszeit abgebrochen wurde, nachzuholen,
- zwischen Mutter und Kind sowie Vater und Kind angestaute Beziehungskonflikte auszusöhnen (gemeint sind nicht nur Kinder im Kindesalter, sondern auch die schon erwachsenen Kinder und ihre schon alt gewordenen Eltern),
- angestauten Beziehungsschmerz zwischen Eheleuten in Liebe zu verwandeln,
- Erwachsene mit ihren Eltern, die schon verstorben sind oder aus Altersschwäche nicht kommen können, zu versöhnen. Diese Subart der Festhaltetherapie bekam den Namen **Aussöhnungstherapie**. Im Unterschied zu den ersten drei Modifikationen kann die Konfrontation nicht anders als unter Visualisierung erfolgen.

Über die Notwendigkeit der Professionalität

Nicht jeder Psychotherapeut ist geeignet. Manche mir sehr gut vertrauten Therapeuten, die mit *bonding* (*Casriel*) arbeiten und die Festhaltetherapie erlebt haben (entweder als Selbsterfahrung oder Hospitanten), gaben zu, dass die beiden Therapien zwar verwandt, dennoch recht unterschiedlich sind. Bei bonding wird der Patient von einem Freund gehalten, zu dem er eine unverbindliche Beziehung hat. Die beiden haben keinen Konflikt miteinander, der einer Konfrontation und Versöhnung bedürfte. Derjenige, der unten liegt, lässt sich halten, um sich zuzutrauen, seinen angestauten Schmerz abfließen zu lassen. Den Prozess kann man nach Belieben abbrechen, ohne die Versöhnung mit dem Verursacher dieses Schmerzens anzustreben. So kann, evtl. sogar muss dieser Prozess immer wieder von Neuem wiederholt werden. Im Unterschied dazu fühlt sich der Festhaltetherapeut verpflichtet, während der Konfrontation mit jedem Einzelnen der beiden zu arbeiten und deren emotionalen Dialog so lange zu moderieren, bis der Prozess mit der Freude an der Erneuerung der Bindung abgeschlossen werden kann. Diese besonderen Ansprüche an das festhaltetherapeutische Können machen eine spezielle Ausbildung notwendig, die beim Lehrinstitut der Gesellschaft zur Förderung des Festhaltens als Lebensform und Therapie e.V. schon jahrelang vermittelt wird.

Eine Ausnahme für die Aussöhnungstherapie

Trotz des unbedingten Bestehens auf der Professionalität der Festhaltetherapeuten ergab aber die Not eine einzige Ausnahme. Sie bezieht sich auf die erwähnte vierte Modifikation und die vielen Menschen, die diese Aussöhnungstherapie brauchen, um sich endlich in Liebe, zumindest in Achtung von ihren Eltern loszulösen und erwachsen zu werden oder im inneren Frieden den verstorbenen Eltern nachfolgen zu können. Das Rufen danach wird seitens der Krankenschwestern und Altenpfleger immer lauter. Bei Aufstellungen von familiären Systemen beobachten wir oft die Not der Menschen, denen die Versöhnung mit den Eltern sehr schwer fällt. Manchmal fühlen sie sich vor den Augen der Gruppen gehemmt, den ausgebrochenen Schmerz in der notwendigen Intensität zuzulassen. Manchmal versteift sich der Betroffene in seiner noch kindlichen rebellischen Haltung, und obwohl sein Herz schon halb möchte, kann sich sein Kopf noch nicht verneigen. Ein solcher Klient braucht mehr Zeit, mehr Intimität. Wenn man mit ihm nach der Aufstellung seinen angebrochenen Schmerz nicht verarbeitet, bleibt ein Versuch einer Aussöhnung auf der Strecke. Für die Festhaltetherapeuten war dies zunächst der eigentliche Grund für die Entwicklung der Aussöhnungstherapie.

Und da die Methode der Aussöhnungstherapie eine kristallklare, leicht erlernbare Struktur bekam, und wegen der Abwesenheit der Eltern kein neuer Konflikt und somit keine neue zu verarbeitende Komplikation zu fürchten ist, erschien es möglich, dass auch andere Helfer als Festhaltetherapeuten sich diese Methode aneignen. Eigentlich lässt sich der Wunsch nach der Übernahme der Aussöhnungstherapie aus ethischen Gründen gar nicht verweigern. Eine grundlegende Sicherheit liegt vor, nämlich dass man keinen zusätzlichen Schaden stiften kann:

Welche Voraussetzungen gelten für den Helfer?

- Der Helfer glaubt an die Seelen im Jenseits.
- Er ist verbunden mit dem höchsten Prinzip der Liebe.
- Mit seinen eigenen Eltern ist er ausgesöhnt.
- Er verfügt über ein feines Einfühlungsvermögen.
- Er erkennt, dass der Klient sich auf einen dramatischen emotionalen Prozess aufgrund seiner Psychose (auch die Borderline-Störung zählt dazu) nicht einlassen darf.
- Er hat therapeutische Erfahrung mit der Verarbeitung von Gefühlen.
- Ein bestimmtes Wissen über die Ordnungen und Verstrickungen in familiären Systemen steht ihm zur Verfügung und er verfügt über praktische Erfahrungen mit Lösungen in familiären Systemen.

Der Helfer hat von mehreren Quellen zu schöpfen, denn in die Aussöhnungstherapie fließen verschiedene therapeutische Ansätze mit ein. Neben der Festhaltetherapie (*Welch, Prekop*) sind hier zu nennen: das systemische Familienstellen (*Hellinger*), die Primärtherapie (*Janov*), der New Identity Process Bonding (*Dan Casriel*), die Transaktionsanalyse (*Berne*), die Hypnotherapie (*M. Erickson*), das Neurolinguistische Programmieren (*Bandler* und *Grinder*) und die Quadrinity Therapie (*Hofmann/Fischer*).

Welche Voraussetzungen gelten für den Klienten?

- Die wichtigste Voraussetzung ist seine Bereitschaft, sich mit den Eltern auszusöhnen.
- Er ist in der Lage zu visualisieren. Demzufolge scheiden die meisten geistig Behinderten aus.
- Er ist frei von psychotischen Störungen, inkl. Borderline-Störungen, die ihn bei einer starken emotionalen Aufwühlung und beim Eintauchen in Phantasieinhalte desorientieren und verwirren würden.

Es ist günstig, wenn der Klient vorab das System der Ursprungsfamilie aufgestellt hat. Zumindest sollte er sich Informationen von der Ursprungsfamilie besorgen, um sich mit Hilfe des Therapeuten das Bild der Kindheit der Mutter, bzw. des Vaters machen zu können. Je mehr man weiß, um so besser. So kann nämlich der Klient Einsicht in die verstrickte Lage seiner Eltern gewinnen. Auf dem Wege des Mitfühlens beginnt er meist, sein Herz zu öffnen. Auch dem Therapeuten kommen die gewonnenen Informationen zugute und zwar besonders beim zweiten Schritt der Aussöhnungstherapie.

Kontraindikation

Im Unterschied zu den drei Modifikationen der Festhaltetherapie gibt es bei der Aussöhnungstherapie nur eine einzige Kontraindikation: nämlich wenn die Mutter oder der Vater wegen eines schweren Verbrechens das Recht auf die Zugehörigkeit zum familiären System verloren haben. Dazu zählen etwa ein schwerst gewaltsamer sexueller Missbrauch, Tötung sowie auch ein ernsthafter, jedoch nicht gelungener Versuch um die Tötung eines Menschen. Misslungene Versuche einer Abtreibung zählen in der Regel nicht als Kontraindikation. Ebenfalls gilt ein sexueller Missbrauch, den das Kind aus Liebe zum Vater erduldete und bei der Mutter aus Angst vor ihrer Reaktion verschwieg, nicht zu den Kontraindikationen.

Räumliche Bedingungen

Der Prozess geschieht in einem intimen Rahmen. Mit dem Betroffenen wird immer individuell gearbeitet. Selbst dann, wenn die Sitzung in einer Gruppe stattfindet, befindet sich jeder Klient nur mit dem Freund im Kontakt, der ihn hält, und natürlich mit seinem Therapeuten. Wenn also beispielsweise drei Personen in einem Raum ihren Prozess erleben, dann sind hier drei Matten als Nischen, drei haltende Freunde und drei dazugehörige Therapeuten. Die Gruppe hat Vorteile und Nachteile. Der Vorteil liegt in der affektiv aufgewühlten Atmosphäre, unter der sich der Klient eher traut zu schreien und zu weinen. Weil aber bei einigen Sequenzen geflüstert wird und die Feinheiten des Geäußerten nicht überhört werden dürfen, erweist sich ein zu lauter Raum als nachteilig.

Der Verlauf

Der Klient liegt auf dem Rücken. Er hat sich einen Freund ausgewählt, von dem er sich halten lässt. Es hat sich als vorteilhaft erwiesen, wenn der Haltende der eigene Ehepartner ist. Indem er Anteil an der emotional bewegten Lebensgeschichte seines Partners nimmt, kann er ihn auch evtl. in Übertragungen, deren Zielscheibe er bis dahin war, besser verstehen. Bei einem zu erwartenden aggressiven Aufbäumen eines männlichen Klienten bewährt es sich, ihn anstelle von seiner Frau lieber von einem starken Mann halten zu lassen, der die Aggression körperlich abfangen kann. Allerdings ist es zu unterbinden, dass der Haltende geschlagen wird. Hierbei sorgt der Therapeut für die Ableitung der körperlichen Aggressivität auf die Matte oder ein Kissen.

Der Klient wird von seinem Freund/Helfer von oben eng umarmt, so dass er mit seinem Kopf in der Halskuhle des Helfers liegt. Er selber umarmt den Helfer nicht, sondern hält seine Hände am Bauch oder am Brustkorb. Beide Beine des Klienten befinden sich zwischen den Beinen des Haltenden (im Unterschied zum Halten beim Bonding, wo der Haltende eins seiner Beine zwischen den Beinen des Gehaltenen hat). Aus den vielen Selbsterfahrungsberichten geht hervor, dass durch diese Lage eine gute Konzentration auf die eigenen Gefühle begünstigt wird. Die Selbstwahrnehmung bekommt Konturen. Der feste Halt vermittelt ihm auch die Wahrnehmung des Schutzes, unter dem er sich zutraut, aus sich herauszukommen. Diese Lage entspricht der systemischen Ordnung: die Eltern sind oben groß und das Kind ist unten klein. Unter diesem „Kleinsein" gelingt dem Klienten die Reise in seine Kindheit.

Während des ganzen Aussöhnungsprozesses hat der Klient seine Augen geschlossen. Es geht ja darum, dass er sich seinen Vater oder seine Mutter möglichst realistisch vorstellt und verinnerlicht. Nur in den zwei Pausen, die zwischen den drei Sequenzen stattfinden, macht er die Augen auf.

Vergleichbar zum Festhalten zwischen zwei realen Bezugspersonen geschieht der gesamte Prozess unter Konfrontation mit dem visualisierten Vater oder mit der visualisierten Mutter. Bei einer Sitzung wird jeweils nur ein Elternteil ausgesöhnt, je nachdem bei welchem der Eltern der größte Schmerz wirkt. Diese Entscheidung steht dem Klienten vor der Sitzung zu. Mischt man in einen Prozess sowohl den Vater als auch die Mutter, entsteht meist ein zu keiner Lösung führendes Chaos.

Der Haltende vertritt niemals den Vater oder die Mutter. Seine einzige Aufgabe ist es, zu halten und das Halten den ganzen Prozess lang durchzuhalten. Er fühlt mit, aber er mischt sich in den Aussöhnungsprozess nicht ein.

Für die therapeutische Intervention ist allein der Therapeut verantwortlich. Er liegt oder kniet in unmittelbarer Nähe des Kopfes der gehaltenen Person. Bis auf einige evtl. Hilfen zum Zwecke des tieferen Spürens berührt er den Klienten nicht. Eine solche Hilfe bewährt sich, wenn sich der Klient wütend aufbäumt; ggf. stützt der Therapeut mit seinen eigenen Oberschenkeln oder mit festen Kissen die Fußsohlen des Klienten, damit er seine Kraft spürt. Soll sich der Klient noch mehr an die Schwere des elterlichen Drucks erinnern, legt sich der Therapeut noch zusätzlich auf den Haltenden. Bei der abschließenden Sequenz, wenn der Klient die Eltern um Segen bittet, kann der Therapeut seine Hand auf den Kopf des Klienten legen. Jedenfalls hat der Therapeut die Körpersprache des Klienten genau und sensibel zu beobachten, auf feine Signale, wie z.B. die Art des angespannten Atmens, „das Alter“ des Weinens (Wie alt war damals der Klient, als er den Schmerz erlitten hat? Gehört das Weinen einem verlassenen Baby oder einem missbrauchten Mädchen?), die geballten Fäuste, das Bedürfnis nach Druck am Kopf u.ä. einzugehen und das Ausdrücken der damit verbundenen Gefühle zu unterstützen. Auch ermutigt er den Klienten, auf die Signale seines Körpers zu achten und diese auszudrücken, z.B.: „Wo hockt dein Zorn? Im Bauch? Bäum' dich auf und schrei den Zorn ganz laut heraus!“

Weil es sich um eine Konfrontation handelt, ist die Sprache in der Gegenwartsform zu benutzen, also z.B. nicht: „Ich hatte Wut auf dich, Papa“, sondern: „Ich habe Wut auf dich, Papa.“ Böse Schimpfworte wie: „Du bist eine blöde Kuh, Mutter“, sind zu vermeiden. Vielmehr hat der Klient die Äußerung der Gefühle in der ersten Person zu führen. Die Sprache ist auf ein Minimum einzuschränken, und es sollen möglichst keine komplexen Sätze, sondern Worte bevorzugt werden, die ein Gefühl transportieren, z.B. „Ich vermisse dich ...“ Es bewährt sich, das schmerzende Wort mehrere Male immer lauter und lauter wiederholen zu lassen, z.B.: „Das tut so weh, du tust mir so weh, du tust mir so weh!“ Oder man lässt den Klienten wiederholterweise „Mama, Mama“ rufen. Wenn möglich, lässt man den Klienten in seiner Muttersprache sprechen. Der Therapeut ermutigt den Klienten, den Schmerz, der durch das Wort signalisiert wurde, zuzulassen und ihn mit Schreien oder Weinen auszudrücken. Dem Klienten fällt es leichter, aus sich herauszukommen, wenn ihm der Therapeut mit seinem Mitschreien ein Echo gibt.

Wenn eine große Wunde aufgerissen wurde, soll sich der Therapeut um ihre Behandlung bemühen und bei dem ausgebrochenen Schmerz und dessen Heilung bleiben. Es ist nicht vorteilhaft, wenn man viele kleine Wunden Revue passieren lässt.

Der Prozess besteht aus drei aufeinanderfolgenden Schritten. Keinen kann man auslassen. Bei keinem Schritt darf man abbrechen. Die Reihenfolge ist nicht austauschbar. Ohne den ersten Schritt kann der zweite und ohne den zweiten kann der dritte nicht erreicht werden. Es ist so, als ob man eine Tür nach der anderen aufmacht, um ins Freie zu gelangen.

Der Prozess lässt sich nicht ganz mit einer Phantasiereise vergleichen. Denn im ersten Schritt geht es um eine ganz konkrete Erinnerung an einen schmerzhaften Konflikt, der in der Kindheit erlitten wurde. Erst im zweiten Schritt kommt etwas mehr Phantasie dazu, wenn man sich den Vater oder die Mutter als trostbedürftiges Kind vorstellen soll. Volle Phantasie ist erst im dritten Schritt erforderlich, wenn man einen Besuch im Himmel macht. Der Therapeut lässt sich auf die Bilder des Klienten ein und begleitet ihn in diesen Bildern, um die Konfrontation mit der Mutter oder mit dem Vater wahrnehmbar zu gestalten. Er suggeriert dem Klienten keine eigenen Vorstellungen, höchstens eine Anregung dazu, z.B.: „Kennst du das Elternhaus deiner Mutter? Vielleicht von Fotos? Wie sieht die Tür aus? Kannst du hineingehen? ..."

Während des ganzen Prozesses ist der Therapeut mit dem Klienten einfühlend verbunden. Im abschließenden Schritt ist er bereit, auch mit den Verstorbenen verbunden zu sein, für sie zu fühlen und für sie zum Klienten zu sprechen.

Das Vorgehen wird nun anhand eines Beispiels dargestellt. Die Worte des Klienten werden kursiv dargestellt.

Der Klient ist im Jahre 1971 geboren, ein Einzelkind, dessen Eltern sich kurz nach seiner Geburt trennten. Mit dem Vater fühlt er sich innig verbunden. Die Mutter starb mit 56 Jahren an Krebs.

1. Schritt

Der Therapeut leitet den Klienten an, die Augen zu schließen, tief zu atmen und in die Kindheit zurückzugehen. Er soll sich an eine Situation erinnern, in der ihm seine Mutter den größten Schmerz zugefügt hat. Diese Situation soll er sich möglichst sehr konkret vorstellen, nicht nur visuell, sondern auch akustisch, spürbar, geruchsmäßig. Es empfiehlt sich, nicht mehr als zwei solcher schmerzhaften Erinnerungen aufkommen zu lassen, noch wirksamer ist es, nur bei einer Erinnerung zu bleiben und in die Tiefe der Wunde einzudringen, bis der ganze Eiter herausfließt. „Gehe durch dein Elternhaus, durch das Treppenhaus, den Flur entlang, durch die Küche, schau das Schlafzimmer an, dein Zimmer ... und bleibe dort stehen, wo der große Schmerz geschah." „Wo ist es ?" *„In meinem Bett. Ein Gitterbett ist das."* „Wie alt bist du?" *„Klein. So etwa drei, vier Jahre."* „Was hast du an?" *„Ein Hemdchen."* „Duftet es ?" *„Ja, aber nicht schön. Irgendwie säuerlich. Nach Erbrochenem, nach Schweiß ..."* „Welche Tageszeit ist es? Ist es hier hell oder dunkel? Kannst du aus dem Fenster hinausschauen?" *„Nein! Halbdunkel ist es. Nur eine Wandlampe brennt. So eine komische Lampe, sie sieht wie eine Schlange aus. Sie macht mir Angst."* „Wo ist deine Mama?" *„Sie ist weg. Oh Gott, sie ist ganz weg. Bevor sie ging, war sie böse zu mir. Ich rannte hinter ihr her. Sie hat mit mir geschimpft und mich ins Bettchen zurückgebracht. Sie versprach mir, dass sie gleich zurückkommt. Aber sie kommt nicht zurück. Sie ist weg."* „Ist noch jemand zu Hause?" *„Niemand. Ich bin ganz allein. Aber ich höre ihre Stimme aus der Nachbarswoh-*

nung." „Was machst du? Liegst du? Sitzt du?" *„Ich stehe. Ich halte die Bettleiste mit beiden Händen.*" „Hast du einen Schnuller?" *„Nein, ich habe gar nichts. Nur die Bettleiste.*" „Was fühlst du?" *„Ich habe Angst.*" „Schrei die Angst heraus! Ruf die Mama zurück!" *„Mama, Mama! ... Mama, Mama, Mama!*" „Noch lauter! So laut wie du verzweifelt bist." *„Mama, Mama, bitte komm zurück! Ich habe solche Angst!*" „Kommt sie zurück?" *„Nein. Sie hat mich verlassen.*" „Hörst du sie noch?" *„Nein. Sie ist ganz verschwunden.*" „Was fühlst du jetzt neben der Angst?" *„Eine bodenlose Trauer.*" „Weine die Trauer heraus! Lass alle deine Tränen fließen. Spüre die Trauer!" Nach langem Weinen und wiederholtem Rufen *„Mama*" sagt der Klient: *„Jetzt kommt sie zurück.*" „Kannst du sie sehen?" *„Ja. Heiter ist sie. Aber sie schaut mich gar nicht an. Sie sagt nur jaja, ich komme, aber sie telefoniert und lacht.*" „Und du?" *„Ich weine und sie merkt es nicht.*" „Was fühlst du jetzt?" *„Wut auf sie. Zorn.*" „Schrei den Zorn heraus! Schau die Mama an und schrei sie an! Sage zu ihr: Mama, ich habe Wut auf dich!" *„Ich habe Angst zu schreien. Sie wird noch böser zu mir.*" „Jetzt aber kannst du. Trau es dir endlich zu! Du brauchst keine Angst davor zu haben. Ich führe dich wieder zur Liebe. Schlucke deinen Zorn nicht, sondern schrei ihn heraus!" *„Wut habe ich. Mordswut habe ich. (er schreit). Aah!!!*" „Und noch lauter! So laut wie du kannst. Damit die Mama dich hört und nicht mehr telefonieren kann." *„Aah!!! Ich habe solche Wut auf dich, Mama. Ich hasse dich, wenn du zu mir so böse bist.*" „Schaut dich die Mama jetzt an?" *„Ja. Jetzt schaut sie mich an.*" „Sage es ihr nochmals und zeige ihr, wie todtraurig du bist." *„Ich hasse dich, Mama, und es tut mir so weh! Du weißt gar nicht, wie ich dich liebe, wie ich dich brauche, wie ich dich vermisse, wenn du für mich nicht da bist. Ich bin doch dein Kind, Mama, und ich brauche dich so sehr ...*" *(er weint).*

Der Ausdruck der Wut ist zwar sehr wichtig, weil er den Damm für das Abfließen des Schmerzes öffnet, die Trauer ist jedoch viel wichtiger. Nicht das Schreien, sondern die Tränen reinigen den Weg für den Fluss der Liebe. Die Sehnsucht nach der Liebe („Ich brauche dich ...") bewirkt die Liebe.

2. Schritt

Wenn der Schmerz abgeflossen ist, bietet der Therapeut dem Klienten an, sich die Mutter in ihrem kindlichen Schmerz vorzustellen. Ein Gespräch darüber ist um so notwendiger, falls vorher keine Aufstellung der Ursprungsfamilie der Mutter stattfand. Je mehr man von dem Ursprungssystem und dem Lebenslauf der Mutter als auch den sozial-politischen Umständen der damaligen Zeit weiß, um so besser gelingt das Verständnis für die Mutter und die Einsicht für ihre Lage. Während dieses Gesprächs wird die enge Umarmung gelockert. Die beiden, der Klient und der Therapeut können sich auch hinsetzen, um mit Gegenständen (Schuhen, Münzen u.a.) die Ursprungsfamilie der Mutter aufzustellen. Danach legt sich der Klient wieder hin und wird wieder festgehalten, damit er zur zweiten Konfrontation mit der Mutter geführt werden kann.

Die Lage der Mutter zu Zeiten ihrer Kindheit in unserem Fallbeispiel: Sie wurde im Jahre 1941 unehelich geboren. Der Vater fiel an der russischen Front, bevor er heiraten konnte. Die ledige Mutter wurde als Schandfleck von ihrem Elternhaus vertrieben, sie verdiente ihr Geld als Arbeiterin in einem Stahlwerk, wo sie auch in der Nachtschicht arbeiten und für die Zeit ihr Kind verlassen musste. Nur eine befreundete Nachbarin schaute ab und zu nach ihm.

„Kannst du dir deine Mama als Kind vorstellen, das auch sehr traurig ist?“ *„Oh ja.“* „Wie alt ist sie?“ *„So zwei, drei.“* „Wie sieht sie aus? Wo befindet sich das kleine Mädchen?“ *„Es ist ganz alleine in der Nacht in seinem Bettchen. Es weint.“* „Kannst du dir vorstellen, dass du jetzt zu diesem Kind gehst und es in den Arm nimmst? Jetzt bist du ja schon groß und du verstehst schon so viel.“ *„Ja, ich kann dieses kleine arme Kind in meinen Arm nehmen.“* „Dann gehe zu ihm und tue es!“ (Der Klient ist vom Mitgefühl ergriffen, schließt den auf ihm liegenden Helfer in die Arme.) *„Oh du kleines Mädchen, du kleine Erika, weine dich bei mir aus. Ich verstehe dich so gut. Ich kenne den Schmerz. Weine den Schmerz bei mir aus! Ich bin bei dir. Und ich bleibe bei dir, bis es dir besser geht, weil ich dich ja liebe.“*

Diese Sequenz gilt erst dann als abgeschlossen, wenn es dem visualisierten Kind gut geht.

3. Schritt

Nun ist der Weg zur Aussöhnung vorbereitet. Dabei darf allerdings die Mutter nicht klein bleiben und ihr Kind groß, sondern genau umgekehrt, so wie es der Größenordnung im familiären System entspricht. Der Klient wird jetzt angeregt, sich die Mama im Himmel vorzustellen und zu ihr zu gehen. (Falls die Mutter in anderen Fällen noch lebt, findet der Besuch dort statt, wo sie gerade lebt, z.B. im Altenheim oder in ihrer Wohnung vor ihrem Fernsehgerät.) „Wie möchtest du in den Himmel gehen? Fliegen? Wähle den Weg!“ *„Mit einem großen Vogel, der mich unter seine Flügel nimmt.“* „So einer Art von Engel?“ *„Ja.“* „Wo triffst du dich mit diesem wunderbaren Vogel?“ *„Auf einem hohen Berg.“* „Steige den Berg hoch! Wie sieht der Berg aus? Welche Jahreszeit ist es?“ *„Es hat noch etwas Schnee, aber der Frühling kommt schon. Auch die Schlüsselblumen blühen da schon. Ich steige hinauf. Hier auf dem Gipfel wartet auf mich der engelhafte Vogel. Ich halte mich an ihm fest und wir fliegen hoch.“* „Lasse mich wissen, wenn du im Himmel gelandet bist!“ ... *„Ich bin gelandet.“* „Was siehst du hier?“ *„Sehr viel Licht, Lichtgestalten, leuchtende Wolken.“* „Siehst du hier auch deine Mama? Suche mit deinem Blick nach ihr!“ *„Oh ja, ich sehe sie.“* „Wie sieht sie aus?“ *„Ganz jung. So wie sie damals war, als ich noch ein Kind war.“* „Steht sie oder sitzt sie?“ *„Sie kommt zu mir und wir setzen uns auf eine Wolke.“* „Setze dich zu ihren Füssen, mache dich klein, lege deinen Kopf in ihren Schoß und sage zu ihr ...“ *Mama, ich bin gekommen, um dir zu sagen, dass ich dir für mein Leben und für alles, was du mir geben konntest, dankbar bin. Du hast es schwer im Leben gehabt. Ich achte dein schweres Schicksal,*

Mama. Keine bessere Mama hätte ich bekommen können. Denn an all den Schwierigkeiten bin ich gewachsen. Die Kraft dazu habe ich von dir bekommen. Nimm mich bitte als dein Kind an. Ich möchte dir zur Freude und mir zur Freude aus meinem Leben das Beste machen. Gib mir bitte dazu deinen Segen! Schau, es ist alles gut gegangen. Dort auf der Erde habe ich meine Frau und unsere drei Kinder. In unseren Herzen lebst du weiter." Je nach Bedarf lässt der Therapeut manche Sätze mehrmals wiederholen, bis sie spürbar im Herzen verankert sind. Dem Klienten tut es gut, wenn der Therapeut stellvertretend für die segnende Mutter die Hand auf seinen Kopf legt. „Es ist Zeit, dich zu verabschieden. Stehe auf und schau deine Mama nochmals an. Wie sieht ihr Gesicht aus?" *„Sie freut sich. Sie schaut mich mit Liebe an."* „Winke deiner Mama zu und gehe zurück zu deinem Flugzeug. Es ist schon zum Start bereit ... Mach jetzt die Augen auf. Du bist hier in Lindau, in der Rotmosstraße Nummer vier. Und wir schreiben das Jahr 2000."

Der Schmerz ist durch die Aussöhnungstherapie allerdings nicht ganz aufgelöst. Er wurde ja erlitten und er wirkt immer noch. Er kann aber erträglich werden, wenn er mit dem Licht der verstehenden, einsichtigen Liebe beleuchtet wurde. So wie ein Geburtsschmerz lässt er das Neue wachsen. Die Wahrnehmung der Liebe trotz aller Vorwürfe und trotz aller Schmerzen, also die bedingungslose Liebe, ist die Frucht.

Friedrich Ingwersen: Kinder in Todesnähe – das Geheimnis der Drogensucht

Suchtbehandlung mit Familienaufstellungen in einer Psychosomatischen Klinik

„Drogenabhängige halten ständig sich selbst und ihre verschiedenen Helferinnen und Helfer mit dem Verlangen nach dem Suchtstoff auf Trab. Alle glauben, dass sie die Drogen zu sich nehmen, um sich besser zu fühlen. Die Betroffenen lernen sehr schnell, dass sie sich am Ende schlechter als je zuvor fühlen. Im Referat wird dargelegt, dass das »sich Schlechterfühlen« und die damit verbundene Gefahr das unbewusste eigentliche Anliegen der Drogenabhängigen ist. In Familienaufstellungen wird sichtbar, dass sie wie alle Süchtigen die Nähe zur Todesgefahr suchen und halten. Hinter dieser selbstzerstörerischen Lebensgestaltung steht in der Regel eine tief im Unbewussten verborgene opferbereite Liebe, die ihren Platz ganz früh im Leben des oder der Betroffenen hat.“

Es gibt zur Zeit viele Meinungen zur Drogenproblematik. Und es finden weltweit unter den Betroffenen, ihren Eltern, kriminologischen und psychotherapeutischen Fachleuten und Politikern intensive Auseinandersetzungen darum statt, wie diesem Problem endlich einmal wirksam abzuhelfen sei. Dazu gibt es nun ein breites und unübersichtliches Spektrum der verschiedensten Standpunkte. Mancherorts hat man den Drogen den Krieg erklärt, und die Kranken wurden oder werden – ohne überzeugenden Erfolg – in Arbeitslager gesteckt. Andernorts versucht man, bei kontrollierter Vergabe von Ersatzstoffen oder von Drogen selbst bei den Kranken eine Schadensbegrenzung zu erreichen.

In diesen öffentlichen und politischen Diskussionen gehen harte Fronten mit zum Teil glaubenskriegähnlichen Standpunkten hin und her. Die einen reden vom Untergang des Abendlandes, wenn die Vergabe von bisher illegalen Drogen gesetzlich geregelt und ermöglicht werden soll. Andere weisen darauf hin, dass sich Prohibitionen, also Totalverbote, in der Geschichte schon immer als Fehlschläge erwiesen haben, und sie reden von der mörderischen Verblendung von Prinzipienreitern, wenn man den Kranken nicht mit Übergangskonzepten, wie zum Beispiel einem Methadonprogramm, entgegenkomme. Die seit Jahren zum Teil leidenschaftlich geführte Diskussion ist zur Zeit sehr irritierend, und dies macht die ohnehin schlimme Situation für die Betroffenen und ihre Angehörigen nur noch schwieriger.

Das Drogenproblem aus der Sicht der Psychotherapie

Ich möchte jetzt aus meiner Kompetenz als Psychotherapeut keinen Standpunkt einnehmen oder vertreten – für keine Richtung werben, weder für eine neue Prohibition, noch für Ersatzstoffprogramme. Statt dessen möchte ich einige ganz andere Gesichtspunkte vortragen, die in den öffentlichen Diskussionen momentan zu kurz kommen, von denen ich aber glaube, dass sie für Betroffene interessant sein dürften – Gesichtspunkte, die zwar keine globalen oder nationalen Drogenprobleme lösen, die aber für einzelne Familien vielleicht einen Ausweg bieten. Zunächst einiges zu meiner persönlichen Berufserfahrung: Ich habe in zwanzig Jahren als ärztlicher Psychotherapeut schon eine nicht geringe Zahl von Süchtigen behandelt, darunter auch nicht wenige Abhängige von legalen und illegalen Drogen.

Und ich habe einige Misserfolge und manche schönen Erfolge gesehen. Einige von denen, die ihrer Abhängigkeit entkommen sind, sprechen bei ihrem eigenen Fall von einem Wunder. Wir behandeln unsere Drogensüchtigen nicht in einer speziellen Suchtklinik, sondern in einer psychosomatischen Klinik, in der sich auch Patienten mit anderen Leiden aufhalten: zum Beispiel Menschen, die wegen Depressionen, wegen Ängsten oder wegen körperlicher Leiden, die seelisch bedingt sind, zu uns gekommen sind. Auch Menschen mit anderen Suchtproblemen, wie Alkohol, Medikamenten oder Glücksspiel, sind darunter.

Was mich nun – so meine ich – für diese Fragestellung zusätzlich besonders qualifiziert, sind zahlreiche Gespräche mit Geretteten, also Menschen, die eine jahrelange Suchtkarriere und danach einen weiteren mehrjährigen Abschnitt eines gesunden und erfüllten Lebens durchgemacht haben. Diese Betroffenen gehören zu meinen wichtigsten Lehrmeistern, und ihre Mitteilungen haben für mich um so mehr Gewicht, weil ich die Begegnungen mit solchen Geretteten nicht selten als eine besondere, mich in meinem Innersten ansprechende und anrührende Erfahrung erlebt habe, so dass ich mich glücklich schätze, einige von diesen, ihrer Sucht Entkommenen, Freunde nennen zu dürfen. Was diese Menschen so auszeichnet, das ist ihre große Bescheidenheit und Nüchternheit, bei gleichzeitigem besonderen Mut in vielen Situationen. Bevor ich Ihnen nun die Gesichtspunkte und Auffassungen vorstelle, die ich durch meine Gespräche mit diesen Geretteten, ebenso wie aus meiner Arbeit mit abhängigen Patientinnen und Patienten gewonnen habe, möchte ich Ihnen eine Fallgeschichte vorstellen:

Nennen wir ihn Martin

Er kam in unsere Klinik, weil ein Gericht dies von ihm im Sinne von „Therapie statt Strafe" verlangte. Was als erstes auffiel, war sein „Vampirlook" oder „Gruftie-Look", wie man es damals vor etwa 10 Jahren in der Szene nannte: Er trug nur schwarze Kleider, hatte die Haare schwarz gefärbt, seine blasse Haut hob sich sehr davon ab, und sogar die Rasierklinge, die an seinem Ohrring baumelte, war schwarz lackiert. Mit seinen geröteten Augen erinnerte er tatsächlich an die Karikatur eines Filmvampirs oder an jemanden, der eigentlich schon tot war.

Er war erst 21 Jahre alt, wirkte aber wie 35, er war aus einem gutbürgerlichen Elternhaus kommend mit 14 Jahren auf die Drogenszene gegangen. Er hatte alle dort verfügbaren Drogen durchprobiert, sein bevorzugter Stoff war jedoch Heroin, das er sich spritzte – immer wieder auch mit verunreinigten, von anderen zuvor gebrauchten Spritzen. Alle seine Aids-Tests waren bisher jedoch negativ ausgefallen. Mehrere von ihm offenbar ernsthaft begonnene Behandlungsversuche auf Therapiehöfen und in Suchtkliniken hatte er abgebrochen. Er war auf den Strich gegangen, er hatte alten Damen die Handtaschen geraubt, Einbrüche begangen, Drogen konsumiert und gedealt.

Als er endlich in Untersuchungshaft kam, und sein Rechtsanwalt ihm klarmachte, dass er eine mehrjährige Haftstrafe zu erwarten habe, schnitt er sich die Pulsadern auf. Auf der Intensivstation des Gefängniskrankenhauses konnte er gerettet werden, danach machte er noch im Krankenhaus zu aller Überraschung spontan seinen körperlichen Entzug. Dieser, sein Schritt hatte offenbar das Gericht bewogen, ihm „Therapie statt Strafe" zu gewähren.

Im Erstgespräch mit den Therapeuten zeigte er sich „rotzig", also verhalten aggressiv, er schien nur das allernötigste Interesse an der Behandlung zu haben und vielmehr eine gewisse Befriedigung daraus zu entnehmen, dass sein Auftreten als einer, „der mit dem Tod tanzt", allgemein ziemlichen Eindruck machte. Er zeigte allergrößte Schwierigkeiten, sich an die Hausregeln der Klinik zu halten. Wurde er darauf angesprochen, war seine erste patzige Reaktion: „Dann schickt mich doch meinetwegen für vier Jahre in den Knast."

Sein Therapeut war jedoch ambivalent, ob er den Behandlungsversuch schon abbrechen solle, denn es war inzwischen auch seine andere Seite erkennbar geworden. So rebellisch provozierend er sich gegenüber den Therapeuten zeigte, so liebevoll, feinfühlig und geradezu ritterlich hilfsbereit war er gegenüber vielen Mitpatientinnen und Mitpatienten, und auch gegenüber deren Angehörigen – überhaupt gegenüber Schwachen und Alten. Es wurde auch bekannt, dass er sich stundenlang auf der nächsten Szene herumtreibe, er betonte aber, dass er sich keine Drogen beschafft habe.

In den folgenden Wochen sah man ihn sehr häufig mit einer gleichaltrigen Mitpatientin, die mit ihrem zweijährigen Kind in der Klinik war, und alle waren beeindruckt, wie rührend und liebevoll er stundenlang das Kind behütete. Wurde er auf diese seine freundliche Seite angesprochen, schien er nichts damit anfangen zu können. Als seine Eltern, ein Lehrerehepaar, ihren Besuch ankündigten, wünschte er gemeinsam mit ihnen ein Familiengespräch mit den Therapeuten, und er machte deutlich, dass er erwarte, dass mal ein Tribu-

nal über die Eltern abgehalten werde, und ihnen mal klargemacht werde, was sie ihm alles angetan hätten. In dem Gespräch verhielt er sich manchmal bissig und boshaft gegen seine Eltern, dann wieder schien er verzweifelt und ratlos darüber, dass diese nichts zu kapieren schienen. Die Eltern zeigten sich zunächst zurückhaltend; nach einer Zeit ließen sie durchblicken, dass sie mit Therapeuten schon öfters die Erfahrung machen mussten, dass diese annahmen, dass sie bei der Erziehung schwere Fehler gemacht haben müssten. Sie hätten den Eindruck, dass Therapeuten vorschnell zu der Annahme kämen, dass sie an dem Kind versagt haben müssten, sonst wäre es ja nicht drogenabhängig geworden. Sie hätten sich jedoch tausendmal selbst geprüft, und sie seien immer wieder nur zu dem Ergebnis gekommen, dass sie ihren Sohn als liebevolle Eltern großgezogen hätten nach allen Prinzipien moderner und humanistischer Pädagogik.

Die Therapeuten unterließen es, diesen Standpunkt in Frage zu stellen. Die Eltern drückten Martin jetzt noch einmal ganz direkt unter Tränen ihre Liebe und Verzweiflung aus. Martin – selber weinend – betonte mehrmals, wie er sich unverstanden fühle, ohne seinerseits erklären zu können, was sie denn endlich verstehen sollten.

Am Ende des Gespräches teilten die Therapeuten mit, dass sie sich ebenso wie die Familie darüber wunderten, wie dieser Widerspruch wohl aufzulösen sei, dass doch offensichtlich einerseits die Eltern den Sohn liebten, und dass dieser wiederum ebenso seine Eltern liebende Sohn sich von ihnen unverstanden fühle und darüber hinaus eine schlimme Drogenkarriere hinter sich habe.

In der nächsten Gruppensitzung berichtete Martin, dass er seit dem Elterngespräch massivste Impulse gehabt habe, zur Szene zu fahren und sich dort den „Goldenen Schuss" zu besorgen, also Heroin in einer tödlichen Menge. Nur die häufigen Gespräche mit der Mitpatientin mit dem kleinen Kind hätten ihn davon abhalten können.

An dieser Stelle der Fallgeschichte möchte ich einige Hinweise über Martin geben, die mir besonders wichtig erscheinen:

1. Hinter seiner grimmigen Grufti-Fassade ist Martin offensichtlich ein feinfühliger und liebesfähiger Mensch.
2. Sowohl durch sein Outfit als auch durch sein lebensgefährliches Verhalten zeigt Martin sich immer wieder vom Tod angezogen. Zwar ist er bis jetzt immer wieder noch einmal davongekommen, aber sein Verhalten gleicht einem mörderischen Glücksspiel, wie beim Russischen Roulette, bei dem die Spieler einen Revolver an ihrer Schläfe abdrücken, nicht wissend, bei wem von ihnen eine Kugel im Lauf ist.
3. Martin ist mit seinem Elternhaus noch lange nicht fertig. Zwar ist er volljährig und lebt schon jahrelang auf der Szene, aber seine Eltern hatten immer wieder, zum Beispiel wegen seiner Beschaffungskriminalität, viel Geld für ihn aufbringen müssen. Seine Drogenabhängigkeit ist Teil eines Familiendramas, in welchem die Eltern durch seine Sucht in Sorge und Verzweiflung permanent auf Trab gehalten werden.

4. Es fand sich keinerlei Anhalt für ein wie auch immer geartetes Versagen der Eltern, welches für Martins Suchtschicksal verantwortlich gemacht hätte werden können. Vielmehr war es offensichtlich, dass sowohl die Eltern ihr Kind liebten, als auch, dass dieses sich häufig so garstig gebende Kind eigentlich seine Eltern liebte. Wie konnte es dann kommen, dass dieses gesunde und begabte Kind von seinem vierzehnten Lebensjahr an immer wieder die Nähe zum Tode suchte?

Dazu möchte ich Martins Geschichte weiter erzählen:

Gemäß dem Ansatz von Bert Hellinger, wonach viel seelisches Leid ein Widerhall des Leides früherer Angehöriger oder Generationen ist, erkundigte sich der Therapeut jetzt im Rahmen einer Gruppensitzung bei Martin nach dem Schicksal seiner Eltern und anderer Vorfahren. In der ihm eigenen rotzigen Art erwiderte Martin, da wisse er nichts, er könne sich auch nicht vorstellen, was diese Vergangenheitsfragerei ihm bringen solle. Trotzdem schlug ihm der Therapeut vor, er solle sich bei seinen Eltern mal nach Familiengeheimnissen erkundigen. Obwohl er sich zunächst daran sehr desinteressiert gezeigt hatte, kam er in der übernächsten Gruppe mit Neuigkeiten:

Er hatte auf die Frage von seinen Eltern zum ersten Mal erfahren, dass er noch einen Halbbruder haben müsse. Sein Vater sei in den Fünfzigern in erster Ehe in der DDR verheiratet gewesen, und aus dieser Ehe habe er ein Kind. Er habe dann die Flucht in den Westen vorbereitet und in dieser Zeit sei seine erste Frau unter ungeklärten Umständen gestorben. In dieser Situation habe er sich unter Lebensgefahr in den Westen absetzen müssen. Sein Kind sei in einem Heim der DDR verschollen. Er habe die größten Anstrengungen gemacht, um es ausfindig zu machen, bis zu diesem Tag ohne Erfolg. Im Westen habe er erneut geheiratet, nämlich Martins Mutter, und die Eltern hatten eigentlich all die Jahre vorgehabt, Martin erst dann von seinem Halbbruder zu erzählen, wenn er gefunden sei.

Jetzt war für Martins Fall ein Zusammenhang zutage gekommen, warum er die Liebe seiner Eltern bislang nicht hatte nehmen können, und warum er – selbst ohne zu wissen – sich als Drogenabhängiger seit Jahren auf der Szene in der Nähe des Todes angesiedelt hatte. *Bert Hellinger* hat unter anderem herausgefunden, dass Beziehungen zwischen Angehörigen selbst dann starke seelische Wirkungen haben können, wenn beide nichts voneinander wissen. Wie so etwas funktionieren mag, ist nicht bekannt. Man kann es nur immer wieder als Auswirkung beobachten.

Im Falle Martins war unsere Arbeitshypothese also, dass es bei ihm eine unbewusste und von ihm nicht gefühlte Liebe zu seinem unbekannten, verschollenen Bruder sein musste, welche die schlimme Kraft ausmachte, die ihn jahrelang verrückterweise zu dem dauernd sich selbst schädigenden Verhalten auf der Szene anhielt, ihn also in Todesnähe hielt. Todesnähe hieß nach dieser neuartigen Hellingerschen Sichtweise also die Nähe zu dem unbekannten Halbbruder und dessen verstorbener Mutter, eine Nähe, welche der Betroffene – wie gesagt – weder wusste, noch fühlte. Seine widersprüchlichen Verhaltensweisen wurden jetzt als Ausdruck seiner brüderlichen solidarischen Liebe besser verstehbar: Seine auf der Drogenszene gelebte Autodestruktivität entsprach also dem unbewußten Anliegen, kein besseres Schicksal zu haben als der Halbbruder, der plötzlich als kleines Kind seine beiden Eltern verloren hatte. Seine Vorwurfshaltung gegen die Eltern war ein Stellvertretergefühl, das er statt seines benachteiligten Halbbruders hegte, weil dieser selbst ja nicht da war, um es seinen Eltern gegenüber zu äußern.

Wie schon gesagt, liefert diese neuartige Sichtweise *Hellingers* keine Antwort auf die Frage, wie solche verborgenen Zusammenhänge, die von den Betroffenen weder gewusst noch gefühlt werden, funktionieren. Dieser moderne Ansatz kann seine Tauglichkeit nur durch seine in Einzelfällen möglichen Lösungserfolge erweisen. Daher möchte ich die Geschichte Martins zuende erzählen:

In einer Gruppensitzung von etwa 25 Mitgliedern bekam Martin jetzt das Angebot, eine Familienaufstellung zu machen. Dazu suchte er aus dem Teilnehmerkreis sogenannte Vertreter für die in seinem Fall wichtigen Familienmitglieder aus: Seinen Vater, dessen verstorbene erste Frau, seinen älteren Halbbruder, seine lebende Mutter und sich selbst. Dann nahm Martin jeden Stellvertreter an den Händen und stellte sie so zueinander in Beziehung, wie es ihm als ein inneres Bild in diesem Augenblick kam. Danach nahm Martin wieder Platz.

Der Gruppenleiter stand jetzt auf und befragte jeden Stellvertreter nach seinem augenblicklichen Erleben in dieser Konstellation. Die Vertreter Martins und seiner Eltern standen recht nah beieinander, die Gesichter einander zugewandt, und sie äußerten, dass es ihnen zu eng sei. Die Vertreter der ersten Frau und des Halbbruders standen abseits mit abgewandten Gesichtern und sie äußerten sich traurig, einsam und verzweifelt. Der Gruppenleiter fand jetzt durch Ausprobieren eine Konstellation, bei der es den Vertretern aller Familienmitglieder sichtlich besser ging.

Die drei „Eltern" standen jetzt in einem offenen Halbkreis, der „Vater" in der Mitte, seine „erste Frau" zu seiner Rechten, seine „zweite", Martins „Mutter", zu seiner Linken. Ihnen gegenüber standen Seite an Seite seine beiden „Söhne", rechts der Vertreter des Halbbruders, links der Vertreter Martins. Alle äußerten sich zufrieden, und dies war ihren Gesichtern gleichermaßen abzulesen.

Jetzt wurde Martin aufgefordert, sich für seinen Stellvertreter einzuwechseln und seine neue Position selbst einzunehmen. Martin stellte sich auf diesen Platz und schaute zunächst eine Weile tief betroffen auf den Boden. Dann schaute er kurz den Stellvertreter seines Bruders an, der ihm freundlich zulächelte, dann schaute er hinüber zu der Stellvertreterin der verstorbenen ersten Frau seines Vaters und brach in bittere Tränen aus. Der Therapeut führte ihn behutsam vor diese Frau und half ihm, sich bis auf den Boden vor ihr zu verneigen. Als Martin sich wieder aufgerichtet hatte, schluchzte er nicht mehr, sondern schaute ihr ernst und gesammelt in die Augen. Sie lächelte ihm zu.

Darauf führte der Therapeut Martin wieder an den Platz bei seinem „Bruder". Er schaute auch ihm gesammelt in die Augen, und der Therapeut forderte ihn jetzt auf, ihm folgende Sätze nachzusprechen: „Lieber Bernd, du bist mein großer Bruder, und ich bin dein kleiner Bruder, und wir gehören zusammen. Du fehlst mir, und ich hoffe, dass du noch am Leben bist, und dass es dir gut geht. Und ich wünsche mir, dass der Vater dich bald findet." Dann nahm er spontan und tief bewegt den Stellvertreter in den Arm.

Danach nahm er wieder seinen Platz ein und schaute herüber zu den Vertretern seiner Eltern, die ihn spontan liebevoll in ihre Arme einluden. Er traute sich jedoch nicht und der Therapeut schob ihn sanft voran. Als er in den Armen seiner „Eltern" ankam, brach er wieder in Tränen aus. Die Vertreter der Eltern äußerten sich glücklich und meinten, sie hätten so ein Gefühl, als ob ihr Kind jetzt endlich zu ihnen gekommen wäre.

Der Therapeut sprach Martin noch einmal Sätze vor, die er wiederholte. Hierdurch versicherte er ihnen, dass er ab jetzt gerne ihr Kind sei, und alle Liebe und alle Geschenke, die sie für ihn hätten, gerne nehmen wolle, und dass er etwas draus machen wolle. Nach dieser für alle bewegenden Sitzung verabschiedete Martin sich bald aus der Klinik.

Die Therapeuten sind ihm nie wieder begegnet. Dies geschieht nicht selten, dass Patienten sich völlig von ihren Therapeuten zurückziehen. Er hielt jedoch einige Jahre Verbindung zu der jungen Mitpatientin mit dem kleinen Kind, die er in der Klinik kennengelernt hatte. Und sie berichtete den Therapeuten, dass er ihr ausdrücklich erlaubt hatte, die Therapeuten über sein weiteres Schicksal auf dem Laufenden zu halten: Er habe seither offenbar nie wieder Drogen zu sich genommen.

Er habe es jedoch durch Nichteinhalten von Bewährungsauflagen des Gerichtes dazu kommen lassen, dass er doch noch ins Gefängnis musste. Dort habe er seine Haare nicht mehr schwarz gefärbt, sondern die natürliche Farbe herauswachsen lassen, und er habe auch aufgehört, nur noch schwarze Kleidung zu tragen. Durch gute Führung und durch regelmäßige Besuche der Gefängnisgruppe der Anonymen Alkoholiker habe er es schließlich erreicht, dass man ihn nach einem dreiviertel Jahr auf Bewährung entlassen habe. Auch war bekannt geworden, dass er sein Abitur nachträglich gemacht, dass er geheiratet habe und Vater geworden sei.

Soweit die Geschichte von Martin.

Nicht die Droge ist's

Dieser Fallgeschichte lassen sich meines Erachtens eine Anzahl Einsichten entnehmen, die sich für viele andere Einzelfälle von Drogensucht immer wieder anwenden lassen. Wenn diese Gesichtspunkte, die ich jetzt im Folgenden zusammentragen werde, berücksichtigt werden, dann – so glaube ich – kann in viel mehr Einzelfällen geholfen werden, als bisher aussichtsreich erschien. Und ich glaube auch, dass dann die zur Zeit heiß diskutierten Fragen, ob Ersatzstoffe nun die Lösung sind oder nicht, oder ob man die Gesetze wieder verschärfen solle, nicht mehr die Bedeutung haben werden – zumindest in solchen Einzelfällen, die sich in Therapie begeben. Ich möchte an dieser Stelle noch einmal betonen, dass ich viele der Ansichten, die ich vertrete, von Betroffenen vermittelt bekommen habe, von Menschen also, die erstens eine schlimme Drogenkarriere durchgemacht haben, die also die Todesnähe kennen, und die zweitens Auswege daraus für sich gefunden haben.

Ihre Berichte kommen also nicht vom grünen Tisch oder vom Reißbrett, sondern aus Erlittenem und Erlebtem und aus der persönlichen Erfahrung einer Umkehr. Ein Kronzeuge, den ich jetzt hierzu anführe, ist ein gewisser Bill B., ein Amerikaner, der sich der Bewegung der Anonymen Betroffenengruppen angeschlossen hat, und den ich persönlich kennen lernen durfte. Er hat nicht nur eine Drogenabhängigkeit gelebt, sondern auch noch eine schwere Esssucht, einen Alkoholismus, eine Sexsucht und anderes mehr. Von ihm ist die Aussage: „Wir Süchtigen haben gefixt, geraucht, gesnifft, geschluckt, getrunken oder gefressen – nicht um uns besser zu fühlen, sondern um uns am Ende schlechter zu fühlen.“ Diese Behauptung von Bill B. wurde mir von zahllosen Süchtigen, die sich schon in einem fortgeschrittenen Stadium ihrer Suchtentwicklung befanden, bestätigt. Mitunter war es ihnen sehr peinlich zuzugeben, dass das eigentliche Ziel ihres süchtigen Tuns nicht ein sich besser Fühlen, eine Entlastung, ist, sondern ein sich schlechter Fühlen. Peinlich war es ihnen deshalb, weil sie keinen Grund dafür finden konnten.

Im Falle Martins fand sich auch kein Grund, sich selbst zu Tode zu richten und sich entsprechend schlecht zu fühlen, aber es fand sich eine verborgene, tiefe unbewusste Triebfeder, nämlich die solidarische Geschwisterliebe zu dem benachteiligten Halbbruder. Wenn man diese Sichtweise für gültig nimmt, dann gilt auch *Walther H. Lechlers* Satz: „Nicht die Droge ist's, sondern der Mensch! Der Mensch, solange er nicht in der Lage ist, es in einer befriedigenden Weise mit dem Leben aufzunehmen.“ Weiter behauptet *Walther Lechler* sinngemäß: „Heroin macht nicht süchtig, Cocain, Alkohol, legale Beruhigungstabletten, Haschisch, Designerdrogen, Halluzinogene und so weiter – machen allesamt nicht süchtig. Sie haben zwar allesamt eine chemische Wirkung auf unseren Körper und unser Großhirn, sie können uns benebelt, betrunken oder halluzinierend machen. Aber sie machen uns nicht süchtig oder abhängig in dem Sinne, dass die Chemikalie eine so große Macht über uns hätte und uns zur wiederholten selbstzerstörerischen Wiederbeschaffung und Wiedereinnahme zwingen könnte. Wir wissen von vielen erfahrenen Süchtigen, dass ein Entzug, so schlimm er sein mag, zu schaffen und durchzustehen ist. Es ist nicht die Chemikalie, sondern die innere Haltung, die den Süchtigen an die Droge bindet. Die selbstzerstörerische innere Haltung ist das Problem, und die jeweilige Droge ist nichts als eine Metapher für eben dieses innere Problem.“

Diese Sichtweise *Walther Lechlers* wird sowohl durch die oben dargelegte Kasuistik, als auch durch die oben genannten Anonymen Kronzeugen und viele weitere Fälle aus meiner zwanzigjährigen klinischen Tätigkeit mehr als bestätigt. Man muss vielleicht sogar sagen, dass die Droge nicht nur eine Metapher für die Unfähigkeit zu einem befriedigenden Leben, sondern dass sie obendrein eine Verschleierung und Ablenkung vom eigentlichen verborgenen Problem ist, nämlich von dem unbewussten Anliegen, ein Leben in der Nähe der Todesgefahr zu leben.

Wenn diese Behauptung zuträfe, dann wäre alles Diskutieren um Verschärfung der Kriminalisierung von Abhängigen einerseits und die „Entschärfung" durch Ersatzstoffprogramme andererseits nichts als ein Hereinfallen auf diese Verschleierung der Metapher Droge und Ablenkung von der verborgenen tiefenpsychologischen eigentlichen Problematik.

In einer Veröffentlichung mit dem Titel „Wir sind alle süchtig" (siehe *Klinikreader 1*) führt *Walther Lechler* nun weiter aus, dass auch andere, nicht drogenbezogene seelische Leiden, wie Ängste, Depressionen, Partnerkonflikte und so weiter, in ihrem Grundmuster viele Wesenszüge mit den Abhängigkeitserkrankungen gemeinsam haben. Die jeweiligen Symptomendominanten – sei es Sucht oder Depression – können als unterschiedliche Oberflächen von einem gemeinsamen Grundmuster oder einem Bündel sehr ähnlicher Grundmuster in der Tiefe angesehen werden, welche *Walther Lechler* mit der „Unfähigkeit, es mit dem Leben in einer befriedigenden Weise aufzunehmen" beschreibt.

Die verborgene Todessehnsucht

Wenn das also zutrifft – wenn also das bunte Spektrum der vielen legalen und illegalen Drogen nur die vom Eigentlichen ablenkenden Oberflächen einer verborgenen Tiefe sein sollen, und weiterhin auch noch andere seelische Krankheiten wie Ängste und Depressionen, wie behauptet, genauso zu verstehen sein sollen – was kann dann über diese Tiefe gesagt werden?

Mein Versuch einer Antwort im Sinne einer Arbeitshypothese lautet: Die betroffenen Personen suchen unbewusst nach einer Nähe zum Tode, wie im Fallbeispiel Martin dargestellt. Für ein solches Dem-Tode-nahe-sein-Wollen gibt es ein breitgefächertes Spektrum an den unterschiedlichsten Varianten: gefährliche Sportarten wie Extremklettern oder Bungee-Springen, riskantes Sexualverhalten, das zu Aids führen könnte, Magersucht oder Suizidalität sind neben der Drogensucht einige von solchen Symptomvarianten, die alle den gemeinsamen Nenner die Todesnähe haben.

Für diese Betroffenen ist der Tod oder der Suizid ein mächtiges Faszinosum. Und sie sind offenbar besonders anfällig für eine bestimmte Literatur, in welcher der Tod oder der Suizid verklärt wird. So soll *Goethes* erster Bestseller „Die Leiden des jungen Werther" nach seiner Veröffentlichung eine Welle von Suiziden unter jungen männlichen Lesern nach sich gezogen haben, da der Roman mit einer eindrucksvollen Suizidschilderung des Helden endet. Eine entsprechende Suizidwelle unter Schülern wurde vor etwa 15 Jahren festgestellt, nachdem im Fernsehen in einer Serie „Tod eines Schülers" in gleichermaßen verklärender Weise eine Suizidhandlung besonders ergreifend dargestellt worden war. Nach meiner Erfahrung sind auch und gerade Drogenabhängige vom Tode besonders fasziniert.

Drogenprophylaxe?

Zum Thema prophylaktische Drogenaufklärung möchte ich daher folgendes sagen: Bei denjenigen Heranwachsenden, die diese Prophylaxe eigentlich nicht brauchen, weil sie ohnehin nicht gefährdet sind, wirkt diese Aufklärung zweifellos sehr gut. Bei denjenigen Kindern jedoch, die die Tendenz nach der Nähe zum Tode so wie Martin in sich tragen, wirkt eine Prophylaxe, die über die Todesgefahr der Drogen aufklärt, paradoxerweise faszinierend und entsprechend den Drogengebrauch fördernd.

Ich behaupte also mit der gebotenen Vorsicht, aber – wie gesagt – mit qualifizierten Kronzeugen, nämlich überlebenden Betroffenen, und aufgrund zahlreicher Bestätigung durch praktische Therapeutenarbeit, dass bei Drogenabhängigkeit die chemische Drogenwirkung eine untergeordnete Rolle und eine unbewusste Neigung zur Todesnähe die verborgene Hauptrolle spielt – wenn nicht bei allen Betroffenen, so doch bei sehr vielen.

Faszinosum Tod

Bevor ich diese Gedanken weiterführe, möchte ich diese Auffassung noch an einem zweiten Beispiel illustrieren, das ich jedoch in kürzerer Darstellung bringen will:

Noch eine Fallgeschichte

Eine drogenabhängige junge Frau war gleichermaßen, wie in dem zuvor sogenannten Fall mehrmals knapp dem Tode entronnen, teils infolge Überdosierungen, teils nach Überfällen auf dem „Drogenstrich". Wie Martin kam sie nach Jahren auf der Szene in Haft, und dann in Klinikbehandlung im Sinne von „Therapie statt Strafe". Und genau wie Martin hatte sie auch eine ebenso heftige wie zugleich vage Vorwurfshaltung gegen ihre Eltern, wobei auch sie nicht richtig wusste, was sie ihnen vorzuwerfen hatte. Auch bei ihr fand das Therapeutenteam schließlich in der sogenannten Mehrgenerationenperspektive einen Zusammenhang, welcher der Klientin schließlich offensichtlich einen langfristigen Ausstieg aus dem Drogenteufelskreis ermöglichte.

Bei der Befragung der Eltern erfuhren die Therapeuten ein „Familiengeheimnis", das der Patientin zwar flüchtig bekannt war, dessen Bedeutungszusammenhang sie jedoch bis dahin nicht hatte sehen können: Eine ältere Schwester ihrer Mutter hatte an einer geistigen Behinderung gelitten und war in eine Psychiatrische Großklinik gebracht worden. Im Zuge des sogenannten „Euthanasieprogramms" der Nationalsozialisten war sie schließlich umgebracht worden. In der Familie hat man später kaum über sie gesprochen.

Unter anderem mit der in Martins Geschichte dargestellten Methode der Familienaufstellung wurde schließlich für Patientin und Team deutlich, dass das schwere Los dieser Tante und die Tatsache, dass die Familie sie durch Verschweigen aus ihrem Kreis „ausgeklammert" hatte – wie Bert Hellinger das nennt –, ein wesentlicher Zusammenhang für den Hang zur Todesnähe war. Als eine Lösung aus der Todesnähe sprach sie die Vertreterin der ermordeten Tante mit Sätzen an wie: „Liebe Tante, ich achte dein schweres Schicksal. Bitte schau mich freundlich an, wenn es mir gut geht. Ich nehme mein Glück dir zur Freude und zur Ehre."

Die verborgene Liebe

Auch in diesem Beispiel verbirgt sich also hinter dem Symptom Sucht eine unbewusste Todessehnsucht. Und dahinter verbirgt sich – und das ist jetzt die zentrale These dieses Referates – eine tief unbewusste Liebe, die in der Regel einer ausgeklammerten Person der Ursprungsfamilie gilt – so wie in den beiden Fallbeispielen dargelegt.

Eltern sind nicht automatisch schuldig

Aus der Betrachtung solcher verborgener Zusammenhänge ergibt sich nun unter anderem folgendes: Die Tatsache, dass Drogenabhängige, die gerade ihren Eltern so viel zumuten, diese sehr häufig als „Ursache" ihrer Sucht beschuldigen, ist so zu kommentieren: Eltern können nicht pauschal mit dieser Schuld belastet werden.

Wir haben vielmehr die Erfahrung gemacht, dass sich der weitaus größere Teil der Eltern von Drogenabhängigen über lange Jahre die allergrößte Mühe mit der allergrößten Geduld gegeben hat, um den Kindern zu helfen. Eine weitere wichtige und grundlegende Lehre für jeden, der Drogenabhängigen helfen will, ist die Notwendigkeit, der oben geschilderten verborgenen Liebe jedes Betroffenen Achtung entgegenzubringen, auch dann schon, wenn diese Liebe noch nicht ans Licht gekommen ist.

Das verlangt natürlich die professionelle Einsicht, dass man dem Klienten respektlos bezüglich seines autodestruktiven und damit verrückten Symptoms begegnen kann. Seiner tief unbewussten Motivation, nämlich seiner Liebe, muss man schon dann höchsten Respekt erweisen, wenn diese verborgene Liebe noch gar nicht ans Licht gebracht ist, wenn die Therapeuten-Klienten-Beziehung also erst noch in einem Frühstadium steht, in welchem der Therapeut dieses Verborgene als vorhanden hypothetisch voraussetzen muss.

Wandlung der Liebe

Diese verborgene, unglückliche Liebe, die den Süchtigen in Todesnähe hält, gilt es in eine glücklichere Liebe, die ins Leben entlässt, zu überführen – sei es durch eine Betroffenengruppe, sei es durch eine Psychotherapie. Dieser Übergang muss von den Betroffenen nicht unbedingt bewusst in dem Sinne erlebt werden, dass die verborgene Liebe zunächst ans Licht gebracht werden muss, bevor sie transformiert wird.

Gerade bei den Meetings der anonymen Gruppen der AA, OA, EA, NA usw. kann man viele eindrucksvolle Wandlungen von einer selbstzerstörerischen zu einer erfüllten Liebe mit Gelassenheit und einer klugen Lebensführung beobachten, ohne dass die Gewandelten nun eine solche Bewusstwerdung erlebt hätten, welcher verborgene Familien- und Schicksalszusammenhang hier nun eine Rolle gespielt haben mag.

In der Psychotherapie dagegen – speziell der *Hellinger*-Methode und damit zum Beispiel in unserer Klinik – ist die Wahrscheinlichkeit größer, dass diese Zusammenhänge ans Licht gebracht werden, um den Weg für die Verwandlung der Liebe freizumachen. Wie auch immer es gelingt, bewusst oder nicht, dieser Übergang wird sicherlich in jedem Fall als kritisch, dramatisch und tief bewegend erlebt.

Der Verzicht auf ein Dasein in der Gefahrenzone der Todesnähe wird von den Anonymen Alkoholikern zum Beispiel als eine Kapitulation beschrieben, was also unter anderem bedeutet, dass eine persönliche Niederlage vorausgegangen ist, dass auf ein Aufrechthalten des eigenen Stolzes in irgendeiner Form verzichtet werden muss, und dass ein solcher Schritt in das Andere zunächst große Angst machen kann, bevor später die Befreiung aus der Gefahr erlebt werden kann.

Die Bedeutung der Leidensgenossen

Walther Lechler betont in diesem Zusammenhang immer wieder, dass dieser mutfordernde Schritt immer wieder kameradschaftlicher Anstöße von erfahrenen Leidensgenossen bedarf, die diesen Schritt schon mit Erfolg gewagt haben. Und *Walther Lechler* fasst die kumpelhaft-derbe Qualität eines solchen Anstoßes in einen Satz, wie er ihn bei der US-Armee kennengelernt hat: „Up your ass and on your feet!", zu Deutsch: „Arsch hoch und auf die Füße!"

Es muss bei der Betrachtung dieses Vorganges der Transformation einer verborgenen Liebe jedoch noch ein weiteres Hindernis beachtet werden, welches von *Bert Hellinger* in den Satz gefasst ist: „Leiden ist leichter als handeln". Es geht hier allgemein gesagt um die Beobachtung, dass Unglück, Leid und Todesnähe häufig insofern unbewusst dem Besseren vorgezogen werden, weil Leid häufig wie Unschuld erlebt wird, und Glück wie Schuld. So erleben viele Drogenabhängige die eigene Genesung, als ob sie die Leidensgenossen von der Szene im Stich lassen würden. Entsprechend macht das Glück Angst, und das Unglück gewährt eine unbewusst-magische Illusion von Sicherheit in dem Sinne, dass derjenige, der auf sein Glück verzichtet hat, im Gegenzug dafür vom Schicksal eher geschont wird. Diese unbewusste Angst vor Glück und Erfolg erfasst in der Tat nicht selten die genesenden Süchtigen und treibt sie in Rückfälle.

Die Anonymen Alkoholiker und die anderen anonymen Gruppierungen, wie die Anonymen Glücksspieler, die Anonymen Medikamentensüchtigen, die Angehörigengruppen, die Anonymen Esssüchtigen begegnen dem Druck dieser Angst in den Rückfall mit einem ebenso simplen wie genialen Trick. Er lautet: „Nur für heute."

Also „nur für heute" widerstehe ich dem Druck zum Rückfall, zum Suizid, zur Todesnähe. Wenn ich das für die nächsten vierundzwanzig Stunden nicht schaffe, dann eben für eine Stunde, oder notfalls für fünf Minuten, und dann prüfe und entscheide ich für die nächsten fünf Minuten und die nächste Stunde, und so weiter. Ich kenne viele Betroffene, die mir versichert haben, dass dieser Trick sehr gut funktioniert.

„Es geht nicht ohne deinen Einsatz – aber du schaffst es nicht allein."

Ein weiterer wichtiger Aspekt zum Ausweg aus der Todesnähe ist die Beobachtung, dass es unmöglich erscheint und – wenn überhaupt – nur eine ganz seltene Ausnahme ist, dass Drogensüchtige allein und auf eigene Faust davonkommen. Einige brauchen vielleicht Psychotherapie, aber wohl alle brauchen eine Gemeinschaft der betroffenen Ebenbürtigen – das Fachwort dafür ist die „peer group". Es kann ein Meeting der Anonymen Medikamentenabhängigen sein, oder die Organisation „Synanon" in Berlin, eine hochwirksame Lebensgemeinschaft von Ex-Usern, die ihr Zusammenleben als letzte Chance für das eigene Überleben beschreiben.

Ein Ex-Fixer, der Amerikaner *Richard Beauvais*, hat 1964 eine solche Überlebensgemeinschaft in einem Prosagedicht treffend dargestellt.

Ich gebe hier die deutsche Übersetzung von *Walther Lechler* wieder, die wir übrigens als Motto für unsere Patientengemeinschaft in der Eingangshalle unserer Klinik angebracht haben:

Wir sind hier, weil es letztlich kein Entrinnen vor uns selbst gibt.
Solange der Mensch sich nicht selbst in den Augen und Herzen seiner Mitmenschen begegnet, ist er auf der Flucht.
Solange er nicht zulässt, dass seine Mitmenschen an seinem Innersten teilhaben, gibt es für ihn keine Geborgenheit.

Solange er sich fürchtet, durchschaut zu werden, kann er weder sich selbst noch andere erkennen – er wird allein sein.
Wo können wir solch einen Spiegel finden, wenn nicht in unserem Nächsten?
Hier in der Gemeinschaft kann ein Mensch erst richtig klar über sich werden und sich nicht mehr als den Riesen seiner Träume oder den Zwerg seiner Ängste sehen, sondern als Mensch, der – Teil eines Ganzen – zu ihrem Wohl seinen Beitrag leistet.
In solchem Boden können wir Wurzeln schlagen und wachsen; nicht mehr allein – wie im Tod – sondern lebendig als Mensch unter Menschen.

„Wo die Not am größten, ist Gottes Hilf am nächsten"

Was kann man nun betroffenen Süchtigen, ihren Angehörigen, ihren Eltern als Ausweg aus dem Leben in der Todesnähe raten? Bevor ich das tue, möchte ich auf einen wichtigen Grundsatzgedanken hinweisen: Es gibt aus der jüngsten Zeit zwei Bestsellerromane des amerikanischen Autoren *Noah Gordon*: nämlich „Medicus" und „Der Schamane". In dieser Romanserie wird eigentlich das alte Thema von dem Märchen der *Gebrüder Grimm* „Gevatter Tod" neu aufgelegt: Es erzählt von einem Arzt, dessen großer Berufserfolg und Ruhm darin begründet ist, dass er bei der ersten Begegnung mit Patienten voraussagen kann, ob sie gerettet werden können oder nicht, und damit entscheiden kann, ob er sich für diesen Patienten engagiert oder nicht.

Mir ist jetzt wichtig, darauf hinzuweisen, dass diese Idee nichts weiter als ein faszinierender Stoff für Märchen und Bestseller ist, aber nichts mit der Realität der Drogenmedizin zu tun hat, in der nämlich solche Voraussagen nicht möglich sind. Vielmehr ist meines Erachtens jeder Arzt, Psychotherapeut und sonstige Helfer aufgefordert, bei allen Drogenabhängigen alles zu tun und zu versuchen, was zu ihrer Hilfe geeignet erscheint. Und kein Fachmann kann wie im Märchen im voraus einschätzen, welcher Einzelfall gerettet werden kann und welcher nicht.

Zumal es gerade bei Süchtigen, also den Kindern in der Todesnähe, nicht selten so ist, dass „wo die Not am größten, Gottes Hilf am nächsten" ist. Es gibt zweifellos solche Fälle, die auf ihrem Weg zum Tode durch nichts und niemanden mehr aufzuhalten sind. Nur: Der Arzt und Fachmann kann genau dieses in keinem Einzelfall vorher einschätzen.

Natürlich ist Betroffenen, die auf ihrem autodestruktiven Weg niemandes Hilfe mehr nehmen können, mit Achtung zu begegnen. Mein Grundsatz zu dieser Überlegung lautet jedoch: Weil es keiner vorher wissen kann, kann ich mir keinen konkreten Fall von Sucht vorstellen, der kein helfendes Engagement verdienen würde.

Als weiteren konkreten Handlungsgrundsatz möchte ich das folgende feststellen: Immer dann, wenn die oder der Betroffene selbst keine Hilfe sucht oder will, wenn er sich auf der Szene völlig gehen lässt und sich offenbar zugrunde richtet, dann sind die Anderen zum Handeln aufgefordert. In erster Linie sind seine Angehörigen gefragt, und wenn diese das alleine nicht leisten können – und das ist natürlich die Regel –, dann ist die Solidargemeinschaft selbstverständlich in der Pflicht.

Wenn die oder der Betroffene nicht für ein hochschwelliges Angebot wie eine Klinik zu gewinnen ist, dann sind eben zunächst niederschwellige Angebote für alle Beteiligten, auch angepasst für die Angehörigen, das Richtige.

Eltern brauchen ihre Kinder nicht zu verstoßen

Noch eine mir sehr wichtige Stellungnahme zum therapeutischen Vorgehen mit den Angehörigen: Es wird von Fachleuten immer wieder die – wie ich meine – falsche Empfehlung an Eltern und andere Angehörige praktiziert, sie sollen ihren drogenabhängigen Kindern für immer die Tür weisen und ihnen ab sofort jegliche Hilfe und Unterstützung verweigern. Als Begründung für diese Empfehlung wird genannt, dass das fortgesetzte Helfen der Eltern die Hauptvoraussetzung dafür sei, dass der Süchtige immer wieder Mittel in die Hand bekomme, um seiner Sucht solange weiterzufrönen, bis alle Angehörigen und Helfer materiell und gesundheitlich total am Ende seien. Da sei es – so die von mir kritisierten Fachleute – besser, dass die Angehörigen ihre Börse, ihre Tür und ihr Herz verschließen, weil auf diese Weise der Süchtige in seine unausweichliche Krise getrieben werden kann, die ihn dann zu der notwendigen Änderung zwingt.

Wir praktizieren diese Vorgehensweise grundsätzlich nicht mehr und können Eltern prinzipiell nicht empfehlen, ein Kind wegen seiner Drogenerkrankung zu verstoßen. Zwar kennen wir sehr wohl die bewegenden Berichte aus dem Munde von einigen betroffenen Süchtigen, wie sie es erlebt haben, dass sie erst dann zu einer Umkehr in der Lage waren, als sie ihre letzte Mark, ihre letzte Bleibe und ihren letzten Helfer verloren hatten. Wir bestreiten durchaus nicht, dass eine solche Umkehr oftmals erst durch einen solchen individuellen Lebenstiefpunkt möglich wird, aber wir stellen in Frage, dass andere Menschen, Angehörige oder Fachleute, einen solchen Tiefpunkt eines anderen absichtlich und fachgerecht herbeiführen können.

Grundsätzlich halten wir die Einsicht und Rettung von Süchtigen nicht für etwas, das herbeigezwungen werden kann. Natürlich halten wir es für uneingeschränkt richtig, dass Angehörige und professionelle Helfer alles tun, um sich vor dem autodestruktiven Tun des Süchtigen in Sicherheit zu bringen. Aber das kann nach unserer Auffassung nicht bedeuten, dass Eltern und Angehörigen geraten werden sollte, ihre süchtigen Kinder oder Familienmitglieder zu verstoßen und die Liebe abzuschneiden.

Zweifellos wird diese, unsere Haltung, nachvollziehbar durch das oben Gesagte über die verborgene destruktive Liebe, die das Kind in Todesgefahr hält, und die Notwendigkeit ihrer Umwandlung in eine konstruktive Liebe.

Und doch kann ein Engagement von Eltern für eine effektive Drogentherapie einen Verzicht auf das Kind bedeuten. Denn nicht selten wird die Heilung wie eine Lösung und diese wie eine Entfremdung von der Kindheit und damit auch von den Eltern erlebt. So betrachtet wäre das dann ein liebevoller und konstruktiver Verzicht der Eltern auf ihr Kind und ein stilles Entlassen in sein erwachsenes Leben. Übrigens sind solche Eltern, die getrennt oder geschieden sind, deswegen nicht unbedingt ein Hindernis für die Genesung ihrer drogenabhängigen Kinder – wie dies oftmals angenommen oder dargestellt wird.

Unabhängig davon, ob ein geschiedenes Paar noch einmal zur Kooperation findet, um dem gemeinsamen Kind zu helfen, oder nicht – in unserer Klinik sind Eltern als Unterstützer der Psychotherapie immer hochwillkommen.

Was tun?

Zum Schluss möchte ich noch ein paar Empfehlungen geben, was Betroffene und ihre Familien tun können. Zwar sind Allgemeinaussagen nicht möglich – ich möchte meine Vorschläge jedoch so konkret wie möglich machen. Der Kernvorschlag lautet: Wagen Sie den Schritt zu den Helfern. Folgen Sie dabei Ihrer Gefühlsreaktion. Viele Betroffene haben bei den Anonymen Medikamentenabhängigen oder bei Synanon (siehe oben) auf Anhieb ihren zentralen Ausweg gefunden, viele Angehörige bei der Anonymen Gruppe für Angehörige „Alanon".

Prüfen Sie ihr Gefühl in einer solchen Gruppe in den ersten Sekunden, vertrauen Sie Ihrer Intuition und entscheiden Sie sich dann dafür oder dagegen. Wenn Sie sich dafür entschieden haben, besuchen Sie erst einmal ohne Ausnahme die nächsten zehn Meetings, und prüfen Sie erst dann, ob es hilfreich war oder nicht. Wenn Sie sich dagegen entschieden haben, suchen Sie beharrlich weiter – zum Beispiel ein anderes Meeting.

Verfahren Sie genauso bei der Suche nach Therapeuten oder Kliniken. Prüfen Sie diese genauso, bis „die Chemie stimmt", und tun Sie dies solange, bis Sie Helfer gefunden haben, auf die Sie sich einlassen können. Es ist gleich-gültig, ob Sie sich für eine Betroffenengruppe von Laien, für therapeutische Fachleute, eine klinische Institution oder alles zusammen entscheiden – Ihr spontanes Gefühl ist der sicherste Wegweiser.

Wenn Sie Angehöriger oder Eltern eines Süchtigen sind, der Hilfe ablehnt, dann suchen Sie Hilfe und Beratung für sich selbst – entweder bei „Alanon" (siehe oben) oder in professioneller Beratung. Entweder wirkt sich dieser Einsatz für die eigene Person indirekt günstig für Ihren süchtigen Angehörigen aus – was immer wieder einmal glückt –, oder Sie erreichen wenigstens für sich eine „Schadensbegrenzung", wenn der Süchtige auf seinem Weg in eine Katastrophe schon nicht mehr aufzuhalten ist.

Möglichkeiten und Grenzen

Ein wichtiger Grundgedanke für alle Beratung – sei es durch Betroffenengruppen, sei es durch Fachleute – soll in Form einer Metapher gebracht werden: So wie der Landmann im Frühjahr seinen Acker bestellt: mit seinem besten Wollen, seinem ganzen Können, seiner Erfahrung und Überzeugung, nach dem neuesten Stand der wissenschaftlichen Erkenntnis – so bringen der Betroffene und seine Berater in ihr gemeinsames Werk von Anfang an ihr Bestes ein.

Und so wie der Landmann weiß, dass sein optimales Tun nicht ausreicht für eine gute Ernte – es braucht noch Sonne und Regen im richtigen Verhältnis – so sind Betroffener und Helfer gleichermaßen – auch dann wenn sie ihren äußersten Einsatz gebracht haben – auf das günstige Hineinwirken einer dritten Instanz angewiesen, die manche „eine höhere Macht" nennen.

In diesem Zusammenhang scheint mir noch ein Gedanke bedeutsam, der in einem Reim von *Walther Lechler* zusammengefasst ist, welcher wiederum auf den Mystiker *Johannes Scheffler*, genannt *Angelus Silesius* (1624-1677), zurückgeht. Dieser Reim ist zu einem immer wieder zitierten Motto unter den Anhängern des Zwölf-Schritte-Programms geworden:

Wenn du nicht stirbst, bevor du stirbst
– du verdirbst, wenn du stirbst.

Es ist die Rede von einem subjektiven Todeserlebnis, das vielleicht von jedem Menschen erlebt und erlitten werden muss, eventuell lange bevor der physische Tod kommt. Es geht also um Lebenskrisen, die katastrophal und bedrohlich sein können – mit Verlusten, die schwerwiegend wie das Sterben erlebt werden, die jedoch vielleicht wie Prüfungen unvermeidlich und unverzichtbar für unser inneres Wachstum sind – viele beschreiben es als ihre „Kapitulation". Es gibt zahllose andere Hinweise aus der Weltliteratur, aber auch aus den Zeugnissen von schwer Betroffenen, die dann zum Zwölf-Schritte-Programm gefunden haben, das erst eine wie Sterben erlebte Krise geeignet ist, uns in die Lage zu versetzen, die Kostbarkeit und Erfüllung der begrenzten Zeit zu erkennen und zu genießen, die unser Leben ausmacht.

Friedrich Ingwersen: „Geburt", „Hinbewegung" und Systemaufstellungen in der Klinik Rastede

Dieser Artikel ist ein Bericht aus der praktischen Arbeit und dazu wird zunächst zu den starken und stärkenden Wurzeln, aus denen die Aufstellerkunst hervorgegangen ist, zurückgekehrt.

Diese Wurzeln sind die körperpsychotherapeutischen Verfahren, die Voraussetzung waren für die Entstehung von *Bert Hellinger*s Aufstellarbeit. Dazu will ich – ganz praxisoriertiert – einige historische Informationen liefern über den Werdegang der Methode. Dabei will ich auch eine recht detaillierte – gleichermaßen historische wie praxisorientierte – Beschreibung derjenigen Elemente seiner Arbeit bringen, die um eines der Zentralthemen kreisen, nämlich das, was er „Hinbewegung" nennt.

Und am Ende des Artikels kommt dann noch ein Bericht aus der Klinik darüber, wie und warum heute verschiedene leiborientierte Verfahren und das Familienstellen ineinanderspielen.

Historisches

Zunächst die historische Betrachtung: Bei der Entwicklung der heutigen Form von *Bert Hellinger*s Familienaufstellung haben körperpsychotherapeutische Verfahren in mehrfacher Hinsicht Pate gestanden. *Bert Hellinger* war von Anfang an selber mit körperpsychotherapeutischer Technik vertraut. Er hat sich neben tiefenpsychologisch fundiertem Vorgehen und der Transaktionsanalyse wenigstens zwei Methodiken angeeignet, bei denen körperliches Erleben und Ausdruck eine große Rolle spielen:

Da ist zum einen die Primärtherapie nach *Arthur Janov,* ein Verfahren, das typischerweise körperorientiertes psychotherapeutisches Vorgehen beinhaltet. Hier seien das regressionsfördernde Setting im Liegen, die Berührung durch die Therapeutin und den Therapeuten sowie der Ausdruck intensiver Emotionen genannt.Weitere sich konsequent am Körper orientierende Methodiken, die *Bert Hellinger* später erworben hat, sind die Hypnotherapie und das Neurolinguistische Programmieren (NLP). Hierbei werden körperliche Vorgänge und körperliches Erleben intensiv mit in den therapeutischen Prozess einbezogen, zum Beispiel durch die Aufnahme und Auswertung feinster körperlicher Signale und vor allem aber auch durch das Setzen von taktilen und anderen subtilen körperlichen Reizen – nämlich das Ankern.

Soweit zu *Bert Hellingers* körpertherapeutischen Ursprüngen[1], und nun der Hinweis auf einen weiteren historischen Gesichtspunkt, nämlich auf seine erste Begegnung mit der Methode des Aufstellens: Er berichtet, dass er seine Form des Familienstellens entwickelt habe, nachdem er Anfang der Achtziger Jahre an einem Workshop mit Prof. *Thea Schönfelder* teilgenommen habe, die bei dieser Gelegenheit ihre damalige Form von Familienskulpturen nach *Virginia Satir* präsentiert habe. *Thea Schönfelder* wiederum ist eine ausgewiesene Körpertherapeutin: Sie gehört zu den WegbereiterInnen der Konzentrativen Bewegungstherapie, eines Verfahrens, welches methodisch intensiv das Miteinander und Ineinander von körperlichem Erleben und kognitivem Verarbeiten dieser Erlebnisse fokussiert.

Bert Hellingers frühere Methodik

Um noch weiter herauszuarbeiten, wie bedeutsam körperpsychotherapeutisches Arbeiten für die Aufstellungsarbeit von *Bert Hellinger* ist, möchte ich jetzt persönliche Beobachtungen dazu vortragen, die heute ebenfalls historisch genannt werden können. Dabei will ich schildern, wie wesentliche Elemente der heutigen Aufstellungstechnik in der Körperpsychotherapie entstanden sind.

Man kann allgemein sagen, dass das Familienstellen nach *Bert Hellinger* zum einen die Komponente des Wahrnehmens mit der Suche nach dem guten Platz enthält, und zum anderen die Komponente der sogenannten „Vollzüge", die einen noch stärkeren rituellen Charakter haben, und bei denen Gefühle und Emotionen, mithin körperlicher Ausdruck, eine wichtige Rolle spielen.

Bert Hellinger hat – so berichtete er – in den siebziger Jahren, bevor er seine Form des Familienstellens entwickelt hat, mit seinen damaligen Seminarteilnehmern eine intensive körperpsychotherapeutische und emotional betonte Arbeit nach *Janov* gemacht. In den achtziger Jahren hat er dann das Aufstellen als neue Komponente in diese einwöchigen Seminare integriert, jedoch fanden die körper- und emotionenbetonte „Primärarbeit" einerseits und das Familienstellen andererseits zunächst noch in getrennten Settings statt. Erst Ende der Achtziger kam es zur Synthese insofern, als die Aufstelltechnik – also das Wahrnehmen und Finden des guten Platzes – und die soge-

1 Zusätzlich hat er sich auch mit der Methodik der Bioenergetik intensiv beschäftigt.

nannten „Vollzüge“ mit ihrem emotionalen Ausdruck zu einem Setting kombiniert wurden.

In den Jahren davor liefen seine einwöchigen Selbsterfahrungsseminare mit etwa 20 Teilnehmern nach folgendem Muster ab: In den ersten Tagen machte er in Rundgängen mit der Gruppe seine Form der Skriptanalyse mit hypnotherapeutisch geprägter Metaphernarbeit. Nach etwa der Hälfte der Woche fand ein Nachmittag im „Primärkeller“ seines Privathauses statt. Diese Arbeit, die also auf das Körpererleben und den Ausdruck von Emotionen fokussierte, werde ich gleich ausführlicher schildern.

Nach diesem „Primärnachmittag“ kam es dann in der zweiten Hälfte der Woche zu den Familienaufstellungen. Wie gesagt war die Aufstellungstechnik damals noch ein Vorläufer seiner und unserer heutigen Methodik, da sie noch ohne die „Vollzüge“ stattfand. Denn sie beschränkte sich noch darauf, dass die Vertreter und der Protagonist gute Plätze für sich und alle anderen Familienmitglieder suchten, und wenn eine bestmögliche Konstellation gefunden war, dann nahm der Protagonist seinen neuen Platz ein, schaute sich um, nahm alles wahr und ratifizierte – das heißt anerkannte – dieses als die gute Lösung.

Im Folgenden möchte ich den „Primärnachmittag“ in der Mitte der Seminarwoche schildern. Der Seminarraum befand sich in einer Pension, jedoch an diesem Nachmittag wurden die Teilnehmer im Privathaus *Hellinger* erwartet. Es wurde empfohlen, leichte Kleider, in denen man schwitzen konnte, mitzubringen. Die Teilnehmer wurden von *Bert Hellinger* und seiner Frau *Hertha Hellinger*, die auch Primärtherapeutin ist, empfangen und in den Keller geführt.

Dort waren die Therapieräume mit dunkelroten Gymnastikmatten ausgelegt, und ihre Wände waren mit dem gleichen Material dick gepolstert – das hat natürlich sofort geradezu intra-uterine Phantasien angeregt. Die Teilnehmer wurden aufgefordert, sich jeder auf eine Matte zu legen und „kommen zu lassen, was an Emotionen hochkommen wollte, und diese auszudrücken“. Die Raumbeleuchtung wurde etwas abgeschwächt, und *Bert* und *Hertha Hellinger* gingen jetzt von einem zum nächsten, setzten sich zu ihnen, und sie ermutigten sowohl mit ankerndem Berühren als auch mit teils liebevollen, teils konfrontierenden Worten und Zurufen den zum Teil hochgradig regressiven Ablauf des sich Ausdrückens.

Das Ziel dieses Settings war hauptsächlich ein neues Erleben alter Gefühlsmuster, indem die Patienten von ihren sogenannten „Sekundärgefühlen“ zum Erleben und Ausdruck des „darunterliegenden“ primären Gefühls fanden. Mit „Sekundärgefühlen“ meint *Bert Hellinger* solche Gefühle, die Lösung und Weiterentwicklung hinausschieben – zum Beispiel, weil Weiterentwicklung noch zu bedrohlich erscheint – für die Person oder ihr verinnerlichtes System. Diese Sekundärgefühle haben meist eine Qualität von dramatischem Ressentiment und Vorwurf, und ihr Ausdruck pflegt viel Zeit in Anspruch zu nehmen.

Mit „Primärgefühlen“ meint *Bert Hellinger* dagegen solche weit weniger zeitverbrauchenden Gefühle, die auf eine primäre Lebenssituation zurückgehen, in der der Ausdruck dieses Gefühls nicht möglich – weil zu schmerzlich oder zu gefährlich – gewesen wäre. Die damalige Blockierung eines Primärgefühls kann dann zu Symptomen führen, die sich jahrzehntelang halten, bis das unterdrückte Gefühl eine Gelegenheit bekommt, nachholend zum Ausdruck zu finden. Kommt es zu solchem nachholenden Erleben und Ausdrücken der Primärgefühle, kann dies jetzt den Betreffenden zur Weiterentwicklung führen, indem eine Sicht der Welt, wie sie ist, und vor allem eine Zustimmung zum eigenen Schicksal ermöglicht wird, und entsprechende Kräfte auf dem Wege zu einer Individuation freigesetzt werden. Diese Primärgefühle sind gekennzeichnet durch eher undramatische aber tiefgehende Entäußerungen, wie zum Beispiel Trauer und Liebe – vor allem die Liebe des Kindes zu seinen Eltern.

Am Ende der Veranstaltung im „Primärkeller“ wurde der Raum wieder heller erleuchtet und jeder Teilnehmer wurde nacheinander aufgefordert, kurz zu sagen, was er an Erledigtem in diesem Raum zurücklasse, und was er an guter persönlicher Erfahrung mitnehme, um dann gleich danach herauszugehen.

Diese „Schritte ins Neue“ hat *Bert Hellinger* zum Teil mit humorvollen Kommentaren begleitet. Er hat das an anderer Stelle einmal so kommentiert, dass er dazu neige, durch kleine Witze dem vorzubeugen, dass Betroffenheit, Ehrfurcht oder auch eine „heilige Stimmung“ allzu sehr um sich greifen. Er gestalte die Dramaturgie lieber etwa so, wie man sie bei *Shakespeare* findet: Nach den Morden kommen die Clowns.

Alles in allem kann man sicher sagen, dass wesentliche Elemente oder Vorläufer insbesondere der „Vollzüge“ von *Bert Hellinger*s heutiger Aufstellungstechnik in diesem Keller entstanden sind.

„Geburt“, „Hinbewegung“ und „Nehmen der Eltern“

Zentrales und häufiges Thema im „Primärkeller“ war das, was *Bert Hellinger* „Geburt“ und „Hinbewegung“ nannte: Es sind zwei von ihm geleitete therapeutische „Vollzüge“, die in enger Beziehung zueinander stehen, die Ähnlichkeiten mit dem Rebirthing nach *Leonard Orr* oder dem Holotropen Atmen nach *Stanislav Grof* haben mögen, die jedoch in dieser Form in seiner primärtherapeutischen Praxis eigenständig entstanden sind.

Mit „Geburt“ meint er eine in der Primärtherapiesitzung erlebte Wiederholung des Geburtserlebnisses, und mit „Hinbewegung“ einen sich daran anschließenden elementaren inneren Vorgang in der Seele des Kindes, der für seine Entwicklung von lebenslanger Bedeutung ist.

Bert Hellinger erzählte dazu eine Fallgeschichte von einem Touristen, der in Griechenland bei der Besichtigung eines engen unterirdischen Ganges einer antiken Anlage eine Panikattacke bekommen habe, die ihn dazu gezwungen habe, in größter Not sofort wieder nach Hause zu fliegen. In *Bert Hellinger*s primärtherapeutischer Behandlung habe er erkannt, daß es sich um ein Wiederholungserleben seiner traumatischen Geburt handelte. *Bert Hellinger* erzählte weiter, daß der Patient in der Primärsitzung dann noch einmal die Gefühle und Emotionen dieser Geburt durcherlebt habe – diesmal mit gutem Verlauf und Ausgang. Danach sei es ihm zunächst sichtlich besser gegangen, jedoch hätten die mit Hyperventilationssyndrom einhergehenden Panikattacken dadurch keineswegs zu ihrem Ende gefunden, sondern sie seien mehrfach wieder aufgetreten. *Bert Hellinger* habe dann erkannt, daß ein bloßes wiederholendes Durchleben der Primärsituation, nämlich der Geburt, nicht für eine dauerhafte Symptomenbesserung ausreicht, sondern daß dem fundamentalen Bedürfnis des Kindes entsprochen werden muß, sich zu seiner Mutter (und dann zu seinem Vater) hinzubewegen, um der Welt zustimmen zu können. Um nach der therapeutischen Wiederholung des Primärvorganges der Geburt diese „Hinbewegung" für den Klienten zu sichern, hat *Bert Hellinger* schließlich das „Morgengebet" entwickelt: „Liebe Mama, ich nehme es von dir, alles, das Ganze, mit dem ganzen Drum und Dran ..." Erst nachdem – so *Bert Hellinger* – der Klient am Ende einer weiteren geburtswiederholenden Sitzung diese Sätze vom Therapeuten angeleitet nachgesprochen habe, habe sich seine Paniksymptomatik zum Besseren und Stabileren geändert.

So hatte *Bert Hellinger* zwei aufeinanderfolgende Behandlungsprozeduren entwickelt, die er „Geburt" und Hinbewegung" genannt hat, und die er und Schüler von ihm, darunter ich, seit den Achtzigern häufig eingesetzt haben. Diese Techniken sind dann später in Abwandlung gewissermaßen als eine der wichtigsten Komponenten mit in die „Aufstelltechnik" eingegangen, und er bezeichnet sie jetzt – zu einem Vorgang zusammengefasst – als das „Nehmen der Eltern". Freunde und ich glauben sagen zu können, dass diese zwei therapeutischen Interventionen bei vielen unserer Patientinnen und Patienten zu einer nachhaltigen Besserung ihrer neurotischen, speziell ihrer depressiven und phobischen Symptomatik geführt haben.

Theoretische Grundannahmen zu „Geburt/Hinbewegung"

Mein Thema ist es ja, den hohen Wert eines leiborientierten Therapie-Know-how für die Aufstellkunst herauszuarbeiten. Da speziell das „Nehmen der Eltern" ein zentrales Teilstück von *Bert Hellinger*s Aufstellprozess ist, und da es sich bei der vorangegangenen älteren Behandlungsform, genannt „Geburt/Hinbewegung", um eine ausgeprägt körperpsychotherapeutische Methodik handelt, will ich sie hier ausführlicher beschreiben – zumal er sie auch heute noch gelegentlich anwendet.

Die theoretische Grundvorstellung, die er dazu gibt, ist die von einem inneren Ablauf, welcher sozusagen als biologisches Triebbedürfnis zum „seelischen Pflichtprogramm" im Leben eines Menschen zu gehören scheint. Dabei mag es Analogien zwischen diesem Vorgang und anderen theoretischen Beschreibungen geben, zum einen zur Bindungstheorie der Entwicklungspsychologie, und zum anderen zum Begriff der Prägung in der Verhaltensforschung. Denn auch bei frisch geschlüpften oder neugeborenen Tieren spielt eine Suchbewegung und ein Finden des Elterntieres eine überragende Rolle für eine günstige oder ungünstige Verhaltensentwicklung im gesamten Leben dieses Individuums.

Bert Hellinger beschrieb für seinen Ansatz die Vorstellung, dass das Kind zur sogenannten „Hinbewegung" strebt, indem es sich auf die Eltern – zunächst auf die Mutter – zubewegt, um dann mit dieser zu einer tiefen liebevollen Begegnung zu finden, welche er „Bonding" nennt, wodurch das Kind seine Mutter in einem tiefen existentiellen Sinne „nimmt", der Welt zustimmt, wie sie ist, und sich in seine Sippe und in sein „Startschicksal" einfügt. Ein Gelingen dieses fundamentalen Vorganges, der sich die ganze frühe Kindheit hindurch ereignet, wird von ihm als Voraussetzung für die Stabilität wichtiger seelischer Funktionen angesehen.

Er weist nun auf Fälle hin, in denen diese „Hinbewegung" in der Kindheit durch irgendein traumatisches Ereignis unterbrochen wurde. Und das ist dann, so *Bert Hellinger,* gewissermaßen der Kernzusammenhang für alle neurotischen Entwicklungen, vor allem diejenigen mit depressiver und phobischer Symptomatik. Diese Unterbrechung der „Hinbewegung" führt dann zeitlebens immer wieder dazu, dass die Person sich – symbolisch in den unterschiedlichsten Realzusammenhängen – innerlich auf den Elternteil zubewegt und sich dann wieder angstvoll abwendet; und so wird aus der „Hinbewegung" eine quälende Kreisbewegung. Und mit dieser Kreisbewegung beschreibt *Bert Hellinger* metaphorisch alle neurotische Symptomatik, die auch diesen Charakter von „... wieder und immer wieder auf's Neue ..." als eines wiederkehrenden symbolischen Symptomenablaufes hat. Solange also einem Kind dieses „Nehmen" seiner Eltern noch nicht geglückt ist, wird es auch als Erwachsener nie richtig Fuß in der Welt fassen. Wenn ein Patient nur den einen Elternteil „genommen" hat, und nicht beide, dann, so *Bert Hellinger*, fehlt ihm typischerweise nach der ersten Hälfte des Lebens die Kraft für die zweite Hälfte. Er entwickelt dann als Erwachsener vielleicht eine sogenannte midlife crisis, meist in der Form einer depressiven Symptomatik.

Er wird entsprechend sein erwachsenes Leben hindurch immer wieder in Situationen geraten, beziehungsweise diese unbewusst re-inszenieren, in denen sich diese unselige Kreisbewegung symbolisch wiederholt. Dies geschieht dann zum Beispiel bei der Gestaltung seiner Beziehungen oder in den verschiedensten anderen Formen von neurotischen Symptommustern, die dann den Charakter von „... immer wieder dasselbe ..." haben.

Wenn Jahrzehnte später beispielsweise in einer Psychotherapie dieser innere Vorgang durch nachholenden Vollzug doch noch gelingt, indem aus der immer wieder missglückenden Kreisbewegung die geglückte Hinbewegung wird, dann besteht die

Chance – so *Bert Hellinger* –, dass die neurotische Symptomatik zu ihrem Ende findet und die Person frei ist für ein gelingendes erwachsenes Leben.

Dieser Vorgang des nachholenden „Nehmens“ der Eltern bildet in *Bert Hellinger*s heutiger Form der Familienaufstellung zweifellos jenen Teil, der bei allen Zuschauern am häufigsten Berührung und Ehrfurcht hervorruft, weil er zu den intimsten Vollzügen gehört, die in Aufstellungen beobachtet werden.

Die „Indikationen“ für „Geburt“ und „Hinbewegung“

Für meine weitere Ausführung der Bedeutung der leiborientierten Verfahren für die Aufstellungsarbeit ist es vielleicht von Interesse, wenn ich hier noch einmal das körperpsychotherapeutische Procedere von „Geburt“ und „Hinbewegung“ eingehender darstelle.

Die Indikationen für diese Interventionen kündigen sich sowohl durch anamnestische als auch durch klinische Hinweise an. Anamnestische Zeichen dafür, dass in der nächsten Zeit in der Therapie „Geburt“ und/oder „Hinbewegung“ anstehen, sind zunächst Informationen, dass ein Patient eine schwere Geburt gehabt hatte, bei der Gefahr für Mutter und Kind bestanden hatte, oder dass das Kind kurz nach der Geburt aus irgendeinem Grunde von der Mutter getrennt wurde, zum Beispiel durch eine längere Krankenhausbehandlung. Hier ist die Annahme die, dass das Kind sich durch solche frühe Lebensgefahr oder Trennung nicht getraut hat, die Mutter in diesem fundamentalen Sinne zu „nehmen“.

Ein anderer wichtiger anamnestischer Hinweis auf das Anstehen der therapeutischen Prozeduren „Geburt“ oder „Hinbewegung“ sind Informationen über systemische Zusammenhänge, dass zum Beispiel die Mutter zur Zeit um die Geburt herum oder in den frühen Jahren danach in irgendeiner Weise unter Stress gestanden hat: zum Beispiel wenn der Vater in dieser Zeit dabei war, die Mutter zu verlassen, oder wenn ein Elternteil der Mutter in dieser Zeit gestorben ist, oder wenn ein Geschwister früh verstorben ist, und so weiter. In solchen Fällen wird angenommen, dass die Seele der Mutter so gebunden war, dass sie für ihr Neugeborenes nicht wirklich zu erreichen war, so dass dieses angesichts dieser Belastung seiner Mutter es nicht gewagt hat, sie zu „nehmen“.

Nach Indikationshinweisen, die sich aus der Anamnese ergeben, nenne ich die klinischen Zeichen, also Signale aus den Kommunikationsmustern des Patienten im Rahmen der Psychotherapie. Das deutlichste Zeichen ist zweifellos, dass bei dem Therapeuten im Umgang mit dem Patienten das lastige Gefuhl von „schon wieder dasselbe“ aufkommt. Wenn man also bei einem einzelnen Patienten zu der Wahrnehmung kommt, dass sich hier ein Muster etabliert hat, wobei es dann beim Therapeuten oder beim Team auch zu Ungeduld und Abbruchphantasien kommen kann, dann ist dies ein starkes und deutliches Signal für jene von *Bert Hellinger* so genannte unerfüllte und quälende Kreisbewegung, die darauf hinweist, dass hier ein Kind symbolisch nach „Hinbewegung“ strebt und immer kurz vor der Vollendung derselben den Prozess abbricht und dann zu der alle Beteiligten so strapazierenden und irritierenden Kreisbewegung in der Form eines sich wiederholenden Symptommusters kommt. Sobald ein Therapeut also registriert: „Das hatten wir doch schon ein paarmal“, oder: „Jetzt werde ich ungeduldig“ und dergleichen mehr, dann ist dies also ein Zeichen für die Fälligkeit der Prozeduren von „Geburt“ oder „Hinbewegung“.

Weitere wichtige Indikationsmerkmale ergeben sich aus körperlichen Signalen des Patienten, insbesondere bei Traumatisierung der Geburt – sei es einer biologischen Traumatisierung oder einer systemischen Traumatisierung. Mit letzterer meine ich diejenigen soeben genannten systemischen Zusammenhänge, die wie die biologische Traumatisierung ein „Nehmen“ der Eltern durch das Kind verhindert haben. Solche klinischen Hinweise sind beim Patienten Blasswerden, Panik, plötzlich kalte Hände oder Apathie und vor allem das Hyperventilationssyndrom. Das ist ein seelisch-körperlicher Zustand, bei dem der Patient durch offensichtliches oder auch unbewusst getarntes Zuviel-Atmen bei zu wenig körperlicher Bewegung den Chemismus seines Blutes zeitweise so verändert, dass infolgedessen seine Nerven eine vorübergehende Funktionsstörung erfahren, was dann neben Panikgefühlen und paradoxer Luftnot zu Zittern und vor allem zu Muskelkrämpfen führen kann, welche dann in Extremfällen eine typische sogenannte Pfötchenstellung der Hände herbeiführen.

Der Kairos

Allgemein kommt es bei der Arbeit mit „Geburt“ und „Hinbewegung“ sehr auf das Wahrnehmen des „Kairos“ durch den Therapeuten an, also des richtigen Augenblickes, in welchem Therapeut und Klient es gemeinsam wagen, diesen Geburtsvollzug und Hinbewegungsvollzug nachholend zu inszenieren. Hier scheint es von Wichtigkeit, dass der Therapeut mit dem Patienten eine hinreichend lange Phase durchgestanden hat, in welcher der Therapeut den Angeboten von Sekundärgefühlen des Patienten einfühlsam, doch konsequent Widerstand geleistet hat.

Wenn also zum Beispiel ein Patient offensichtlich im Sekundärgefühl voller Vorwurf gegen einen Elternteil ist, und dieses immer wieder im Zusammenhang des psychotherapeutischen Gespräches deutlich wird, dann empfiehlt *Bert Hellinger* „Zeit zu schinden“. Der Therapeut sollte dann also beharrlich eine Haltung einnehmen, in der er einerseits neutral genug gegenüber dem abgelehnten Elternteil bleibt oder sich sogar mit diesem eher wohlwollend verbündet, während er gleichzeitig die Vertrauensbeziehung zum Klienten aufrecht hält. Wenn der Therapeut dem Klienten dies lang genug zumuten konnte, und wenn er jetzt glaubt, dass der Klient seine Verantwortung für den Ablauf und seine Folgen der hinbewegungsnachholenden Prozedur tragen wird, dann ist der „Kairos“ gekommen.

In der Sprache der Primärtherapie geht es jetzt also darum, dass der Klient in diesem Prozess seine Sekundärgefühle verlässt und zu seinen Gefühlen von primärer Liebe findet.

Das Procedere von „Geburt" und „Hinbewegung"

Typischerweise fand in den früheren Jahren im „Primärkeller" diese Prozedur auf einer flachen weichen Gymnastikmatte statt – zuerst das „Wiederholungserlebnis" der Geburt und dann die dadurch möglich gewordene Vollendung der „Hinbewegung".

Zu Beginn schließt der Therapeut mit dem Klienten einen Kontrakt des Inhaltes, dass sich Klient und Therapeut gegenseitig zusichern, dass sie trotz aller Panik, die der Klient vielleicht erleben mag, einander keinen Schaden zufügen werden und sich einer „Guten Instanz in dir" anvertrauen.

Dann legt der Therapeut gewöhnlich dem auf dem Rücken liegenden Klienten eine Hand auf das obere Brustbein und fordert ihn auf, etwas tiefer zu atmen. Allmählich ermutigt er den Klienten, ohne Ton schneller zu atmen „wie bei einem Hundert-Meter-Lauf". So entwickelt der Klient ein spontanes oder herbeigeführtes leichtes Hyperventilationssyndrom mit paradoxer Luftnot, so dass er in seinem subjektivem Erleben in vielleicht so etwas wie einen „engen Geburtskanal" hineinkommt.

Wenn die Hyperventilation stärker geworden ist, und der Klient sichtlich heftig atmet, ermutigt der Therapeut ihn, sich mit dem ganzen Körper zu bewegen. Häufig bewegt der Klient zunächst nur ein wenig die Füße, so dass ihn der Therapeut wie ein anfeuernder Sporttrainer jetzt auffordern muss, alle Viere zu bewegen und schließlich auch schlangenförmige Bewegungen mit dem ganzen Körper zu machen. Während das körperliche Erleben und Agieren des Patienten immer heftiger werden, beugt sich der Therapeut mit seinem ganzen Oberkörper auf dessen Oberkörper, so dass dieser jetzt das Gefühl bekommt, als wäre er tatsächlich eingeengt, und es wächst bei ihm zweifellos der Wunsch sich zu befreien.

Wenn die Erregung des Patienten ihrem Höhepunkt zustrebt, dann fordert der Therapeut ihn auf „sich herauszuwühlen", wenn er dies nicht schon spontan unternimmt. Vielleicht ist auch ein Helfer zur Hand, der die Füße des Patienten hält und ihnen elastischen Widerstand gibt, so dass der Patient sich der Richtung seines Kopfes folgend herausarbeiten kann. Wenn der Patient dies nicht von alleine hinkriegt, dann gibt der Therapeut ihm unter Umständen die Hilfestellung, indem er ruft: „Jetzt wühl dich raus wie eine Schlange!" Durchaus günstig ist es dabei, wenn am Kopfende des Klienten eine gepolsterte Wand ist, die er zunächst einmal als ein subjektives Hindernis erlebt, so dass er – etwa so wie in der Natur – sozusagen den ungeraden Weg ins Freie erst selbst erfinden muss. Übrigens wird diese Prozedur auch bei solchen Patienten gemacht, die durch Steißgeburt oder Kaiserschnitt auf die Welt gekommen sind.

Bert Hellinger hat die Erfahrung gemacht, dass auch für diese Patienten die „natürliche“ Prozedur bei der Geburtsnachholung die richtige sei. Schließlich strampelt der Patient sich heftig und unter Umständen sogar aggressiv frei, und der Therapeut muss sich einige Zehntelsekunden lang vor Fußtritten hüten.

Bei all den sicherlich über hundert solcher „Geburtsprozeduren“, die ich als Therapeut schon begleiten und anleiten durfte, ist es für mich eindrucksvoll, wie gleichförmig die nächste Etappe dieses Ablaufes in geradezu allen Fällen aussieht: der Klient liegt jetzt schwer atmend und offensichtlich desorientiert auf oder neben der Matte, das Gesicht zum Boden gewandt, die Augen geschlossen, die Körperhaltung in sich gekehrt, und der Therapeut sitzt abgetrennt von ihm etwa einen Meter weiter und auch er ist etwas außer Atem.

In etwa der Hälfte der Fälle kommt jetzt der Klient spontan in die Arme des Therapeuten – das wäre also die eigentliche nachgeholte „Hinbewegung“ zum Therapeuten als Stellvertreter der Mutter -, in der anderen Hälfte der Fälle muss der Therapeut ihn mit dem Satz: „Nun komm schon!“ dazu auffordern.

Es ist für mich jedes Mal wieder eindrucksvoll und berührend, mit welcher Heftigkeit und Hingabe und welchem elementarem Selbstverständnis die Patienten sich „durch mich hindurch“ zu ihrer Mutter begeben, und mich dabei packen und halten.

Jetzt spricht der Therapeut zum Klienten natürlich nicht mehr wie ein anfeuernder Sporttrainer, sondern wie eine Mutter zu ihrem Kind liebevoll ermutigend: „Nun komm schon her, halt dich gut fest – richtig ***gut*** festhalten! – und ***atme*** tief!“ Immer wieder fordert der Therapeut den Klienten auf, sich kraftvoll festzuhalten. Gleichzeitig doziert er vielleicht den anderen – teilnehmend beobachtenden – Gruppenmitgliedern, dass dies jetzt das eigentliche echte „Bonding“ sei, das jeder Mensch am Anfang seines Lebens brauche. Dieses der Gruppe zugewandte Sprechen dient natürlich vor allem auch der indirekten Ermutigung des Klienten.

Der Therapeut prüft jetzt sorgfältig, ob der Klient sich lange und kräftig festhalten kann ohne zu ermüden, und ob er dabei tief und gelöst atmet. Denn langes und kraftvolles Halten und tiefes und gelöstes Atmen, das sind die Kriterien des „echten Bonding”. Auch in den Aufstellungen wird ja nicht selten anhand dieser Kriterien geprüft, ob das Kind die Eltern wirklich „nimmt“.

So kommt der Klient als „Neugeborenes“ langsam zur Ruhe, dieses fühlt sich sichtlich wohl, es ist geborgen, es ist am richtigen Platz, es ist angekommen. Dieses Angekommensein bei den primären Gefühlen der Kindesliebe zu seinen Eltern ist also die gelungene „Hinbewegung“. Sie wird jetzt durch das Nachsprechen des Morgengebetes ratifiziert, mit anderen Worten – abgesichert und gefestigt: „Liebe Mama, ich nehme es von dir, alles, das Ganze, mit dem ganzen drum und dran, und ich nehme es zum vollen Preis, den es dich gekostet hat und den es mich kostet. Und ich mach was draus, dir zur Freude. Es soll nicht umsonst gewesen sein. Ich halte es fest und gebe es weiter, so wie du. Und ich nehme dich als meine Mutter, und du darfst mich haben als dein Kind. Du bist für mich die Richtige, und ich bin dein richtiges Kind. Du bist die Große und ich bin der Kleine. Du gibst, ich nehme. ***Liebe*** Mama!" (Es folgt dasselbe in Bezug auf den Vater.) Wenn die Muttersprache des Patienten eine andere als das Deutsche ist, dann wird er aufgefordert, diese vorgegebenen Sätze in seine Kindheitssprache zu übersetzen. Es ist hierbei wichtig sicherzustellen, dass der Klient dabei die Augen geöffnet hat.

In dieser Gruppensituation entsteht dabei in der Regel eine heitere Leichtigkeit, bei der *Bert Hellinger* auch immer wieder kleine humorvolle Bemerkungen zur Situation gemacht hat, was mich übrigens daran erinnert, dass Hebammen bei ihrer Arbeit, wenn sie gut läuft, auch immer wieder solche kleinen Frechheiten zur Größe dieses Vorganges der Weitergabe des Lebens von sich geben – offenbar, weil diese Leichtigkeit Mutter und Kind guttun und sie stärken.

Nachdem in der therapeutisch nachholenden Situation das „Kind" mit dem Therapeuten als Vertreter des Elternteils ausgiebiges Bonding gehabt hat, und nachdem das Morgengebet und alles andere glücklich abgelaufen sind, wird der Klient in der Regel aufgefordert, sich auf der Matte noch etwas auszuruhen und für sich zu sein.

Abwandlungen der Prozedur

Als *Bert Hellinger* älter wurde, und die Arbeit auf der Matte ihn – wie er sagte – zu sehr anstrengte, hat er diese Prozedur gekürzt, indem er die detaillierte Nachholung des Geburtserlebens weitgehend komprimiert und sich mehr auf den Hinbewegungsvollzug konzentriert hat. Dazu lässt er den Klienten mit einem Stuhl ganz nah vor seinem eigenen Stuhl Platz nehmen. Dann lässt er ihn intensiv atmen und so kommt dieser unter seiner Anleitung bald in jenen Erlebnisprozess von „Geburt", und anschließend bietet *Bert Hellinger* sich ihm an als ein die Eltern vertretendes Gegenüber, und das Ganze endet dann in bekannter Form mit dem „Morgengebet".

Wie gesagt, habe ich diese Prozedur seit Mitte der 80er Jahre häufig in dieser oder abgewandelter Form gemacht und sie später auch in die neuere Aufstellungstechnik integriert.

Besondere Gegebenheiten der stationären Arbeit – das werde ich gleich ausführen – erfordern jedoch, dass wir diese „Geburtsmethode auf der Matte" nach wie vor häufig anwenden. Wir haben viele günstige Feedbacks von den Betroffenen erhalten – meist indirekt in der Form, dass die Patienten nie wieder über diesen Vorgang selbst gesprochen haben – weil zu intim – , dass sie aber geäußert haben, dass die „Mattenarbeit" das Wichtigste für sie war.

Soweit mein Exkurs in Historisches. Er sollte dokumentieren, wie grundlegend wichtig für Therapeuten praktisches körperpsychotherapeutisches Know-how und Erfahrung im Umgang mit dem Ausdruck von Gefühlen für einzelne Aspekte der Arbeit mit Familienaufstellungen sind.

Körperpsychotherapie und Aufstellung in der Klinik

Dass dabei nicht nur die Wahrnehmungsfähigkeit des Therapeuten von großer Wichtigkeit ist, sondern auch die der Klienten, lässt sich gut durch besondere Erfahrungen aufzeigen, die wir in unserer Psychosomatischen Klinik gemacht haben.

Wir glauben zwar nicht, dass Vertreter in den Aufstellungen unterschiedlich gut wahrnehmen, oder dass es geübte oder weniger geübte Vertreter gäbe. Vielmehr staunen wir immer wieder, wie präzise manchmal gerade Newcomer, die keinerlei Vorkenntnisse haben, als Vertreter wahrnehmen und ihre Wahrnehmungen als Körpersignale kommunizieren können. Und doch beobachten wir signifikante Unterschiede zwischen einem Teil des Klientels der Klinik und dem Klientel, das Aufstellungsseminare aufsucht.

Man kann allgemein sagen, dass einige Klinikpatienten noch nicht zur guten Wahrnehmung bereit sind, weil sie mehr von ihren Symptomen „ergriffen" sind als Seminar- oder Workshopteilnehmer, und dies ist oft ein Hindernis, so dass sie sich von vornherein nicht zur Teilnahme an der Aufstellung bereitfinden. Denn solche Klinikpatienten haben offensichtlich zunächst noch Angst vor guten Lösungen, wie sie sich bei der Aufstellungsarbeit abzeichnen – zum Beispiel, weil sie noch zu sehr in das aktuelle Agieren innerhalb der Verstrickung mit ihrem System engagiert sind. Sie halten dem Problem die Treue, und so steht für sie das Leiden unter dem Symptom im Vordergrund.

Dieser Teil unserer Patienten sucht eine stationäre Behandlung auf, weil sie sich durch den Milieuwechsel von Zuhause für sich und ihre Angehörigen zunächst einmal eine Entlastung vom Symptom versprechen, und sie sehen sich noch nicht zu einer Auseinandersetzung mit den Themen in der Lage, um die die Familienaufstellungen kreisen – wie zum Beispiel den Umgang mit Schicksal und Schuld. Einige von ihnen haben sogar noch nie etwas von einer Familienaufstellung gehört, und sie möchten zunächst dezidiert nicht an unserer Aufstellgruppe teilnehmen.

Um uns auf die unterschiedlichen Bedürfnisse unserer Patienten „maßgeschneidert" einstellen zu können, haben wir ein vielfältiges Angebot unterschiedlicher Methodiken, die wir hochflexibel kombinieren. Verkürzt gesagt, integrieren wir das sogenannte Bad Herrenalber Modell[2], die systemischen Ansätze sowohl der „Neuen Heidelber-

---

2 Unsere stationäre Arbeit steht in der Tradition des sogenannten Bad Herrenalber Modells, das auf den ehemaligen Chefarzt Dr. *Walther H. Lechler* zurückgeht, und das sich zum einen durch eine prinzipielle Nähe zu den Selbsthilfegruppen des Zwölf-Schritte-Programmes auszeichnet, also den An-

ger Schule“[3] als auch *Bert Hellingers* und einige Körpertherapien. Und aus diesem „kundenorientierten“ Methodenspektrum haben sich jetzt unsere körperpsychotherapeutischen Komponenten besonders bewährt, um die Patienten „dort abzuholen, wo sie gerade sind“. Insbesondere in ihren Augen haben die Körpertherapien einen unangefochten hohen Stellenwert.

---

onymen Alkoholikern, den Anonymen Angehörigen von Alkoholikern, den Anonymen Glücksspielern, Essgestörten und so weiter. Speziell bei unseren Suchtpatienten, durchaus aber auch bei allen unseren anderen Patienten, sehen wir – über unsere basale Kleingruppen- und Einzeltherapie hinaus – für uns eine wichtige Aufgabe darin, die Betroffenen an dieses Selbsthilfeprogramm und an diese Meetings heranzuführen, so dass diejenigen, die sich davon angesprochen fühlen, für die Zeit nach der stationären Behandlung eine regelmäßige Quelle der Stabilisierung und Weiterentwicklung finden. Ein weiteres wichtiges Element der Herrenalber Tradition ist die Therapeutische Gemeinschaft, zu deren Mitwirkung alle Patientinnen und Patienten aufgefordert sind.

Das Anliegen dieser Gemeinschaft ist es, im Rahmen der peer group für die Zeit des stationären Aufenthaltes im engen Miteinander des Klinikalltags spontane Experimente von neuem kommunikativen Verhalten und entsprechende neue Erfahrungen zu machen. Dabei wird angenommen, dass solche neuen Erfahrungen dann glaubhafter und dadurch wirksamer sind, wenn sie von einem Betroffenen zum anderen Betroffenen weitergegeben werden – und nicht vom Therapeuten zum Betroffenen. Als ein Motto für diese Art der experimentierenden und mutigen anderen Form des Zusammenlebens für die Zeit des stationären Aufenthaltes kann ein Prosagedicht gelten, welches im Jahre 1964 in einer US-amerikanischen Drogeneinrichtung von einem Patienten namens *Richard Beauvais* abgefasst wurde: „Wir sind hier, weil es letztlich kein Entrinnen vor uns selbst gibt. Solange der Mensch sich nicht selbst in den Augen und Herzen seiner Mitmenschen begegnet, ist er auf der Flucht. Solange er nicht zulässt, dass seine Mitmenschen an seinem Innersten teilhaben, gibt es für ihn keine Geborgenheit. Solange er sich fürchtet durchschaut zu werden, kann er weder sich selbst noch andere erkennen – er wird allein sein. Wo können wir solch einen Spiegel finden, wenn nicht in unserem Nächsten? Hier in der Gemeinschaft kann ein Mensch erst richtig klar über sich werden und sich nicht mehr als den Riesen seiner Träume oder den Zwerg seiner Ängste sehen, sondern als Mensch, der – Teil eines Ganzen – zu ihrem Wohl seinen Beitrag leistet. In solchem Boden können wir Wurzeln schlagen und wachsen; nicht mehr allein – wie im Tod – sondern lebendig als Mensch unter Menschen.“

3 Eine weitere grundlegende Komponente des methodenvielfältigen Gesamtangebotes der Klinik Rastede sind die für die Ambulanz entwickelten Werkzeuge der systemisch-konstruktivistischen Psychotherapie nach der sogenannten „Neuen Heidelberger Schule“, die auf breiter Basis Eingang in den gruppen- und familientherapeutischen Anteil unseres Klinik-Settings gefunden haben. Hier ist in erster Linie die zirkuläre Fragetechnik zu nennen, die in unseren Gruppensitzungen einen erheblichen Schub an Lösungsorientierung erzielt hat. Des Weiteren laden wir bei dem größten Teil unserer stationären Patienten deren Angehörige ein und führen mit ihnen dann nach Heidelberger Vorbild Familiengespräche durch – unter Verwendung von Videoaufzeichnung und Supervision hinter der Einwegscheibe. Schließlich sind aber auch provokative Methoden nach *Frank Farrelly* und hypnotherapeutische Elemente nach *Milton Erickson* fester Bestandteil unserer Therapie geworden.

Konzentrative Bewegungstherapie

An erster Stelle ist die Konzentrative Bewegungstherapie zu nennen. Diese Methode ist – hier sehr vereinfacht dargestellt – gekennzeichnet durch zwei Hauptelemente. Erstens: Durch Fokussierung auf die Wahrnehmung des Körpers, seiner Bewegung und seiner Haltungen wird ein Zugang zu möglichen Einschränkungen, Blockierungen, aber auch zu Ressourcen sowohl auf der körperlichen als auch auf der seelischen Ebene eröffnet. Auch können Erinnerungen – manchmal traumatischer Art – wach werden, die eine emotionale Auseinandersetzung damit ermöglichen. Ein zweiter Fokus der KBT ist die Handlungs- und Symbolisierungsebene. Hier werden neben dem „Raum um meinen Körper" und dem „Untergrund, auf dem er steht" auch Gegenstände, wie Bälle, Seile, Stäbe, Sandsäckchen, Steine, Holzkugeln benutzt, die als Projektionsfläche für seelische Inhalte dienen. Solches Experimentieren geschieht auch in der Gruppenarbeit mit anderen Teilnehmern als Gegenüber. Und schließlich gehört ein verbaler Austausch über das zuvor Erlebte zur Arbeit der Konzentrativen Bewegungstherapie.

Tanztherapie

Ein weiterer methodischer Ansatz der körperpsychotherapeutischen Arbeit in der Klinik Rastede ist das Angebot der Tanztherapie, bereichert durch Elemente des besonderen Ansatzes von *Kaye Hoffmann*, die ihre methodischen Ideen aus Anregungen von einer afrikastämmigen brasilianischen Subkultur aufgenommen hat, bei der alte afrikanische heidnische Götter eine archetypische Rolle spielen. Vergleichbar der Konzentrativen Bewegungstherapie werden ebenfalls bei diesem Verfahren die Patienten dazu gewonnen und angeregt, über Bewegung und symbolische Handlungen Zugang zu halbbewussten und unbewussten inneren Prozessen zu gewinnen und in die Lage zu kommen, diese inneren Wahrnehmungen als für sich gültig anzuerkennen und darüber zu kommunizieren.

Für mich als den Klinikleiter, der diese Methoden selbst nicht gelernt hat und sie nicht selbst praktiziert, ist es immer wieder eindrucksvoll, wie Patienten, die zu Anfang als sogenannte „Alexithymiker" einzustufen waren, nach wenigen Sitzungen mit diesen Methoden in der Lage sind, präzise und sicher über innere Vorgänge und symbolische Sprache mit ihrem Therapeuten und den anderen Mitgliedern der therapeutischen Gemeinschaft zu kommunizieren. Das ermutigt sie, nun doch an der Aufstellungsgruppe teilzunehmen. So finden viele von ihnen schnell zu der Bereitschaft der gesammelten Wahrnehmung, und das wiederum kommt der Aufstellungsarbeit zugute.

Emotionale Gruppenarbeit

Unser drittes leibbezogenes Verfahren, welches den abreaktiven Körperpsychotherapien zugerechnet werden kann, ist die Emotionale Gruppenarbeit, die in ihrem Ursprung von der Methode des sogenannten „New Identity Prozess" nach *Daniel Casriel* beeinflußt ist, in die inzwischen aber auch wesentliche Elemente der sogenannten Primärtherapie nach *Arthur Janov* und der Festhaltetherapie nach *Martha Welsh* und *Jirina Prekop* eingeflossen sind.

Die Emotionale Gruppentherapie nutzt weniger körperliche Bewegung als vielmehr evozierte Gefühle und Emotionen als wichtige Ergänzungen der Kommunikation zwischen Körper und Ich einerseits und dem Ich und seiner Außenwelt andererseits. Wie die Primärmethode nach *Arthur Janov* ist die Methode von *Dan Casriel* durch die Erkenntnis geprägt, dass Patienten Veränderungen in ihrem Selbstbild und in ihrem spontanen Verhalten leichter dann erzielen können, wenn das Erwerben von neuen Einstellungen mit positiven Gefühlen einhergeht.

Casriel hat ein Gruppendesign entwickelt, bei welchem Patienten zu zweit auf einer Matte aufeinander liegend sich festhalten und dabei die Möglichkeit haben, aufkommende Gefühle – wie Angst, Aggression, Schmerz und Freude mit Hilfe des Schreis auszudrücken. Die gleichzeitige positive Annahme dieses an sich „verrückten Verhaltens" und die Affirmation durch die Gruppe können dann zu einer ausgeprägten Ich-Stärkung führen. Hier geschieht vielfältige Inszenierung von zum Teil bizarren Dramen, was viele Patienten als eine Würdigung ihrer schweren Symptome nehmen.

In der Sprache der Trancetheorie könnte man diesen Vorgang so beschreiben, dass emotionale und andere Verhaltensweisen, sowie Aufmerksamkeitsfokussierungen, die bisher tabuisiert und unterdrückt waren, in diesem Setting erlaubt und zum Ausdruck ermutigt werden, was dann neue emotionale Spielräume des Patienten mit sich selbst freisetzen kann. In der Sprache der Primärtherapie könnte man sagen, dass Patienten hier aufgefordert werden mit aller Kraft ihre „Sekundär"-Gefühle und -Emotionen bis zur äußersten Übertreibung und Karikierung herauszuschreien, so dass dann eine besondere Chance entsteht, zu primären Gefühlen zu finden.

In diesem Rahmen kommt es in der „Mattenarbeit" in unserer Klinik auch immer wieder zu „Geburten" und „Hinbewegungen", wie oben beschrieben.

Das Zusammenspiel der Körpertherapien und der Aufstellungstechnik

Wie gesagt genießen alle diese genannten Körpertherapien bei unseren Patienten ein besonderes Ansehen, zweifellos deshalb, weil sie erlebnis- und prozessorientiert sind. In diesem Nebeneinander der Methoden besteht jetzt eine Chance, auch solche Patienten zu gewinnen, die eine Lösung, wie sie sich bei den Aufstellungen abzeichnet, zunächst noch nicht in den Blick zu nehmen in der Lage sind.[4] Indem sie durch die Gruppenprozesse der Körpertherapien zur Körperwahrnehmung ermutigt werden, können sie sich innerlich an die Aufstellungsthemen herantasten.

Zum anderen bietet dieses methodenkombinierende Setting flexible Möglichkeiten, dass Patienten sich über mehrere Wochen mit ihren sekundären Gefühlen und den darauf basierenden Anliegen in der jeweils für sie verträglichsten Weise auseinandersetzen. Durch einen hinhaltenden Umgang des Therapeutenteams mit diesen „Sekundär"-Anliegen können sich so die Patienten an die schweren und existentiellen Themen der Aufstellungsarbeit wie Schicksal, Achtung der Eltern, Schuld, Unschuld und so weiter heran-„pirschen".

Kasuistik

Zum Schluss möchte ich das noch anhand einer Kasuistik demonstrieren.

Eine junge Frau, die wegen Abhängigkeit von hohen Dosen des Tranquilizers Lorazepam zur Aufnahme kam, beeindruckte das Team und vor allem die Gemeinschaft in den ersten Behandlungswochen durch ihre plötzlichen heftigen Ausbrüche, indem sie sich zum einen panisch zeigte und aus der Klinik rannte, um erst nach Stunden wieder aufzutauchen, und indem sie bei anderen Gelegenheiten ihre Umwelt scheinbar unmotiviert beschimpfte und beschuldigte.

Immer wieder berichtete sie ihrer Umgebung von heftigen Suizidphantasien.

---

4 Für einen Umgang mit Spaltungsphänomenen bietet unser Methodenkonglomerat noch einen weiteren besonderen Vorteil: Patienten, die zur spaltenden Kommunikation neigen, also in der Sprache der Psychoanalyse die Frühgestörten, bzw. die sogenannten Borderliner, erleben oder konstruieren bei uns oft einen Gegensatz zwischen denjenigen Teammitgliedern, die vorwiegend körpertherapeutisch arbeiten, und denjenigen Teammitgliedern, die hauptsächlich in den kognitiven Methoden der systemischen Therapie der Heidelberger Schule tätig sind. Entsprechend zeigen sich solche Patienten gegenüber den beiden Gruppierungen von Teammitgliedern unterschiedlich, so dass im Team dann immer wieder spontan sogenannte gespaltene Wahrnehmungen oder Teamspaltungen auftreten. Da wir uns als Team zu täglichen austauschenden, supervidierenden und intervidierenden Sitzungen treffen, entsteht für uns die Chance, diese Spaltphänomene als solche zu erkennen und dann durch Absprache in einer Weise damit umzugehen, die sich konstruktiv als Teamreaktion für den betroffenen Patienten auswirkt. So nutzen wir manchmal die Technik eines aktiven Teamsplittings, indem wir uns in unserer Rollenzuteilung „aufspalten", so dass ein Teil des Teams dem betroffenen Patienten auf die Weise A begegnet, also zum Beispiel eher konfrontierend, und ein anderer Teil des Teams in der anderen Weise B, also eher affirmierend und unterstützend. Dabei kann das Team auch die Gemeinschaft zum Beobachter machen: Als „Reflecting Team" setzen wir uns dann im Beisein der betroffenen Patienten und aller Mitpatienten über solche Spaltungsphänomene auseinander. Und dann engagieren sich die Körpertherapeutinnen vielleicht eher für die Haltung A, während die anderen Therapeuten die Haltung B verfechten.

Sie zeigte sich zunächst wenig interessiert an den verschiedenen therapeutischen Veranstaltungen. Und vor allen Dingen zeigte sie eine Abneigung gegen die Aufstellungsgruppe. Darüber hinaus hatte sie ebensowenig Interesse an einem Ausschleichen der Tranquillizersubstanz.

Nachdem sie zu einigen Mitpatientinnen Vertrauen gefasst hatte, ließ sie sich von diesen motivieren, an der Emotionalen Gruppensitzung teilzunehmen. Sie begab sich mit einer Mitpatientin „auf die Matte", wobei diese sie liebevoll über etwa eine ¾ Stunde hielt, während die Patientin wie erstarrt unter ihr lag.

Die Mitpatientin führte sie zum Gruppenleiter, der gerade im Nebenraum eine simultan zu dieser „Mattenarbeit" verlaufende Gruppensitzung mit Stuhlkreis anbot. Der Gruppenleiter fragte sie, ob sie Erinnerungen oder Phantasien habe, und sie berichtete erstmalig, wie ihre Mutter sie als kleines Mädchen sadistisch gequält habe.

Um mit ihrer inneren Bewegung zu gehen, ermutigte sie der Gruppenleiter, von ihrem Stuhl aus jedem anderen Gruppenmitglied einschließlich seiner selbst den Satz zu sagen: „Hau ab". Nachdem sie diese Worte mehrmals wiederholt hatte, wurde sie spontan immer lauter. Bald schrie sie den Gruppenleiter auf das Heftigste mit diesem Satz an und beschimpfte ihn auch mit den übelsten Worten. Dieser forderte sie auf, noch lauter zu schreien, die Fäuste zu ballen und mit dem Fuß aufzustampfen. Jetzt packte sie den Gruppenleiter, und dieser ermutigte sie, ihn kräftig umarmt zu halten. Die Patientin schrie ihre Angst und Wut „heraus", während der Gruppenleiter und einige der Gruppenmitglieder sie spontan immer wieder anfeuerten, dies noch stärker zu tun.

Schließlich kippte dieser Angst-Wut-Anfall in ein erschöpftes Schluchzen, wobei sich die Patientin immer noch festhielt. Nachdem sie zur Ruhe gekommen war und sich etwas gesammelt hatte, löste sie sich aus der Umarmung des Gruppenleiters und sagte – von ihm ermuntert – der Reihe nach zu jedem Anwesenden: „Mir ist von meiner Mama Schlimmes passiert, aber ich bin genauso viel wert wie du."

Dieser Entzug nahm Wochen in Anspruch, und die Patientin betonte immer wieder, wie wichtig ihr in diesem Zusammenhang die verschiedenen körperpsychotherapeutischen Angebote seien, weil Sie es ihr ermöglichten, die mit dem Tablettenentzug aufbrechenden wild durcheinandergehenden dramatischen Gefühle und Emotionen durch therapeutisch gefördertes Ausagieren besser durchstehen zu können. In der Konzentrativen Bewegungstherapie lerne sie, sich selbst besser auszuhalten, zu verstehen und liebevoller mit sich umzugehen. Hier kamen jetzt auch immer wieder systemische Aspekte ihrer Problematik zur Sprache.

Nach dieser Episode äußerte sie doch noch ein Interesse an der Teilnahme der Aufstellungsgruppe. Hier erwies sie sich schnell als eine feinfühlige und präzise wahrnehmende Vertreterin in den Aufstellungen ihrer Mitpatientinnen und Mitpatienten. Gegen Ende ihres stationären Aufenthaltes kam es dann zu einer Aufstellung ihres Herkunftsystemes. Es zeigte sich, dass ihre gleichermaßen tablettenabhängige Mutter, die die Patientin als Kleinkind sadistisch gequält hatte, ihrer eigenen Mutter in den Tod nachstrebte, die auf nicht mehr ermittelbare Weise im Krieg umgekommen war, als die Mutter der Patientin noch ein Kind war. Der gute Platz für die Patientin fand sich schließlich an der Seite ihres Vaters – zu ihm gelang die „Hinbewegung".

Bei der Entlassung äußerte sie, dass sie sich einigermaßen stabilisiert erlebe, dass sie aber doch noch große Angst davor habe, jetzt in der Realität zurechtkommen zu müssen.

Etwa zwei Jahre später berichtete sie uns, dass sie bald wieder tranquillizerrückfällig geworden sei. Sie habe jedoch bei einem ambulant tätigen Kollegen auf eigene Kosten einen Workshop in der Methode des New Identity Process nach Casriel gemacht. Dort auf der Matte habe sie noch einmal „ihren Vater wiedergefunden", wie damals in der Aufstellung, und inzwischen sei sie wieder seit einem Jahr abstinent und sie glaube, dass sie jetzt stabil bleiben könne.

Diese Fallgeschichte sollte beispielhaft demonstrieren, wie durch das Ineinanderspiel unserer Methoden – speziell der Körperpsychotherapien und der Aufstellungsarbeit – solche Patienten, die zuächst extrem von ihrer Symptomatik in Anspruch genommen sind, Zugang zu einer immer besseren Wahrnehmung und schließlich zu einer Lösungsperspektive in der Aufstellung finden können.

Sabine Mehne: Vom „Geben und Nehmen" in der Transplantationsmedizin

Ich bedanke mich bei der Autorengemeinschaft und *Heribert Döring-Meijer* dafür, dass ich mein Thema: „Vom Geben und Nehmen in der Transplantationsmedizin" als Buchbeitrag in das Buch „Die entdeckte Wirklichkeit" mit einbringen kann. Diesen Buchteil hatte ich bereits bei der Tagung „Verkörperung" bzw. „Systemische Aufstellungen und Körperarbeit" in einem Vortrag vorgestellt. Die damalige Anfrage der Planungsgruppe und der Titel der Tagung in Wiesloch im Juni 2000 weckte bei mir das Bedürfnis, das Tagungsthema auch auf den medizinischen Bereich zu übertragen.

Medizin arbeitet doch am stärksten mit dem Körper und im Verborgenen immer mit dem ganzen Menschen und seiner Bezugssysteme. Die moderne Hochleistungsmedizin könnte nach meinem Dafürhalten ihre Möglichkeiten stark erweitern, würde sie den systemisch-phänomenologischen Ansatz nicht ausklammern. Sicher ist es vermessen zu glauben, dass mein kurzer Beitrag daran etwas ändern könnte, aber es erscheint mir ein Versuch wert, weil ich gelernt habe, dass man nie vorher sagen kann, was passiert, wenn man wagt, laut zu denken.

Nun, wie komme ich dazu, diese Verbindung herzustellen? Mein Stammberuf ist ein medizinischer Beruf, die Physiotherapie. Als Physiotherapeutin arbeite ich direkt am Körper und meine langjährige Erfahrung resultiert aus der Zusammenarbeit mit Schwerkranken in der Neurochirurgie-Intensivstation und mit Krebspatienten, später dann auch in eigener Praxis. Dort verlagerte sich der Kontext mehr in die Richtung der schmerzhaften Störungen am Bewegungsapparat. Mein Klientel waren häufig Menschen mit schweren Krankheitsverläufen, die schon mehrere Therapieversuche hinter sich hatten. Eine familientherapeutische Ausbildung bei der IGST in Heidelberg und eigene Erfahrung mit Aufstellungen bei *Gunthard Weber* und *Insa Sparrer* führten dazu, dass ich mich seit einigen Jahren mit systemischen Gesichtspunkten in der Medizin beschäftige, allem voran der Onkologie und der Psychoonkologie. Dabei habe ich regen Kontakt mit Ärzten, Physiotherapeuten und Betroffenen. Die moderne Hochleistungsmedizin hat sich in vielen Bereichen zu einem Segen für die Menschheit entwickelt, mit der Möglichkeit, Menschen von schweren Krankheiten zu heilen oder zumindest ihre Lebenszeit zu verlängern. Mein Spezialthema ist die Transplantationsmedizin, wobei ich mich der besonderen Form der Knochenmarktransplantation widme.

Ethische Fragen dieser Technik wage ich hier nicht zu erörtern. Wenn aber die Medizin mit solchen Verfahren arbeitet, die eine erhebliche Belastung aller Beteiligten bedeutet, wäre es schön, wenn alle Ressourcen ausgeschöpft werden könnten, um das Leid so gering wie möglich zu halten und das neu gewonnene Leben mit allen Energien auszustatten, die es benötigt.

Meine Erfahrungen zu diesem Thema schöpfe ich *auch* aus der Tatsache, am eigenen Leib eine solche Behandlung erlebt und überstanden zu haben. Damals erlebte ich es als schwer, der wissenschaftlichen Schulmedizin voll zu vertrauen, weil ich heimlich für mich bedeutungsvolle Einsichten durch Aufstellungen bei *Gunthard Weber* gewann, die meine Genesung entscheidend unterstützten. Um eine solche Behandlung ohne allzugroße Blessuren zu überstehen, halte ich es für wichtig sich der Schulmedizin voll anzuvertrauen. Gerade die Kombination beider Teile, also Medizin auf der einen Seite, die im besten Falle eine Vollremission ermöglicht, und systemisch-phänomenologisches Arbeiten auf der anderen Seite, um eine Weise des „Heil-seins" zu erlangen, empfinde ich als großes Geschenk und wert, diese Kombination auch öffentlich zu diskutieren.

Das Beziehungsgefüge von Spender und Empfänger

Mich beschäftigt nun die Beziehung von Spender und Empfänger, die im Grunde ein System bilden. Es gibt verschiedene Konstellationen:

- Spender und Empfänger kennen sich nicht.
- Spender und Empfänger gehören zu einer Familie.
- Spender und Empfänger sind eine Person.

Meine Hypothese ist, dass eine versteckte Dynamik von Geben und Nehmen existiert. Kann der Empfänger das Transplantat als Geschenk nehmen, gerade weil es viel Mühe kostet, das Knochenmark zur Verfügung zu stellen, könnte diese Beziehung positiv und als gute Lösung erlebt werden.

Nach meinen Beobachtungen spielt die innere Haltung des Empfängers eine wichtige Rolle, um die gefürchteten Abstoßreaktionen und die Nebenwirkungen dieser hoffnungsvollen, aber riskanten Therapieform so gering wie möglich zu halten.

Eine besondere Dynamik spielt sich in Familien ab, wo ein Familienangehöriger spendet. Welche Beziehungen wirken dort, und wie verändern sie sich in Anbetracht einer solchen Situation?

Wie verhält sich die Situation, wenn ein jüngeres Kind für einen Elternteil spenden muss? Man darf nicht vergessen, dass für ein Kind eine Knochenmarkspende einen mit Schmerzen verbundenen medizinischen Eingriff bedeutet und das Kind es nicht wagen wird, seine Ängste zu zeigen. Neben dem Schmerz wirkt bei solch einem Kind auch die Angst um den möglichen Verlust eines Elternteils, und vielleicht erlebt es das als Last, diesen zu retten. Wer traut sich, gegen das Wort eines Mediziners zu denken und zu handeln, der einem diese einzige Rettung eines Familienmitgliedes in Aussicht stellt? Wenn ich über solche Zusammenhänge rede, bekomme ich eine Gänsehaut, weil ich spüre, wie viele Ebenen angesprochen werden, die in der medizinischen Realität aber häufig ausgeklammert werden. Zum Teil natürlich auch zu Recht, weil Medizin nicht alles kann.

Als nächstes möchte ich das Geben und Nehmen im systemisch-phänomenologischen Sinn beschreiben, so wie ich es verstehe. Dafür habe ich erneut die Bücher von *Gunthard Weber* und *Bert Hellinger* studiert.

Der erste Schritt: Verantwortung, die einem zufällt

Ich zitiere eine Passage aus dem Buch „Zweierlei Glück" (S. 198): *„Wenn eine Verantwortung aus einer Konstellation auf mich zukommt, und ich weigere mich, dann zerbricht etwas in meiner Seele. Ich bin nämlich Teil eines größeren Zusammenhangs, und ich kann mich mit diesem Zusammenhang nicht herausnehmen, wenn mir eine Verantwortung zukommt. Die Freiheit ja oder nein zu sagen, ist dann dahin. Dann ist es richtig, die Verantwortung zu nehmen. Wenn ich mir aber Verantwortung anmaße, dann ist das etwas völlig anderes. Dann bin ich losgelöst von den Kräften, die wirken, und kann dann nichts oder weniger bewirken."*

„Verantwortung", die auf einen zukommt, setze ich in Beziehung zu einem Menschen, der weiß, er hat die gleichen Gewebsmerkmale und kommt für eine konkrete Spende in Betracht. Ich stelle mir vor, wie *Bert Hellingers* Worte wirken in einem Menschen, der sich als Spender zur Verfügung stellt. Bevor er etwas hergibt, muss er die Verantwortung annehmen. Es ist etwas Kostbares, um das es hier geht, und dieser Wert muss sich auch in der Art und Weise zeigen, wie damit umgegangen wird. Stellen Sie sich bitte vor, wie sich ein Spender innerlich fühlt, wenn er die Verantwortung genommen hat. Gerade bei Familienangehörigen scheint mir dieser Prozess bedeutungsvoll. Bei schwerer Krankheit zeigt sich häufig, dass Familien mit verdeckten Konflikten leben. Dann wird ein Familienmitglied krank, beispielsweise an Leukämie, und die Medizin sagt, er kann nur gerettet werden, wenn der Bruder sein Knochenmark spendet. Schicksalshafterweise ist es aber ausgerechnet der Bruder, der seine kranke Schwester seit Jahren innerlich ablehnt. Könnte hier, als erster Schritt auf Spenderseite, eine Wandlung vollzogen werden durch das Nehmen der Verantwortung?

Der zweite Schritt: Transplantation als Geschenk

Die Transplantation kann nur erfolgreich sein, wenn es ein Geben und Nehmen ist. Der Empfänger muss die Spende auch annehmen, in meinem Beispiel als Geschenk des Bruders. Für mich ist es noch nicht damit getan, indem der rote Inhalt des Plastikbeutelchens durch die Vene läuft. Stellen Sie sich weiter vor, wie ein geschwächter Mensch lächelt, wenn er im Bett liegt und das Knochenmark infundiert wird, weil er weiß, er kann etwas nehmen, was ihm ein anderer gibt und er im Inneren eine tiefe Dankbarkeit spürt. Er muss nichts anderes tun, als zu nehmen. Das Annehmen wird aber oft als schwer erlebt, fühlt sich doch der Kranke gegenüber dem Gesunden oftmals schuldig. Unter meiner Betrachtung haben aber Spender und Empfänger etwas gemeinsam: Sie haben beide etwas genommen. Der eine die Verantwortung, der andere ein Geschenk, den Grundstock für ein neues Leben, und beide haben damit begonnen, ihre Familienkonstellation via Blutweg zu sortieren. Ich finde diese Gedanken faszinierend, auch für den Fall, dass ein kranker Mensch sein eigenes Knochenmark erhält. Er hat eine zweite Chance erhalten, nämlich die Verantwortung und Freiheit, ja zu sich selbst zu sagen, und damit verdeckte Dynamiken in seinem Familiensystem neu zu ordnen. Meiner Meinung nach bewirkt das eine tiefe Kraft, die als wunderbare Ressource genutzt werden kann, um das Anwachsen und Vermehren der Zellen auf psychoimmunologischer Ebene zu fördern. Weiß ein Mediziner von solchen Dingen, kann er mit wenigen Worten die Größe seines medizinischen Handelns unterstreichen und auf einer inneren Ebene eine neue Form von Medizin verabreichen.

Füge ich diese Form der Verantwortung dem großen Kontext der Medizin hinzu, werden die verschiedenen Ebenen zwischen der Freiheit zu heilen und der Anmaßung über Leben und Tod zu befinden differenziert. Ich wünsche mir Mediziner, die mit Schwerkranken arbeiten, die den Mut aufbringen, liebevoller und klarer Stellung zu beziehen, wo es Sinn macht Leid zu erhöhen, um damit eine Heilung zu ermöglichen, oder Leid zu lassen, wo absehbar ist, dass der natürliche Tod für alle leichter zu nehmen wäre als schulmedizinischer Ehrgeiz.

Was würde geschehen, wenn die Medizin den systemisch-phänomenologischen Ansatz *Hellingers* in ihre Arbeit integrieren würde? Wie würden die Gespräche zwischen Ärzten und den Betroffenen aussehen, wenn solche Überlegungen offen ausgesprochen werden dürften? Wenn ein Arzt seinem kranken Patient raten würde, vor der Transplantation eine Aufstellung zu machen und die Bilder der Kraft mit hinein nehmen würde in die gefährlichen Phasen dieser Methode, wo das Leben eines Menschen an einem seidenen Faden hängt?

Ich stehe gerne für einen Gedankenaustausch zur Verfügung. (Meine Adresse entnehmen Sie dem Autorenverzeichnis am Ende dieses Buches.)

Klaus von Ploetz: Erfahrungen mit Familienaufstellungen in einer Klinik in den neuen Bundesländern

Die Klinik „Am Kyffhäuser“ ist eine Klinik für Abhängigkeitserkrankungen und sozio-psychosomatische Rehabilitation. Sie wurde im Jahr 1993 eröffnet und 1996 erweitert. Die Klinik liegt im Harzvorland, unweit vom Kyffhäuser, einem Vorgebirge des Harzes. Die Patienten, die hier zur stationären Behandlung aufgenommen werden, sind im wesentlichen Menschen mit Abhängigkeitsdiagnosen, die überwiegend aus den neuen Bundesländern, aus Berlin und in geringen Zahlen aus dem übrigen Bundesgebiet zugewiesen werden.

Neben dieser Hauptdiagnose stehen an zweiter Stelle vielfältige somatische wie auch psychosomatische Beschwerden. Die Besonderheit der Behandlung abhängiger Menschen scheint zunächst in der „Schlüsselanforderung“ Motivation zu liegen.

Die Abhängigkeit als Krankheit – und die Unterschiede zu anderen Erkrankungen

Die stoffgebundene Abhängigkeit ist zwar im Jahre 1969 durch Gerichtsbeschluss zu einer medizinischen Erkrankung erklärt worden und hat so Anschluss an die üblichen medizinischen Behandlungsgewohnheiten und Motivationsentwicklungen erhalten, trotzdem bleiben viele der alten Beschreibungen der Sucht erhalten, die im wesentlichen die Bereitschaft zur Veränderung bzw. die Motivation betreffen. In so gut wie allen anderen Fachgebieten der Medizin ist die Motivation zu einer Behandlung relativ zeitnah gegeben. Bei einem gebrochenen Arm, einem entgleisten Diabetes mellitus oder einem Wirbelsäulensyndrom ist regelhaft von einer scheinbar positiven Motivation auszugehen, die Patientin/der Patient ist zur Mitwirkung einer auch schmerzhaften Behandlung eher bereit. Bei abhängigen Menschen dagegen kann man oft eine unterschiedliche Art der Motivation erleben, die von der Umgebung zumeist als zwiespältige Motivation bewertet wird. Zwiespältig in dem Sinne, dass einerseits eine Behandlungsindikation teilweise anerkannt wird, andererseits aber immer wieder Pauschalisierungs- und Verharmlosungstendenzen deutlich werden. Diese besondere Form der Motivation verursacht auch das schwankende Ansehen dieses Klientels in der gesamten medizinischen Branche.

Eine weitere Einsicht entsteht, wenn es klar wird, dass Abhängigkeit ganz zentrale Zugangswege und Umgangsformen der eigenen Person antastet, nämlich die persönliche Autonomie, die fühlbare Eigenständigkeit, die erlebte innere Bewegungsfreiheit, die unangetastete und unkommentierte innere Kommunikation gekoppelt mit Handlung, als einem autonomen Akt, oft auch verbunden mit unsichtbaren Bindungen und Loyalitäten innerhalb einer Familie und ihrer eigenen Geschichte.

Drogen als Gefühlsverstärker

Auf der hormonellen und psychopharmakologischen Ebene existiert eine andere Art von Belohnungssystem, dass auch unser äußeres Verhalten im Sinne von Verstärkung oder Abschwächung steuert. Drogen und – in unserer Kultur – Alkohol werden gerne als Verstärker für Stimmungen genommen, kaum ein festlicher Anlass kommt ohne den Stimmungsverstärker Alkohol aus. Das innere Belohnungssystem beruht auf der körperlichen Ebene auf einem neurophysiologisch-hormonellen Prozess, das heißt Dinge, die in der äußeren Welt gelingen, haben als Ergebnis eine innere Befriedigung, die sich in unserem neurophysiologischen Belohnungssystem als gutes Gefühl äußern. Drogen kürzen diesen Prozess ab, gute Gefühle und das Erlebnis von Entlastung stellen sich auf direktem Wege ein. Daher wird hier auch verständlicher, dass gerade die in den neuen Bundesländern zunehmende Arbeitslosigkeit das innere Belohnungssystem massiv verändern kann und so scheinbar die notwendigen Entlastungen oft Alkohol oder Drogen heißen.

Ein Verstärkungssystem, das selber zum Problem wird, kann oft nur verändert werden, wenn das innere Belohnungssystem und die damit verbundene Autonomie zum Thema wird. Dieser Prozess wird vom Patienten oft als persönliche Niederlage erlebt und macht dadurch seine Strategie der Pauschalisierung und gar Verheimlichung nachvollziehbar, obwohl der körperliche und medizinische Zustand oft schon längst in eine lebensbedrohliche Chronifizierung übergegangen ist.

Motivationsprozess

Eine erfolgreiche Behandlung muss also diese Voraussetzungen in ihrem Motivierungsprozess ganz zentral berücksichtigen, vor allem in der Miteinbeziehung des persönlichen, beruflichen und auch therapeutischen Umfelds, damit im ersten und wichtigsten Behandlungsschritt die notwendige Motivation aufgebaut werden kann. Insbesondere das familiäre Umfeld ist der Raum, in dem Suchtprozesse neue Einsichten ermöglichen, da oft zu sehen ist, dass es innerfamiliäre Delegationen gibt, die eben die Voraussetzungen zur Behandlung mitbestimmen.

Ein Beispiel wäre: Der Sohn trinkt genau wie der geschiedene und jetzt durch die Mutter abgelehnte Vater, um so auf eine indirekte Weise der Mutter und auch sich selber ein inneres Festhalten und Loyalität zum Vater zu verstehen zu geben.

Diese Form der Mitteilung geschieht jenseits der Sprache auf dem Feld des Körpers, als zunächst kaum beeinflussbare Krankheit, also unschuldig.

Die Unterschiede, die hier zunächst über die andere Art der Motivation laufen, werden zuallerst in einer anderen Verhaltensweise deutlich. Während bei dem Symptom „gebrochener Arm oder Diabetes mellitus“ meist eine Übereinstimmung zwischen Kommunikation und Verhalten gezeigt wird, entsteht immer wieder von neuem die Überraschung, dass bei Sucht das Verhalten und die Diagnose sich widersprüchlich darstellen, ohne dass damit die Schwere der Symptomatik und Krankheit ablesbar würde.

Die Unterschiede in den neuen Bundesländern

Wie erwähnt kommen die Patienten vor allem aus den neuen Bundesländern, dies bedingt eine Reihe von Unterschieden, die sich immer wieder in der Behandlung selber abbilden können, einerseits in der Kommunikation und den damit verbundenen selbst gestalteten Lebensläufen, wie auch den damit verknüpften Familiengeschichten. Die dialektgefärbte Sprache, wie auch die über mehr als 50 Jahre unterschiedliche politische Entwicklung legen zunächst den Eindruck nahe, noch in größere Unterschiede und Brüche im Vergleich zu den alten Bundesländern hineingeraten zu sein. Allein sprachliche Untersuchungen konnten aber bereits zeigen, dass die unterschiedlichen Medien, wie Fernsehen, Zeitungen etc. der einzelnen Teile Deutschlands sehr verschiedene Sprachwege gingen, die Menschen aber in ihrem Alltag, keineswegs dieselbe sprachliche Distanz entwickelten.

Eine weitere Besonderheit aber verdient Erwähnung: die Fähigkeit unterschiedliche Ebenen der Sprache herzustellen und dann auch einzunehmen. *George Orwell* hatte in seinem in den 50er Jahren geschriebenen Zukunftsroman „1984“ von „Doublespeak“ gesprochen, der doppelten Sprache, d.h. der Fähigkeit, in Räumen öffentlicher Kontrolle eine andere Sprache zu wählen als in den privaten und intimen Bereichen. Mit diesen zwei sprachlichen Räumen wird es möglich, aus der direkten Kontrolle herauszukommen und Freiräume wahrzunehmen. Die DDR hat diese Fähigkeiten unterschiedlicher Sprache begünstigt, die Frage ist nun, welche Auswirkung hat diese Besonderheit in der Kommunikation und Behandlung in einer Klinik für Abhängigkeitserkrankungen heute?

Hans-Joachim Maaz, ein Psychoanalytiker aus Halle, hat in seinem Buch „Gefühlsstau" („Psychogramm der DDR", Berlin 1992) auch auf eine andere Art des Umgangs mit den eigenen Gefühlen in der DDR aufmerksam gemacht.

Er weist daraufhin, dass der durchschnittliche DDR-Bürger eine Fassade von Wohlanständigkeit, Disziplin und Ordnung zeigte, er sei freundlich gewesen, höflich und beflissen, seltener auch mürrisch und gereizt, überwiegend aber zurückgehalten, kontrolliert vorsichtig und gehemmt.

Hans-Joachim Maaz diagnostiziert unter dieser zur Schau getragenen Maske ein gestautes Gefühlspotential von existenziellen Ängsten, mörderischer Wut, Hass, tiefem Schmerz und oft bitterer Traurigkeit, das aus dem Bewusstsein und von der Wahrnehmung ausgeschlossen wurde.

Diese Abspaltung von Gefühlen macht *Hans-Joachim Maaz* verantwortlich für viele Eigenarten, Störungen und Fehlentwicklungen im „real existierenden Sozialismus". So war das Leben in der DDR im wesentlichen durch soziale Fassaden gekennzeichnet, dies war so gesehen das Ergebnis der repressiven Erziehung. Allen schien klar: Das wahre Gesicht zu zeigen und die ehrliche Meinung zu sagen war viel zu gefährlich. So wurde das scheinbar aufgenötigte zweite Gesicht allmählich zur Gewohnheit und selbstverständlichen Normalität. Ein wichtiges Instrument für die Erfahrung und Weltorientierung, für das was echt, richtig und authentisch ist, ist aber das Gefühl. Wenn es abgespalten ist, erfahren wir aus der Perspektive von *Maaz* weiter, fehlt dem Menschen eine wichtige Orientierungshilfe. Diese inneren Voraussetzungen der Menschen in der DDR sind mit verantwortlich für das, was im Alltag hingenommen, geduldet und ausgeharrt wurde, man schien nicht mehr in der Lage zu sein, das zu fühlen was man sah, hörte und erlebte.

Diese Veränderungen im Umgang mit den eigenen Gefühlen bedingen aber auch eine Veränderung in der Beobachtung der anderen Menschen. Die Beobachtung der Anderen musste geschärft werden, damit Versuche der Entlarvung und auch Überführung eigener scheinbar authentischer Gefühle und Gedanken frühzeitig erkannt und auch vereitelt werden konnten.

In einer Reportage über ein Ostberliner Gymnasium gefragt, woran man einen Westberliner Schüler von einem Ostberliner unterscheiden könnte, sagte der Rektor: „Ganz einfach, der Westberliner redet unaufgefordert über alles und alle, ohne Punkt und Komma, der Ostberliner hält sich vielmehr zurück und redet deutlich weniger." Die Vielsprecher unterlagen zwangsläufig einer größeren Gefahr des eigenen Geheimnisverrats, es war also klüger sich hier zurückzuhalten.

Diese Zurückhaltung konnte am besten entwickelt werden durch eine besondere Art der Beobachtung, die Beobachtung der gefährlichen Anderen und auch der Selbstbeobachtung, keine doppeldeutigen oder überflüssigen Signale auszustrahlen. Das Ergebnis dieser Selbstbeobachtungsprozesse aber kann das Erlebnis der eigenen Unsichtbarkeit werden.

Die eigene Unsichtbarkeit bedeutet einerseits Freiheit und andererseits Uneingebundenheit in Denken und Verhalten, weil es eben folgenlos erscheint. Diese Selbstbeobachtung entwickelt selbst eine eigene Art des Verhaltens, indem dem Anderen Raum gegeben wird, bei gleichbleibender freundlicher Zurückhaltung. In dieser Kommunikationsgestaltung entsteht eine besondere Form des Gegenübers, eine abwartende und schweigende Kommunikation. Es ist vergleichbar, als ob man zufällig z.B. in der Straßenbahn oder anderswo auf eine Gruppe von Taubstummen trifft, die in ihrer Kommunikation Sprache vollkommen verlassen haben, die andere Mittel der Kommunikation wie Hände, Finger oder Blicke nutzen und so in den Vordergrund direkter Mitteilung treten lassen.

Die übliche Sprache geht so eigentümlich ins Leere und kann gleichzeitig dem Eindruck massiver Veränderung und dem Austritt aus der gewöhnlichen Sprache Platz geben. In diesem anderen und durchaus informativen Klima bekommen diese anderen körperlichen und verhaltensgestützten Informationsmedien eine neue und intensive Kontur.

Probleme in der Gruppentherapie und deren Lösungen

Zu Beginn der psychotherapeutischen Arbeit in der Fachklinik Anfang der 90er Jahre konnte es beispielsweise passieren, dass Patienten in der Gruppentherapie mit Nachdruck vorschlugen, es könne ja wohl angehen, dass man sich über Probleme der Abhängigkeit unterhalten könnte, aber auf keinen Fall über private Dinge, wie die eigene Familie etc. In der Behandlung müsste unbedingt darauf geachtet werden, dass diese besondere intime Atmosphäre ausgenommen werde, denn sie hätte ja nichts mit dem Symptom „Abhängigkeit" zu tun. Diese Beiträge waren keine Einzelmeinungen, derjenige der diese Meinung vertrat, konnte sich im Einklang und Kontakt zu seiner Umgebung fühlen und ihr so mit großer Überzeugtheit Ausdruck geben. An dieser Stelle markierten wiederum die sprachfreien Signale, die Signale auf der Ebene des Verhaltens und des Körpers, die Wichtigkeit dieses Einwandes.

In der Anwendung und Umsetzung verschiedener Methoden der Psychotherapie im Klinikalltag war es nun vor diesem Hintergrund wichtig herauszufinden, inwieweit Methoden, die für Menschen in den alten Bundesländern Sinn machten, jetzt hier angewandt werden können. Die Frage war, welche Lösungsoptionen können den Patienten jetzt angeboten werden, um neues sinnvolles Verhalten zu entwickeln, das mit den eigenen gewohnten Lebensbedingungen kompatibel ist, ohne wichtige, aber unsichtbare Verhaltensvorschriften zu verletzen.

Die Arbeit mit Familienaufstellungen habe ich in meiner Zeit als Arzt in einer psychosomatischen Klinik im Schwarzwald über einige Jahre kennenlernen dürfen. Mein Vorgänger in der Position des Chefarztes hier in der Klinik hatte nach zwei Jahren „entnervt" diesen Posten geräumt, da er sich in seiner Rolle als Chefarzt nicht so gewürdigt sah, wie er das zuvor von einer Klinik in Bayern kannte. In meiner neuen Tätigkeit im Harz wartete ich deshalb zunächst mit dieser Form der psychotherapeutischen Arbeit ab, berichtete aber dem Team, das zur Hälfte aus Mitarbeitern aus der Region und zur anderen Hälfte aus Mitarbeitern aus den alten Bundesländern bestand, von den positiven Erfahrungen, die ich mit den Familienaufstellungen machen durfte.

Erste Versuche

Einige Zeit später wurde ich von einer als erfahren, aber auch als kritisch geltenden leitenden Therapeutin in ihre Gruppe eingeladen, um dort die Methode der Familienaufstellung an einer für sie schwierigen Patientin vorzuführen.

Fall 1:

Mathilde war eine 44-jährige Frau, die äußerlich wesentlich älter erschien, und eher einer weißhaarigen Großmutter glich. Es war bekannt, dass ihr älterer Bruder und die Schwester an den Folgen des Alkohols verstorben waren. Der Vater war durch Freitod früh aus dem Leben gegangen. Mathilde stand zunächst zurückhaltend aber freundlich der Idee einer Aufstellung gegenüber. Nachdem ich sehr ausführlich über die Möglichkeiten und auch Grenzen einer Aufstellung berichtet hatte, war sie bereit, nach anfänglichem Zögern sich dieser Methode anzuvertrauen. In der Aufstellung selber zeigte sich sehr schnell eine Identifkation mit dem aus dem Leben gegangenen Vater. Die für Mathilde aufgestellte Frau sagte: „Ich fühle mich unwiderstehlich zu ihm hingezogen." Aufgefordert dann, dem Vater in einem ersten Lösungsschritt zu sagen: „Vati, ich komme auch", trat augenblicklich ein tiefes Schweigen auf. Die Gruppe war tief bestürzt, dass dieser scheinbar unglaubliche Satz ausgesprochen werden durfte.

Für eine Weile gab es erstmals keine weiteren Bitten von Patienten oder Therapeuten um weitere Aufstellungen.

Zwei Jahre später auf einem Treffen ehemaliger Patienten der Klinik wurde ich von einer um die vierzig Jahre alt aussehenden Frau angesprochen, die mir stolz und selbstbewusst über ihr zufriedenes Leben berichtete, später sagte jemand: "Hast du schon gesehen, wie jung Mathilde heute aussieht?"

Zwei Monate später kam es zu weiteren Aufstellungen, wobei auch hier erneut diese Stille und Sprachlosigkeit auftraten; in meiner eigenen Wahrnehmung fiel mir, fast wie zum ersten Mal, die begleitende tiefe und ernste Konzentration in der Gruppe auf. In einer nächsten Vorbereitungsrunde in der Aufstellungsarbeit fiel die äußerst ablehnende Haltung von Peter in der Gruppe auf. Giftig und auch trotzig sagte er: *„Lasst mich bloß in Ruhe mit* ***eurer schwarzen Magie!*** *Ich mache sowas auf keinen Fall."*

Fall 2:

Peter blieb trotz dieser massiven Ablehnung in der Gruppe und verfolgte fast wie ein Staatsanwalt die Szene, bereit sich zu empören und anzuklagen. Die Hinwendung von Mathilde zum Vater in der Aufstellung (Fall 1), bildete auch bei diesem Familiensystem den Augenblick größter Berührung, für viele war die erlebte innere Betroffenheit so stark, dass ihnen in den Reaktionen der Rührung fast gleichzeitig schmerzhaft die Kontrolle und Erstarrung der eigenen Gesichtsmuskulatur bewusst wurde. Auch Peters Gesicht hatte sich verändert, die Augen waren feucht, als er erlebte, dass der Vater den Sohn endlich in die Arme schloß.

An diesen inneren Punkten der Einsicht in tiefe und bewegte Gefühle hinein, einem überraschenden Panorama erlebbarer unsichtbarer Bindungen, wurde klar, dass die Arbeit mit Familienaufstellungen in eine Art beziehungsorientiertes Körpergedächtnis hineingeht, das die gewöhnliche Sprache mühelos verlassen kann.

Wenige Tage später klopfte es an meiner Tür, Peter stand davor, nicht frei von Verlegenheit, aber doch offen und mit klaren Augen sagt er: *„Ich habe es mir anders überlegt, kann ich beim nächsten Mal meine Familie stellen?"*

Peters Vater wurde vom Bruder der Mutter denunziert und damit an die Staatssicherheit ausgeliefert. Das Schicksal des Vaters blieb lange unklar, und Jahre später wurde bekannt, dass der Vater im Gefängnis verstorben war. Diese Geschichte wurde in der Familie des Vaters totgeschwiegen. Peters jüngerer Bruder stieg in der SED, der Staatspartei der DDR, zu höheren Parteiämtern auf. Peter selber geriet durch den Alkohol mehr und mehr in Konflikte, es kam zu Haftstrafen wegen Körperverletzungen unter Alkohol, seine Ehe zerbrach. Peter war aber auch in all diesen Jahren derjenige, der die Mutter unterstützte. Dramatisierend war für Peter, dass bekannt war, dass in seiner eigenen Gruppe in der Klinik ein Mitpatient früher für die Staatssicherheit gearbeitet hatte. In der Aufstellung wurde klar, dass die aufgestellte Staatsicherheit und die Mutter in Koalition aufgrund einer weiteren Identifikation in der mütterlichen Linie in Verbindung standen.

Die Lösung war zu diesem Zeitpunk noch nicht möglich, die Aufstellung wurde abgebrochen, eine Hinwendung zur Mutter wurde erst später möglich.

Die Verstrickungen mancher Patienten in das politische System der früheren DDR werden immer wieder in den Lebensgeschichten der Patienten sichtbar, in dramatischen Brennpunkten vor allem dort, wo Opfer und Täter in der Klinik aufeinander treffen, frühere Mitarbeiter der Staatssicherheit und Gefangene der Staatssicherheit.

Diese Begegnungen sind vor allem zuerst in den Phantasien und Köpfen dramatisch, die Begegnungen in der Klinik, in der Gruppe und die immer wieder gefundenen Lösungen sind oft simpel und praktisch, gelegentlich beginnend in der emotionalen Arbeit, in der vor allem Wut und Groll heraustreten können und oft erweitert in einer systemischen Arbeit, in der die Verstrickungen und Identifikationen zu einer Lösung gebracht werden können. Eine andere Besonderheit scheint auch die hier über Jahrzehnte entwickelte Geschlechtsidentität zu sein, die selbstbewusster und auch emanzipierter wirkenden Frauen im Osten, für die die eigene berufliche Entwicklung eine Selbstverständlichkeit war bei gleichzeitiger dreifacher Belastung durch Arbeit, Haushalt und Kinder. Diese Frauen erlebten die Frauen im Westen als wesentlich unselbständiger und fast karikaturenhaft als gefügige Weibchen. Im Westen werden diese Frauen gleichzeitig als vermännlicht und entweiblicht registriert. Die Männer in den neuen Bundesländern wurden von den Ostfrauen als scheinbar weniger männlich im Vergleich zu den „Wessis" eingeschätzt. Das Fehlen einer natürlich gewachsenen Autorität wird damit beklagt, die politischen Führer der DDR als väterliche und männliche Rollen in der Gesellschaft konnten zwar auf eine proletarische und antifaschistische Familiengeschichte zurückschauen, die ihnen den Ruf von Ehrlichkeit und vielleicht aber auch Biederkeit eintrug, doch das Fehlen eines männlichen und väterlichen Charismas oder einer Ordnung wurde als emotionaler Hunger und Sehnsucht auf einer anderen Ebene sorgsam registriert. Die kindliche Anrede der Eltern als Vati und Mutti im Vergleich zu Mama und Papa konnte als Entkonturierung und Verniedlichung der Elternrollen verstanden werden.

Fall 3:

Volker wurde in der Klinik als eine Art Künstlertyp wahrgenommen: lange braune Haare meist in einem Pferdeschwanz zusammengehalten, oft in Leder gekleidet machte er in vielen Gruppen durch sein zunächst liebevolles und dann aber sehr kritisches Verhalten auf sich aufmerksam. Diese Mischung aus Feuer und Eis in der emotionalen Beziehung wurde zu einem hervorstechenden Markenzeichen und gab eine sonderbare Variante ab, die Klinikwelt durch seine Augen gleichzeitig scharf und weich zu sehen. In der Familienaufstellung zeigte sich, dass Volker in der für ihn ungleichen Beziehung der Eltern für den scheinbar schwachen Vater Partei gegen die zu starke Mutter ergriffen hatte. Als er in einem ersten Lösungsschritt den Vorschlag bekam zu sagen: „Vati, die Mutti ist die Richtige für dich", sagte er spontan: „Nee, Vati, das sagen wir nicht." Als er dann zur Antwort bekam: „So redet die Braut des Vaters, ein männliches Dornröschen", trat diese besondere Stille als ein Heraustreten aus der bisherigen Sprache auf, die es möglich macht, reines Verhalten und erlebbare Beziehung wirken zu lassen. Volker war dennoch tief enttäuscht von dieser Aufstellung, von der er sich doch soviel versprochen hatte.

Die Schlussfolgerung

Die Suche nach einer natürlichen männlichen und väterlichen Autorität, zu der die Zuneigung und unverhohlene Liebe gehen kann, durchzieht immer wieder die familiären Beziehungsstrukturen vieler Suchtfamilien, unabhängig von ihrer regionalen Zugehörigkeit. Die Sucht als ein Autonomie anstrebendes Verhalten scheint hier auf der anderen Seite für Bindung und Zuwendung stehen zu können. Die Augen des Therapeuten, der glaubt, hier ein an anderer Stelle bewährtes Muster aus der Tasche ziehen zu können, werden so nicht das volle Bild erhalten, denn er ist in Gefahr, in die Falle der Kränkung zu laufen.

Es scheint mir, als ob Autorität nicht über die Kurzsichtigkeit üblicher Erfolge läuft, sondern das frische Wasser aus Mut und Risiko braucht, etwas Neues zu entdecken, für das der Westen Deutschlands oder irgendein anderer Landstrich nicht das Vorbild liefern kann, sondern nur dieses offene und reiche Erleben an den Grenzen dieser Welt, vertraut und stark begleitet zu sein. Dieses oft sehr prägende und transformierende Erlebnis in den Familienaufstellungen ist hier im Osten in einer besonderen Form vorbereitet, in dem Auseinanderfallen zweier Sprachen und zweierlei Erlebens und der darin enthaltenen Erwartung, eine Lösung anderer Art zu finden.

Roland Schilling: Die „gefundene Wirklichkeit" im stationären Setting einer Suchtklinik

Ich möchte in diesem Beitrag auf die Frage eingehen, welche Möglichkeiten es gibt, die systemisch-phänomenologische Arbeit nach *Bert Hellinger* in den stationären Kontext einer Suchtklinik zu übertragen und einzubinden. Ich möchte darüber berichten, welche besonderen Chancen sich ergeben und auf welche kontextabhängigen Schwierigkeiten und Hindernisse ich gestoßen bin.

Ich berichte also darüber, wie sich dieser Ansatz nach *Bert Hellinger* auch für die Arbeit mit **süchtigen** Menschen, und hier konkret mit Drogenabhängigen, überwiegend mit polytoxikomanem Missbrauchsverhalten, nutzen lässt.

Doch es soll keine einseitige Methode beschrieben werden. Vielmehr wird auch der Versuch unternommen, verschiedene Ansätze miteinander zu verbinden. Wie können

- der als „Heidelberger Modell" bekanntgewordene, systemisch-familientherapeutische bzw. systemisch-lösungsorientierte Ansatz der Internationalen Gesellschaft für Systemische Therapie (IGST), der „Radikale Konstruktivismus" oder die „erfundene Wirklichkeit" und
- die phänomenologische Sichtweise von *Bert Hellinger* – die „gefundene Wirklichkeit" – in der stationären Langzeittherapie für Drogenabhängige miteinander verbunden und nutzbar gemacht werden?

Die unterschiedlichen Ansätze und die darin enthaltenen Widersprüche haben über Jahre hinweg immer wieder eine Entweder-oder-Diskussion entfacht, die in der (Fach)-Öffentlichkeit zeitweise sehr heftig geführt wurde.

Parallel zu meiner Weiterbildung bei der IGST hatte ich mehrfach die Gelegenheit, *Bert Hellinger* „live" bei der Arbeit zu sehen – u.a. bei einem Aufstellungsseminar für Suchtkranke im November 1995 in Karlsruhe. Das Erleben dieser Arbeit hat mich tief beeindruckt, aber gleichzeitig meine Ambivalenz eher verstärkt, bis nach Jahren das Denken im „Entweder-oder-Muster" einem (m.E. sehr viel „konstruktivistischerem") „Sowohl-als-auch" Platz gemacht hat.

Der Gestalttherapeut *Hunter Beaumont* hat dazu (in einem Interview mit *Judith Hemming*, einer britischen Gestalttherapeutin) einmal gesagt, „dass die Seele mit Paradox und Widerspruch ganz gut zurecht kommt. Nur das linear strukturierte rationale Denken hat Probleme mit Widersprüchen.“ Es war für mich befreiend, das nicht nur zu wissen, sondern auch zu spüren.

Die Erfahrungen mit Familienaufstellungen und v.a. die innere Haltung, die hinter dem phänomenologischen Ansatz steht, bestimmen – obwohl ich Familienaufstellungen nur sehr gezielt einsetze – inzwischen ganz wesentlich meine therapeutische Arbeit mit Drogenabhängigen. Die Möglichkeiten, die Besonderheiten, aber auch die Schwierigkeiten, die sich aus diesem Setting ergeben, möchte ich sowohl allgemein, als auch an einem konkreten Fall darstellen.

Das Setting

In der Einrichtung – einer Fachklinik in kirchlicher Trägerschaft – werden bis zu 80 Drogenabhängige behandelt. Die sogenannte Entwöhnungsbehandlung dauert ca. sechs bis zehn Monate; Kostenträger sind die Renten- und Krankenversicherungen sowie die Sozialhilfeträger.

Die Behandlung gliedert sich dabei in drei Phasen:

- die Aufnahmephase (1–2 Monate),
- die Intensivtherapiephase (3–5 Monate),
- die Adaptionsphase (3–4 Monate).

In der Aufnahme- und Intensivtherapiephase haben die Klienten pro Woche fünf Einheiten Gruppentherapie in der Stationsgruppe (Gruppengröße bis zu 15 Personen). Zwei Mal in der Woche gibt es die Vollversammlung. Zusätzlich nehmen die Klienten an zwei stationsübergreifenden, indikativen Gruppen teil, die im Wochenrhythmus über einen Zeitraum von jeweils zwei bis drei Monaten angeboten werden.

Ergänzt wird das psychotherapeutische Angebot durch fünf Einheiten Arbeitstherapie pro Woche in verschiedenen Bereichen, sowie durch Einzeltherapie nach Absprache. Sportliche Aktivitäten und Angebote zur Freizeitgestaltung sind weitere wichtige Bestandteile des Therapiekonzeptes.

Erfahrungen

Sowohl den familientherapeutischen Ansatz nach dem „Heidelberger Modell“ als auch die systemische Sichtweise von *Bert Hellinger* habe ich in der Arbeit in der Intensivtherapiephase als sehr hilfreich erlebt. Am Beginn der Arbeit mit neuen Klienten gestaltete sie sich allerdings oft auch schwierig.

Der Gedanke an eine intensive Auseinandersetzung mit der Herkunftsfamilie – ob nun tatsächlich in Form von Angehörigengesprächen oder „nur" im Rahmen der Einzel- und Gruppentherapie – löst bei vielen Klienten schon im Vorfeld Angst und Abwehr aus. Typische Aussagen sind z.B: „Mit meiner Familie habe ich schon längst abgeschlossen", oder: „Ich bin erwachsen, warum noch in den alten Sachen herumwühlen."

Äußert ein Klient von sich aus den Wunsch, sich mit der Herkunftsfamilie zu beschäftigen, dann hat er eher das Ziel, mit therapeutischer Unterstützung „endgültig mit der Familie abzuschließen".

Nach meiner Erfahrung ist die Beziehung des Patienten zur Herkunftsfamilie überwiegend geprägt von einer Mischung aus Vorwürfen, Abwertung und Wut bis hin zu tief empfundenem Hass vor allem gegenüber den Eltern. Der Grund dafür liegt oft bei schwer traumatisierenden Erlebnissen in der Kindheit und Jugend, z.B. durch Vernachlässigung, Sucht der Eltern oder Missbrauchs- und Gewalterfahrungen.

Gleichzeitig haben nahezu alle Klienten gegenüber ihrer Familie massive Schuld-, Scham- und Versagensgefühle, weil sie die ihnen nahe stehenden Menschen immer wieder belogen, betrogen, bestohlen und enttäuscht haben.

Die gleiche Ambivalenz spüren auch Eltern, Partner und sonstige Familienangehörige. Die tiefe Sorge, die tägliche und oft panische Angst der Angehörigen, ob der Betroffene den heutigen Tag überleben werde, überdeckt zwar lange Zeit Ärger und Wut über die ständigen Grenzüberschreitungen der Drogenabhängigen, die sich auf vielen Ebenen einfach nehmen, was ihnen gar nicht zusteht: Zeit, Energie, Geld, einen nicht angemessenen Platz im Familiensystem usw.

Werden jedoch die aversiven Gefühle zu stark, kommt es oft zu um so radikaleren Abgrenzungsversuchen der Angehörigen, die dann aber gleichzeitig wieder massive Schuldgefühle auslösen, den Betroffenen „im Stich gelassen zu haben". Das Gefühl, „etwas falsch gemacht zu haben", ist der ständige, quälende Begleiter der Angehörigen von Drogenabhängigen.

Angesichts dieser Ambivalenzen im System sehe ich die skeptische bis abwehrende Haltung vieler Klienten gegenüber „Familientherapie" zunächst einmal als Lösungsversuch, den ich anerkenne und respektiere.[1] Im Gegensatz zu einem ambulanten familientherapeutischen Setting habe ich zudem **keinen** Behandlungsauftrag von der

---

1 In dieser Haltung sehr bestärkt hat mich dabei die Ausbildung bei Dr. *Gunter Schmidt*, der innerhalb der IGST hypnotherapeutische und systemische Konzepte zu einem konsequent lösungsorientierten Ansatz miteinander verbindet. Obwohl er sich selbst als „glühenden Verfechter der Familientherapie" bezeichnet – und wesentlich an ihrer Entwicklung und Verbreitung in Deutschland beteiligt war –, plädiert *Gunter Schmidt* seit Jahren leidenschaftlich dafür, die Familientherapie aus der Drogentherapie „herauszulassen."

ganzen Familie. Eltern und sonstige Angehörige sehe ich nicht als Klienten, sondern beziehe sie eher als „Co-Therapeuten“ in den Therapieprozess mit ein.

In „Angehörigengesprächen“ – sofern sie vom Klienten gewünscht sind – fokussiere ich deshalb vorrangig auf das, was verbindet (statt auf das, was trennt), und auf das, was hilfreich sein könnte, um einerseits gegenseitige Wertschätzung zu fördern, und andererseits allen Beteiligten ein „Loslassen in Liebe“ zu ermöglichen.

Als sehr hilfreich für diesen oft schmerzhaften Prozess beim Klienten habe ich dafür vor allem in der Einzeltherapie systemisch-lösungsorientierte Konzepte, z.B. zur Arbeit mit der „inneren Familie“ oder mit dem „inneren Team“ erlebt. Dabei arbeite ich mit Umdeutungen **von Verhaltensmustern oder sogenannten „Charaktereigenschaften“**, die der Klient dadurch auch anders bewerten kann.

Indem ich sie personifiziere als Mitglieder einer visionierten „inneren Familie“ oder eines „inneren Teams“, kann ich mit dem Klienten vor allem mit Hilfe von hypothetischen Fragen ein Bild davon entwerfen – eine andere Wirklichkeit konstruieren! –, wie es sich auf seine Beziehungen zu seiner Umwelt wohl auswirken würde, wenn er diesen „inneren Familienmitgliedern“ oder Mitgliedern seines „inneren Teams“ einen angemessenen Platz geben würde, statt sie wie bisher zu bekämpfen.

Beispielsweise biete ich dem Klienten an, die Angst vor dem früher als streng oder sogar gewalttätig erlebten Vater, die in der Gegenwart aber vom Klienten gleichzeitig auch als Blockade für eine Veränderung in der Beziehung erlebt wird, umzubenennen in einen „inneren Sicherheitsbeauftragten“. Er hatte früher alle Hände voll zu tun zum Schutz des Klienten, und er muss dafür auch ausdrücklich gewürdigt werden (von mir, vor allem aber vom Klienten selber!).

Aber inzwischen haben sich die Zeiten geändert, das Kind von damals ist erwachsen geworden, und es muss sich nicht mehr, oder vielleicht eher auf eine andere Weise schützen. Nicht immer werden veränderte Bedingungen von den „inneren Sicherheitsbeauftragten“ auch wahrgenommen, und so reagieren sie auf die Probleme von heute immer noch mit den Lösungen von gestern.

Erst wenn der Klient als Chef seiner „inneren Firma“ die bisherigen guten Dienste seines „Sicherheitsbeauftragten“ wirklich würdigt, kann er in einem „inneren Mitarbeitergespräch“ auch darauf hinweisen, dass die bisherigen Problemlösungsversuche nicht mehr tragen, und – in enger Abstimmung mit dem „Sicherheitsbeauftragten“, der auch weiterhin einen ganz wichtigen Platz im Unternehmen hat! – schrittweise neue Wege in der „Unternehmenspolitik“ ausprobieren.

Außer im Gespräch kann dieser Prozess auch z.B. durch die Arbeit mit dem „leeren Stuhl“, die aus der Transaktionsanalyse (TA) und der Gestalttherapie bekannt ist, oder auch im Rahmen einer Aufstellung vollzogen werden. Vor allem in der Aufstellung wird dabei immer wieder in beeindruckender Weise sichtbar, wie hilfreich und wie heilsam es ist, wenn jeder im System – also auch in diesem Fall die ungeliebte Angst – jetzt in der Gestalt des „inneren Sicherheitsbeauftragten" einen angemessenen, würdigen Platz bekommt.

Nach meiner Erfahrung ist diese Arbeitsweise auch, aber nicht nur in der Auseinandersetzung mit der Herkunftsfamilie sehr hilfreich, um die Integration der eigenen, unterschiedlichen Persönlichkeitsanteile zu fördern, die eigenen Ambivalenzen anzuerkennen und anzunehmen, und dadurch zu einer höheren Selbstakzeptanz beizutragen.

Dagegen setze ich die „klassischen" systemisch-konstruktivistischen Interventionstechniken, wie z.B. positive Konnotation/Reframing, der bisherigen **Kommunikations- und Beziehungsmuster** eher behutsam ein – zumindest am Anfang. Nach meiner Erfahrung lassen sich die z.T. extrem verfestigten Sichtweisen oft nur langsam aufweichen und „verflüssigen".

Manchmal kommt bei diesen Klienten dann im Rahmen der Gruppentherapie ein Umdenk- und Motivationsprozess in Gang, wenn sie während meiner Arbeit mit anderen Gruppenmitgliedern miterleben, wie stark – entgegen ihrer bisherigen Annahme – familiäre Bindungen und generationenübergreifende systemische Verstrickungen in die Gegenwart hineinwirken.

Gerade in diesem Punkt sehe ich Gruppentherapie, vor allem in der **Stationsgruppe**, inzwischen als große Chance im Sinne eines ständigen „Multiplikators" für neue, ungewohnte, systemische Sichtweisen, mit denen sich die meisten Klienten anfänglich sehr schwer tun.

Dagegen fehlt in den ebenfalls angebotenen, familientherapeutischen **Indikationsgruppen** dieser unterschiedliche Entwicklungsstand der Klienten als wichtige Ressource für den therapeutischen Prozess, was sich vor allem am Anfang eines neuen Indikationszyklus bemerkbar macht.

Erschwerend für die Arbeit – sowohl in der Indikations- wie auch in der Stationsgruppe – wirkt sich auch das oft nur geringe Wissen der Klienten über ihre Familiengeschichte aus.

Im Gegensatz zu den Teilnehmern, die zu einem Aufstellungsseminar in die freie Praxis kommen und sich darauf in der Regel vorbereiten, beginnen unsere Klienten – sofern sie dazu motiviert sind – erst während der Intensivtherapiephase damit, Informationen über das Familiensystem einzuholen. Die dafür notwendige Kontaktaufnahme zu Eltern, Großeltern, Geschwistern und anderen Familienmitgliedern fällt ihnen aus den genannten Gründen oft schwer.

Keiner unserer Klienten hatte bislang Vorerfahrungen mit Familienaufstellungen, und – im Gegensatz zu vielen Seminarteilnehmern in der freien Praxis – auch keinerlei Kenntnisse oder Informationen über diesen Ansatz. Das ist sicher ein Grund dafür, dass sie auf das erste Erleben einer Familienaufstellung mit sehr viel Unverständnis und einer ausgeprägten Mischung aus Faszination und Skepsis reagieren.

Viele Klienten sind beeindruckt, sind aber gleichzeitig überzeugt davon, dass sie als Protagonisten in einer Aufstellung „das nicht so spüren könnten". (Für eine Klientin, die genau das geäußert hatte, war es eine nachhaltige Erfahrung, als ich sie eine Woche später, in Annäherung an das Lösungsbild, links neben eine bestimmte Person stellte, und sie daraufhin spontan – und zutreffend – sagte: „Ich glaube, ich muss auf die andere Seite!")

In diesem Punkt unterscheiden sich die Teilnehmer von Familienaufstellungsseminaren in der freien Praxis ebenfalls deutlich von unseren Klienten in der Klinik. Drogenabhängige haben nach meiner Erfahrung oft eine extrem eingeschränkte emotionale Durchlässigkeit. Vor allem am Anfang der Behandlung haben sie auf Grund ihres jahrelangen, exzessiven Drogenkonsums große Schwierigkeiten, Gefühle überhaupt wahrzunehmen, d.h. sich wieder zu spüren.

Noch größer ist in der Regel die Angst vor dem Spüren. Das „Wegmachen" zumindest von unangenehmen Gefühlen ist schließlich für Drogenabhängige ein zentrales Drogenfunktionsmuster, das nur sehr langsam aufgegeben wird. Angesichts dieser Ambivalenz ist es für viele Klienten ein wichtiges Therapieziel, ihre Gefühle nicht nur wieder wahrzunehmen, sondern ihnen zu auch vertrauen. Dies alles stellt eine Familienaufstellung auch den Protagoniosten bereit.

Falldarstellung

Franco, 38, ist gerade von der Aufnahme- in die Intensivtherapiephase verlegt worden, als er in der Gruppentherapie einen aktuellen Vorfall anspricht, der ihn emotional sehr belastet. Beim Fußballspielen vor zwei Tagen ist er über seine eigenen Füße gestolpert und hingefallen, was seine Mitspieler mit Lachen quittiert haben.

Normalerweise hätte Franco – nach eigener Einschätzung – wohl mitgelacht, aber statt dessen wirkt er von dem vergleichsweise harmlosen Vorfall sehr betroffen und resigniert, und er hat das Gefühl, „fehl am Platz zu sein".

Auf meine Frage, ob er dieses Gefühl auch von früher kenne, und ob durch diese Situation ein Thema berührt wurde, um das es eigentlich und immer wieder in seinem Leben gehe, wird in Francos Gesicht sofort tiefe Trauer sichtbar, und Tränen schießen ihm in die Augen. Er berichtet sichtlich bewegt davon, wie sein jüngerer Bruder Michael im Alter von zweieinhalb Jahren starb: Franco selbst war damals fünf Jahre alt, und die Mutter, die in dieser Zeit regelmäßig Alkohol- und Medikamentenmissbrauch betrieb, hatte ihm die Verantwortung für seinen Bruder übertragen. Franco hätte auf ihn aufpassen sollen, während die Mutter sich unter Tag zum Schlafen hingelegt hatte. In einem unbeaufsichtigten Moment vergriff sich Michael an den Schlaftabletten der Mutter, die offen auf deren Nachtkästchen lagen, und er verstarb an einer Überdosis dieser Medikamente. Die Mutter machte in der Folge Franco für Michaels Tod verantwortlich, und sie äußerte ihm gegenüber, dass es besser gewesen wäre, wenn **er** statt Michael gestorben wäre.

Ich gehe in diesem Moment nicht näher darauf an, biete ihm aber an, zunächst in der Einzeltherapie an diesem Thema weiter zu arbeiten. In den darauf folgenden Wochen arbeite ich mit Franco mehrfach systemisch-familientherapeutisch an diesem Thema, und ich erstelle gemeinsam mit ihm – unter Zuhilfenahme der Anamnese – sein Genogramm:

Genogramm von Franco

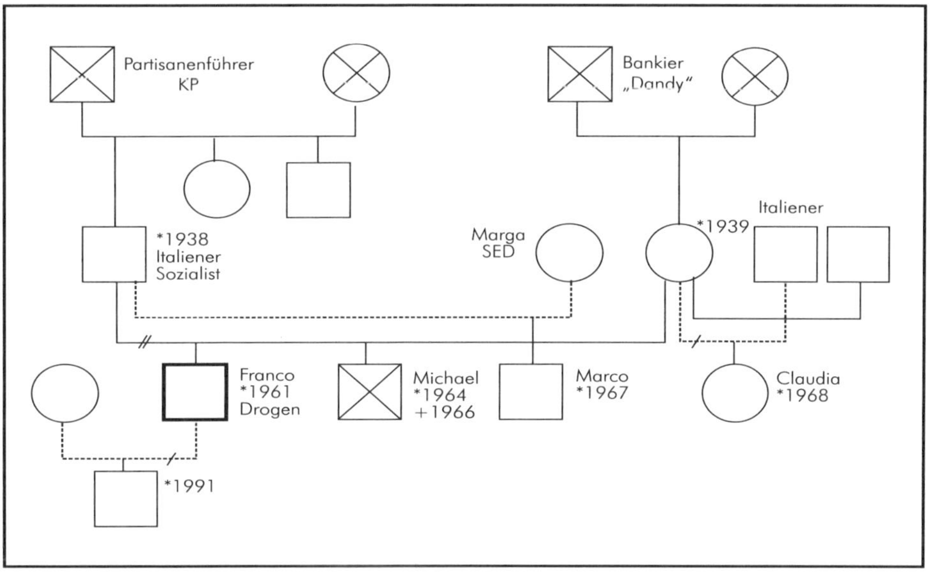

Anamnese

Franco ist 1961 in Deutschland als erstes Kind seines italienischen Vaters und seiner deutschen Mutter geboren. Die Ehe wurde 1960 geschlossen. Der Vater ist 1938 geboren, und arbeitete in Deutschland als Bauarbeiter. Wegen der Folgen eines Hirnschlags ist er Frührentner. Die Mutter ist 1939 geboren und arbeitete bis ins Rentenalter als Angestellte. Beide Eltern betrieben Alkohol-, die Mutter zusätzlich – zumindest zeitweise – auch Medikamentenmissbrauch.

1964 kam Francos Bruder Michael zur Welt; er verstarb 1966. Die Eltern trennten sich kurz nach Michaels Geburt und ließen sich 1965 scheiden; die Kinder wuchsen danach bei der Mutter auf. Aus einer weiteren Beziehung des Vaters mit einer deutschen Frau entstammt Francos Halbbruder Marco, geboren 1967. Aus einer weiteren Beziehung der Mutter, wiederum mit einem italienischen Mann, entstammt Francos Halbschwester Claudia, geb. 1968. Beide Halbgeschwister sind unehelich geboren.

Die Eltern des Vaters lebten in Italien. Der Vater des Vaters gehörte seit Jahrzehnten der kommunistischen Partei an, und er hatte im zweiten Weltkrieg als Partisan gekämpft. Franco hat ihn und die Großmutter bei einem Aufenthalt in Italien kennengelernt. Er beschreibt den Großvater als strengen, respektgebietenden Mann, der einmal seinen schon erwachsenen Sohn sogar im Beisein von Francos Mutter noch geohrfeigt habe, als er sich dem Großvater gegenüber im Ton vergriffen hatte.

Die Eltern der Mutter hat Franco als ein Paar erlebt, das nach seiner Einschätzung mehr nebeneinander her als miteinander gelebt hat. Den Vater der Mutter beschreibt Franco als „Dandy".

Seinen Vater hat Franco erst 1977, im Alter von 16 Jahren wiedergesehen, als er – nach erfolgreichem Abschluss der Hauptschule – zu ihm nach Berlin zog, um dort eine Ausbildung bei der damaligen Reichsbahn zu beginnen. In dieser Zeit begann Franco mit dem sporadischen Konsum von Alkohol.

Nach einem Jahr brach Franco die Ausbildung ab, zog zurück an seinen vorherigen Wohnort, und absolvierte dort eine Lehre als Blechner, die er im Herbst 1981 mit Facharbeiterbrief abschloss. In dieser Zeit, mit ca. 18 Jahren, begann Franco, regelmäßig und in rasch ansteigender Dosierung Haschisch zu konsumieren. Den zeitweise exzessiven Konsum von Haschisch behielt Franco von 1979 bis zu seiner ersten Entwöhnungsbehandlung 1993 ohne Unterbrechung bei.

1980, mit 19 Jahren, ging Franco erstmals eine Beziehung ein. Nach Abschluss seiner Lehre wurde Franco noch 1981 zur Bundeswehr einberufen, von wo er im Herbst 1982 aufgrund seines beständigen Haschischkonsums vorzeitig entlassen wurde. Kurz darauf wurde Franco zum ersten Mal inhaftiert und wegen Beihilfe zum schweren Raub zu drei Jahren Haft verurteilt, von denen er zwei Jahre verbüßte.

Im weiteren Verlauf arbeitete Franco immer wieder im erlernten Beruf. Nachdem er jedoch ab 1984, mit 23 Jahren, mit dem regelmäßigen Konsum von Heroin begonnen hatte – anfangs nasal, ab 1985 intravenös –, sowie ab 1988 zusätzlich noch Kokain konsumierte, sank seine Arbeitsleistung immer mehr ab. Franco zeigte sich zunehmend desinteressiert, lustlos und unzuverlässig, und er verlor deswegen mehrfach seinen Arbeitsplatz. Zudem kam er immer wieder mit der Justiz in Konflikt (Verstöße gegen das BtmG) und war zwischen 1983 und 1989 insgesamt ca. vier Jahre inhaftiert.

1990, mit 29 Jahren, ging Franco erneut eine Beziehung ein, aus der Anfang 1991 ein Sohn geboren wurde. Die manifeste Drogenabhängigkeit wirkte sich jedoch auch im privaten Bereich zunehmend negativ aus und führte zum Scheitern der Beziehung. Franco zog sich von seiner Partnerin zurück und verhielt sich sowohl ihr als auch seinem weiteren Umfeld gegenüber zunehmend unehrlich. Er vernachlässigte Sozialkontakte und verlor allmählich jegliches Interesse an seiner Umwelt.

Bei subdepressiver Grundstimmung kam Franco den Anforderungen des täglichen Lebens kaum noch nach; seine Freizeitaktivitäten beschränkten sich auf Fernsehen und TV-Spiele. Als sein Arbeitslohn, bzw. Lohnersatzleistungen, zur Finanzierung seiner Drogensucht nicht mehr ausreichten, verschuldete sich Franco hoch.

Nach zahlreichen ambulanten und stationären Entgiftungsversuchen absolvierte Franco von 1993 bis 1994 eine erste, fünfzehn Monate dauernde, stationäre Entwöhnungsbehandlung, und lebte anschließend dreieinhalb Jahre abstinent. In dieser Zeit arbeitete Franco in verschiedenen Betrieben als Schlosser. Gleichzeitig ging er eine weitere Partnerschaft ein, die aus seiner Sicht jedoch ebenfalls unbefriedigend verlief und für ihn letztlich den Auslöser für seine Rückfälligkeit darstellte.

Franco bewarb sich erneut um eine stationäre Therapie. In den letzten Monaten vor der Aufnahme ließ er sich mit Polamidon substituieren. Er lebte noch in seiner Wohnung, allerdings unter sehr beengten Verhältnissen. Zum Zeitpunkt seiner Aufnahme hatte Franco ca. DM 15.000,- Schulden.

Einschätzungen und Arbeitshypothesen anhand von Anamnese und Genogrammarbeit

- Der Tod des Bruders sowie die Beschuldigung dafür durch seine Mutter stellen für Franco ein extrem traumatisierendes Ereignis dar. Handelt es sich bei dem chronifizierten Drogenmissbrauch um einen Lösungsversuch im Sinne eines „Nicht-spüren-müssens" und „Sich-nicht-auseinandersetzen-müssens" mit den damit verbundenen, aversiven Gefühlen? Für diese Annahme spricht auch die Form des Drogenkonsums, bzw. die Wahl der Droge(n): Franco hat zwar ein polytoxikomanes Missbrauchsmuster, die Hauptdroge ist jedoch eindeutig Heroin (intravenöser Konsum). Franco hat den Konsum als hilfreich erlebt, um Schuldgefühle wegen des Todes seines Bruders sowie Scham- und Versagensgefühle beim „Scheitern" an seinen überhöhten Ansprüchen an sich selbst verdrängen bzw. „wegmachen" zu können.
- Franco ist überwiegend mit Frauen aufgewachsen (Mutter und Halbschwester). In seinem weiteren Leben war Franco stark auf Frauen fixiert, und er hat auch seinen Selbstwert vor allem über den Kontakt zu Frauen definiert. Beziehungen hat er sowohl als stabilisierend wie auch als destabilisierend bis hin zum Rückfall erlebt (be-

sonders anschaulich wird das an der Korrelation von Beziehungsverlauf und Abstinenzverhalten nach der ersten Entwöhnungsbehandlung). Wie könnte sich eine Annäherung und vielleicht auch Aussöhnung an bzw. mit dem Vater auf Franco hinsichtlich seines Selbstwertgefühls auswirken?

- Neben einer konstruktivistischen Sichtweise im Sinne eines Lösungsversuches verstehe ich Sucht immer auch als „Suizid(versuch) auf Raten“. Die Idee der „unsichtbaren Bindungen“, die von *Boszormenyi-Nagy* aufgebracht und von *Bert Hellinger* wesentlich vertieft wurde, haben mich gerade in der Arbeit mit Drogenabhängigen für systemische, oft generationenübergreifende, Verstrickungen sehr sensibilisiert. In Francos Fall hat möglicherweise der Tod des Bruders, auch in Verbindung mit dem zwischenzeitlich internalisierten Schuldvorwurf, tief in der Seele zu dem Wunsch geführt, ihm nachfolgen zu wollen.
- Nach dem Weggang des Vaters übernahm Franco in der Restfamilie als ältester Sohn sehr viel Verantwortung. Dieses Muster hat sich in seinen eigenen Partnerschaften wiederholt. In Liebesbeziehungen konnte sich Franco nie auf einen guten Ausgleich von Geben und Nehmen einlassen, sondern er verspürte immer den inneren Drang, sehr viel mehr zu geben als zu nehmen. Die Erfüllung der an sich selbst gestellten, hohen Erwartungen, v.a. hinsichtlich der Übernahme von Verantwortung, ist ein zentrales Drogenfunktionsmuster.
- Durch die Verantwortungsübernahme in der Familie kam Franco zunehmend in eine Partnerersatz-Rolle, und er nahm sowohl der Mutter, als auch der Schwester gegenüber den Platz des Vaters ein. Gleichzeitig ist sein eigenes Verhältnis zum Vater bis heute schlecht. Franco hält ihm vor, dass er seine Frau im Stich gelassen und sich nicht um seine Kinder gekümmert habe. Zu seinem eigenen Sohn hat Franco allerdings ebenfalls kaum Kontakt. Ihm gegenüber empfindet er Scham- und Versagensgefühle, weil er ihm auf Grund seiner Sucht nicht der Vater sein kann, der er ihm gerne sein möchte. Es kommt damit zu einer Wiederholung des Musters im System.

Therapieprozess

In der Einzeltherapie richte ich den Fokus zu Beginn auf die Familienkonstellation nach dem Auszug des Vaters sowie auf die Auswirkungen von Francos Verantwortungsübernahme und Rollenverhalten. Franco kann dabei kognitiv gut nachvollziehen, dass ihm der Platz neben der Mutter nicht zusteht. Er spürt, was es ihm auf der einen Seite zwar gebracht hat, in diesem Maß Verantwortung zu übernehmen, aber auch, welch extrem hohen Preis er dafür bezahlt hat. Als Unterstützung, damit er seinen guten Platz finden kann, biete ich ihm eine Familienaufstellung im Rahmen der Gruppentherapie an, sobald er selbst diesen Schritt gehen möchte.

Kurz nach dieser Einzeltherapiestunde wird Franco in der Gruppentherapie nochmals drastisch mit diesem Thema, wie auch mit dem Tod seines Bruders konfrontiert. In dieser Einheit lasse ich auf Grund der Gruppensituation eine Gruppenskulptur stellen. Nachdem zwei Gruppenmitglieder ihr inneres Bild der Gruppe aufgestellt haben, frage ich Franco, der sich an dem ihm zugewiesenen Platz nicht wohl fühlt, welchen Platz er denn selbst für sich suchen würde.

Franco postiert sich nahe der Tür des Gruppenraumes, mit dem Impuls, ein anderes Gruppenmitglied, das erkennbar aus der Gruppe hinaustendiert, aufzuhalten. Daraufhin lasse ich ihn sich direkt in den Türrahmen stellen und sich mit beiden Händen daran abstützen. Dann schlage ich ihm vor, zu sagen: „Ich bin dafür verantwortlich, dass keiner zu früh geht." Als er das hört, kommen ihm sofort die Tränen. Ich lasse ihn daraufhin den Satz nicht mehr aussprechen, sondern führe ihn an einen anderen Platz im Raum, wo er tief betroffen und nachdenklich stehen bleibt.

Francos extreme Leistungsorientierung und Verantwortungsbereitschaft wird auch im therapeutischen Kontakt immer wieder spürbar, z.B., als ich ihm Einzeltherapietermine während der Arbeitstherapiezeit gebe. Franco kann sich nur schwer darauf einlassen und fragt statt dessen, ob ich ihm keine Termine in seiner Freizeit anbieten könne. In weiteren Einzeltherapiesitzungen arbeite ich deshalb mit ihm v.a. systemisch-lösungsorientiert weiter am Thema „Verantwortung". Er beginnt allmählich – unterstützt durch hypothetische Fragen und „Wunderfragen" – neue Sichtweisen zuzulassen, nachdem ich seine bisherige Haltung als gut gemeinten Lösungsversuch, der allerdings im Ergebnis nicht immer gut war, ausdrücklich gewürdigt habe – ein Schritt, der Franco selbst noch schwer fällt. In der Folge wagt es Franco zunehmend, im täglichen Sozialkontakt neue Verhaltensweisen auszuprobieren, sich abzugrenzen und an ihn gerichtete Wünsche und Forderungen abzulehnen, ohne sich deshalb schlecht zu fühlen.

Familienaufstellung in der Gruppe

Kurz darauf stellt Franco in der Stationsgruppe seine Familie auf.

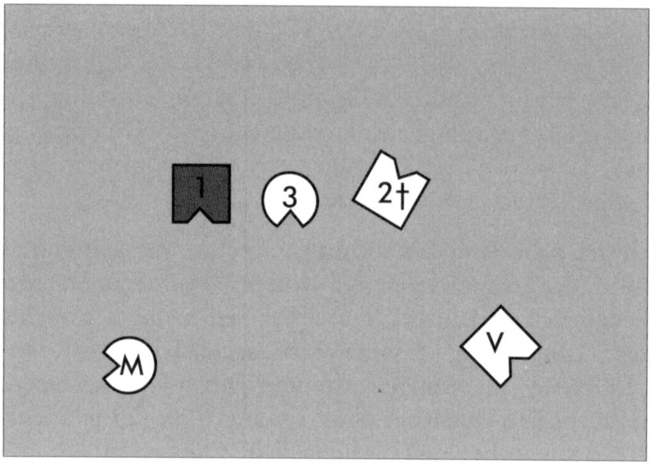

Keiner der Stellvertreter kann an seinem Platz gut stehen. Vor allem der Vater hat das Gefühl, ausgeschlossen zu sein. Die Mutter äußert Teilnahmslosigkeit. Der verstorbene Bruder fühlt sich allein, ebenso wie auch Franco und seine Schwester.

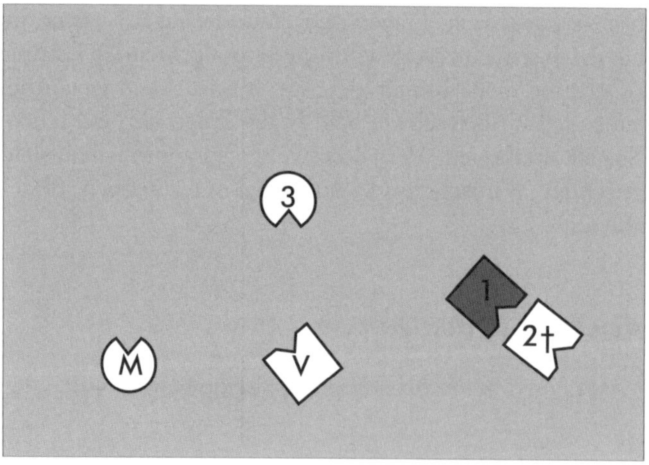

Nach mehreren Veränderungen des Bildes wird sichtbar, dass bei Franco einerseits eine Tendenz besteht, dem toten Bruder zu folgen. Andererseits spürt sein Stellvertreter an diesem Platz, dass das „Nachfolgen" auch etwas Bedrohliches hat. Ich konfrontiere ihn deshalb direkt mit dem verstorbenen Bruder, indem ich diesen sich umdrehen lasse.

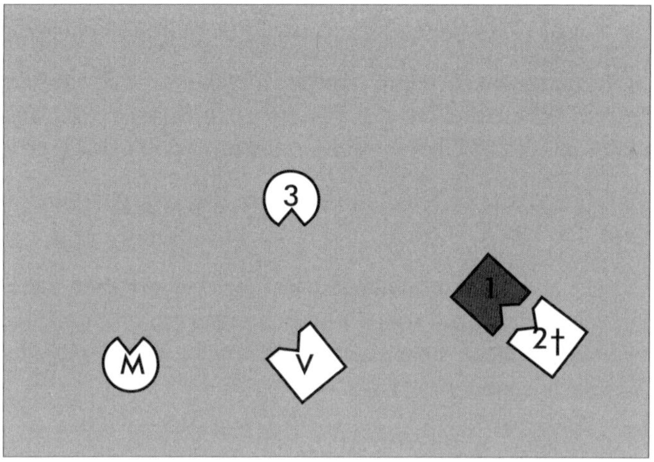

Francos Stellvertreter empfindet Trauer und eine große Schwere. Ich lasse ihn zum Bruder sagen:

FRANCO: Schade, dass du gegangen bist. Ich hätte dich gern als Bruder gehabt.

Diesen Satz auszusprechen, findet der Stellvertreter gleichzeitig traurig und erleichternd. Für den Stellvertreter des verstorbenen Bruders tut es gut. Es ist ihm, als ob etwas in Ordnung gebracht worden wäre.

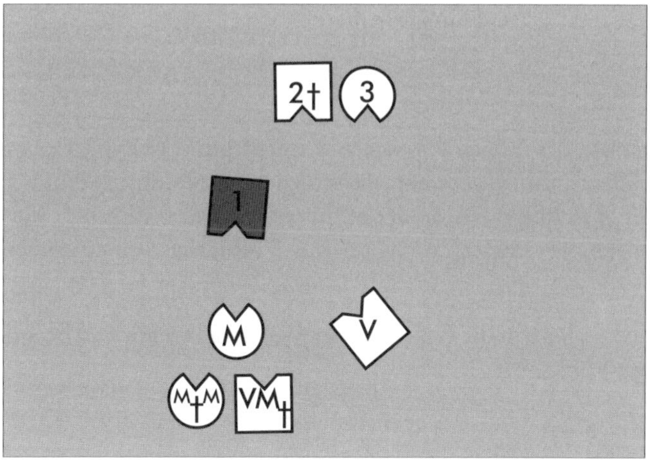

Nach weiterem Umstellen des Bildes nehme ich Franco selbst in die Konstellation und lasse ihn vor seine Mutter treten. Hinter ihr habe ich schon zuvor ihre Eltern aufgestellt, weil sie alleine nicht gut stehen konnte. Dann gebe ich Franco einen schweren Gegenstand in beide Hände und lasse ihn zur Mutter sagen:

FRANCO: Liebe Mama, ich gebe es dir zurück. Es ist deines, nicht meines.

Dann bitte ich ihn, langsam zu seiner Mutter zu gehen und ihr den Gegenstand zu übergeben. Obwohl sie ihm die Arme entgegenstreckt, zögert er sehr lange damit, und es ist deutlich spürbar, welche Überwindung es ihn kostet. Danach lasse ich ihn sagen:

FRANCO: Liebe Mama, was zwischen dir und dem Papa ist, geht mich nichts an. Ich bin nur das Kind. Du bist die Große, und ich bin der Kleine.

Als ich daraufhin die Stellvertreterin der Mutter frage, wie es ihr damit geht, äußert sie, dass sie es alleine tragen kann und will. Sie braucht noch mehr Unterstützung von hinten und an ihrer Seite, möchte aber ausdrücklich nicht, dass Franco ihr tragen hilft.

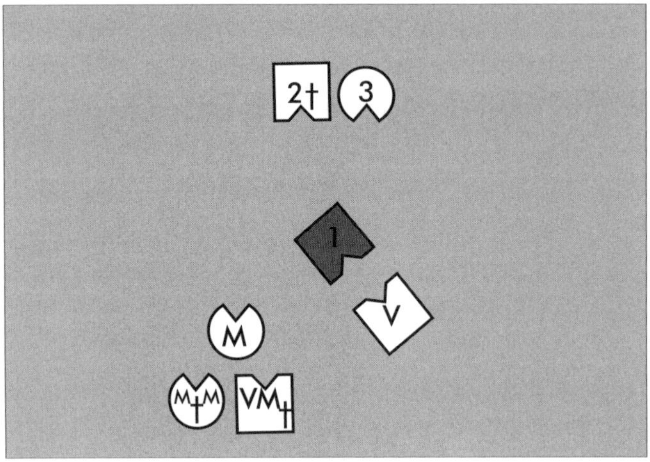

Anschließend lasse ich Franco vor seinen Vater treten. Dort spürt er weiterhin seine ablehnende Haltung ihm gegenüber. Verschiedene Sätze, die ich ihm zur Versöhnung mit dem Vater vorschlage, empfindet er für sich als nicht stimmig. Auch beim Stellvertreter des Vaters kommen sie nicht an, und er fühlt sich Franco gegenüber ebenfalls unwohl.

Ich lasse Franco deshalb in die Geschwisterreihe zurücktreten und beende die Aufstellung an diesem Punkt.

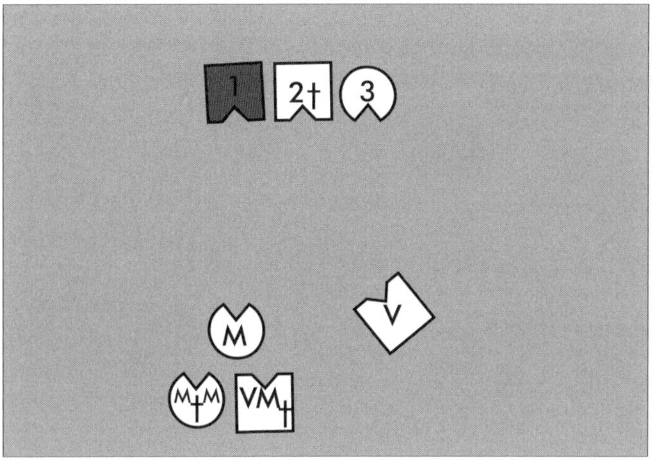

In seiner Reflektion dieser Woche setzt sich Franco daraufhin nochmals mit der Aufstellung auseinander, da sie ihn sehr tief berührt und aufgewühlt hatte. Gleichzeitig äußert er die Absicht, seine Haltung und Einstellung zu seinem Vater zu überdenken, da ihm klar geworden sei, dass davon sein Platz in der Herkunftsfamilie abhänge.

Einzelaufstellung

In einer weiteren Einzeltherapiestunde in der darauf folgenden Woche macht Franco seine Schwierigkeiten im Umgang mit Frauen zum Thema. Er fühlt sich Frauen gegenüber unsicher und hat deshalb große Ängste, auf Frauen zuzugehen. Abgewiesen zu werden kann er kaum verkraften.

In der Folge solcher Situationen fühlt er sich, als ob ihm *„der Boden unter den Füßen weggezogen würde"*. Danach kam es dann immer wieder zum Drogenkonsum.

Als Anliegen nennt Franco, dass er gerne mehr Sicherheit im Umgang mit Frauen bekommen möchte. Ich schlage Franco vor, das Thema aufzustellen. Dazu lasse ich ihn je einen „Stellvertreter" für „die Frauen" und für sich selbst aufstellen. Franco legt nach seinem inneren Bild normale DIN A 4-Blätter, bei denen er durch einen Falz die Blickrichtung gekennzeichnet hat, als „Stellvertreter" auf den Boden. Anschließend lasse ich ihn der Reihe nach auf die verschiedenen Blätter stehen und sich in den Platz einfühlen.

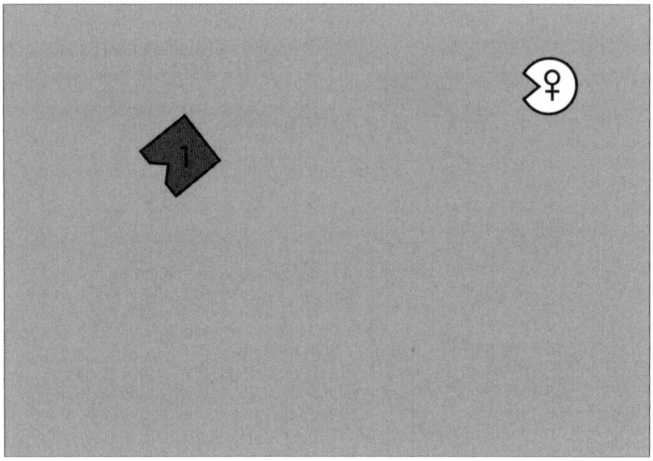

„DIE FRAUEN“: Ich fühle mich warm, rund, weich und sicher.

FRANCO: Ich fühle mich unsicher, nervös, verkrampft, geduckt.

ROLAND SCHILLING: Hast du einen Impuls?

FRANCO: Ich möchte nach vorne weglaufen.

Ich lege Franco, noch während er in seiner Position steht, ein Blatt mit Blickrichtung zu ihm direkt gegenüber und nenne es – vorläufig: „Was immer das sein mag.“ Anschließend frage ich nach Veränderungen.

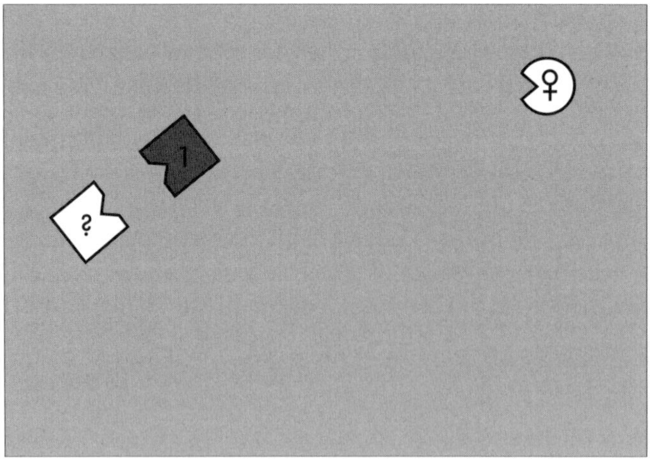

FRANCO: Ich kann besser stehen. Der Impuls zum Weglaufen schwindet. Statt dessen möchte ich gerne näher an die Frauen heran und mich ihnen gegenüber stellen.

„DIE FRAUEN“: Ich spüre weniger von allem, was ich vorher gespürt habe. Alles ist weniger intensiv.

„WAS IMMER DAS SEIN MAG“: Ich möchte Franco aufhalten, mich ihm entgegenstellen.

ROLAND SCHILLING: Wenn du dich ihm entgegenstellst, ist das eher fürsorglich oder eher im Streit?

„WAS IMMER DAS SEIN MAG“: Es ist fürsorglich.

Ich lasse Franco jetzt seine Position seinem Impuls folgend verändern.

FRANCO: Einerseits spüre ich einen Zug hin zu den Frauen, andererseits auch Vorsicht und Unsicherheit. Meine Gesäßmuskulatur verkrampft sich. Ich spüre einen Druck von hinten.

ROLAND SCHILLING: Vielleicht war es ein zu schneller Schritt hin zur Lösung?!

Ich lasse Franco erneut auf die Position vor „Was immer das sein mag“ gehen und frage ihn, ob er eine Idee hat, wer das sein könnte.

„WAS IMMER DAS SEIN MAG“: Ich glaube, ich bin Franco, der auf sich selbst schaut. Ich schiebe Franco von hinten.

Ich stelle das Bild erneut um. Den „Stellvertreter“ für „Was immer das sein mag“ benenne ich um in „Die männliche Kraft“.

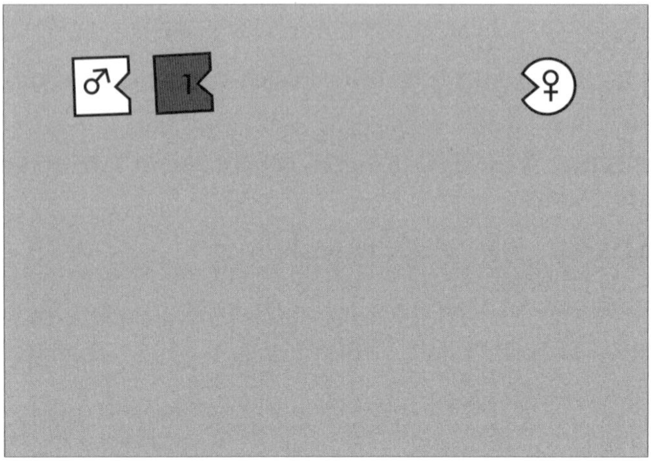

FRANCO: Ich kann besser stehen.

Ich füge hinter der „männlichen Kraft“ einen weiteren „Stellvertreter“ ein, den ich vorläufig nicht benenne.

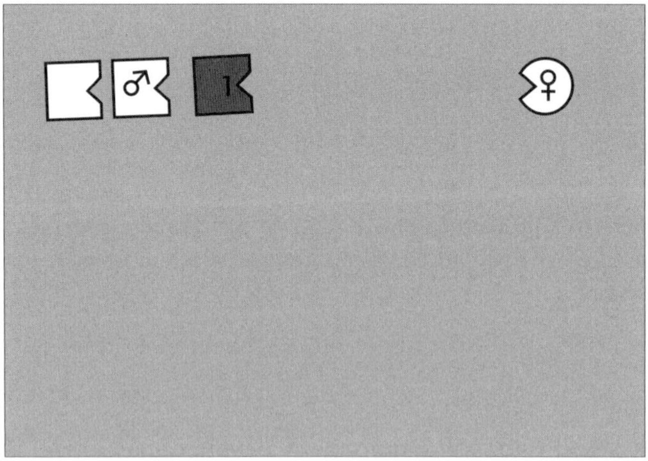

FRANCO: Ich kann jetzt noch besser stehen. Ich fühle mich stark und sicher.

Ich lasse Franco sich umdrehen, so dass er der „männlichen Kraft“ und dem weiteren, noch unbenannten Stellvertreter gegenübersteht.

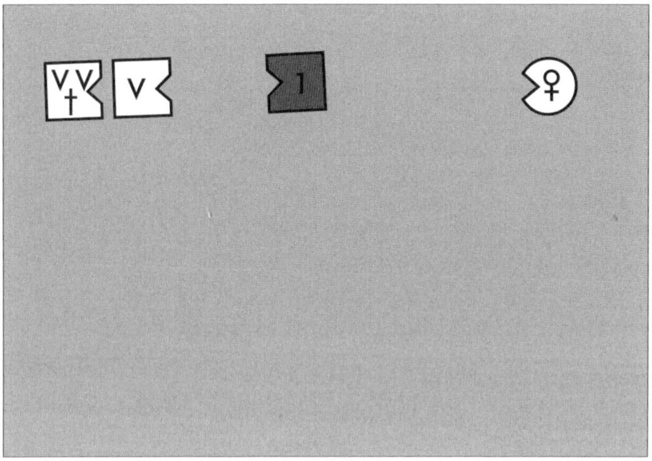

Auf meine Frage, für wen diese beiden stehen könnten, sagt Franco jetzt spontan: „Für meinen Vater und dahinter für dessen Vater.“ Daraufhin lasse ich ihn zu den beiden sagen:

FRANCO: Eure männliche Kraft im Rücken tut mir gut. Ich würde gerne davon nehmen, aber ich weiß, dass mich das einen Preis kostet.

ROLAND SCHILLING: Wie geht es dem Großvater?

VV: Ich fühle mich groß, stark und sicher. Es tut mir gut, dass ich so nah an der Wand stehe und mich anlehnen kann.

ROLAND SCHILLING *(zum VV)*: Wie geht es dir, wenn du deinen Enkel anschaust?

VV *(völlig unvermittelt und sehr wütend)*: Feigling!

Daraufhin drehe ich auch das Blatt für den Stellvertreter des Vaters um, so dass er vor Franco ebenfalls dem VV gegenübersteht.

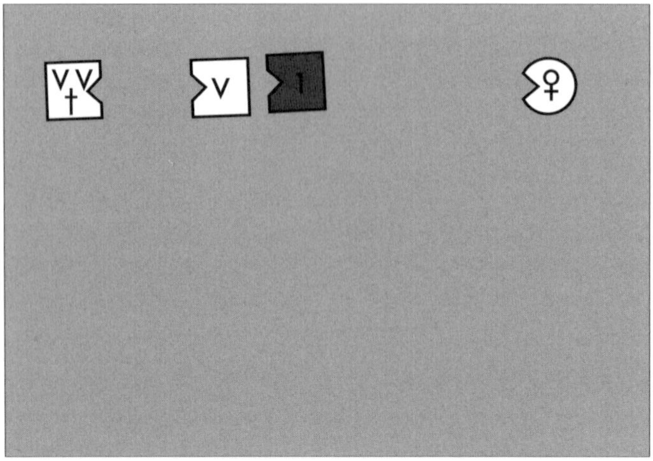

VV *(mit bebender Stimme)*: Eine Flut von Feiglingen! Könnte ich mich nicht anlehnen, würde ich weggespült.

Ich stelle das Bild um, so dass Franco seitlich zum VV steht.

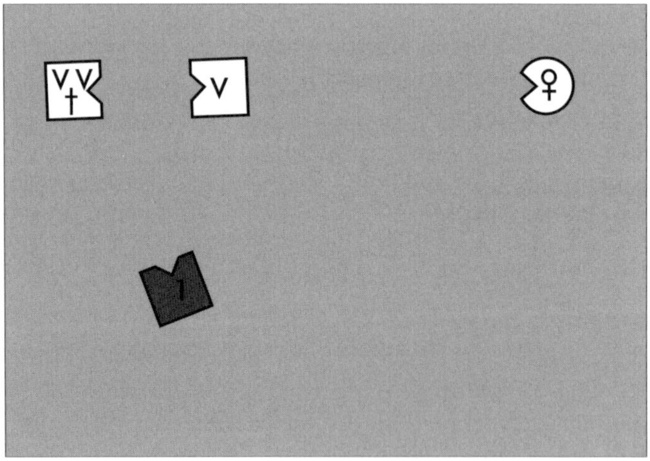

VV *(spontan mit Blick auf Franco)*: Mit dir hat das nichts zu tun!

Den VV lasse ich zum Vater sagen:

VV *(zum Vater)*: Ich habe für meine Ideale den Kopf hingehalten. Ich bin enttäuscht von dir!

Einem Impuls folgend, stellt Franco seinen Vater vor „die Frauen“, an den gleichen Platz, an dem er selbst vorher stand.

Daraufhin lasse ich Franco an seinen eigenen Platz gehen und zum VV sagen:

FRANCO *(zum VV)*: Lieber Opa, ich lasse es jetzt bei dir. Es ist deines. Du trägst deines, und ich trag meines.

FRANCO *(sehr bewegt)*: Lieber Opa, ich bin auch Partisan gewesen. Ich habe auch an allen Fronten gekämpft.

FRANCO: Lieber Opa, ich werde hin und wieder zu dir schauen, wenn ich deine männliche Kraft brauche.

FRANCO *(lächelnd)*: Vor allem bei den Frauen.

Ich stelle Franco seinem Vater gegenüber und lasse ihn sagen:

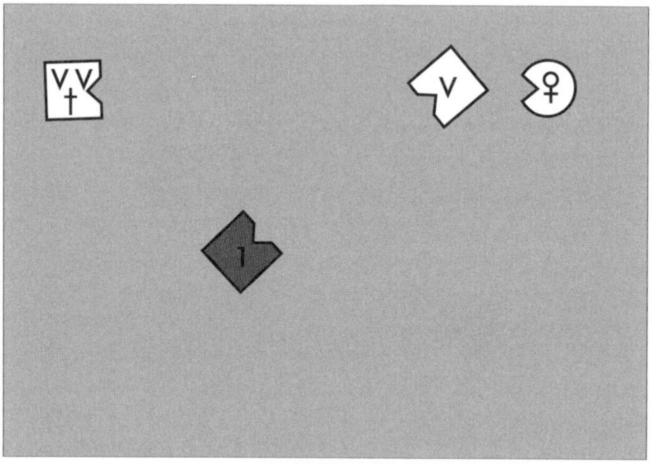

FRANCO *(zum Vater)*: Papa, ich habe es erst jetzt gemerkt. Es tut mir leid. Jetzt lasse ich es bei dir. Es ist deines. Du trägst deines, und ich trag meines.

FRANCO: Was zwischen dir und deinem Vater ist, geht mich nichts an. Du bist mein Vater, und ich bin nur dein Kind.

Nachdem Franco diesen Satz ausgesprochen hat, wirkt er sehr erleichtert. Ich stelle Franco und seinen Vater vor den VV.

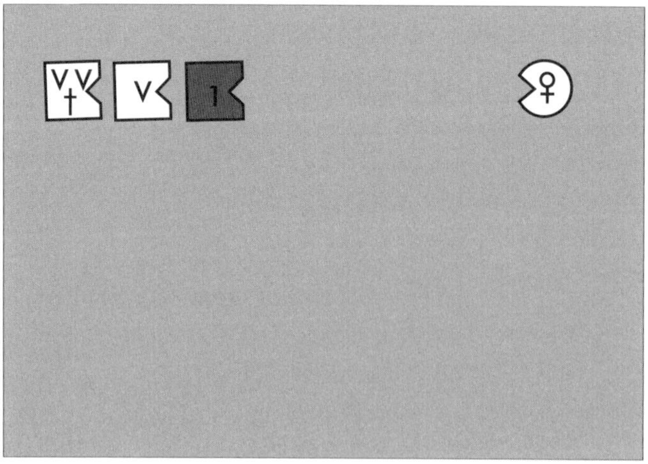

FRANCO: Ich fühle mich stark und sicher. Ich kann gut und aufrecht stehen.

Daraufhin lasse ich Franco mit Blick auf die Frauen sagen:

FRANCO *(zu „den Frauen")*: Mit der männlichen Kraft im Rücken kann ich gut stehen und zu Euch schauen. Mit der männlichen Kraft im Rücken wirft mich keine um.

FRANCO *(lächelnd)*: Vielleicht erhalte ich einen Stoß, aber ich stehe.

An diesem Punkt beende ich die Aufstellung. Am Ende dieser Woche schreibt Franco in seiner Reflektion:

Meine Väter stehen hinter mir, zumindest im Geiste. Ich habe es so noch nicht gesehen, aber es gibt mir ein gutes Gefühl.
Die Hälfte der Bewohner des Hauses haben mir heute ihr Vertrauen ausgesprochen, indem sie mich zum Patientensprecher gewählt haben. Es erfüllt mich mit Stolz.
Der Begriff Verantwortung hat für mich inzwischen eine gesündere Bedeutung erhalten, eine, die mich nicht auffrisst dabei.

Im Abschlussgespräch vor der Verlegung in die Adaptionsphase kurz darauf zieht Franco Bilanz über seinen Therapieverlauf. Dazu äußert er:

- Er habe jetzt die Gewissheit, dass er in seiner Herkunftsfamilie einen Platz habe, und welcher Platz für ihn der Richtige sei.
- Er habe verstanden, warum er bisher keinen Platz gehabt habe.
- Er habe die Gewissheit, überall einen Platz haben zu können.
- Er verspüre wieder „den Zug zum Leben".
- Er habe seine Lebensfreude wiedergewonnen.
- Er habe seine Therapiemotivation bewusst erlebt.
- Er habe mehr Freude am Kontakt mit Menschen.
- Das Gehen-**müssen** sei nicht mehr so stark, er könne besser bleiben.
- Er habe mehr Selbstbewusstsein erlangt.
- Er habe den Kontakt zu seinem Sohn wieder aufgebaut.

Schluss

Ich möchte mich auf diesem Weg bei *Bernd Mumbach* bedanken, der mir seine Grafiken für die Aufstellungsbilder zur Verfügung gestellt hat, sowie bei *Heribert Döring-Meijer,* der mir die Möglichkeit gegeben hat, diesen Beitrag zu veröffentlichen.

Mein besonderer Dank gilt den vielen Klienten in der Klinik, von denen ich lernen durfte, und vor allem dir, Franco, für die Arbeit mit dir, für dein Offen-sein in der Therapie, und für deine Erlaubnis, über deinen Prozess schreiben zu dürfen.

Aus dem anfangs erwähnten Interview möchte ich nochmals *Hunter Beaumont* zitieren:

Der Therapeut kann in eine sublime dialogische Beziehung mit dem Klienten treten und auf die stille Botschaft der Seele hören – wortlos ausgesprochen in der Sprache der Seele. Wir hören diese Sätze und können der Seele des Klienten unsere Stimme leihen und aussprechen, was er nicht aussprechen kann. Tun wir das im Dienst am größeren Ganzen, dann sprechen wir vielleicht nur aus, was bereits gesagt ist.

Wir achten genau auf die Körpersprache – auf Bestätigung oder Einhalt. Wir sehen den Gesichtsausdruck oder die Muster der Atmung. Wir hören den Klienten in die Wahrheit fallen – oder nicht. Während wir all das tun, sind weniger unsere persönlichen Neigungen von Bedeutung als vielmehr unser Sinn fürs Dienen.

In solchen therapeutischen Momenten verschwinden wir als Individuen, wir ergeben uns dem größeren Geschehen, das im ‚Dazwischen' stattfindet. Und wir wissen, dass es gut ist. An solchen Momenten teilhaben zu dürfen, ist das große Privileg der therapeutischen Arbeit. Wenn wir sorgfältig damit umgehen, dann helfen unsere Klienten uns vielleicht, auf unsere eigene Seele zu hören.

Rita Wyss: Systemaufstellung in einer psychiatrischen Abteilung in der Schweiz

Manchmal muss man das gute Ende abwarten oder: „Die Göttin in der Psychiatrie". Ein Fallbericht

Jetzt, beim Entwerfen dieses Berichts und beim Blättern in meinen Notizen, finde ich eine Bemerkung von *Bert Hellinger*, die er während eines Seminars im März 1996 in Zürich machte: „Wenn Gott in einer Familienaufstellung aufgestellt wird, ist es immer ein Mensch aus dem Familiensystem. Wenn man herausgefunden hat, um wen es sich dabei handelt, hat er seinen Platz." Ich habe diese Aussage notiert, ad acta gelegt und vergessen; wie so vieles anderes auch. Weil mich die Arbeit von *Bert Hellinger* jedoch faszinierte, entschloss ich mich zu einer zweijährigen Fortbildung in „Familienstellen, Genogrammarbeit, Halten und Systemaufstellungen", welche im Zeitraum von Juli 1998 bis März 2000 in Bern (CH) unter der Leitung von *Heribert Döring-Meijer* stattfand.

Der Ansatz des Familienstellens bereichert meine Arbeit mit den PatientInnen in der Klinik, in der ich arbeite und in meiner Privatpraxis. Als kunst- und ausdrucksorientierte Psychotherapeutin wende ich im Gruppen- und im Einzelsetting verschiedene künstlerische Ausdrucksformen an, wie Malen, bildnerisches Gestalten, Poesie, Geschichten, Bewegung, Tanz, Rollenspiel, Theater, Rituale. Manchmal gibt es im therapeutischen Prozess von Patienten einen Punkt, an dem die Zeit reif ist für eine Aufstellung. In solchen Momenten bin ich froh über meine kürzlich abgeschlossene Weiterbildung.

Dieser Bericht handelt von einer Aufstellung, die mich im Rahmen der Arbeit in einer Schweizer Klinik – *die ich nicht näher benennen will* – sehr beschäftigt hat.

Die psychosomatische Abteilung

An zwei Tagen arbeite ich mit drei verschiedenen Gruppen in der oben erwähnten psychosomatischen Klinik. Zum Konzept gehören tägliche Gruppentherapie, Einzeltherapie 2-3 mal wöchentlich beim behandelnden Arzt, Milieutherapie durch das Pflegeteam, Physiotherapie nach individuellem Bedarf und interdisziplinäre Zusammenarbeit mit den einzelnen Bereichen. Zum Angebot der Klinik gehören: Musiktherapie, Tanz- und Bewegungstherapie, Kunst- und Ausdruckstherapie, Katathymes Bilderleben, Familienstellen und Gesprächstherapie. Der Aufenthalt der PatientInnen beträgt in der Regel 8-12 Wochen.

Der erste Aufenthalt

Im Sommer des letzten Jahres kam Frau H. in unsere Gruppe mit der Diagnose Erschöpfungsdepression. Frau H., im mittleren Alter, alleinstehend, mit einer schizophrenen Zwillingsschwester, fiel mir auf, weil sie mich oft mit grossen, fast starren Augen anblickte. Ihr Körper wirkte etwas steif. In ihrer Art zu sein, nahm ich etwas Versteinertes wahr. Sie befasste sich eingehend mit buddhistischem Gedankengut, wusste darüber sehr viel und hatte damit gegenüber der Gruppe eine etwas unnahbare Stellung. Ich deutete ihre ganz buddhistisch ausgerichtete Denkweise eher als Möglichkeit, sich ihre eigenen Gefühle vom Hals halten zu können. Persönlich bin ich dem Buddhismus sehr zugetan, aber die Art, wie Frau H. damit umging, bereitete mir einige Mühe: Für mich wirkte ihre Hinwendung wie ein Konstrukt.

Im Nachhinein glaube ich jedoch, dass ich durch meine wertende Haltung den gegenseitigen Zugang verbaute. Übertragung und Gegenübertragung kamen ins Spiel. Ich empfand unsere Zusammenarbeit als nicht sehr erfolgreich. Gegen Ende ihres Aufenthalts teilte sie in der Gruppe ihr Geheimnis mit uns: *„Die Botschaft des Dalai Lama an mich lautet, dass irgendwo in der Schweiz ein Schatz versteckt ist, den ich entdecken muss.“*

Wir saßen alle ziemlich ratlos in der Runde. Im Geheimen wertete ich ihre Mitteilung als eine mögliche Wahnidee ab. Bei ihrem Austritt (Entlassung) hatte ich nicht den Eindruck, dass sie in der Bewältigung ihres Problems weitergekommen sei. Auch hatte ich während der ganzen Zeit ihres Aufenthalts nie etwas über ihre Gefühlslage erfahren. Eine Frage blieb für mich ungelöst zurück: Wofür könnte diese ausschließliche, fast fanatische Hinwendung zum Buddhismus stehen?

Der zweite Aufenthalt

Ein halbes Jahr später trat Frau H. ein zweites Mal in die Klinik ein, erneut mit der Diagnose Erschöpfungsdepression. Diesmal wirkte sie erschöpfter als bei ihrem ersten Eintritt. Der behandelnde Arzt verordnete ihr keine Gruppentherapie. Einige Zeit später erhielt Frau H. den Auftrag, selbst zu entscheiden, wann sie welches Therapieangebot wahrnehmen möchte.

Frau H. kam zu dem Zeitpunkt in die Gruppe, als die TeilnehmerInnen damit beschäftigt waren, den eigenen Lebensfaden, die Lebensspur malend zu gestalten. Sie malte ganz selbstvergessen wellenförmige Linien und sehr lustbetont kreisförmige Linien. In der Nachbesprechung sagte sie dazu, dass ihr während des Malens viele Kindheitserinnerungen und Geschichten zum Wort „Wolle" in den Sinn gekommen seien.

In der nächsten Stunde lud ich sie ein, Wörter, Assoziationen, Erinnerungsbilder zum Wortbild „Wolle" aufzuschreiben. Sie schrieb sehr intensiv und teilte nachher mit, dass sie sehr wohlige Gefühle empfinde bei den Wörtern Wolle, Schaf, Wärme, Ofen, nasse Handschuhe trocknen, Wollfaden, spinnen, stricken, Pullover. Sie meinte, sie wisse nicht, warum sie plötzlich Wörter zu diesem Thema fände und sich wohl fühle dabei. Nach einigem Zögern fügte sie an, dass diese Wörter Erinnerungen wachriefen an die Kindheit, an Winter-Stimmungen. (Frau H. ist in den Bergen aufgewachsen.)

Ich sagte ihr, das Thema Wolle erinnere mich an weibliche Tätigkeiten, an uralte Formen von kulturellen weiblichen Leistungen des Hegens, Pflegens, Nährens, Versorgens, letztlich des unaufhörlichen Weiterspinnens am Lebensfaden.

Ich überlegte mir, ob diese Aufnahme des Themas „Wolle" eine Hinwendung zu ihrer Gefühlswelt bedeuten könnte.

Es vergingen vier Wochen bis Frau H. wieder in die Gruppentherapie kam. Wir begannen mit einem 3-Minuten-Bild, um etwas über die aktuelle Befindlichkeit der TeilnehmerInnen zu erfahren. Auf dem Bild von Frau H. zeigten sich zwei aus verschiedenen kreisförmigen Linien bestehende Figuren, welche sich fast berührten.

Frau H. sagte dazu, das sei alles sehr chaotisch. Die eine Figur sei sie selber und die andere sei eine tibetanische Göttinnen-Figur aus dem 9. Jahrhundert. Diese Figur sei am Vortag in der Einzelsitzung mit dem behandelnden Arzt, im Einzel-KB (Katathymes Bilderleben) aufgetaucht. Sie sei darüber ziemlich verwirrt, aber auch sehr berührt.

Als ich zu ihr sagte, dass es schon sein könne, dass Kräfte aus früheren Generationen oder aus anderen Dimensionen auftauchen können, um uns etwas zu sagen oder weil etwas nicht erledigt ist, und dann den Kontakt mit uns Menschen suchen, wirkte sie sehr ergriffen, weinte, nickte und fühlte sich offensichtlich verstanden. Sie teilte mit, dass sie sehr erschöpft sei und heute gar nichts wolle, als liegen und dabei sein.

Nach der Befindlichkeitsrunde entschloss ich mich für eine Struktur-Aufstellung mit einer Frau, welche etwas herausfinden wollte zum Thema Beruf, Beziehung und Finanzen. Frau H. übernahm in dieser Aufstellung die Rolle der Sehnsucht.

Die Aufstellung von Frau H.

Anderntags kam Frau H.in die Gruppe, sie wirkte sehr entschlossen und wünschte, eine Aufstellung zu machen. „**Sie selber** und die **tibetanische Figur** aus dem 9. Jahrhundert", sagte sie. Gut, dachte ich, aber innerlich spürte ich einen Schauder, weil ich bis jetzt noch nie eine solche Kombination aufgestellt hatte. „Eine Göttin? Ob ich das wohl darf? Wohin mag uns das führen? Ob das wohl gut geht?" Dies waren Fragen, die in mir aufblitzten.

Ich sagte: „OK., stell auf – und stell dich dann dazu!"

Wir machten uns an die Arbeit. Die Patientin wählte für die Rolle der Göttin eine Frau aus dem Pflegeteam.

Bild 1 (1. Aufstellung)

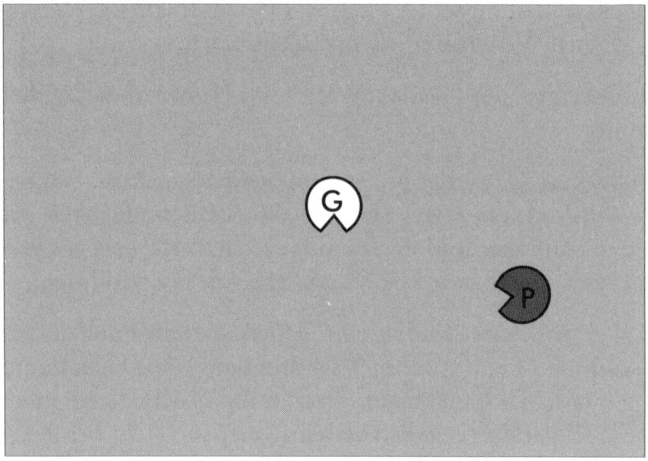

P = Patientin
G = Göttin

(Diese Aufstellung weist stark auf eine Mutter-Tochter-Dynamik hin – die Göttin am Platz der Mutter, Frau H. am Platz der Tochter).

Ich frage bei beiden nach, wie es ihnen ergehe an ihren Plätzen:

Frau H.: „Gut." Die Göttin begann zu zittern. Sie sagte: „Mir wird schlecht. Der Boden beginnt zu wanken." Etwas später: „Ich möchte tot sein. Ich möchte liegen." Ich schlug ihr vor, das zu tun.

Bild 2 (Veränderung der Aufstellung aus Bild 1)

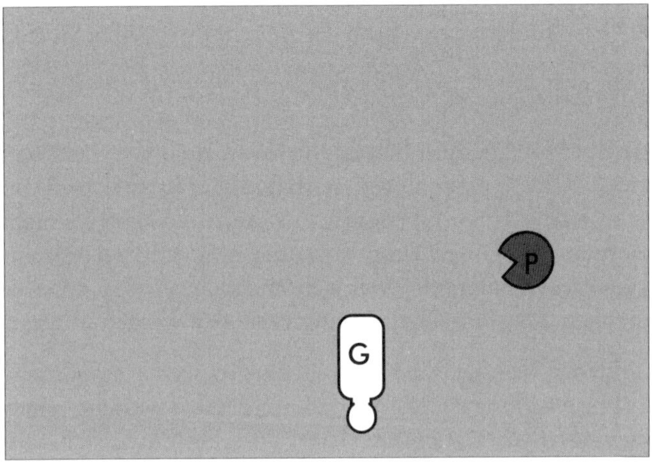

P = Patientin
G = Göttin (liegend)

Ich fragte nach, wie es der Göttin hier – liegend am Boden – ergehe. Göttin: „Es ist besser, wenn ich liege. Ich habe das Gefühl, gar nicht auf der Welt zu sein, sondern in einem Bauch." Weiter meldete sie: „Es ist so, als ob sich mir alles zum Kopf heraus ziehen würde." Ich fragte sie, was ihr gut tun würde. Sie wünschte sich, dass sich jemand beim Kopf hinsetzen würde, um ihr den Kopf zu halten. Ich nahm eine Frau aus der Gruppe und bat sie, das zu tun, was sich die „Göttin" wünschte.

Beim Nachfragen stellte sich heraus, dass die Situation für die Stellvertreterin der Göttin äusserst unangenehm, ja fast untragbar war.

Frau H. erzählte noch von ihrer Mutter und deren Geburt, dass sie es sehr schwer hatte auf die Welt zu kommen. Was immer das heißen mochte, spürte ich, dass dies in diesem Zusammenhang eine sehr wichtige Information war.

Ich brach die Aufstellung hier ab, weil ich den Eindruck hatte, dass es nicht um diese Göttinnenfigur ging, sondern um Mutter und Kind.

Ich erkundigte mich bei der Frau aus dem Pflegeteam, was sie brauche, um aus der Rolle schlüpfen zu können. Sie meinte: „Ich gehe zu einem Rundgang in die Natur." Auch auf mein mehrmaliges Nachfragen hin wollte sie keine Begleitung. Sie wollte allein sein. Als sie später wieder in den Gruppenraum zurückkehrte, erzählte sie mir, dass es ihr draußen nicht gut gegangen sei und sie Suizidgedanken hatte. Ich machte mir Vorwürfe, dass ich sie überhaupt hatte alleine gehen lassen und merkte hier deutlich, wie wichtig es ist, Protagonisten auch gut aus der Rolle zu entlassen bzw. sie auch mal dort heraus zu holen.

Das Nachspiel

Ich wandte mich nun Frau H. zu und fragte sie nach der Beziehung zu ihrer Mutter. *(Ich ahnte hier schon , dass es sich um einen Mehrgenerationenkonflikt in der weiblichen Linie [Großmutter/Mutter/Tochter =Frau H.] handelte.)*

Sie erzählte, dass ihre Eltern ein Hotel geführt hätten. Sie sei dadurch viel allein und sich selbst überlassen gewesen. Als sie 17 Jahre alt war, starb ihre Mutter, praktisch von einem Tag auf den andern an Krebs. (Frau H. begann zu weinen.) Damals sei nicht über den Vorfall geredet worden. Die Dinge hätten sich überstürzt, alles sei sehr undurchsichtig, unerklärlich gewesen. Trauerarbeit war nicht möglich gewesen. Man sei zur Tagesordnung übergegangen. Das Hotel habe weiter betrieben werden müssen.

Ich versuchte Frau H. zu erklären, dass sie mit 17 Jahren eine schwere traumatische Erfahrung gemacht und die Hinwendung zur Mutter dadurch einen drastischen emotionalen Unterbruch *(noch in der Pubertät)* erfahren habe. Dieser konnte sich bis auf den heutigen Tag nicht auflösen.

Ich hatte das Bedürfnis, etwas zu tun, was diese abgebrochene Aufstellung zu einem guten Ende führen könnte und fragte die Patientin, ob dies auch in ihrem Anliegen sei. Sie bejahte.

(Ich hätte die psychisch-kranke Zwillingsschwester noch in die Aufstellung dazu stellen können – entschied mich aber, mit dem kraftvolleren/minimaleren Bild weiterzuarbeiten.)

Ich machte deshalb Frau H. den Vorschlag, sich aus der Gruppe eine Person zu wählen, welche für ihre Mutter steht, um sich dann von dieser halten zu lassen.

Frau H. war einverstanden und wählte die Frau, welche in der Aufstellung der liegenden Göttin den Kopf gehalten hatte. Es war eine magersüchtige Frau, die für Frau H. gerne die Rolle der Mutter übernehmen wollte *(eine interessante und verständliche Wahl).*

Die Stellvertreterin der Mutter setzte sich so hin, dass es ihr wohl war, dass sie gut da sein konnte. Frau H. bettete sich sofort in die Arme der „Mutter“ wie ein Säugling, nahm den Daumen in den Mund, machte Sauggeräusche, seufzte, atmete tief stöhnend, weinte Tränen der Erleichterung, sagte immer wieder: „Buttele, buttele“, was soviel heißt wie wiegen. Wir als Gruppe summten eine ganze Weile Schlaf- und Wiegenlieder dazu. Dann liessen wir die beiden: „Mutter und Kind“.

Es war kein „Festhalten“ im Sinne der dreistufigen Aussöhnungstherapie nach *Prekop*, so wie ich es bei *Jirina* in unserer zweijährigen Fortbildung kennengelernt hatte, sondern ein situationsgemäßes „Halten“, in dem in der Regression der Schmerz abfließen konnte.

Ich wandte mich an die Gruppe, um zu fragen wie es jeder Person gehe, am Schluss auch noch an die Patientin und die Stellvertreterin der Mutter.

„Mutter und Kind" wollten noch so lange im Raum bleiben, wie sie es brauchten. Ich bat eine Person aus dem Pflegeteam, so lange dabei zu bleiben. So war alles zu einem guten Ende gekommen, und ich ging erleichtert und sehr nachdenklich aus dem Raum.

Kommentar

Was war passiert?

1. Offensichtlich war da eine Ordnung (Bild 1 und 2) an ihre Grenzen gestoßen, da es nicht um die Göttin, den Buddhismus oder einen spirituellen Auftrag ging. Insofern konnte an dem Bild auch nicht weitergearbeitet werden.
2. Im Schwellenbereich, dem Bereich intuitiven Wahrnehmens und Erkennens wurde diese Grenze überschritten und aufgelöst. *(**Erkennen**, dass es hier nicht mehr um die Göttin geht, sondern um die Großmutter / Mutter / Tochter-Beziehung in drei aufeinander folgenden Generationen in der weiblichen Linie.)*
3. Eine neue Form in diesem Raum des Gewahrseins konnte gefunden und in das Alltagsbewusstsein integriert werden. (*Mutter hält den Säugling in den Armen* – nachdem sie selber vorher von ihrer Mutter „genommen" hatte.)

Nachgedanken

Meine klinische Erfahrung lehrt mich immer wieder von neuem, dass die Wege der Seele lang und verschlungen sind. Vorschnelle Lösungen führen oft in Sackgassen. Der richtige Zeitpunkt muss erdauert werden. Oft scheint er dann auf, wenn ich ohne Absicht auf Heilung und Erfüllung, ohne Machtanspruch da bin. Durch meine Schulung in der phänomenologischen Vorgehensweise hat sich auch meine Haltung gegenüber Frau H. verändert. Ich versuchte mit ihrem Wunsch, diese Göttinnenfigur aufzustellen, zu gehen und ihn nicht als eine ihrer Wahnideen von vornherein abzuwerten. Im Rahmen der oft mühsamen Arbeit in der Psychiatrie geschieht Abwertung gegenüber dem kranken Menschen immer wieder. Oft ist es ein hilfloser Versuch, der Ohnmacht, die einen in der Begegnung mit diesen Menschen überfällt, zu entrinnen. Dadurch wird das Ernstnehmen der Person, eine wirkliche Begegnung, verhindert und eine Lösung auch.

In einem Vortrag *Bert Hellingers* über Psychotherapie und Religion, gehalten im April 1997 in Wiesloch, schrieb ich folgende Bemerkung auf: „Die Hinwendung zum Menschen braucht den Mut, sich dem andern zu stellen."

Im Falle dieser Aufstellung brauchte ich den Mut, mich dieser Idee von Frau H. zu stellen, mitzugehen, den Aufbruch ins Ungewisse zu wagen, mit ihr die **andere Wirklichkeit** zu entdecken.

In den Notizen zum gleichen Vortrag fand ich jetzt beim Schreiben dieses Fallberichts auch folgende Aussage *Hellingers*: „Gottessuche ist in den meisten Fällen eine Vatersuche, bei der Hinwendung zu Buddha handelt es sich um eine **Muttersuche**."

Im Nachhinein habe ich also die eingangs erwähnte Bemerkung „Wenn Gott in einer Familienaufstellung aufgestellt wird, ist es immer ein Mensch aus dem Familiensystem. Wenn man herausgefunden hat, um wen es sich dabei handelt, hat er seinen Platz" bestätigt gefunden.

Wie sich im kürzlichen Kontakt mit der Patientin herausgestellt hat, wird es noch länger dauern, bis sie die Mutter ganz in ihr Herz nehmen kann. Möglicherweise fürchtet sie, zusammen mit der Mutter auch gleich die eigene Störung (*Krankheit*) anzuerkennen und zu nehmen. Die Erkrankung der Zwillingsschwester (Schizophrenie) ist dabei sicherlich auch von besonderer Bedeutung.

Marianne Franke-Gricksch: Systemisches Denken und Handeln in der Schule: „Eure Eltern begleiten euch"

Im folgenden Beitrag möchte ich Ihnen zeigen, wie ich systemisches Denken und Handeln lernte und auf völlig unbewusste, niemals beabsichtigte Weise entdeckte, dass die Schule – neben der Familie – ein zentrales Feld ist, in dem systemisches Denken und Handeln, wie *Bert Hellinger* es versteht, heilend auf die Klassensituation, auf einzelne Kinder, auf uns Lehrer und vor allem auch auf die Familiensysteme der Kinder wirkt.

Wenn ich in diesem Beitrag hier auf die belebende Wirkung konstruktivistischer Ideen der Heidelberger Gruppe um *Helm Stierlin*, oder der Milwaukee-Gruppe um *Steve de Shazer*, um nur einige zu nennen, oder auf die Schilderung hypnotherapeutischer Vorgehensweisen nach *Milton Erickson* und die Wege der Imagination nicht eingehe, so möchte ich doch betonen, dass auch diese Lehrer mir und den Kindern mit ihrem Denken über „Wirklichkeit" unendliche Schätze an kreativen Ideen und unkonventionelle, erstaunliche Arbeitsansätze erschlossen. Bei einigen Beispielen wird der kundige Leser auch erkennen, dass sich die beiden ‚Schulen' (hier: **„Anerkennung und Achtung" der gewachsenen Familienschicksale und „Eingebundensein" in eine Familienseele** und dort: **verantwortliches Umgehen mit und Gestalten der Welt, wie sie sich in der Schule zeigt**) durchwirken und eine Einheit bilden.

1. Über meinen persönlichen Werdegang

Als ich im Jahr 1964 meinen Schuldienst an Grund-, später an Hauptschulen antrat, war ich gerade 22 Jahre alt und konnte mir nicht vorstellen, dass innerhalb von 10 Berufsjahren der Idealismus verrauchen, Ideen und die Freude am Lehren und vor allem am Umgang mit den Kindern so rasch verflachen würden. Mitte der 70-er Jahre war ich erschöpft und suchte nach neuen Berufsbildern, vor allem nach einer Möglichkeit, mich selbst wieder zu finden. Ich begab mich in therapeutische Behandlung und es entstand der Wunsch, mein Leben zu verändern, meinen Beruf zu wechseln.

Ich widmete mich einer Ausbildung in Primärtherapie, einer körperbetonten Therapieform für frühkindliche Störungen, später dem katathymen Bilderleben. Anfang der 80er Jahre begegnete ich *Bert Hellinger*, er lehrte damals Transaktionsanalyse und begann mit der Entwicklung seines Familienstellens. Es folgten Fortbildungen bei *Gunther Schmidt* in Heidelberg, einem Mitglied der Gruppe um *Helm Stierlin*, mit konstruktivistischen Ideen und hypnotherapeutischen Vorgehensweisen. Mit zunehmendem Interesse bildete ich mich weiter, bei *Steve de Shazer*, *Jeffrey Zeig*, *Robert Dilts* und vielen anderen. Gleichzeitig begann ich, neben der Teilzeitarbeit in der Schule, meine ersten Gruppen im Familienstellen zu leiten und auch Einzeltherapien anzubieten.

In diesen Jahren behandelte ich mein Arbeitsfeld Schule und das neue Wissensgebiet der systemischen Familientherapie, in dem ich mich fortgebildet hatte und nun erste praktische Erfahrungen machte, wie getrennte Welten. Es gab eine Menge Situationen im Umgang mit Eltern, Kindern, Kollegen und während des Unterrichts, die systemisches Vorgehen oder einen Hinweis aus systemischer Sicht nahegelegt hätten. Zunehmend geriet ich unter Spannung. Schließlich hatte ich als Lehrerin einen klar beschriebenen Arbeitsauftrag. Mein systemisches Wissen war an das Berufsbild der Therapeutin geheftet. Also wollte ich möglichst rasch die Schule verlassen, um mich beruflich ganz der Psychotherapie zuzuwenden.

In den frühen 90er Jahren ging die Saat dieses Wissens und der bereits in Einzel- und Gruppentherapien gemachten systemischen Erfahrungen wie von selbst im Unterricht auf und wurde **von den Kindern mit außerordentlichem Enthusiasmus aufgenommen**. Bald entwickelten sie weit mehr Ideen, **Ressourcenwissen und Lösungsvorschläge** als ich selbst jemals hatte oder für möglich hielt. Dabei ging es um die Entwicklung ihrer Persönlichkeit in Elternhaus und Schule, aber auch um speziell schulische Anliegen, Fragen zur Effizienz im Lernen, im Umgang mit neuen Wissensgebieten und Lerntechniken unter Einbeziehung der Phantasie und Imagination, aber auch um Fragen der Neugestaltung des Schulalltags, des sozialen Umgangs miteinander, des Umgangs mit Aggressionen innerhalb der Klasse und mit Schülern anderer Klassen – um nur einige wichtige Gebiete zu nennen. In diesem Bericht beschränke ich mich auf die Beschreibung von Erfahrungen im Bereich der von *Bert Hellinger* beschriebenen systemisch-phänomenologischen Sicht auf die Kinder und ihre Familien.

2. Systemisch-phänomenologische Denkweisen fließen zum ersten Mal in den Unterricht mit ein

Bert Hellinger hat im Verlauf seiner Arbeit als Psychotherapeut, deutlicher als es bisher in Therapien geschah, darauf hingewiesen, wie wir in unsere Familie als Schicksalsgemeinschaft hineinverwoben sind und welche Wirkkräfte die Beziehungen zu unseren Eltern, Geschwistern, Großeltern, Onkeln und Tanten entfalten können. Im Rahmen seines Familienstellens gelingt es ihm aufzuzeigen, dass wir teilhaben an einer großen Seele, die alle Familienmitglieder umspannt. Hier können wir spüren, wie wir die Eltern lieben, unseren Familien dienen, oft unbewußt versuchen, Schuld und Schicksal der Eltern oder Anverwandter aus vorhergehenden Generationen in unserem Leben auszugleichen. Mitunter sind Kinder sogar bereit, die Stelle verstorbener Familienmitglieder einzunehmen und somit nicht wirklich das eigene Leben zu leben, ja manche Menschen erleben sogar den Drang nach vorzeitigem Tode. In seiner Arbeit zeigt *Hellinger* Wege auf, wie wir unseren guten Platz in der Familie einnehmen können, indem wir das Schicksal anderer Familienmitglieder, besonders das der Eltern und Geschwister anerkennen. Es wird dabei deutlich, dass diese Liebe kein Gefühl ist, sondern eine grundsätzliche, in den meisten Fällen unbewusste innere Haltung.

Aus dieser Sicht ist jedes Schulkind Repräsentant einer großen Familienseele mit ihren Gesetzen, einer eigenen Dynamik und besonderen Aufgaben. Die Schule mit ihrem Bildungsauftrag möchte mitunter Kinder von „Belastungen" des häuslichen Kontextes befreien, manchmal sollen Elternhäuser indirekt erzogen werden, manche Lehrer glauben es besser zu wissen. Die Kinder zeigen uns jedoch immer wieder, dass sie zutiefst ihrer Familie verpflichtet sind und unnachgiebig dieser Dynamik den Vorrang geben, ob im Guten oder aus unserer Lehrersicht im Schlechten. Die Verunsicherung durch die Fremdheit in der Schule lässt sich für die Kinder leichter ertragen, wenn sie anerkannt werden in allem, was sie mitbringen, **wenn die Schule kein besserer Vorschlag zum Leben im Elternhaus ist, sondern eine Bereicherung des bereits Vorhandenen.**

So ist die Achtung, die wir als Lehrer vor dem Kind haben, nichts anderes als die Achtung vor seiner Herkunftsfamilie, und das beinhaltet auch die Achtung vor dem gesamten Familienschicksal, ob es dem Kind in seiner Entwicklung und Lernbereitschaft aus unserer Sicht förderlich ist oder hemmend wirkt Diese Haltung erfordert von uns Lehrern eine große Disziplin und den Verzicht darauf, dem Kind helfen zu wollen, z.B. die Beschränkungen der familiären Herkunft zu überwinden.

Bald wurde mir klar, dass unsere Schicksale gleiche Bedeutung haben, um mit den Worten *Bert Hellinger*s zu sprechen: „gleichgültig" sind.

Meine Erkenntnisse um diese systemischen Zusammenhänge ließen mir zunächst die Vergeblichkeit mancher Anstrengungen noch deutlicher erscheinen: Je länger ich unterrichtete, desto hilfloser fühlte ich mich. Wie konnte ich als Lehrerin einen Beitrag dazu leisten, dass ein Kind aus schwieriger Herkunft, arm, in sozial verworrenen Verhältnissen lebend, von der Mutter, den Eltern vernachlässigt, heimatvertrieben, ohne Vater aufwachsend – dass dieses Kind sein Schicksal anerkennt, sich als ebenbürtig erlebt, neben dem Schicksal eines Kindes aus gutsituierten, geordneten Verhältnissen? Ist die Liebe zu den Eltern wirklich die alles bewegende Macht? Und war ich selbst zu dieser Haltung bereit? Fragen über Fragen tauchten auf.

Eines Tages, Anfang der 90er Jahre, sagte ich den Kindern einer 6. Klasse, die ich neu übernommen hatte, einem völlig unbewussten Impuls folgend: *„Ich sehe euch stets mit euren Eltern gemeinsam im Klassenzimmer. Es ist mir klar, dass hier nicht 22 Kinder, sondern 22 Familien vor mir sitzen, also zusammen mit Vater und Mutter 66 Menschen plus mich mit meinen Kindern und dem Vater meiner Kinder."*

Die SchülerInnen (12 Jahre alt) kicherten. Als ich ihnen versicherte, dass es mir ernst war, machten sie sich Gedanken darüber. Manche meinten, sie wollten nicht immer von Vater oder Mutter überwacht werden und seien froh, ohne die Eltern hier zu sein, andere blieben still, wieder andere schienen erfreut. Auch sagte ich ihnen, dass wir von unseren Eltern unterstützt würden, wenn wir uns vorstellen, dass sie hinter uns stehen.

Etwas später machten wir ein Experiment. Ich gab ihnen, wie täglich, Kopfrechenaufgaben, z.B. $\frac{1}{5}$ von 40 oder $\frac{1}{3}$ von 66, später $\frac{3}{4}$ von 100 usw. Dabei wechselte ich stets mit meiner Anweisung. Mit Eltern hinter dir: etwa 5 Aufgaben – und ohne Eltern hinter dir: etwa 5 Aufgaben. Sie konnten ihre Ergebnisse am Tageslichtprojektor auf Richtigkeit überprüfen.

Beobachtungsaufgabe war: „Wann rechnet ihr sicherer/schneller, mit oder ohne den inneren Beistand der Eltern?" Auch überprüften die Kinder später, als sie Spaß gewonnen hatten an diesem Experiment, ob der Beistand des Vaters oder der Mutter effizienter war. Viele SchülerInnen wurden lockerer im Kopfrechnen, ganz einfach, weil das Experiment sie interessierte und der Erfolg mit einem neuen Aspekt gekoppelt war. Manche fanden auch heraus, dass ein Onkel, eine Schwester oder Großmutter gute Hilfen waren, obwohl die gar nicht gut rechnen konnten. Natürlich wollten alle Kinder schnell und richtig rechnen. In Verbindung mit dem Experiment gab es wirklich etwas zum Staunen, z.B. wie viele Kinder ihre Rechenleistungen mit einem inneren Beistand nachweisbar steigern konnten. Das freute dann die ganze Klasse. Es tat uns allen sichtbar gut, dass es gelang, das Augenmerk immer wieder wegzunehmen von der Frage „Wer wird Erster?", um es statt dessen auf Fragen zu lenken wie: „Wer ist mir in meinem Lernfeld hilfreich?" oder: „Mit wem zusammen fallen mir Leistungen leichter?" Einige Kinder hatten auch einen Elternteil, der ihnen Angst vor dem Versagen machte. Der Mutter, dem Vater sollten sie dann innerlich sagen, sie würden es schon schaffen, zusammen mit ... – wer immer der Helfer war.

An diesem Experiment, das die Kinder konsequent über das ganze Schuljahr hinweg fast täglich durchspielten, konnte ich sehen, dass auch guten Schülerinnen und Schülern die Frage wichtig ist, wie es lernschwächeren Kindern gelingen kann, im Lernen und mit den Leistungen weiterzukommen.

Wenn bei schriftlichen Probeaufgaben Kinder verzweifelt waren, fragte ich sie, ob ihre Hilfspersonen, Vater, Mutter oder Bruder bei ihnen seien. Sie sagten manchmal, sie hätten jetzt keinen Nerv, sich darum auch noch zu kümmern. Da stellte ich wortlos einen leeren Stuhl neben sie, und an ihren dankbaren Augen konnte ich ablesen, wie gut ihnen die Hilfe tat. Sie wurden ruhiger und konnten sich konzentrieren.

3. Arbeit mit dem Familienstellen

Von diesen Tagen an begleitete uns die Frage nach der Effizienz im „Lernen mit einer Hilfsperson" ständig. Die Kinder begannen mich nach meinen eigenen Eltern zu fragen und ob die auch noch bei mir seien. Ich erzählte ihnen, dass mein Vater bereits verstorben sei, dass ich jedoch sehr dankbar an ihn dächte, weil er mir als Lehrer in der Schule in schwierigen Situationen noch immer helfen könne. Das ganze Thema Eltern/Kinder wurde zum großen Interessenfeld – zu meiner Verwunderung, denn in den 6. Klassen vorher ging es längst um Abnabelung von den Eltern, um Sexualität, um Gewalt im Fernsehen, auf der Straße und in der Schule, Liebschaften, Drogen und ähnliche Themen.

Die Kinder fragten mich, ob wir am Freitag in der 6. Stunde – es war die Deutsch-Stunde, die ich oft zur freien Verfügung stellte – weiter über „Familie" reden könnten, sie spürten, dass ich noch mehr wusste. Und ich spürte, dass sie über sich sprechen wollten. Wir saßen also freitags im Kreis. Ein Junge erzählte, dass er bald einen kleinen Bruder bekäme, ein anderer sagte, er würde das nicht wollen, weil er sonst nicht mehr soviel Aufmerksamkeit von den Eltern bekäme. Es ging darum, ob die Liebe weniger wird, wenn viele Geschwister in der Familie sind, ob Liebe teilbar ist, oder ob die Eltern einen auch immer noch liebten, wenn sie ihre verstärkte Zuwendung dem Neugeborenen geben. Ein Bub meinte auch, dass seine Mutter ihn nicht mehr so sehr liebe, seit sie einen neuen Partner habe. Das Gespräch lief – zu meinem Erstaunen – ohne Störungen oder dass jemand gelangweilt gewesen wäre.

Dann erzählte ich ihnen, dass ich mit anderen Erwachsenen manchmal ein Familienspiel spiele. Ich erklärte ihnen, dass man dafür Stellvertreter aussucht und sie hinstellen kann, als wären sie Vater und Mutter, Geschwister und man selbst. Dann zeigte ich es ihnen anhand meiner eigenen Herkunftsfamilie. Sie wussten schon, dass ich zwei Brüder habe, auch dass meine Mutter (damals) noch lebte und mein Vater gestorben war. Ich stellte mit Hilfe von fünf Schulkindern meine Herkunftsfamilie auf. Jeder wollte natürlich ein Familienmitglied spielen. Erst gab es auch eine kleine Enttäuschung, dass mit dem Aufstellen das Spiel schon zu Ende war.

Plötzlich trat Ruhe ein und ich bat die einzelnen Kinder zu sagen, wie es ihnen gehe. Das Mädchen, das meine Mutter darstellte, sagte, sie möchte gerne näher zu ihrem Mann *(ich hatte den Stellvertreter für meinen verstorbenen Vater etwas nach hinten gestellt und sie streckte den Arm nach ihm aus).* Ich wurde sehr traurig. Längst hatte ich gespürt, dass meine Mutter sich zum Sterben bereit machte. Plötzlich breitete sich eine Stille im Raum aus, die Kinder waren sprachlos, obwohl gar nichts geschehen war, als dass ich fünf von ihnen auf einen gewissen Platz gestellt und das Mädchen, das für meine Mutter stand, ihr Gefühl geäußert hatte. Sie spürten, dass sie Teil hatten an einem Feld, das durch das Stellen entstanden war und sie spürten meine Traurigkeit.

An diesem Tag hörten wir auf zu spielen und die Kinder fragten, ob sie ihre Familien auch hinstellen dürften, ob das bei ihren Familien auch so ginge, dass die Stellvertreter Gefühle äußern könnten. Ich riet ihnen, darüber nachzudenken und meinte, dass das Familienbild ja auch etwas sehr Intimes sei, was nicht jedes Kind so ohne weiteres in der Klasse preisgeben könne. Damit waren sie zufrieden – aber nur für eine kurze Weile.

Nach einer Woche kamen sie wieder auf das Familienbild zu sprechen. Einige hatten unaufgefordert bereits Pläne oder Bilder aufgezeichnet, wie sie die Mitglieder ihrer Familie hinstellen wollten.

Ab diesem Zeitpunkt konnte ich mich nicht mehr entziehen und so stellten wir als erstes die Familie von Ivica auf. Der Junge war mit seinen Eltern aus Kroatien geflüchtet, seine Mutter erwartete ein Kind. Die Kinder wollten **das Ungeborene mit aufstellen**, es **sollte nach ihrer Vorstellung zu Füßen der Mutter kauern**. Ivica führte die Stellvertreter ganz langsam und sorgfältig auf ihre Plätze. Ich weiß es noch wie heute, Vater und Mutter standen nah nebeneinander, vor ihnen standen ihre beiden Kinder und das Ungeborene kauerte zu Füßen der Mutter. Dann wurde Ivica traurig und meinte: *„Die Oma gehört noch mit dazu, leider lebt sie in Kroatien.“* So holte er noch ein Mädchen und stellte es neben die Mutter, als Großmutter. Sofort äußerte die Stellvertreterin der Mutter, dass ihr das gut tue, wenn ihre Mutter so nah bei ihr sei. Ivica zeigte sich tief bewegt und erfreut, als er die Stellvertreter dort stehen sah, auch, dass seine Mutter jetzt Unterstützung von der Oma hatte, und er blickte lächelnd auf das ungeborene Kind. Alle Stellvertreter äußerten, dass sie auf dem richtigen Platz stünden und es ihnen gut gehe. Ich hatte den Kindern nämlich gesagt, dass in Familien jedes Mitglied seinen guten Platz habe, an dem man ruhig, sicher und stark sei.

Es breitete sich auch dieses Mal für wenige Minuten eine Ruhe in der Klasse aus, von der sogar meine unruhigsten Schüler mit ergriffen waren. Später zeigte ich den Stellvertretern, wie man wieder aus der „Rolle“ herauskommt. Ivica bedankte sich und die Stellvertreter schüttelten sich. Ich sagte den Kindern, dass sie auf diese Weise wieder zu ihren eigenen Gefühlen kämen.

Hinterher erzählten die Stellvertreter, dass sie ganz andere Gefühle gehabt hätten als sie es gewohnt seien, und der Junge, der den Vater „gespielt“ hatte, meinte, er möchte gerne wissen, ob sein Vater sich auch so ähnlich fühle, er sei so stolz auf Ivica gewesen. Jetzt war ein Interesse in den Kindern geweckt, für die Unterschiedlichkeit von Gefühlen und vor allem, für die Qualität und Unterschiedlichkeit der elterlichen Gefühle. Einige Kinder erzählten, dass sie sich bisher noch gar keine Gedanken gemacht hätten, welche Gefühle die Eltern und Geschwister ihnen gegenüber haben.

Viele äußerten Wünsche, beim nächsten Mal Erwachsener oder Kind sein zu dürfen. Es folgte eine Flut von Fragen, ob es einen Unterschied mache, wie die Familienmitglieder stehen und ob Vater und Mutter stets zusammen stehen. Das waren schon schwierigere Fragen, denn bei einigen Kindern waren die Eltern geschieden, lebten allein oder mit neuen Partnern, bei einigen war der Vater im Krieg (ehem. Jugoslawien) umgekommen und sie lebten mit ihren Müttern allein. Ich sagte ihnen, dass es keine Regeln gäbe, dass in jedem von uns ein inneres Bild der Familie schlummere und wir es aufstellen könnten, ja, dass sich dieses Bild ständig wandle. Was die verstorbenen oder getrennt lebenden Verwandten angehe, so würde nur ihr Herz diktieren, wo sie stünden, weit entfernt oder nah. Ich hatte in dieser Klasse über 50% ausländische Kinder, Serben, Kroaten, aber auch Türken und ein afghanisches Mädchen.

Fast alle hatten ein Familienmitglied verloren, ihr Interesse galt spontan den Verstorbenen. Natürlich ließen die Kinder nicht locker und so vereinbarte ich mit ihnen, die Deutschstunde am Freitag **so** zu verwenden, solange ihnen das wichtig war. Wir stellten Familien und sprachen über viele in diesem Zusammenhang auftauchenden Fragen.

Manche hatten ein verstorbenes Geschwisterkind. Sie brachten Bilder mit und wir gedachten gemeinsam beim Aufstellen dieses verstorbenen Kindes. Dabei entwickelten die Kinder wie von selbst Rituale und Sätze, die sie zu den Verstorbenen sagten. Ein Mädchen kniete einmal vor dem Stellvertreter ihres verstorbenen Brüderchens nieder, das ich zwischen die Eltern hocken ließ. Sie sagte: *„Lieber Fredi, wie schade, dass du gestorben bist. Ich vermisse dich so sehr. Ich möchte mit dir spielen."* Dabei weinte sie, rutschte ohne meine Anweisung wie von selbst auf den Stellvertreter ihres Bruders zu und umarmte ihn. Schnell rutschte sie wieder zurück, sie war wohl von ihrer spontanen Handlung etwas verwirrt. Da fingen auch die beiden Eltern-Stellvertreter an zu weinen und wischten sich verstohlen die Tränen mit den Ärmeln ab.

Je mehr Familien wir gestellt hatten, desto genauer achteten die Kinder auf ihre Gefühle, und die Stellvertreter erkannten selbst, dass sie ohne etwas über die Familie zu wissen, deren Gefühle fühlten, ja, dass sie bei traurigen Angelegenheiten wie dem toten Kind sogar weinen mussten, obwohl sie es nicht wollten. Sie konnten sich das nicht erklären, und ich sagte ihnen, ich könne es auch nicht erklären, aber ich wisse, dass es immer so sei. Wir haben ein Bewusstsein, so sagte ich ihnen, das sich zwischen Menschen breit macht, das Zwischenbewusstsein. Es ist immer da, wir nehmen viel von unseren Mitmenschen auf, aber wir können nicht darüber sprechen. Weiter sagte ich ihnen, dass jede Familie ihr eigenes Feld habe und dass innerhalb dieses Familienfeldes jeder vom Gefühl des anderen wüsste. Natürlich bewegte die Kinder, ob das nur für Familien gelte oder entsprechend zwischen ihnen als Klassenkameraden funktioniere. Ich versprach ihnen, dazu zu experimentieren, was wir im Verlauf des Schuljahres auch taten.

4. Die gute Haltung/der gute Platz vor den Eltern – die Verneigung, der Dank

Bei vielen Kindern war das Stellen der Eltern ruhig und einfach. Es genügte, wenn ein Kind den Vater/die Mutter, evtl. noch die Geschwister hinstellte. Wir ließen die beiden oder die drei dann eine Weile so stehen. Es war stets erstaunlich, dass wir alle genau den Zeitpunkt spürten, wann sich das Feld dieser Beziehungen in den Stellvertretern realisiert hatte. Es wurde dann einfach noch ein bisschen stiller. Die Kinder selbst brachten diese Tatsache zur Sprache und sie wunderten sich über sich, dass sie dann jedesmal so betroffen waren. Einige sprachen auch über die Stellvertretung in Vater- bzw. Mutterrollen. Sie hatten sich so groß, so fürsorglich, sehr viel ernster gefühlt. Ich erklärte ihnen, dass die gute Haltung der Kinder vor ihren Eltern die Achtung sei, und die Dankbarkeit, dass sie dafür gesorgt hatten, dass man auf der Welt sei und dass Kinder, denen diese Haltung gelingt, alle guten Gaben von den Eltern bekommen und sehr stark werden im Leben, auch wenn sie nicht alles bekommen, was sie sich sonst noch wünschen. Wir sprachen darüber, dass es körperliche Haltungen oder Bewegungen gibt, die das ausdrücken. Die Kinder kamen von selbst darauf, sich vor den Eltern zu verneigen. Es folgten viele Darstellungen, bei denen sich ein Kind nur vor seiner Mutter oder vor seinem Vater verneigte. Es war so rührend zu erleben, wie die Kinder beim Wählen der Stellvertreter riefen und sich bewarben: *„Ich will deine Mutter sein. Ich will dein Vater sein. Ich möchte dich spielen!"*

Dann standen sie voreinander und ein Kind verneigte sich tief vor einem anderen. Sie liebten das. Manchmal sagte ein Stellvertreter:" *„S'glangt scho!"* (Es genügt schon) oder: *„Es kannt ruhig no länger dauern."* Wenn das Kind, das die Stellvertreter für sich aufgestellt hatte, sich selbst vor seinen Vaterstellvertreter oder seiner Mutterstellvertreterin hinstellen wollte, so war das auch möglich. Einmal sagte ein Schüler, er habe sehr mit seinem Vater gestritten, niemals würde er sich mehr vor ihm verneigen, sein Vater hätte ihn geschlagen. Dann stellte er aber doch auf. Er wollte beweisen, dass auch sein Stellvertreter sich niemals verneigen würde. Der Stellvertreter verneigte sich aber doch. Das machte den Jungen nachdenklich. Wir sprachen darüber, dass beim Stellen ein inneres, verborgenes Wissen auftaucht und wir dabei ein Zusammengehörigkeitsgefühl haben, über das wir im Alltag gar nicht nachdenken. Da nannten die Kinder viele Beispiele, wo sie einmal böse auf die Eltern waren und durch verschiedene Ereignisse (Krankheit, Hilfsbedürftigkeit der Eltern) selber merkten, dass sie ihnen immer helfen und zu ihnen halten würden. Am nächsten Tag erzählte der Junge, er habe zu seinem Vater gesagt: *„Es hat mir weh getan, dass du mich geschlagen hast."* Da habe der Vater gemeint, es tue ihm leid und er sei ja doch sein Bub. Die Augen des Jungen strahlten. Er war bei der Wahrheit geblieben und hatte doch den ersten Schritt getan.

5. Symbolische Haltungen, Gesten, Rituale und kurze Sätze sind wirksam

Bald kam der Tag, an dem die Kinder darüber nachdachten, warum wir das alles tun. *„Ist es jetzt ein Spiel oder wirkt es auch?“*, fragten sie. Ich hatte schon auf diese Frage gewartet und fragte zurück, ob sie denn Wirkungen bemerkt hätten. Ja, das hatten sie. Einige berichteten, dass sie zuhause über das Familienspiel erzählt hätten und auch, dass die Mütter gefragt hätten, ob sie sich auch verneigen würden, und wofür das Verneigen denn gut sei. Ein anderer erzählte, es ginge ihm jetzt viel besser mit den Eltern. Er habe zu Hause auch mal das Verneigen ausprobiert. Er habe sich vor seinem Vater verneigt, wie der beim Fernsehen auf der Couch lag. Der Vater habe unverständig aufgeschaut und gefragt, was er da mache. Da habe er gesagt: *„Ich verneige mich vor dir, weil du mein Vater bist und ich dein Kind. Und meine Lehrerin hat gesagt, dass ich das mal tun soll.“* Da habe der Vater erst gelacht und ihn freundlich gestupst. Dann sei er extra aufgestanden und habe ihn in den Arm genommen.

Im folgenden möchte ich zwei Konstellationen beschreiben, so wie sie sich ereigneten

Wolfgang

Einmal stellte Wolfgang sich und seinen Vater auf. Er wollte wissen, wie sein Vater, den er lange nicht gesehen hatte, jetzt zu ihm fühle. Der Vater hatte die Familie bald nach Wolfgangs Geburt verlassen, und der Junge sah ihn nur selten. Zunächst standen die beiden weit auseinander. Wolfgangs Stellvertreter blickte in eine andere Richtung als der Stellvertreter des Vaters. Wolfgang selbst sagte: *„Ich bin bei meiner Mutter, mein Vater war gemein.“* Als die beiden Stellvertreter eine Weile ruhig so gestanden waren, sagte der Stellvertreter des Vaters: *„Ich will meinen Sohn sehen.“* Da drehte sich Wolfgangs Stellvertreter wie von selbst zum Vater und ging einige Schritte nach vorne. Er sagte: *„Es zieht mich dahin“*, dabei zeigte er auf den Vater. Wieder ging er langsame Schritte, bis er vor dem Vater stand. Das Bild ist mir unvergesslich, denn der Stellvertreter des Vaters war ein Junge, der zwei Jahre älter, also schon 14 Jahre alt war, ein gutmütiger Junge, und sehr beliebt in der Klasse. Plötzlich griff er mit den Armen nach vorne, holte sich den Jungen, der für Wolfgang stand, und drückte ihn an sich. Das ging alles ganz schnell und war auch rasch wieder vorbei. Wolfgang selbst saß in der Bank, er war blass geworden. Einige Tage später stand er an meinem Pult und sagte: *„Dann liebt mich mein Vater ja doch. Warum hat er mich denn verlassen?“* Solche Fragen beantwortete ich nicht. Ich sagte ihm, dass es gut sei zu wissen, dass sein Vater ihn lieb habe. Wenn er größer sei, würde er es vielleicht von ihm erfahren. Jetzt wusste Wolfgang, dass sein Vater ihn liebt. Es hätte nichts genützt, wenn seine Mutter es ihm nur erzählt hätte, Wolfgang hätte es ihr nicht geglaubt. Und sie wollte es ja auch nicht erzählen, denn sie war seinem Vater noch böse. Wolfgang erwähnte immer wieder, wie gespannt er auf die großen Ferien sei, denn da wollte er ihn treffen und die Mutter hatte dem zum erstenmal in Ruhe zugestimmt. Ich sagte ihm: *„Du darfst deinen Vater ruhig lieb haben, auch deiner Mutter geht es besser, wenn du ihn liebst."*

Ich machte die Erfahrung, dass die Kinder ihre körperlichen Gefühle als Stellvertreter viel präziser ausdrückten als die Erwachsenen. Sie waren sehr erstaunt, wie rasch und stark vorher unbekannte Gefühle sich in ihnen ausbreiteten.

Hildegard

Hildegard lebte mit ihrer Mutter allein. Sie wollte zunächst nur sich und ihre Mutter hinstellen. Sie sagte: *„Ich will euch nur zeigen, wie ich lebe."* Die beiden Stellvertreterinnen standen sehr nah beieinander, so dass die Stellvertreterin von Hildegard sagte: *„Das ist mir zu eng, lass mich ein bisschen weiter weg."* Da rief ein Junge: *„Sie kann sich doch auch zu ihrem Vater stellen, wenn es ihr bei der Mutter zu eng ist."* Davon wollte Hildegard nichts wissen. Sie kam hinterher zu mir und sagte: *„Meine Mamma will nicht, dass ich mit dem Papa Kontakt habe, dann tu ich es auch nicht."* Der Vater wohnte nah bei München. Ich stimmte zu und sagte ihr, dass sicher alles zur rechten Zeit in Ordnung komme. Zwei Wochen später kam ihre Mutter in die Sprechstunde. Ich erzählte ihr, wie wir mit dem Thema Familie umgingen. Hildegard hatte bereits zu Hause davon berichtet, was ihre Stellvertreterin gesagt hatte. Die Mutter beteuerte, wie sehr sie auf Hildegard aufpassen müsse und dass das Mädchen mit ihren 12 Jahren doch in einer Großstadt wie München in großer Gefahr sei. Als ich das Gespräch auf den Vater brachte merkte ich, wie zornig sie noch auf diesen Mann war. Ich sagte: *„Für ein Kind ist es halt am schönsten, wenn es Mutter und Vater liebhaben darf, was immer zwischen euch Erwachsenen passiert ist, sie kann ja nichts dafür."* Da schaute mich Hildegards Mutter sehr nachdenklich an, schüttelte ihren Kopf und meinte: *„Na, na, des war des Schlimmste, was sie mir odoa (antun) könnt, mitm Vater scheedoa"* (schöntun, liebäugeln). Damit schien das Thema vom Tisch. Ich sagte ihr, wie sehr ich ihre Leistung achte, ein Kind allein aufzuziehen und dass ich meine beiden Söhne auch viele Jahre allein erzogen hätte. Damit schieden wir friedlich voneinander. Kaum sechs Wochen später kam diese Mutter wieder in die Sprechstunde. Hildegard hatte zu Hause keine Ruhe gegeben und wollte ihren Vater sehen. Die Mutter wollte es einfach nochmals mit mir besprechen, obwohl sie innerlich spürbar bereit war, das Treffen zu ermöglichen. Ich riet ihr, Hildegard zu unterstützen bei diesem ersten Treffen. Sie aber wollte den Mann nicht mehr in ihre Wohnung lassen. *„Dann begleiten Sie das Kind halt in seine Wohnung"*, meinte ich. Das war sehr schwer für Hildegards Mutter. Doch sie hatte erkannt, dass sie Hildegard entlastete, wenn sie sie dorthin führte. Hildegard blühte sichtbar auf. Sie hatte ihren Vater seit fünf Jahren nicht mehr gesehen und sogar noch ein zweijähriges Halbschwesterchen vorgefunden, von dem sie nichts gewusst hatte. Am letzten Elternabend bedankte sich Hildegards Mutter bei mir. Sie sagte: „*Es war das schwerste für mich, mein Kind dorthin zu lassen. Aber sie wird so sicherer, sie ist viel zufriedener, und ich habe bei weitem weniger Sorgen als früher um sie. Wir haben sogar einmal mit Hildegard zusammen einen Ausflug gemacht.*" Ich musste für mich schmunzeln, ich wusste das schon, denn ich hatte Hildegard dazu angestiftet und ihr gesagt: „*Kinder werden stark davon, wenn sie einmal einen Ausflug oder eine Unternehmung mit Vater und Mutter machen.*" Nach dem Ausflug hatte sie mir ihre kräftigen Waden gezeigt.

6. Die Erfahrungen vom Familienstellen werden im Schulalltag angewendet

Natürlich wollten die Kinder wissen, ob die Verneigung, der Dank an die Eltern, so wie sie es im Familienspiel liebten, ob das auch in der Klasse gut sei und wirke. Für die Lösung kleinerer Konflikte schlug ich ihnen deshalb vor, einmal selbst nachzuprüfen, wie es wirkt, wenn sie sich leicht verneigen und sagen: „Es tut mir leid." Dabei erkannten sie, dass das Wort „Entschuldigung" allein zu billig ist, soll es doch veranlassen, dass der Unschuldige dem Schuldigen die Schuld abnimmt. Ein Schüler sagte einmal: „*Dann hat er sie ja doppelt!*"

Die Erfahrung, dass man im „normalen" Alltag solche symbolischen Handlungen anwenden kann, bewegte die Kinder sehr. Zunächst dachten sie, das gelänge nur in der Klasse, weil wir damit experimentierten und das Familienspiel spielten. Dann aber hatten sie herausbekommen, dass es wirklich genügte, mit der körperlichen Verneigung und einem knappen Satz etwas Wirksames zu tun, vor allem, wenn eine ernst gemeinte Aussage wie: „*Ich möchte es wieder gut machen*" folgte. Sie ersparten sich bei den Eltern, den Lehrern und auch Freunden mitunter lange Rechtfertigungen, Erklärungen, Beteuerungen. Also begannen sie zu üben. Und sie berichteten darüber! Die Kinder waren sehr stolz, wenn es ihnen mit dieser ruhigen, achtsamen Haltung und dem kleinen Satz gelungen war, das Gleichgewicht in einer Beziehung wieder herzustellen. Und sie hatten gemerkt, dass echte Absicht dahinter stehen muss, weil es sonst nicht wirkt.

Wann immer eine entsprechende Situation in der Klasse auftauchte, riefen sie: „*Verneig dich!*" oder einer stand von selbst auf und verneigte sich und bedankte sich wortlos mit dieser Haltung. Das hatte zwei Effekte: In der rituellen Haltung wirkte die Achtung, manchmal sagten sie dazu: „*Ich möchte es wieder gut machen*", oder „*Ich bedanke mich.*" Sie konnten gleichzeitig ihre eigenen Gefühle der Scham oder Peinlichkeit, auch den vorhandenen Widerstand haben, und doch gab es eine machbare Lösung, eine Entlastung im Gefühl, Erleichterung und Freude, wenn die Haltung gelungen war. Die schweren Gefühle verschwanden wie von selbst. Zunehmend fanden die Kinder Freude am Ausprobieren.

Auch wenn ein Kind zu spät kam, machte es von der formal eingeübten Haltung Gebrauch. Das Kind kam zu mir vor ans Pult, verneigte sich leicht und sagte: *„Es tut mir leid."* Oft mussten wir auch lachen, weil es nicht stimmte. Dann war das Eis schon gebrochen, und wir suchten gemeinsam den richtigen Satz, z.B.: *„Heute war es mir nicht wichtig, rechtzeitig zu kommen"* oder: *„Ich mache jetzt besser eine Ausrede, es tut mir nämlich noch nicht leid."* Dieses „noch nicht" liebten die Kinder sehr, wenn sie spürten, dass sie sich ändern mussten, aber die innere Haltung nicht stimmte. Dann war beides in der Aussage: die angestrebte Haltung und ihre momentane Wahrheit. Aus dem hypnotherapeutischen ABC wissen wir, dass dieses „noch nicht" dabei alsbald unwirksam wird. Bei notorischen Zuspätkommern spürte die Klasse, dass die Verneigung meist nicht ernst gemeint war, und sie bestand auf einer Strafe.

Du gehörst zu uns!

Einmal hatte ich einen Schüler, der störte Deutsch- und Ethikstunden, trat anderen Kindern ans Schienbein, brachte selten ordentliche Hausaufgaben. Trotz sichtbarer Begabung leistete er wenig. Bald war es allen zu viel und die Klassensprecher wünschten darüber zu reden. Sie wollten ihn auf den „heißen Stuhl" setzen und ihm alles sagen, womit er seine Klassenkameraden geärgert und gekränkt hatte. Ich bat sie um einen weiteren Tag Geduld. Am nächsten Tag rief ich diesen Schüler zu Beginn des Unterrichts vor die Klasse. Ich sagte ihm, dass wir ihm alle eine Mitteilung zu machen hätten, jeder von uns dieselbe. Ich begann damit und sagte zu ihm: *„Rainer, du gehörst zu uns."* 22 Kinder wiederholten diesen Satz und sagten ihm das. Es war die Stille in der Klasse, die eintritt, wenn etwas wirklich wird. Rainer weinte und setzte sich dann ruhig an seinen Platz. Das hatte er bisher noch nie freiwillig getan. Wir sprachen nicht mehr darüber. Der Junge nahm die Gelegenheit, beglich seine Schulden und änderte sein Verhalten in den nächsten Wochen.

In diesen systemisch geschulten Klassen wurde rasch deutlich, wie sensibel die Kinder auf das Erkennen der „anderen Wirklichkeit", wie sie es nannten, reagierten. Natürlich waren sie unruhige Stadtkinder, es gab Streit, Raufereien, Ungerechtigkeiten. Aber es gab auch Mitgefühl, es gab einen ernsten, verbindlichen Klassengeist in diesen Klassen, der anders war, als ich es sonst erlebt habe in durchaus kameradschaftlichen Klassen.

Spätestens während der Weihnachtsfeier merkten wir es alle. Nie kamen so viele Eltern, vor allem so viele Väter zu den Feiern wie in den Klassen, mit denen ich systemisch gearbeitet hatte. Sie berichteten mir, wie es ihnen ergangen war, als sie hörten, ich hätte den Kindern gesagt, dass *sie* die besten Eltern seien für das Kind und dass sie sich als Eltern gestützt und geehrt fühlten. Dann erzählte ich ihnen, dass ich hinter jedem Kind beide Eltern sähe und dass ich bei diesem Experiment selbst so oft erstaunt sei, weil die Kinder ruhiger würden, ohne zu wissen, was ich mir vorgestellt hatte.

Nach einigen Monaten dämmerte in den Kindern ein neues Bewusstsein auf, gepaart mit einer Aufmerksamkeit für die Ordnung in der Familie. Die anfängliche Aufregung um das Familienspiel wich einer zunehmend selbstverständlichen Achtung der Kinder vor dem Schicksal der Einzelnen – innerhalb weniger Monate gelang eine Enttabuisierung schwieriger Familienkonstellationen. Die Kinder begannen von selbst über Scheidung oder gar Tod der Eltern zu sprechen, sie waren aufmerksam für tragische Unglücksfälle oder Verluste in der eigenen Familie, aber auch bei Kameraden. So manches „Stigma", vor allem bei Kindern mit geschiedenen Eltern oder Müttern und Vätern mit wechselnden Partnern, löste sich.

Wiederholt sprachen wir über verschiedenste Bereiche, auf die unser Familienspiel Auswirkungen hatte. Viele Kinder hatten wahrgenommen, dass Freunde oder Freundinnen sichtbar ihre Lern- und Leistungsbereitschaft gesteigert hatten. Darüber hinaus legte sich über die kleine Gemeinschaft ein Hauch von Liebe, dieses zarte Netz, von dem man nicht weiß, wie es sich beim Familienstellen immer wieder knüpft. In diesen Klassen konnte ich selbst erleben, wie sich diese Arbeit über das ganze Schuljahr, ja über mehrere Jahre hinweg bei den Kindern auswirkte.

Nach einigen Jahren systemischen Arbeitens in der Schule war ich mir sicher, dass ich mit meinen Stunden über Eltern und Familie den Kindern die bestmögliche Brücke zwischen Elternhaus und Schule errichtete. Dennoch erschien es mir immer wieder wie ein Balance-Akt zwischen meinem offiziellen Lehr- und Erziehungsauftrag als Lehrerin, der notwendigen Diskretion gegenüber den jeweiligen Elternhäusern sowie der sichtbaren Not der Kinder. Sie wurden durch die systemische Arbeit, vor allem in der Arbeit mit dem *„Familienspiel"* spürbar unterstützt. Sie erlebten eine deutliche Entlastung, und vor allem neue Freude an ihrer Herkunftsfamilie und den sich spontan wandelnden Beziehungen.

Bernd Mumbach: Die Liebe der bösen Buben. Erfahrungen an einer Sonderschule für Erziehungshilfe

Einleitung

Ich arbeite als Lehrer in einer Schule für Erziehungshilfe. Die Schule ist eine Heimschule, was bedeutet, dass alle Kinder, die die Schule besuchen, auch im Heim leben; manche vollstationär, andere werden jeden Abend nach Hause gebracht. Die Institution ist aus Gründen der Tradition eine reine Jungenanstalt. Es gibt in der Schule alle Klassenstufen von 1 bis 9; ungefähr 121 Kinder und Jugendliche. Die ca. 60 Jungen, mit denen ich täglich zu tun habe, sind zwischen 11 und 17 Jahre alt.

Die Sonderpädagogik – zumal jene für Kinder mit Störungen im Verhaltensbereich – bewegt sich nicht selten in einem Raum zwischen Bildung, Erziehung und Therapie; sie hat sowohl eine sozialpädagogische als auch eine pädagogisch-psychiatrische Komponente. Aus diesem Grund wird von den dort beschäftigten Lehrern erwartet, sich ständig fortzubilden und an ihrer eigenen Person zu arbeiten. Nach einer abgeschlossenen Fortbildung in Gestaltpädagogik nahm ich 1995 zum ersten Mal an einem Aufstellungsseminar bei *Heribert Döring-Meijer* teil.

Ich erinnere mich noch deutlich an dieses erste Aufstellungsseminar. Obwohl ich schon davon gehört und auch einiges gelesen hatte, hatte ich es noch nicht erlebt – noch nicht am eigenen Leib gespürt.

Und dann wurde ich als Protagonist ausgewählt. Die Teilnehmerin nahm mich für ihren Sohn, der sich im Alter von 20 Jahren von einem Turm gestürzt hatte. Die Teilnehmerin hatte im Krieg ihren Verlobten verloren; er war als 20-jähriger Kampfflieger abgestürzt. Bei der vorbereitenden Erzählung der Teilnehmerin dachte ich noch: „Na und? Was hat denn das miteinander zu tun?“ Und ich verstand nicht die Aufmerksamkeit, die der Leiter der Aufstellung diesem Sachverhalt entgegen brachte. Doch als ich dann im System stand, tauchten Gefühle und körperliche Symptome auf, die ich nicht für möglich gehalten hatte. Es zupfte und zog an meinem Körper, ich empfand eine derartige Liebe zu diesem Kampf-

flieger, dass ich ihn ständig anlächeln musste. Die Mutter konnte ich nicht sehen; das ganze Bild war mir verschwommen. Ich dachte, ich hätte etwas im Auge, rieb es und schaute woanders hin. Dort war mein Blick ungetrübt, doch als ich wieder auf die Mutter schaute, war sie wieder verschwommen. Der Leiter sagte, dass der Sohn derart mit dem ersten Mann identifiziert sei, dass er sogar dessen Todesart wiederholte – er stürzte ab! Bei diesen Worten musste ich losweinen.

Im weiteren Verlauf der Aufstellung merkte ich, wie hauchdünn der Vorhang ist zwischen dem, was auf der Oberfläche passiert und den verborgenen Kräften, die diese Taten verursachen. In Familienaufstellungen bekommt man ein Gefühl, eine Empfindung für das Unbekannte, das in der Tiefe wirkt. Und gleichzeitig spürt man, wie sehr man eingebunden und in den Dienst genommen ist, von einer größeren Kraft, sei sie nun wohlgesonnen, milde oder hart zu dem Einzelnen.

Und indem ich dies gesehen und gespürt hatte, konnte ich den Sohn lassen, ohne über seinen Selbstmord urteilen zu müssen. Der innere Zwang zum Klassifizieren, zum „Positionbeziehen" gegenüber Außerhalb-von-mir-Liegendem meldete sich nicht.

Von 1997 bis 1999 nahm ich an einer berufsbegleitenden Fortbildung für „Familienaufstellungen, Genogrammarbeit, systemische Lösungen" teil. Während dieser Zeit habe ich in mehreren Schritten Verstrickungen meiner eigenen Herkunftsfamilie lösen können und auch damit begonnen, unter Supervision selbst Aufstellungen zu leiten.

Zwischenzeitlich hat sich so etwas wie ein „systemischer Blick" entwickelt. Dieser ist mir bei meiner täglichen Arbeit in der Schule sehr hilfreich: Zunächst kann ich die Jungen in ihrem So-Sein besser „lassen". Ich sage hier bewusst „lassen", weil sich das vom Akzeptieren stark unterscheidet. Viele der Handlungen kann ich nicht akzeptieren und einiges darf ich als verantwortlicher Lehrer nicht dulden, aber ich kann ein familiär bedingtes Lebensgefühl, das zu „gestörtem Verhalten" führt, lassen. Ich muss es nicht um jeden Preis ändern, damit eine konforme Handlung entsteht, die unter Umständen nicht im Einklang mit dem Leben des Schülers steht.

Je mehr ich den Anspruch auf exakte Diagnose oder Korrektur hinter mir lassen kann, desto mehr kommt wahres Verständnis; stilles, demütiges, mitfühlendes Verständnis; ein Verständnis für das So-Sein gestörter Kinder, das in ihren Augen nicht nur die adäquateste Form von Sein darstellt, sondern oft auch die einzige. Und mitunter entstehen in dieser Haltung Momente des Einvernehmens mit den Kindern; Momente des Schulterschlusses: Ich und der Junge auf der einen Seite, die Störung und das „Fehl-Verhalten" auf der anderen. Wir können diese Störung betrachten, ihre Wirkung sehen und der Junge kann sich entscheiden, ob er sie ablegen will. Wenn ja, gebe ich ihm Hilfestellungen.

Andere Konzepte, etwa sich als Lehrer gegen den Jungen zu stellen so lange er die Störung zeigt, schafft meist Abwehr gegen den Lehrer und eine stärkere Loyalität zum eigenen (störenden) Verhalten.

Ich möchte in diesem Beitrag vor allem von Situationen berichten, die ich mit dem „systemischen Blick" und der Technik des Familienstellens in der Schule gemacht habe; sowohl in der eigenen Schule, als auch Erlebnisse von KollegInnen, die im Rahmen einer privaten Lehrerberatung zu mir gekommen waren.

Folgendes gilt es beim Lesen zu bedenken: Der Ort, an dem sich die geschilderten Situationen abspielen, sind Schulen. An Schulen wird keine Therapie gemacht. Man kann nicht erwarten, dass die Kinder wirklich eine Lösung für sich suchen. Niemand ist dort Schüler, weil er sein System betrachten will. Die meisten müssen dort sein, weil sie woanders gestört haben. Für die meisten verkörpert der Lehrer und die Lehrerin eine Figur aus dem gegnerischen Lager und keiner der Schüler legt zunächst Wert auf den systemischen Blick, den man sich oft mühsam erarbeitet hat und der Pflege braucht, um weiter geschult zu werden. Man kann also nicht erwarten, dass die Kinder ihre Verstrickungen sehen, hören, geschweige denn lösen wollen.

So liegt die Herausforderung der systemischen Arbeit für mich nicht nur im einfühlenden Suchen von Lösungen, sondern auch im Erleben des Desinteresses gegenüber der ganzen Arbeit, die ich als so umfassend, hilfreich und wichtig erfahren habe. Manchmal betrübt es mich etwas, wenn sich die Kinder in dem Augenblick abwenden, in dem die Lösung greifbar ist. Doch auch dies gilt es, mit Demut zu betrachten.

Bei einem Supervisionskurs bat ich *Bert Hellinger* um einen Rat zu diesem Thema. Er antwortete mir mit einem Zitat „seines Freundes" *Rainer Maria Rilke: „Fern ist dem Schauenden jede Art von Bedauern."*

Situationen

Situation 1: „Das normale Leben will mich nicht, da nehm ich mir den Jungen."

Eines Morgens waren einige Kinder meiner 8. Klasse krank; wir waren nur zu viert (drei Schüler und ich als Lehrer). Wie jeden Montagmorgen begannen wir mit einem Wochenanfangsgespräch, und wie üblich sollten die Jungen auch einen Wunsch an sich selbst, einen Vorsatz oder ein Wochenziel formulieren. In dieser Phase konnten sie auch Fragen an mich richten.

Andreas[1] ist ein 14-jähriger Junge polnischer Abstammung.

ANDREAS: Herr Mumbach, ich habe da mal eine Frage. Immer wenn ich mir vornehme, nichts mehr zu klauen, klappt das nicht. Ich gehe noch in den Laden und denke mir: „Heute klaust du nichts“, und wenn ich rauskomme, habe ich doch was geklaut. Ich verstehe nicht, woran das liegt.

MUMBACH: Willst du wirklich damit aufhören?

ANDREAS: Ganz im Ernst. Ich möchte mal wie ein normaler Mensch in einen Laden gehen und rauskommen, ohne etwas geklaut zu haben.

MUMBACH: Sollen wir das mal wie bei einem Theaterspiel anschauen?

ANDREAS: Warum nicht.

MUMBACH: Nimm dir mal drei Blatt Papier. Eines für dich, eines für das Klauen und eines für das „normale Leben“; was immer das sein mag. Und nun lege die drei Blätter so auf den Boden, wie du glaubst, dass die Dinge zueinander stehen.

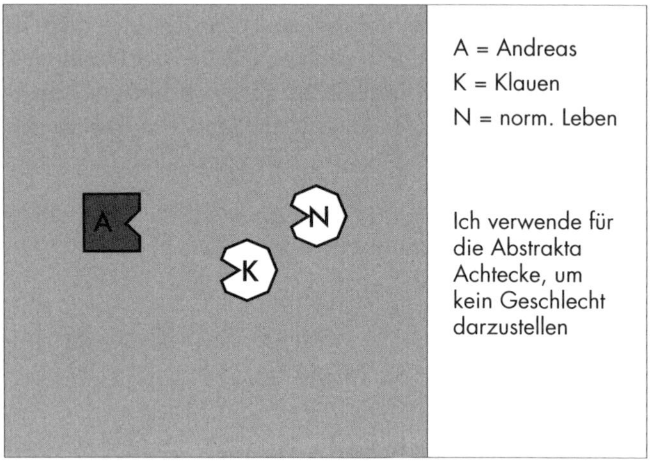

MUMBACH: Nun stelle dich der Reihe nach auf die Blätter und sage mir, wie es dir an der Position jeweils geht.

ANDREAS: Ja, ich merke, dass ich da zum normalen Leben will, aber das Klauen steht mir im Weg. Es lässt mich nicht.

Klauen: Es ist gut, den Andreas so nah zu sehen. Der gehört zu mir. Im Rücken spüre ich was Unangenehmes.

---

1 Alle verwendeten Namen wurden von mir geändert.

NORMALES LEBEN: Ich muss auf den Andreas aufpassen. Dass ich das Klauen im Blick habe ist gut und wichtig.

Ich hatte plötzlich die Idee, dass es sich bei diesen beiden „Lebensarten“ um die Eltern handelt. Deswegen stellte ich sie nun nebeneinander. Den Verdacht teilte ich Andreas nicht mit.

MUMBACH: Ich verändere mal was. Geh du auf deinen Platz und beobachte, was sich bei dir verändert.

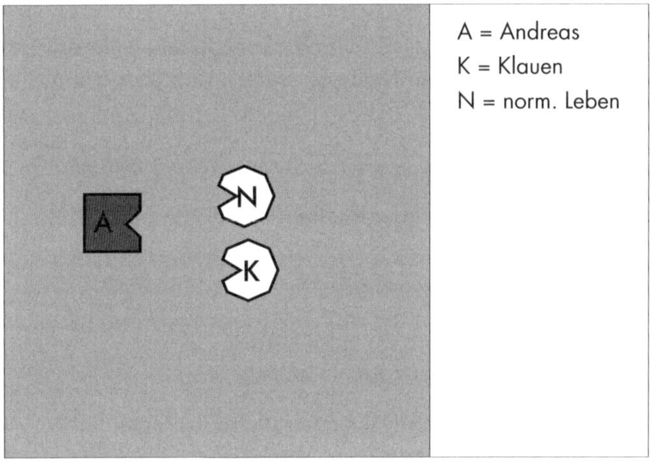

ANDREAS: Das verwirrt mich etwas. Fühlt sich aber gut an. (Er lächelt.)

MUMBACH: Sieht aus, als würdest du dich freuen.

ANDREAS: Irgendwie schon.

MUMBACH: Wie geht's den anderen?

NORMALES LEBEN: Es ist gut, den Andreas so nah zu haben. Aber das Klauen will ich da nicht. Das soll gehen.

KLAUEN: Eigentlich will ich ja zum Normalen Leben, aber wenn mich das nicht will, nehm ich mir halt den Andreas.

Hier bestätigte sich für mich der Verdacht, dass es sich um die Eltern handelt: Die Mutter lehnt den Vater ab und der holt sich den Sohn.

MUMBACH: Geh mal an deinen Platz ... Hast du gehört, was das Klauen gesagt hat?

ANDREAS: Ja.

MUMBACH: Wie ist das, wenn du das hörst? Das Klauen sagt, dass es dich nimmt, weil das Normale Leben nichts von ihm wissen will.

ANDREAS: Da gehts mir schlecht. Dem geht es ja gar nicht um mich.

MUMBACH: Genau. Du wolltest wissen, warum du klaust, obwohl du es nicht willst.

ANDREAS: Ja.

MUMBACH: Hast du eine Idee?

ANDREAS *(fragend)*: Vielleicht wegen denen?

MUMBACH: Sieht so aus. Wenn zwei sich nicht verstehen, lacht der Dritte nicht immer. Manchmal muss er auch den Prellbock spielen und Dinge tun, die er eigentlich gar nicht will.

ANDREAS: Klauen zum Beispiel.

MUMBACH: Ja. Sollen wir einen Weg suchen, wie du da rauskommst?

ANDREAS: Wenn das geht.

MUMBACH: Schau sie an und sag ihnen: Mit eurem Spiel hab ich nichts zu tun.

ANDREAS: Mit eurem Spiel hab ich nichts zu tun.

MUMBACH: Es ist eure Sache, wenn ihr euch nichts zu sagen habt.

ANDREAS: Es ist eure Sache, wenn ihr euch nichts zu sagen habt.

MUMBACH: Lasst mich aus dem Spiel.

ANDREAS: Lasst mich aus dem Spiel.

MUMBACH: Wie fühlt sich das an?

ANDREAS: Besser. Irgendwie leichter. Ich glaub, die schauen sich jetzt mal wieder gegenseitig an und ich habe ein wenig Ruhe.

MUMBACH: Na, dann brauchen sie sich ja nicht mehr auf dich zu stürzen. Schau dir dieses Bild an. Und wenn du das nächste Mal merkst, dass du im Begriff bist zu klauen, ohne dass du das willst, erinnere dich daran und sage ihnen wieder, was du eben gesagt hast. Gut?

ANDREAS: Ich probiers mal.

MUMBACH: Hast du eigentlich eine Idee, wer das sein könnte, wenn es Menschen wären?

ANDREAS: Was?

MUMBACH: Ach nichts.

Mit dieser letzten Frage wollte ich testen, ob Andreas in der Lage ist, eventuell die Eltern hinter diesen Lebenseinstellungen zu sehen. Er war nicht dazu in der Lage, und ich habe ihn dabei gelassen. Das Lösungsbild war stark genug, um ihm im richtigen Moment als Hilfe für sein Anliegen zu dienen – wenn er es will.

Situation 2: „Was würde wohl dein Opa sagen?"

Willi ist ein 12-jähriger Junge, der sich schnell überfordert fühlt und sich dann verweigert. Beim geringsten Verdacht, er könne eine Aufgabe nicht bewältigen, reagiert er beleidigt und macht überhaupt nichts mehr.

Bei einer Englisch-Arbeit liest er die erste Aufgabe und meint, sie sei zu schwer. Daraufhin legt er seinen Kopf auf die Bank und meint, er mache hier überhaupt nichts mehr. Ich versuche, ihn zu überreden, er solle sich doch einmal die anderen Aufgaben anschauen – nichts.

Ich gehe zu ihm, lege die Hand auf seinen Kopf und spüre. Plötzlich ist da ein Opa. Ich kann nicht sagen, weshalb.

MUMBACH: Was würde wohl dein Opa jetzt sagen?

WILLI *(fährt hoch)*: Wieso mein Opa?

MUMBACH: So halt. Meinst du, er könnte dir helfen?

WILLI: Vielleicht.

MUMBACH: Stell dir einfach vor, er steht hinter dir. Vielleicht fällt ihm ja was ein.

Willi lächelt erfreut und beginnt zu arbeiten. Als es klingelt, fragt er mich um weitere 5 Minuten. Als er schließlich abgibt, frage ich ihn:

MUMBACH: Was hat denn dein Opa gesagt?

WILLI: Er hat gesagt: „Schreib jetzt."

MUMBACH: Sonst nichts?

WILLI: Nein.

Bei der nächsten Englisch-Arbeit bietet sich das gleiche Bild. Ich gehe zu Willi.

MUMBACH: Na, sollen wir wieder deinen Opa rufen?

WILLI: Wieso meinen Opa?

MUMBACH: Na, ich dachte, das ist der Stärkste von der Familie.

WILLI: Nein, mein Papa ist der Stärkste.

MUMBACH: Na, dann frag doch den, ob er sich hinter dich stellt.

WILLI *(schon schreibend)*: OK.

Jedoch war der Papa in Willis Rücken nicht so kraftvoll wie der Opa. Das machte sich sowohl in der Ausdauer als auch der Leistung bemerkbar. Kurz vor Fertigstellung meines Beitrages erzählte Willi mir beiläufig, dass sein „Papa“ nicht sein richtiger Vater ist.

Situation 3: „Ich hab ihm sogar schon Geld ins Grab gesteckt."

Jakob ist ein 14-jähriger Junge. Sein Vater ist vor sechs Jahren gestorben. Näheres darüber weiß ich nicht. Jakob ist massivst verhaltensgestört, so dass er nur noch zwei Stunden täglich beschulbar ist.

Eines Tages sind einige Schüler krank, weshalb außer ihm und mir nur drei andere Jungs in der Klasse sind. Jakob erzählt mir, wie er in der Pause einen anderen Jungen verprügelt habe. Der andere Junge sei erst acht Jahre alt und Jakob amüsiert sich noch über dessen Hilflosigkeit. Ich provoziere Jakob.

MUMBACH: Was würde wohl dein Vater sagen, wenn er das wüsste?

JAKOB: Mein Vater ist tot. Keinem hier gehts so schlecht wie mir. Was glauben Sie, was ich deswegen alles mitmachen muss.

MUMBACH: Wie lange ist er eigentlich schon tot.

JAKOB: Seit sechs Jahren. Da war ich grade acht.

MUMBACH: Und wie ist das passiert?

JAKOB: Na, ich komme nach Hause und da liegt er auf dem Balkon. Ich sag noch: „Papa, Papa!“, aber er gibt keinen Laut mehr von sich. Ich fasse ihn an und er ist schon ganz kalt. Steif. Alter, ey, ich nehm ihm noch das Feuerzeug aus der Hand und hab die Finger kaum aufgekriegt.

MUMBACH: Und dann?

JAKOB: Dann bin ich zu meiner Mutter und hab gesagt: „Der Papa ist tot.“ Und die meint, ich soll keinen Scheiß erzählen und sie in Ruhe lassen. Naja, dann bin ich zu meinen Schwestern, aber die haben mir das auch nicht geglaubt. Ich bin zurück auf den Balkon, habe meinen Vater angeschaut und bin dann wieder zu meiner Mutter. Als sie es dann endlich geglaubt hat, haben wir den Krankenwagen gerufen. Aber da wars schon zu spät. Und als die wieder gingen, sagt so ein Sani zu mir: „Wenn du früher angerufen hättest, würde dein Vater noch leben.“ Können Sie sich das vorstellen?

Das sagt man doch nicht zu einem kleinen Kind, dem der Vater gerade gestorben ist. Ich schwöre Ihnen, wenn ich heute so was mitkriegen würde, ich würde den zusammenschlagen, den Sani. So was sagt man doch nicht zu einem kleinen Kind. (Jakob bekommt einen roten Kopf, ist dem Weinen nahe, tut es aber nicht.)

MUMBACH: Da hast du dich ja ganz schön schuldig gefühlt?

JAKOB: Ja. Früher. Als Kind.

MUMBACH: Immer noch.

JAKOB: Nö, nö.

MUMBACH: Doch. Immer noch.

JAKOB: Naja, meine Mutter und meine Schwestern wissen ja, dass ich nichts dafür kann.

MUMBACH: Aber dein Vater weiß das noch nicht.

JAKOB: Früher hab ich meiner Mutter manchmal Geld geklaut und es meinem Vater ins Grab gesteckt, so in die Erde.

MUMBACH: Hast du ihm da auch gesagt, wie es wirklich war, dass du nichts dafür kannst, dass es dir leid tut und dass er dir fehlt?

JAKOB: Nein.

MUMBACH: Wie oft gehst du an sein Grab?

JAKOB: Ein bis zwei Mal im Jahr.

MUMBACH: Nicht öfter?

JAKOB: Weiß nicht. Ist eigentlich gar nicht so weit von uns zu Hause weg.

MUMBACH: Du solltest ab und zu mal hingehen und ihm sagen, dass du nicht an seinem Tod schuld bist. Er ist der einzige, dem du das noch nicht erzählt hast. Er wird dir bestimmt verzeihen. Und dann brauchst du ihm auch kein Geld mehr in die Erde zu stecken. Im Gegenteil, vielleicht ist dann im Grab für dich so eine Art Spardose, die dein Vater für dich aufbewahrt hat.

JAKOB *(lächelt)*: Gute Idee.

Natürlich wäre es nun das beste gewesen, ich wäre mit Jakob sofort zum Friedhof gefahren, der überdies nur knapp 10 Minuten von der Schule entfernt ist. Aber hier gibt es institutionelle Grenzen. Ich versuche, die Energie in ihm noch aufrecht zu erhalten, indem ich ihn „verpflichten" will.

MUMBACH: Wann machst du das?

JAKOB: Mal sehen. Irgendwann.

MUMBACH: Demnächst?

JAKOB: Wahrscheinlich. Ist ja schon 'ne coole Idee.

MUMBACH: Oder stell dir doch vor, er ist jetzt hier. Und du kannst es ihm sofort sagen.

JAKOB: Nee, ist schon gut, Herr Mumbach, ich fahr mal hin.

Ich wollte das aufgrund der Institution Unmögliche durch eine weniger kraftvolle Aktion ersetzen. Aber in diesem Augenblick war einfach nicht mehr zu machen. Da er kurz darauf die Schule verließ, weiß ich bis heute nicht, ob er am Grab seines Vaters war.

Situation 4: „Ich will mit meinem Vater nichts zu tun haben."

Arno ist 13. Er lebt in einer Frauenwelt, bestehend aus Mutter, Oma und vier Tanten. Zu Hause ist er der „Hahn im Korb": Eine dieser sechs Frauen tut immer, was Arno will. Mit Grenzen kann er schlecht umgehen; zu „weichen, weiblichen" Jungs fühlt er sich hingezogen. Hin und wieder wird er von manchen Jungs als „schwul" beschimpft.

Eines Tages sitzen wir im Sportunterricht nebeneinander und unterhalten uns. Er weigert sich, am „blöden Fußballspiel" teilzunehmen.

MUMBACH: Was macht eigentlich dein Vater?

ARNO: Weiß nicht.

MUMBACH: Wieso? Siehts du ihn nicht?

ARNO: Doch. Schon. Der wohnt ja ganz bei uns in der Nähe. Aber wenn ich ihn sehe, gehe ich auf die andere Straßenseite. Ich will mit dem nichts zu tun haben.

MUMBACH: Wieso nicht?

ARNO: Weil das ein Scheißkerl ist.

MUMBACH: Was hat er denn mit dir gemacht?

ARNO: Mit mir nichts, aber mit meiner Mama. Der hat er so weh gemacht.

MUMBACH: Kannst du dich daran erinnern?

ARNO: Nein, meine Mama hat's mir erzählt.

MUMBACH: Weißt du, wenn sich Eltern trennen, dann tut das beiden weh. Und trotzdem haben sie eine Wut aufeinander. Und dann erzählen sie ihren Kindern manchmal, wie böse der andere war. Das wollen sie eigentlich nicht, aber sie tun es. Und dadurch kämpfen sie weiter gegeneinander. Und als Waffen benutzen sie die

Kinder, indem sie solche Geschichten erzählen.
Und weißt du noch was: Die wahre Kraft als Mann kann ein Mann nur von seinem Vater bekommen.

ARNO: Im Ernst?

MUMBACH: Welche Männerkraft sollte deine Mutter dir geben können?

Drei Tage später war Arno zum ersten Mal in eine Schlägerei mit einem anderen Jungen verwickelt, und trotz aller Forderung nach Gewaltfreiheit in der Schule fanden auch andere Lehrer, dass ihm das eigentlich gut steht, wenn er sich „mal" wehrt.

Fünf Monate später kommt Arno zu mir und erzählt mir, dass er mit seinem Vater auf der Straße gesprochen hätte. Er wirkt verlegen, als er das sagt; so, als ob er etwas Verbotenes getan hätte, das sich im Nachhinein als durchaus erlaubt erwiesen hätte. Er erzählte mir, dass er seinen Vater in der darauf folgenden Woche besuchen werde.

In der darauf folgenden Woche frage ich ihn, ob das mit dem Besuch geklappt habe.

ARNO: Nein, meine Mama musste an dem Tag etwas machen. Ganz plötzlich. Und sie hat mich dabei gebraucht.

MUMBACH: Aber im Prinzip hat sie nichts dagegen, oder?

ARNO: Ich glaube, nicht.

MUMBACH: Frag sie. Und sag ihr auch, dass es dein Vater ist, und dass es dich eben interessiert, wie der so lebt.

ARNO: Gute Idee.

Ein Vierteljahr später berichtet mir Arno, dass er mit seinem Vater telefoniert hätte.

ARNO: Voll lang, Herr Mumbach. Fast eine ganze Stunde. Am liebsten hätte ich gar nicht mehr aufgelegt. Hat echt Spaß gemacht. Ich glaub schon, der ist ganz in Ordnung. Und das andere, Herr Mumbach, mit meiner Mutter, ist ja schon ewig her.

Die Witze über ein „Schwul-Sein" von Arno haben aufgehört. Ich glaube, dass er auf einem guten Weg ist.

Situation 5: „Der Alte soll bloß wegbleiben."

Nicht immer kann man die Jungs mit Vaterproblematik so sanft darauf aufmerksam machen, sich mit diesem Mann auseinander zu setzen. Nach dem pädagogischen Grundsatz, dass man die Schüler dort abholen soll, wo sie sind, ist mitunter auch eine gehörige Portion „Provokative Gesprächsführung" nötig.

Josef ist ein 12-jähriger Junge, der mit seiner Mutter Brandenburg erst kürzlich verlassen hat. Die Mutter hat dieses Verlassen ihrer Heimat als letzte Chance empfunden, da sie, nach eigener Schilderung, für ihre Jungs keine Chance mehr gesehen habe, und die Schule dort eher dazu beitrage, aus ihren Kindern Verbrecher zu machen, als sie zu bilden. Dementsprechend viel hatte Josef auch schon erlebt.

Eines Tages kommen wir auf das Thema „Vater" zu sprechen.

JOSEF: Lassen Sie mich mit meinem Vater in Frieden. Der Alte soll bloß weg bleiben. Von dem will ich nichts wissen.

MUMBACH: Und wieso nicht?

JOSEF: Weil er ein Arschloch ist.

MUMBACH: Was hat er denn getan?

JOSEF: Der hat meine Mutter gefickt und sich dann verpisst. Und dort soll er auch bleiben.

MUMBACH: Und du hast kein Interesse, zu wissen, wer das denn ist? Wie er so lebt?

JOSEF: Was soll er schon tun? Der hat nur meine Mutter gefickt und sich dann verpisst. Das ist ein Arschloch.

MUMBACH: Aber eine Sache hat er doch gut gemacht.

JOSEF: Was denn!!?

MUMBACH: Na dich. Wenn er nicht mit deiner Mutter geschlafen hätte, wärst du auch nicht da.

JOSEF: Da hat der nicht dran gedacht.

MUMBACH: Aber er hat es getan.

JOSEF: Nee. Nee. Wenn Sie wüssten, was ich deswegen für eine Scheiße am Hals hab.

(Ich spüre, dass ich Josef stark provozieren muss.)

MUMBACH: Na, dann stell dir mal vor, er würde vor dir stehen und sag ihm: „Lieber Papa, hättest du damals lieber ins Gras gewichst, dann wäre ich nur ein Frosch geworden und hätte es bedeutend leichter."

JOSEF *(laut)*: Hey hey!

MUMBACH: Was ist?

JOSEF *(leise, vor sich auf den Boden schauend)*: Nein, das sag ich nicht. Das ist doch immerhin mein Vater.

Situation 6: Schülerbildern lauschen – der „untergeschobene" Ahmad

Ahmad ist ein 15 Jahre alter Junge. Er ist türkischer Abstammung. Er ist der „Klassenkasper", was sich darin äußert, dass er bisweilen die ganze Klasse nervt, bis alle erleichtert sind, wenn Einer auf ihn los geht – einschließlich des Lehrers. Dann wieder ist er sehr anhänglich und sucht – auch körperlichen – Kontakt zu seinem Klassenlehrer.

In dieser Klasse gebe ich Förderunterricht. Ahmad nimmt wie so oft nicht am Unterricht teil, sondern zeichnet etwas. Im Zeichnen ist Ahmad sehr begabt. Als ich durch die Klasse gehe, hält mich Ahmad an und zeigt mir seine Zeichnung.

Ich schaue zunächst und verstehe nicht.

AHMAD: Schauen Sie mal, hier!

Er macht mich auf die Ähnlichkeit von Pfarrer und Täufling aufmerksam; vor allem der Punkt auf der Nase und die glatten Haare, und wie die Mutter schwitzt. Jetzt fallen mir auch die Sprechblasen auf und wie sie nummeriert sind, bzw. wer agiert und wer reagiert. Ich frage Ahmad, wer denn eigentlich der Mann mit der Pfeife sei.

AHMAD: Na, das ist der eigentliche Vater. Moment, ich schreibe es hin.

AHMAD: Und das ist der Pfarrer und das die Mutter. (Er deutet jeweils darauf.) Sehen Sie's jetzt? Der Pfarrer! Hihihi. – Na, das ist der eigentliche Vater. Cool, gell?

MUMBACH: Und der eigentliche Vater ist ganz unbeteiligt.

AHMAD: Natürlich, hihihi.

MUMBACH: Dann ist das ja gar nicht der eigentliche Vater, sondern der eigentliche **Stief**vater.

Ahmad ist über diese Bezeichnung so entzückt, dass er sie sofort mit ins Bild schreibt.

Er betrachtet es einige Zeit ganz ruhig. Dann, als sei es genug, fängt er an, weitere (verschleiernde?) Details ins Bild zu malen. Ich möchte ihn stoppen, aber er wehrt ab, es sei doch viel schöner so.

MUMBACH: Und die wichtigen Dinge? Die, die wir gerade gefunden haben?

AHMAD: (grinst mich an und kneift ein Auge zu) Die sieht man doch noch immer. Wenn man richtig guckt. Oder?

Situation 7: Nicht ohne seinen Vater!

Luis ist 15. Er lebt seit 8 Jahren im Heim. Als er im Alter von sieben Jahren ins Heim kam, zeigte er ein besonders auffälliges Verhalten, das er in abgeschwächter Form beibehalten hat: In Krisensituationen hat er die Angewohnheit, andere mit allem zu bewerfen, was ihm in die Finger kommt. Dabei kann es auch sein, dass er sich dazu Schuhe und Kleidungsstücke auszieht. Oft treten solche Verhaltensweisen dann auf, wenn er zuvor recht zufrieden gewesen ist. Aufgrund eines Vorfalls hat der Vater von Luis seinen Sohn nach Hause genommen; er will ihn in eine Regelschule bringen. Dadurch ist Luis zwei Wochen nicht in der Schule.

Dann findet zur Klärung der Angelegenheit ein Jugendamtsgespräch statt, bei dem Luis, sein Vater, der zuständige Sachbearbeiter vom Jugendamt, ein Erzieher, der Erziehungsleiter und ich anwesend sind. Dort erfahre ich auch, dass der Vater den Jungen in regelmäßigen Abständen von der Schule nehmen will.

ERZIEHUNGSLEITER: Herr F., wir wissen ja, dass Sie nach jedem Umzug – und das machen Sie ja anscheinend einmal im Jahr – an dem neuen Ort eine Schule finden, von der sie annehmen, dass Luis dort besser aufgehoben sei als bei uns. Natürlich können Sie ihn hier aus dem Heim nehmen, aber ich glaube nicht, dass Sie eine Regelschule finden, die ihn aufnimmt. Denn unabhängig davon, dass bei ihm die Sonderschulbedürftigkeit für Erziehungshilfe festgestellt wurde, kann ich Ihnen versichern, dass Ihr Junge einer der wenigen ist, bei dem wir auf keinen Fall eine Umschulung befürworten werden. Und jeder Rektor einer Schule wird natürlich bei uns anrufen und sich nach Luis erkundigen. Ich kann Ihnen ja mal etwas aus der Akte vorlesen. *(Blättert in der Akte.)* Zum Beispiel hier, am Fünften des vorigen Monats: Luis bespuckt während des Frühstücks einen Erzieher. Oder hier, zwei Tage später: Luis weigert sich, abzutrocknen und schleudert einen Teller auf den Boden. Oder hier ...

VATER *(unterbricht, laut)*: Natürlich können Sie so weitermachen. Und trotzdem sage ich Ihnen, dass er bei mir Zuhause ganz anders ist.

ERZIEHUNGSLEITER: Mag ja sein. Aber wir machen andere Beobachtungen. Deswegen ist er schließlich hier. Schauen Sie: Am 25. Juli: Luis ...

VATER *(sehr laut)*: Hören Sie doch endlich auf.

ERZIEHUNGSLEITER: Ich will Ihnen ja nur zeigen, wie er bei uns ist.

VATER: Wenn er am Wochenende zu mir kommt, braucht er erst eine Weile, um sich von Ihnen hier zu erholen, aber dann spurt er.

ERZIEHUNGSLEITER: Nein, im Gegenteil, wenn er von Ihnen aus dem Wochenende kommt, brauchen wir erst eine Weile, bis er sich hier fügen kann.

Ich habe während der ganzen Zeit Luis und seinen Vater beobachtet. Und ich fange an, den Vater zu verstehen. Er kämpft um sein Kind, und auch wenn er kein ausgebildeter Pädagoge ist, so hat er dennoch ein Bedürfnis, für seinen Sohn das zu erkämpfen, von dem er meint, dass es seinem Sohn gut tut. Und dieses Anliegen des Vaters wird nicht gewürdigt und damit auch der Vater als Person nicht. Es herrscht hier ein Kampf „Heim und Schule gegen Vater". Und als mir einfällt, dass Luis mir einmal erzählte, er fühle sich im Heim eigentlich ganz wohl, sehe ich, dass der Leidtragende dieses Kampfes derjenige ist, um den es eigentlich geht. Und ich sehe Luis in einem Loyalitätskonflikt: Sobald er sich in Heim und Schule wohl fühlt, handelt er illoyal gegenüber seinem Vater; fühlt er sich Zuhause wohl, handelt er illoyal gegenüber unserer Institution. Ich habe plötzlich ein Empfinden für das große Dilemma, in dem Luis steckt. Er kann es keinem recht machen. Dass er es sich nirgends so recht gut gehen lässt, ist ein nachvollziehbares Problemlöseverhalten. Doch damit steht er überall am Rande. Wird er nun gezwungen, sich einzufügen, „flippt er aus".

MUMBACH: Herr F., ich mag Luis sehr und ich würde gerne mit ihm weiter arbeiten. Aber ich kann das nur tun, wenn ich dafür Ihre Einwilligung und Unterstützung bekomme. Wenn Sie ihm das Gefühl geben können, dass Sie es mittragen, und dass Sie der Meinung sind, es nützt und bereichert ihn. Ansonsten kann ich nichts für den Jungen tun und jeder weitere Tag an unserer Einrichtung ist für ihn nur Qual.

Herr F. nickt. Es herrscht ein bis zwei Minuten Stille im Raum. Der Erziehungsleiter will eine weitere Schandtat vorlesen, aber die Anwesenden wollen das nicht mehr hören.

VATER: Es ist alles gesagt.

JUGENDAMTSSACHBEARBEITER: Dann überlegen Sie sich, ob Sie es hier noch einmal versuchen wollen und sagen uns in einer Woche Bescheid.

Der Vater hat den Jungen aus der Schule genommen und eine Regelschule gesucht. Nach einem halben Jahr hat er eine gefunden. Nach einem Jahr hörten wir, dass Luis sich als unauffälliger Schüler prima bewähre. (Das kann dabei heraus kommen, wenn der Vater hinter einem „Schwererziehbaren“ steht.)

Situation 8: Der richtige Platz

Dieser Bericht aus der privaten Lehrerberatung ist ein gutes Beispiel dafür, wie die Nicht-Beachtung von phänomenologisch wichtigen Ansprüchen so weit eskalieren kann, dass Unterricht im herkömmlichen Sinne nicht mehr möglich ist. Es zeigt, wie man mit Hilfe von „gefundenen Wirklichkeiten“ und kreativen systemischen Kniffs in der Schule wirken kann.

Frau S. war zu mir in die Beratung gekommen. Sie arbeitete als Lehrerin für Bildende Kunst an einer Hauptschule; einer so genannten „Brennpunktschule“: Das sind Schulen mit Einzugsgebieten, in denen soziale Schwierigkeiten dominieren.

Das Hauptanliegen ihres Besuchs waren Schwierigkeiten mit einem in Deutschland aufgewachsenen 13-jährigen Jungen nordafrikanischer Herkunft, der 4 Monate nach Schuljahresbeginn in die Klasse gekommen war. Er hatte die Angewohnheit, zu spät aus der Pause zu kommen, und zwar dann, wenn alle anderen Schüler ihre Plätze in diesem Fachraum schon eingenommen hatten. Er kam meist erst, wenn sich bereits Gruppen gebildet hatten. Er setzte sich dann irgendwo dazu, verließ die Gruppen aber recht schnell wieder. Meist unter Krach und Streit. Nach Meinung von Frau S. wollte er sich nämlich nur als „Bestimmer“ in die Gruppe einbringen. „Ich bin dann die ganze Doppelstunde über hauptsächlich damit beschäftigt, ihn davon abzuhalten, andere Gruppen zu stören. Dass er mal irgendwo mitarbeitet ... also daran ist gar nicht zu denken. Und in einem halben Jahr muss ich ihm Noten machen.“

Ich machte sie darauf aufmerksam, dass er wohl keinen Platz in der Klasse habe und diesen einfach suche. Sie bejahte und erzählte davon, wie sie schon versucht hätte, ihm bei dieser Suche zu helfen: „Ich habe ihm mehr Zeit zum Suchen gegeben. Ich habe ihn nicht gezwungen, an einer Gruppe teil zu nehmen – kein Erfolg.“

Sie hatte auch schon probiert, mit der Klasse vor dem Raum zu warten, damit alle gemeinsam eintreten und er die gleichen Chancen hatte wie die anderen. Auch das funktionierte nicht, weil er entweder zehn Minuten später noch immer nicht da war und die anderen Schüler nicht länger warten wollten; oder aber er trödelte beim Betreten des Raumes so sehr, dass wieder alle saßen, bis er eingetreten war.

Weitere Überlegungen gingen auch in eine diagnostische Richtung:
- Er produziert sich sein Versagen selbst, indem er nicht rechtzeitig kommt.
- Er stört, um zumindest negative Aufmerksamkeit zu bekommen.
- Er hat auch zu Hause keinen Platz im System.

Diese Erklärungen waren durchaus plausibel, doch sie trugen wenig zur (schnellen) Lösung des Problems bei. Solche Erklärungsversuche haben zudem noch den Anspruch, im therapeutischen Rahmen überprüft werden zu müssen; ein Rahmen, der für uns im vorgegebenen Setting „Schule" nicht zu begehen ist. Und auch dann stünde Frau S. noch kein handlungsfähiges Konzept zur Seite.

Wieder einmal zeigte sich der eingangs erwähnte Unterschied zwischen Pädagogik und Psychotherapie: Wenn wir trotz allen Wissens nichts für eine Lösung im Leben des Schülers tun können, so orientieren wir uns daran, ob wir im Schulrahmen für Entlastung sorgen können ... Und als ich mir dies vergegenwärtigte, hatte ich eine Idee:

MUMBACH: Wenn der Junge einen Platz braucht, aber selbst nicht in der Lage ist, sich einen zu nehmen, dann müssen Sie ihm einen schenken.

FRAU S.: Wie bitte?

MUMBACH: Na ja, das ist so eine Idee von mir. Vielleicht wartet er, bis er einen Platz zugewiesen bekommt. Von Ihnen! Vielleicht fühlt er sich erst dann ganz begrüßt und in Ihrem Unterricht willkommen geheißen. Vielleicht müssen Sie ihn erst noch aufnehmen.

FRAU S.: Aber wie geht so etwas?

MUMBACH: Vielleicht mit einem Ritual. Könnten Sie sich vorstellen, einen Stuhl zu nehmen, diesen mit Geschenkpapier einzuwickeln, ein Namensschild mit seinem Namen daran zu hängen und dieses „Geschenk" dem Jungen beim nächsten Mal zu überreichen?

FRAU S.: Ich weiß nicht. Das hört sich komisch an. Andererseits ...

Sie hat es probiert und der Junge wurde entlastet. Er hat jetzt seinen Platz in der Klasse. Bei Gruppenarbeiten kann er nun an jeder Gruppe teilnehmen. Er nimmt einfach seinen Stuhl und wechselt die Gruppe. Er war in der Klasse aufgenommen und benötigte auch bald den speziellen Stuhl nicht mehr.

Anmerkung: Bei problematischen Zuständen, die die Angewohnheit haben, sich eher noch weiter zu verfestigen, habe ich mir angewöhnt, nach nicht geachteten „Ordnungen" zu suchen; nicht in der Herkunftsfamilie sondern im System „Klassenverband".

Um dann eine Veränderung zu bewirken, ist es nicht notwendig, Lösungssätze auszusprechen. Manchmal sind Handlungen, in denen die veränderte Haltung ausgedrückt wird, ebenso wirksam. Mitunter muten diese „Handlungen" – wie die oben beschriebene – etwas ungewöhnlich an. Da sie eher den Charakter eines Rituals haben, sprechen sie die Seele an und wirken, ohne verstanden zu werden und ohne die dahinter stehende Haltung transparent zu machen. Bei diesem Beispiel handelte es sich um: *„Du gehörst dazu."*

Klaus Grochowiak: Systemdynamische Organisationsberatung

Die moderne Psychotherapie begann mit der Unterscheidung von Bewusstem und Unbewusstem. Ihre Stärke bestand und besteht darin, unbewusste Inhalte in den Fokus zu bringen, um sie so einer bewussten Veränderungsarbeit zugänglich zu machen.

Durch die Aufstellungsarbeit wurde ein systemisches Unbewusstes entdeckt, welches ohne Wissen seiner Mitglieder auf diese wirkt. Die Technik des Aufstellens ermöglicht die Sichtbarmachung der Dynamiken des systemischen Unbewussten, die somit in das Bewusstsein der Systemmitglieder gerückt werden. Erst diese Sichtbarmachung des gemeinsamen Unbewussten erlaubt den therapeutisch wirksamen Umgang mit der Systemdynamik.

Die Reichweite dieser Vorgehensweise ist durch die Arbeiten *Bert Hellingers* für den familientherapeutischen Bereich belegt und allgemein anerkannt.

Im Bereich der Unternehmensberatung und firmeninterner Trainings ist es mir immer wieder aufgefallen, dass Kommunikations- und Teambildungsmaßnahmen nachgefragt werden, obwohl solche bereits mehrfach ergebnislos durchgeführt wurden. Dies ist für mich oft ein klarer Hinweis darauf, dass die eingesetzten Methoden dem Problemfeld nicht angemessen sind. Auch ein Trainerwechsel bringt dann nichts. Hier kann die Aufstellungsarbeit ansetzen und in zweierlei Hinsicht zur Klärung beitragen:

- Zum einen können durch die Aufstellungsarbeit systemdynamische Verstrickungen erkannt und gelöst werden,
- zum anderen kann die Technik des Aufstellens ans Licht bringen, welche Trainings, Fortbildungs- oder Coachingmaßnahmen erfolgversprechend im System eingesetzt werden können.

Im Übertrag der systemdynamischen Techniken aus der Familientherapie auf Organisationen und Unternehmen sind die spezifischen Unterschiede und Gesetzmäßigkeiten, die in unterschiedlichen Systemen gelten, zu beachten.

Im Folgenden habe ich exemplarisch vier der wichtigsten Bereiche in ihren Unterschieden, zugrundeliegenden Dynamiken und Lösungsansätzen dargestellt. Im für die vorgestellten Techniken prädestinierten Bereich der Politikberatung – bei dem es in der Sache selbst um Konstellationen von Interessensgruppen und Systemdynamiken geht – gelten nochmals andere Gesetzmäßigkeiten, die ich zur Zeit noch detailliert untersuche.

Ich beginne meine Darstellung mit dem großen Bereich der profitorientierten Wirtschaftsunternehmen und dem Spezialfall Familienunternehmen. Dann folgen die Non-Profit Organisationen sowie Aufstellungen für Berater und Trainer. Letztere reflektieren unter systemischen Gesichtspunkten die Stellung des Beraters zum beratenen System. Aus Platzgründen muss ich hier auf detaillierte Fallbeispiele verzichten. Sie können diese jedoch in dem im Herbst 2000 erscheinenden Buch „Systemdynamische Organisationsberatung“ (*Grochowiak/Castella*) nachlesen.

Profit-Bereich

Die Systemseele

Eine der wesentlichen Erkenntnisse *Bert Hellinger*s über Familiensysteme besteht in seiner Beobachtung, dass Familiensysteme bzw. die wirkende Familienseele eine Grenze sowohl in der Zeit, als auch in der lateralen Dimension aufweist. Bei Firmensystemen stellt sich die Frage nach der Grenze erneut. Namentlich bei sehr großen Unternehmen, wie z.B. multinationalen Konzernen oder einer Holding, die im Laufe der Zeit aus einem Firmenverbund entstanden ist, kann man nicht ohne weiteres davon ausgehen, dass all das, was unter *juristischen Gesichtspunkten als ein Unternehmen betrachtet wird auch systemisch im hier gemeinten Sinne einen Wirkungs- und Ausgleichszusammenhang darstellt.*

Dies hat für die Aufstellungsarbeit mehrere Konsequenzen

Wenn ich nicht mit der obersten Leitungsebene eines Unternehmens arbeite, sondern mit nachgeordneten Abteilungen (Filialen etc.), dann erscheinen Teile des Gesamtunternehmens wie ein Teil der Umgebung des zu beratenden Subsystems. Wird z.B. ein Abteilungsleiter beraten, dann muss bzgl. der Frage „Wer gehört dazu?“ und in Bezug auf die Interventionsreichweite mitbedacht werden, dass dieser Abteilungsleiter keinen Einfluss auf wesentliche Entscheidungsprozesse der Geschäftsleitung hat. Diese übergeordneten Systemebenen sind – obgleich eigentlicher Bestandteil des Firmensystems – für den jeweiligen Klienten in der Aufstellung ebenso außerhalb seiner Einflusssphäre wie jene Teile, die tatsächlich zur Umgebung des Systems zählen (wirtschaftliche Rahmenbedingungen, politische Faktoren etc.). Aus diesem Grund macht es keinen Sinn, die Firmenleitung mit aufzustellen, um dortige Konflikte sichtbar zu machen und nach einer möglichen Lösung zu suchen. Dies würde eher eine anmaßende Haltung fördern.

Von einem traditionellen systemischen Ansatz aus gesehen, würden die Kunden, Lieferanten, potentielle neue Mitarbeiter, entlassene Mitarbeiter, frühere Inhaber der Firma als nicht zum System zugehörig betrachtet werden. In dieser Vorstellung würde es sich um eigene Systeme handeln und die Beziehung würde als Schnittstellenproblematik, als Kommunikation zwischen Systemen betrachtet werden. Geht man aber von dem aus, was sich in den Aufstellungen zeigt, so zeigt sich, wie sich systemische Verstrickungen und ihre Lösungen auch auf diese Bereiche auswirken. Dies spricht eher dafür, sie ebenfalls zum System zugehörig zu betrachten.

Non-Personale Faktoren

Darüber hinaus hat es sich als nützlich erwiesen, die Ziele eines Unternehmens, seine Schulden, mögliche Immobilien, Kapital und ähnliche non-personale Faktoren mit aufzustellen, indem man sie durch eine Stellvertreterperson repräsentieren lässt. Die Stellvertreter für diese non-personalen Faktoren haben sich in unterschiedlichen Aufstellungen als äußerst „beredt“ herausgestellt. Ihre Kommentare geben häufig entscheidende Hinweise sowohl über das Problem, als auch für mögliche Lösungen. Die Frage: „Wer oder was spricht hier eigentlich?“ führt uns in einen ontologisch-phänomenologischen Bereich, der sich nicht mehr in den Rahmen eines egologischen, vom Subjekt her gedachten Weltbildes, einfügen lässt: Wenn wir davon ausgehen, dass in der Aufstellung und durch die Kraft des Konstellativen eine Systemwirklichkeit zur Sprache kommt, die gerade mehr als die Summe der einzelnen (aufgestellten) Subjekte ist, dann drücken die Repräsentanten eben nicht ihre individuelle, sondern die Systemwirklichkeit aus. Insofern ist die Verlautbarung eines non-personalen Faktors in gleicher Weise keine künstliche, imaginierte, phantasierte Erfahrung im Sinne des „Als-ob“, da diese Form der subjektiven Imagination im System immer schon abgelöst ist durch die Systemerfahrung des Gesamtsystems. Gegen den Vorwurf einer Wiederbelebung animistischer Vorstellungen kann somit gesagt werden, dass der Animismus in dieser Hinsicht selbst noch auf dem Boden eines egologischen Weltbildes steht, das innerhalb des systemischen Paradigmas jedoch keinen Ort mehr hat.

Tote

Anschließend an diese Überlegung bekommen dann auch die Äußerungen von Toten in Familienaufstellungen eine Funktion, die es nicht mehr nötig macht, auf spiritistische Vorstellungen zurückzugreifen. Dass eine solche Betrachtungsweise tiefgreifende logisch-ontologische Konsequenzen für unser Weltbild hat, versteht sich von selbst.

Hier ist nicht der Ort, diese auszuführen. Wer sich hierfür interessiert, dem seien an dieser Stelle die Arbeiten *Gotthard Günthers* und *Heinrich Rombachs* empfohlen.

Aggregation

In abgemilderter Form begegnet uns dieselbe Problematik bei der Aggregation von Personengruppen, wenn wir beispielsweise „die Kunden", „die Mitarbeiter" etc. durch eine Person darstellen lassen. Auch hier spricht ein Stellvertreter für ein ganzes Kollektiv. Aufstellungstechnisch ist hier noch zu beachten, dass mögliche Fraktionierungen innerhalb des Kollektivs beachtet werden müssen, und zwar dadurch, dass sie jeweils durch eine andere Person repräsentiert werden. Geschieht dies nicht, aus welchen Gründen auch immer, bekommt man vom Stellvertreter häufig die Rückmeldung, dass „zwei Seelen in seiner Brust schlagen". Dies ist dann ein Hinweis darauf, besser zwei statt eines Repräsentanten aufzustellen.

Zugehörigkeit des Top-Managments

Die Reichweite einer Aufstellung und die Zugehörigkeit zum System stellt sich, wie wir aus verschiedenen Aufstellungen gelernt haben, bei sehr großen Unternehmen und Institutionen für das Top-Management häufig auf ganz eigene Weise dar. Sie gehören einerseits zum System dazu, zeigen aber andererseits eine große, mitunter größere Zugehörigkeit und Bindung zu den Eliten anderer Unternehmen, Institutionen. Ihre persönliche Karriere und Sicherheit hängen weniger von individuellem Erfolg und Misserfolg an der jeweiligen Wirkungsstätte ab, sondern eher von der Zugehörigkeit zu dieser Elite. So ist immer häufiger zu beobachten, dass Top-Manager Millionenbeträge dafür bekommen, dass sie wegen erwiesener Unfähigkeit ihren Posten vorzeitig verlassen, ohne dadurch arbeitslos zu werden. Im Gegenteil, sie bekommen sofort neue Posten in Politik und Wirtschaft, die in der Regel keinen Verlust in Hinblick auf Einfluss, Einkommen, Prestige und Reputation darstellen. Damit gehört ihre Loyalität im Zweifelsfall ihrer gesellschaftlichen Peer-Group und nicht dem Unternehmen, dem sie eigentlich verpflichtet sein sollten. Diese mangelnde Bindung an das Unternehmen äußert sich u.a. darin, dass sie sich aus firmeninternen Weiterbildungsprogrammen, aus Maßnahmen im cultural-change-process eher fernhalten. Dies setzt systemdynamischer Organisationsberatung und -entwicklung häufig eine Grenze.

Entlassene Mitarbeiter

Auch entlassene Mitarbeiter sind häufig, wenn ihre Entlassung systemisch fragwürdig war, immer noch ein Teil des Systems. Man merkt dies daran, dass die verbleibenden Mitarbeiter entweder

a) Schuldgefühle haben, dass sie bleiben dürfen, oder
b) Motivationsprobleme und Angst entwickeln und sich insofern nur gehemmt auf ihre Arbeit einlassen können. Es gibt viele verschiedene Gründe, warum Entlassene noch in das bestehende System hineinwirken können.

Ein eindrückliches Beispiel soll hier erwähnt werden: Bei einem großen europäischen Telekommunikationsunternehmen wurde eine Abteilung umstrukturiert, so dass in der Folge von den ursprünglich 400 Mitarbeitern 300 entlassen wurden. Davon bekamen allerdings 90 Prozent an einer anderen Stelle im Unternehmen eine Beschäftigung. Die verbliebenen Einhundert spalteten sich, so der Klient, der der Verantwortliche für diese Umstrukturierungsmaßnahme war, in die Gruppe der Mitarbeitenden und in die, die die Mitarbeit verweigerten.

Der Aufstellungsleiter bat den Klienten folgende Personen aufzustellen: sich selbst, die beiden Fraktionen der Mitarbeiter und die Entlassenen. Der erste Kommentar des Klienten war: „Warum die Entlassenen? Die sind doch gar nicht mehr da?“ Daraufhin bat der Aufstellungsleiter ihn, sie erstmal nicht mit aufzustellen. Nach der ersten Befragungsrunde wurde dann der Repräsentant für die Entlassenen dazugestellt und an der Reaktion der Repräsentanten der verbliebenen Mitarbeiter war sofort deutlich, dass diese mit Schuldgefühlen und Solidarität stark auf die Entlassenen reagierten.

Im weiteren Verlauf der Aufstellung wurde deutlich, dass auch die Entlassenen die Notwendigkeit der Umstrukturierung einsahen und mit ihren neuen Tätigkeiten und Einkommensverhältnissen zufrieden waren, dass sie sich aber „wie Schachfiguren“ fühlten, die herzlos hin und her geschoben wurden. Daraufhin stellte der Leiter den Klienten in die Aufstellung und bat ihn, dem Stellvertreter für die Entlassenen in die Augen zu sehen und zu sagen: „Ich sehe euch jetzt als viele Einzelschicksale und weiß, dass es schwer für euch ist.“

Der Klient wiederholte den Satz widerwillig und ohne innere Anteilnahme. Darauf angesprochen rechtfertigte er sich damit, dass er seinen Job nicht machen könne, wenn er sich „bei jeder Maßnahme“ gefühlsmäßig zu sehr einbringen würde. Ohne auf diese Rechtfertigung einzugehen, bat der Aufstellungsleiter ihn, für einen kurzen Moment sein Herz zu öffnen, sein Gegenüber wirklich anzusehen und den Satz zu wiederholen. Als dies für einen kurzen Augenblick gelang, sagten die Entlassenen sofort, sie seien versöhnt; die Verbliebenen waren erleichtert und konnten sich auf die bevorstehenden Aufgaben fokussieren. Allerdings war deutlich, dass diese Lösung dem Klienten nicht besonders gefiel. Daraufhin erklärte ihm der Leiter: *„Du suchst einen Management-Trick, wo nur ein offenes Herz helfen kann.“* Damit brach er die Aufstellung ab.

Einige Wochen später erfuhr er dann, dass dieser Abteilungsleiter vor der Belegschaft eine Rede gehalten hatte, in der die Leistung der Entlassenen gewürdigt und er die Schwere für die Einzelnen anerkannte. Er bekam stehende Ovationen und nach dem Vortrag kamen zahlreiche Kollegen zu ihm, um ihm persönlich die Hand zu schütteln.

An diesem kleinen Beispiel lässt sich sehen, dass ein funktionales Verständnis von Führung, bei dem sich der Führende versucht, vor der Schwere seiner Entscheidungen zu drücken, nicht funktioniert. Nimmt er jedoch die ganze Verantwortung und die Schwere der Entscheidung auf sich, wird er geachtet und auch das Schwere wird mitgetragen.

Frühere Inhaber

Ebenso wie Entlassene können frühere Inhaber eines Unternehmens weiter in das System wirken. Dies ist insbesondere dann der Fall, wenn ihre Leistung für den Aufbau des Unternehmens nicht gewürdigt wurde bzw. wenn sie aufgrund wirtschaftlicher Schwierigkeiten verkaufen mussten und diese Situation vom Käufer ungebührlich ausgenutzt wurde. Der frühere Besitzer und/oder Gründer verweigert dem Unternehmen dann seinen Segen. Aufgrund der Aufstellungen, die ich bislang bzgl. dieser Problematik gemacht habe, kann ich sagen, dass es sich nicht lohnt eine Firma zu kaufen, wenn *man nicht den Segen des Vorbesitzers hat,* dass es gut weitergehen darf.

Mikro- und Makro-Ebene

Der Ausgleich von *„Geben und Nehmen“* als eine der drei Grunddynamiken in Systemen muss einmal auf mikroökonomischer und einmal auf makroökonomischer Ebene thematisiert werden. Die elementarste Form des Austausches in Unternehmen besteht darin, dass die Arbeitnehmer ihre Arbeitskraft gegen Lohn oder Gehalt austauschen. Dieses Austauschverhältnis variiert in Abhängigkeit von makroökonomischen Faktoren des Arbeitsmarktes. Insofern ist die Frage, was hier unter Ausgleich von Geben und Nehmen zu verstehen ist, nicht so einfach zu beantworten. Namentlich, wenn man politökonomische Überlegungen mit einbezieht, stellt sich die Frage, was unter kapitalistischen Produktionsbedingungen, bei denen der Mehrwert in der Verfügungsgewalt der Kapitaleigner bleibt, als *„gerechter“* Austausch gelten kann.

Diese Fragen werden im individuellen Beratungskontext im Regelfall nicht auftauchen, da die politökonomischen Rahmenbedingungen als unveränderliche Variable des Beratungsprozesses angesehen werden.

Geht man allerdings zum Bereich der Politikberatung über, also an den Ort, an dem diese Rahmenbedingungen festgesetzt werden, so stellen sich diese systemischen Fragen dort ganz neu. Es könnte sein, dass hier der systemische Ansatz, so wie ich ihn bisher verstehe, seinen Wirkungsbereich verläßt, oder aber, dass Systemdynamiken auf dieser Aggregationsebene entdeckt werden, die ich bisher noch nicht kenne. Da ich bisher in solchen Beratungskontexten noch nicht tätig war, kann ich hier nicht auf Erfahrungswissen zurückgreifen.

Familienunternehmen

Bei der Beratung von Familienunternehmen gibt es zwei große Standardprobleme:

- erstens die Übertragung von Familienkonflikten in den Firmenkontext und
- zweitens der Generationenwechsel.

Letzteres Problem ist in Deutschland zur Zeit besonders virulent, da jährlich Zehntausende solcher Wechsel anstehen.

Zum ersten Punkt

Wenn Familienmitglieder gleichzeitig Positionen im Unternehmen einnehmen, dann stellt sich als erstes die Frage, ob sie diese Positionen innehaben, weil sie diese ausfüllen können oder weil sie Familienmitglied sind. Im letzten Fall kann man von einer Störung der Ordnung bzw. Rangfolge sprechen, weil das Kriterium der Tüchtigkeit/Kompetenz nicht angemessen berücksichtigt ist.

Häufig sind nur einige der Familienmitglieder aktiv im Unternehmen tätig, während der Rest, der nur Anteile hält, mit dem operativen Geschäft nichts zu tun hat. Wenn nun die Familie sonntags am Kaffeetisch Firmenpolitik macht, die montags den angestellten Geschäftsführern als beschlossene Maßnahme mitgeteilt wird, wird deren Führungskompetenz unterhöhlt, und es ist nicht mehr klar, wer die Firma tatsächlich leitet.

Ein anderer wichtiger Aspekt ist die Erbfolge. Fühlt sich jemand bei der Erbfolge übergangen oder betrogen, wirkt sich das dahingehend aus, dass Familienmitglieder auf sachlich unangemessene Weise in die Firma hineinregieren, um ihr persönliches „Mütchen zu kühlen". Hierbei ist unter systemischen Gesichtspunkten zu beachten, dass eine Erbschaft im Kern ein Geschenk ist, d.h. der Erbe hat keinen Anspruch auf das Erbe (abgesehen vom gesetzlich garantierten Pflichtanteil, der selbst aber nur eine juristische Konstruktion ist, die systemisch sekundär bleibt).

Bert Hellinger hat bzgl. des Erbes jedoch darauf hingewiesen, dass der bevorteilte Erbe gut daran tut, von sich aus die „Benachteiligten" in das Erbe hineinzunehmen, um gerade solchen Spannungen zu begegnen.

Zum zweiten Punkt

Der Generationswechsel stellt sich unter mehreren Gesichtspunkten häufig als schwierig heraus:

1. Die ältere Generation übergibt die Firma nicht zum versprochenen Zeitpunkt (z.B. wenn der Vater 65 geworden ist), so dass die Kinder nie sicher sein können, wann sie nun tatsächlich die Leitung des Unternehmens bekommen.
2. Der Rücktritt erfolgt und auch die Übergabe findet statt, doch platzt der alte Chef beispielsweise immer wieder in eine Geschäftsführerbesprechung hinein, so als ob er immer noch der Chef wäre, übernimmt die Gesprächsführung und maßregelt seinen Sohn vor den anderen Geschäftsführern und Abteilungsleitern.
3. Es gibt mehrere Geschwister und es ist nicht klar, wer von ihnen die Geschäftsleitung übernimmt und/oder wer sie überhaupt übernehmen möchte.

All diese Probleme sind im Beratungskontext nicht lösbar, wenn nicht die familiensystemischen Verstrickungen aufgelöst worden sind. Erst dann kann im zweiten Schritt geschaut werden, worin eine gute Lösung für die Firma bestehen könnte, weil erst dann alle Beteiligten für eine sachgemäße Lösung innerlich frei sind.

Da der Generationswechsel für Familienunternehmen häufig ein Prozess ist, der sich über viele Jahre hinzieht und oftmals für alle Beteiligten eine große seelische Belastung bedeutet, ja nicht zuletzt das Unternehmen in eine große wirtschaftliche Krise führen kann, scheint mir die systemdynamische Unternehmensberatung gerade für diesen Problemkreis das zentrale Beratungsinstrument für mittelständische Firmen im Übergang zu sein.

Die vorwiegend betriebswirtschaftlich, juristisch und steuerrechtlich orientierten Ansätze verfehlen regelmäßig ihr Ziel, weil sie die psychologische und systemische Komponente weder angemessen im Blick haben, noch über Instrumente verfügen, die hier zu Lösungen führen können. Erst wenn der systemische Hintergrund geklärt ist, ist der Weg frei, nach einem guten juristischen und steuerlichen Modell zu suchen. Die Beratungsansätze schließen sich in diesem Sinne nicht aus, sondern ergänzen sich in ihrer zeitlichen Reihenfolge.

Non-Profit

Non-Profit-Organisationen leben, wie der Name schon besagt, von Spenden, Mitgliedsbeiträgen und öffentlichen Mitteln. Namentlich im letzteren Fall gibt es eine zumindest zeitlich begrenzte Existenzgarantie. Diese entlastet die Organisation von der Angst ums Überleben und ermöglicht auf der anderen Seite dadurch allerdings auch ein Vergessen des eigenen Existenzzwecks. Was wir bei Non-Profit-Organisationen immer wieder beobachtet haben, ist ein Aus-dem-Blick-Verlieren des Zwecks und auch der Bedürfnisse der eigentlichen Adressaten, ihrer Dienstleitung; statt dessen ein **übermäßiges Beschäftigen mit sich selbst, eine Überbetonung von Personalquerelen und ideologischen Debatten**.

Darüber hinaus habe ich beobachtet, dass die Mitarbeiter in diesen Organisationen sehr häufig mit dem Thema der jeweiligen Organisation (Flüchtlingshilfe, misshandelte Kinder/Frauen u.ä.) selbst in ihrer Herkunftsfamilie entsprechende eigene Erfahrungen gemacht haben. Oft haben sie aus einer triangulierten Position heraus versucht, an der Lösung dieser Probleme mitzuwirken; was natürlich misslang und bei ihnen Gefühle des Versagens, der Schuld zurück ließen. Solange solche eigenen Verstrickungen nicht gelöst sind, versuchen diese Personen, in der Organisation das zu lösen, was ihnen zu Hause als Kind nicht gelungen ist. Dadurch können sie ihre Klienten nicht wirklich sehen (Doppelbelichtung) und missbrauchen sie ungewollt durch die Art und Weise ihrer Hilfeleistung nochmals. Insofern kann die systemdynamische Organisationsberatung bei diesen Organisationen nur dann fruchtbare Resultate zeigen, wenn gleichzeitig die systemischen Verstrickungen der Mitarbeiter aus ihren Herkunftsfamilien mitbearbeitet werden.

In gemeinnützigen Organisationen arbeiten zur Zeit viele Personen, die aufgrund ihrer personalistischen Werthaltung gegen Hierarchien, eindeutige Weisungsbefugnisse und Berichterstattungspflicht Aversionen hegen. Diese Einstellung kollidiert einerseits mit den formaljuristischen Anforderungen der Organisationsstruktur und andererseits mit der faktischen informellen Führerschaft, die sich allein schon aus der Gruppendynamik ergibt. Die Teamideologie („Wir sind alle gleich“) verdeckt Verantwortlichkeiten und Zuständigkeiten, stigmatisiert Karrierebedürfnisse und ist so die Grundlage für viele Querelen.

Berater

Das allerwichtigste für einen Berater ist es, die eigenen Muster und Verstrickungen erkannt und geklärt zu haben – namentlich die Triangulierung bzw. Parentifizierung. Allein eine solche Klärung ermöglicht die angemessene Antwort auf die für diese Tätigkeit grundlegende Frage: „Wer bin ich als Berater?“

Solange diese Muster nicht gelöst sind, ist der Berater:

a) anfällig für die Übernahme von Verantwortung, die ihm nicht zusteht;

b) anmaßend in dem Sinne, dass er den zu Beratenden schon abqualifiziert, allein weil er Beratung benötigt;

c) in der Tendenz, die Mitarbeiter wie Geschwister zu behandeln, denen gegenüber er sich als der bessere Vater (als die Firmenleitung) zu profilieren sucht.

Seine Kompetenz kann er nur dann einbringen, wenn er sein „Helfersyndrom“ hinter sich gelassen hat, nicht nach Schuldigen sucht, sondern nach Lösungen. Er lässt sich in keine Koalition hineinziehen und kann so eine Außenperspektive aufrechterhalten, die zusammen mit seiner fachlichen Qualifikation hilfreich wirken kann.

Ein weiterer wichtiger Punkt im Beratungskontext ist die Fähigkeit zu erkennen, wann sind Trainings, Weiterqualifikationsmaßnahmen usw. notwendig, und wann die Klärung systemischer Verstrickungen. Bisher existiert kaum Wissen um systemische Verstrickungen in Unternehmen (Teambildung, Management- und Kommunikationstrainings etc.), wo eigentlich eine Lösung der systemischen Verstrickung Not täte. Die systemischen Verstrickungen zeigen sich auf der kommunikativen Ebene, haben dort aber nicht ihre Basis. Da diese nicht gesehen wird, ist es naheliegend, nach Maßnahmen im kommunikativen Bereich zu fragen.

Häufig ist zu beobachten, dass man als Trainer und Berater aufgefordert wird, Maßnahmen durchzuführen, die so oder ähnlich schon von anderen Trainern erfolglos durchgeführt wurden, und häufig wird über diese Trainer dann abwertend gesprochen („*Die haben es nicht gebracht*“). Gleichzeitig wird dem neuen Trainer mitgeteilt, man erwarte sich von ihm nun endlich die erhoffte Lösung.

Anstatt die Kollegen für unfähig zu halten, ist es sinnvoller, sich zu fragen, ob mehr vom Gleichen in solchen Fällen wirklich eine Lösung sein kann. Der Berater steht hier vor der oftmals schwierigen Situation, dem potentiellen Auftraggeber klarzumachen, dass der Auftrag, so wie er erteilt wird, schwerlich mit Erfolg beendet werden kann, und dass der erste Teil der Beratung bereits darin besteht, den Auftrag angemessen umzuformulieren.

Bei dieser Reformulierung ist der entscheidende Punkt, dass niemand per se außen vor bleiben darf. Jeder ist potentiell Teil des Problems – also auch der Auftraggeber selbst.

Ist eine solche systemische Reformulierung des Auftrages nicht möglich, scheint die Übernahme wenig sinnvoll. Dies kollidiert sehr häufig mit den wirtschaftlichen Existenzinteressen des Beraters. Für diesen Konflikt gibt es keine goldene Lösung, vielmehr braucht der Berater ein hohes Maß an Selbstreflexion und im Bedarfsfall an systemischer Supervision, um bzgl. seiner eigenen Rolle im Beratungszusammenhang die Klarheit zu behalten. („Wer bin ich als Berater?“)

Dies ist nach meiner Erfahrung nur durch kontinuierliche Supervision der Berater zu gewährleisten. Der Autor hat es sich zur Angewohnheit gemacht, jeden Auftrag, bevor er ihn annimmt, selbst zu stellen, um gerade diese Klarheit zu gewährleisten.

Der Sog eines großen Systems, sich den Berater einzuverleiben, ist in seiner Wucht kaum zu überschätzen, und insofern ist Wachheit und gegenseitige kollegiale Supervision für einen Berater unverzichtbar.

Eigene systemische Verstrickungen auflösen

Ans Ende dieses Buchbeitrages möchte ich eine grundsätzliche Bemerkung über eine, ja vielleicht *die* zentrale Voraussetzung schlechthin voranstellen, über die einerseits jeder systemdynamische Organisationsberater verfügen sollte, die sich aber andererseits nicht im Sinne eines reinen Erwerbs von Fähigkeiten lernen und aneignen lässt.

Jeder Mensch ist auf Grund seiner eigenen Herkunft auf die eine oder andere Art systemisch vorgeprägt, belastet, verstrickt. Wir sind mit Menschen aus unserem Herkunftssystem identifiziert, haben Gefühle und Einstellungen übernommen, von denen uns nicht klar ist, dass sie nicht das Produkt unserer eigenen Geschichte und Interaktionen sind. „Der Apfel fällt nicht weit vom Stamm!" nennt es der Volksmund, womit zum einen gemeint ist, dass Mitglieder einer Familie in der Regel über verwandte Kommunikations- und Interaktionsmuster, über gemeinsame Werte und Grundüberzeugungen verfügen – eben über den gleichen „Stallgeruch".

Aber mehr als das verbinden sich Familiensysteme auf einer weniger offensichtlichen Ebene durch die unbewusste Determination, denen die Einzelnen in ihren Handlungen folgen: stereotype Grundmuster, mit denen sich der Eine seinen dauerhaften Erfolg verbaut, mit denen ein Anderer verhindert, eine glückliche Beziehung zu finden etc.; kurz: systemische Verstrickungen, die uns in unserem alltäglichen Miteinander bestimmen, ohne dass uns dies überhaupt bewusst ist. Die in der Kindheit grundgelegten systemischen Verstrickungen setzen sich unter der Oberfläche des Bewusstseins in unseren späteren Beziehungen fort, sowohl in den privaten als auch in den beruflichen.

Wollen wir nun unsererseits anderen Menschen helfen, sich aus ihren Verstrickungen zu lösen, dann ist es von entscheidender Bedeutung, dass wir nicht nur über die notwendige fachliche Kompetenz verfügen, sondern auch über einen bestimmten Grad an persönlicher Entwicklung, der dies überhaupt ermöglicht: Grundvoraussetzung für das erfolgreiche Arbeiten mit systemdynamischen Aufstellungen ist die eigene Klarheit des Beraters, gleichsam die persönliche Reife, die es ihm erlaubt, sich sowohl offen wie auch abgegrenzt den systemischen Kräften auszusetzen, die das zu beratende System uns anbietet und die in den Aufstellungen zu Tage treten. Wer sich selbst nicht aus bestimmten Dynamiken gelöst hat, die ihm sein eigenes System als Verstrickungsmuster auferlegt hat, wird, wenn ihm diese Dynamiken in Beratungsgesprächen und Aufstellungen begegnen, sich ihnen nicht mit der unabdingbaren Distanz öffnen können, die jedoch notwendig ist, um sie auflösen und begleiten zu können.

Das heißt: In gleichem Maße, wie es wichtig ist, sich mit den theoretischen, technischen und pragmatischen Aspekten der systemdynamischen Organisationsberatung vertraut zu machen, ist es eine ebenso wichtige Grundvoraussetzung, sich den Grad an persönlicher Reife zu erwerben, der für diese Art der Arbeit Voraussetzung ist.

Die hier geforderte Reife erwerben wir dadurch, dass wir uns aus unseren eigenen Verstrickungen befreien. Dies hilft uns nicht nur, den Koalitions- und Triangulierungsangeboten des Systems, das wir beraten, zu widerstehen. Darüber hinaus macht uns die eigene Klärung zu allererst zu glaubwürdigen Vertretern dessen, was wir tun.

Thomas Siefer: Geschäfte, Holzwürmer und Mentoren ... Systemische Lösungen in der Organisations-Beratung

Lieber Heribert,

gerne komme ich deiner Aufforderung nach, zu den „entdeckten Wirklichkeiten" in dem von dir herausgegebenen Buch einen Beitrag zu leisten.

Ich habe dafür die – für einen Buchbeitrag – eher ungewöhnliche Form eines Briefes gewählt. Das mag auch Ausdruck unserer durch die Zusammenarbeit entstandenen Freundschaft sein.

Am besten würdigt man Führung und Mit-Arbeit(er) in Organisationen, indem man sie in ihren Rollen und Beiträgen wahr nimmt oder sie neu ins Blickfeld rücken lässt, wo dies noch nicht ausreichend gelungen ist. Insofern ist der Brief auch eine Möglichkeit, Form und Inhalt zusammenzubringen.

Daher danke ich an dieser Stelle auch denjenigen, die als Kunden, Dokumentatoren, Rezensenten und durch ihr Einverständnis geholfen haben, etwas Anschauliches und Praktisches in diesen Beitrag zu bringen.

Neben Gedanken zur Entstehung der Aufstellungs-Arbeit mit Unternehmen bzw. Organisationen und zu Haltungen (und Holzwegen) werde ich mit Beispielen aus meiner Praxis einige Facetten zur Aufstellungs-Arbeit beleuchten. Zum Abschluss möchte ich dann mit der Dokumentation einer „schlichten" Aufstellung zeigen, wie Familiäres und Berufliches zusammenwirken.

Die meisten LeserInnen dieses Buches werden wohl bereits Vorkenntnisse über Aufstellungs-Arbeit oder eigene Erfahrungen damit haben. Wer sich intensiver über Aufstellungen mit Organisationen informieren will, dem empfehle ich z.B. die beiden im Literaturanhang genannten Artikel von *G. Weber/B. Gross* und von mir im Buch „Praxis des Familienstellens" von *Gunthard Weber* (Hrsg.).

Geschichtliches

Wie du weißt, lernte ich *Bert Hellinger* und seine Aufstellungsarbeit 1992 in einem Kurs kennen. *Burkard Sievers*, dem ich als Wegbereiter viel verdanke, drückte es einmal treffend so aus: „Das hat wie eine Bombe bei Dir eingeschlagen." In der Folge hat sich bei mir und für mich eine Menge „gelöst" – sowohl persönlich als auch in beruflicher Hinsicht. Ihm und anderen KollegInnen habe ich viel zu verdanken.

Am meisten bin ich Bert dafür dankbar, dass ich mich ziemlich plötzlich damit konfrontiert sah, das Aufstellen in bzw. mit Organisationen selbst einzuüben und durchzuführen. *Michael Wingenfeld* und ich hatten 1994 ein Seminar mit Bert in Kufstein organisiert. Und es war für das folgende Jahr ein weiteres geplant. Als ich Bert anrief, um mit ihm weiteres zu verabreden, meinte er nur: „Das müsst ihr jetzt selber machen!" Und dann fügte er – nach einer Schrecksekunde – hinzu: „Und ich sehe das gerne, wenn ihr das macht!"

Was blieb, war die Herausforderung anzunehmen, und dazu hast du ja seit dem ersten Seminar 1997 in Karlsruhe auch einen fördernden Beitrag geleistet! Ich erinnere mich daran insbesondere auch gerne, weil ich dort begann, die ökonomische Ebene in den Aufstellungen von Anliegen aus Organisationen einzusetzen. Gerne erinnere ich mich auch z.B. daran, wie du als Stellvertreter für die „Weltwirtschaftskrise" in der Aufstellung eines Beraters standest und ihm gewaltigen Respekt einflößtest.

Aufstellungen im beruflichen Feld

Die Wortwahl – Aufstellungen von Anliegen aus Organisationen – ist sehr bewusst gewählt. Die Bezeichnung Organisations-Aufstellungen (OA) ist eher eine Kategorie. Sie greift aber eigentlich zu kurz: um das „Aufstellen" geht es weniger als um die Lösungen. Diese treffen oft auf tiefere Schichten der Personen (bzw. Persönlichkeit). Zudem ist das Spektrum der Anliegen, die meine Kunden und Klienten bewegt, wesentlich breiter. Es geht (natürlich) längst nicht mehr nur darum, die – wie auch immer entsprechend zusammengefassten – Rollen, Funktionen und Positionen in eine Rang- bzw. Reihenfolge zu „ordnen". Dass ich mit systemischen Lösungen u.a. auch „Organisationen" aufstelle, ist eher ein Element im Arbeiten an den Anliegen, Fragen und Aufträgen der Kunden, als ihr Kern.

Wer eine Aufstellung anleitet, geht mit der ersten Bewegung wie ein exzellenter Billardspieler oder Bogenschütze. Alles andere entwickelt sich aus dem Wissen und der Achtung um die Kräfte, Entscheidungen und Ressourcen der Kunden/Klienten in der Hoffnung, als „Anleitender" beim „Lösen" nicht zu stören. Manche KollegInnen sind mir in ihrer Wahrnehmung gegenüber den Wirkungen und Anwendungsmöglichkeiten von „Aufstellungen" zu euphorisch – bzw. euphemistisch. Nach dem Motto: Wer nur ein Handwerkszeug kennt, nimmt immer den Hammer und sucht Nägel (*Morgan*, 1986) ...

Bei meinem Kollegen *Johannes Schmidt* habe ich eine schöne „Gegenanzeige“ gesehen: „Überlegt Euch, ob Ihr Euch wirklich einlassen wollt; denn eine (Familien-)Aufstellung ist immer der Beginn eines Prozesses! Und der kann ein oder zwei Jahre dauern.“ – Für die UnternehmerInnen und ManagerInnen bedeutet dies eine ungeheure Zumutung! Dessen sollte sich bewusst sein, wer überlegt, Aufstellungs-Arbeit in seine Beratungsarbeit von Wirtschaftsunternehmen zu integrieren. Anders als im psycho-sozialen Bereich gilt dort die Zeitqualität – und nicht die Geldqualität – als die knappe Ressource.

Haltungen

Letzteres mag für manche unter den Lesern dieser Zeilen auch eine Warnung angesichts von Phantasien darstellen, der Wirtschaftsbereich müsse von ihnen mit Aufstellungen „beglückt“ werden. (Ganz nebenbei: Das impliziert alles andere als eine absichtslose Haltung, wie sie gerne unter den Aufstellenden reklamiert bzw. eingefordert wird!) *Bert Hellinger* hat öfter von dem großen Respekt gesprochen, den er den Managern von Unternehmen entgegenbringt und dass er sich nicht in die inneren Angelegenheiten ihrer Rolle bzw. ihres Aufgabenfeldes einmischt, sondern auf der Ebene des Beziehungsgefüges bleibt (*Hohnen* 1999, 60f). Das sind Grundsätze, die auch erfahrene Organisationsentwickler schätzen und pflegen – gerade weil sie viel über Organisationen und ihre Dynamiken wissen.

Genauso wie bei Familien-Aufstellungen geht man bei der Erarbeitung einer Lösung im beruflichen Feld so vor, dass man die Kraft zum Handeln beim Klienten belässt! Gerade auch im letzten Schritt am Ende einer Aufstellung bzw. danach. Ich empfehle oft, in nächster Zeit aufgrund (bzw. trotz) der in der Aufstellung gewonnenen Bildern auf eigenes Handeln zu verzichten. Und eher zu beobachten, was sich im beruflichen Umfeld bewegt (dadurch, dass der Kunde selbst sich hat bewegen lassen). Doch das Delegieren an die „Seele“ des Kunden fällt beiden Seiten schwer – insbesondere wenn es für Berater ein leichtes wäre, den Kontrakt mit einem Coaching-Vertrag zu verlängern!

Und hier sind wir an einem Punkt, wo ich gerne eine weitere Konsequenz der Anwendung von Aufstellungs-Arbeit in der Organisations-Beratung aufzeigen möchte: Manchmal beinhaltet ja eine Aufstellungsarbeit auch den – zumindest zeitweiligen – Verzicht auf eine Fortsetzung des Kontaktes. Spätestens da stellt sich dann den Beratern die Frage, was „Kundenpflege“ oder „Kundennähe“ für sie wirklich bedeutet und inwieweit sie die eigene Autorität wahren oder dem Kunden die Macht geben, die Beziehung einseitig zu gestalten.

Therapeuten und Berater

Therapeuten und Beratern (m/w) ist sicher das Staunen über die Wirksamkeit von Familien- bzw. Organisations-Aufstellungen gemeinsam. Folgerichtig arbeiten Angehörige beider Berufsgruppen mit Aufstellungen auf dem Hintergrund ihrer beruflichen Erfahrungen, Fähigkeiten und Kenntnisse. In der Regel haben dabei die erfahreneren Familienaufsteller Vorteile in der Vorgehensweise – und die Berater ihrerseits Vorteile durch ihre Erfahrungen mit den Strukturen, z.B. auch durch ihre Kenntnisse über technische und ökonomische Systeme und deren Interdependenz zu den personalen bzw. sozialen Systemen. Hier spiegeln die Anliegen und Aufträge der Kunden auch die Erfahrungshorizonte der Aufstellenden wider.

Gemeinsam ist beiden Berufsgruppen sicher auch, dass sie sich insbesondere in dem letzten Schritt einer Aufstellung disziplinieren müssen, nicht noch Hinweise zur praktischen Umsetzung anzufügen. Die Macht oder der Sog einer solchen Forderung wird dabei sicherlich auch durch die Dynamik im Alltag und des beruflichen Umfeldes geprägt: Führungskräfte und Unternehmer sind an „Maßnahmen“ und „Umsetzungen“ gewöhnt. Darauf – zumindest vorerst – zu verzichten, fällt Führungskräften naturgemäß schwer. Eine Anekdote dazu:

Teilnehmer einer Führungskräfte-Tagung hatten sich zu einem Workshop „Führen im System“ angemeldet. Einige hatten sich darunter vorgestellt, sie bekämen ein neues Führungs-System (Management-System) in Gestalt eines „Handbuches“ präsentiert. So war mancher wenig darauf vorbereitet, dass Kontakt in der Beziehung zu den „internen“ Kunden – also auch zu den KollegInnen und Vorgesetzten – eine wesentliche und vereinfachende Rolle spielt. Zum Glück waren das aber nur wenige; andere nutzten die Möglichkeiten, Fragen an ihre Führung, Kommunikation und Zusammenarbeit zu klären. Am Schluss stellte dann der Geschäftsführer das Zusammenwirken von Betriebsrat und Führungskräften auf. Die Wirkung war verblüffend, insbesondere als ich die Eigentümer mit in den Blick brachte. Viele, die nicht teilgenommen hatten, waren danach sehr interessiert.

Einzelarbeit

Du weißt ja aus meinen Berichten, dass ich als Unternehmensberater mit Familienunternehmern und ihren Angehörigen, Führungskräften und Mitarbeitern und mit Selbständigen arbeite. Das Aufstellen mit den Stellvertretern findet in der Regel in entsprechenden Seminaren bzw. gelegentlich in kollegialen Supervisionsgruppen statt, insbesondere „meiner“ LernWerkstatt, welche aus dem „Netzwerk Organisationsaufstellungen entstanden ist.

In der Einzelarbeit arbeite ich mit gebräuchlichen Hilfsmitteln und Werkzeugen, wie Struktogrammen, Genogrammen, Firmenstammbäumen (bei Familien-Unternehmen). Sie findet oft auf dem Hintergrund der Aufstellungsarbeit statt: Elemente sind vor allem Anerkennung und Würdigung (*Siefer* 1998a) von Beiträgen, Ausgeklammerten und Ausgeschlossenen, Herabsetzung von Personen oder Funktionen, etc.. Und zum anderen besteht diese Arbeit in der Beachtung der Kontexte, der umgebenden Strukturen bzw. Umwelten und Subsysteme sowie in der Beachtung von strukturellen Fragen, die eine Lösung nur auf den höheren Ebenen der Organisation zulassen. Z.B. „sehe“ ich die „Familie“ eines Familienunternehmers oder das „Team“ eines Vorgesetzten oder den „Chef“ eines Mitarbeiters. Und wo zur Lösung beruflicher Verstrickungen das Explorieren der Familienbiographie notwendig ist, arbeite ich mit den Kunden in Visualisierung bzw. Imagination sehr ähnlich wie in den letzten Schritten einer Aufstellungsarbeit, in der z.B. ein Lösungssatz oder ein hilfreiches Ritual zur Auflösung gesucht wird.

Das Beispiel einer Konfliktmoderation soll dieses Vorgehen illustrieren, am Ende eines etwa dreistündigen Beratungsprozesses „lösende Wirklichkeit“ zu finden:

Zwei Geschäftspartner, der eine Investor, der andere Betreiber einer Projektidee, waren zerstritten. Und zwar aufgrund der Rahmenbedingungen, so dass kein wirklicher Ausgleich zwischen Geben und Nehmen möglich war. Der Investor hatte dem Drängen des Betreibers aus Freundschaft nachgegeben. Beide mussten sich eingestehen, dass sie sich „vertan“ hatten. Und dass es ihnen um ihrer Freundschaft willen leid tat. Und dass jeder die Bedürfnisse und den Schmerz des anderen darüber wahrnimmt und achtet. – Wie ich nach einigen Monaten vom Investor hörte, hat er sich inzwischen aus dem Projekt ganz zurückgezogen. Das ist auch eine Art „Ausgleich“.

Hilfsmittel

Ich setze inzwischen Hilfsmittel – zur Simulation von Aufstellungen – nur noch sehr selten ein. Eher zum Experimentieren, wie momentan mit einer Kollegin zum Thema „Der Körper des Unternehmens“. Andererseits halte ich z.B. das Familienbrett (*Ludewig*) für ein hervorragendes Werkzeug in der Einzelarbeit, welches bei manchen Klienten (z.B. zur Unterstützung der Imagination) und in manchen Situationen (bei mehrfachen Terminen in einem längeren Prozess) durchaus angebracht sein kann. Das nachstehende Beispiel wird aber verdeutlichen, dass Hilfsmittel oft eher die Produktion von Phantasien, also der Re-Produktion der Konstruktionen im Kopf (von alltäglich konstruierten Wirklichkeiten) beflügeln – und dennoch hilfreich sind. Bei dem vorliegenden Beispiel handelt es sich um eines von mehreren Anliegen innerhalb eines Beratungsprozesses.

Das Projekt einer Beratungsfirma wird von einem Unter-Auftragnehmer (Freelancer) betreut. Die Kunden, unternehmerisch tätige Berater, fühlen sich über das Beziehungs-Geflecht mit dem Externen verwirrt und sind mit der gegenwärtigen Zusammenarbeit unzufrieden und bezeichnen sie als unklar.

Die Beraterin, mit der ich zu anderen Kontexten schon gearbeitet hatte, stellt mit Hilfsmitteln, farbigen „Mensch-ärgere-dich-nicht!"-Figuren, einen von mir vorgeschlagenen Ausschnitt ihrer Teamsituation auf (s. Bild 1).

Bild 1: UNT: Unternehmer-Berater, BER: Beraterin, UA: Unter-Auftragnehmer

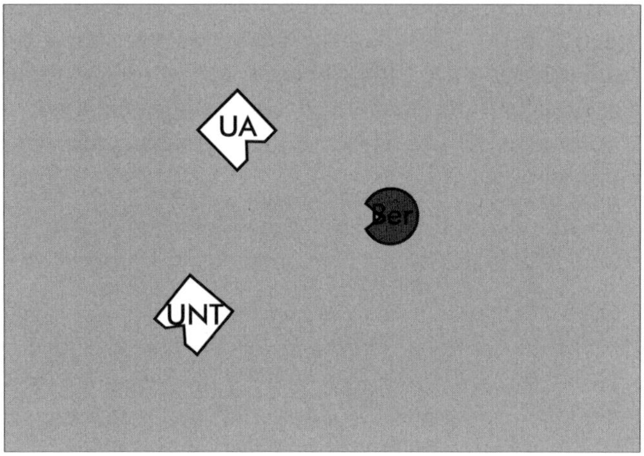

Dann bitte ich ihren Kollegen, die gleiche Situation aufzustellen (s. Bild 2).

Anschließend beschreibt die Beraterin, jeweils auf die Figuren in Bild 1 tippend, ihre Wahrnehmungen auf der Position. Sie merkt es selbst sehr schnell: „Da bringe ich aber jetzt meine eigenen Bilder (gemeint sind ihre Konstruktionen von Wirklichkeit) mit ein!" Der Nutzen dieses Hilfsmittels bestand primär im Herausarbeiten der Unterschiede und in der Würdigung der Gemeinsamkeiten in der „Ausgangs"-Konstellation zu diesem Bild.

Bild 2: UNT: Unternehmer-Berater, BER: Beraterin, UA: Unter-Auftragnehmer

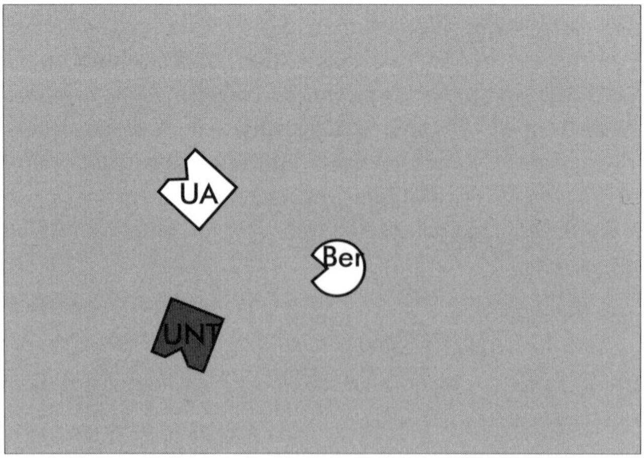

In einem dritten Abschnitt dieses Prozesses bitte ich dann ihren Kollegen, etwas zu seiner „Aufstellung" zu sagen. Und anschließend explorieren wir die Unterschiede zu weiter entfernten Positionen des „Unter-Auftragnehmers" (s. Bild 3).

Bild 3: UNT: Unternehmer-Berater, BER: Beraterin, UA: Unter-Auftragnehmer

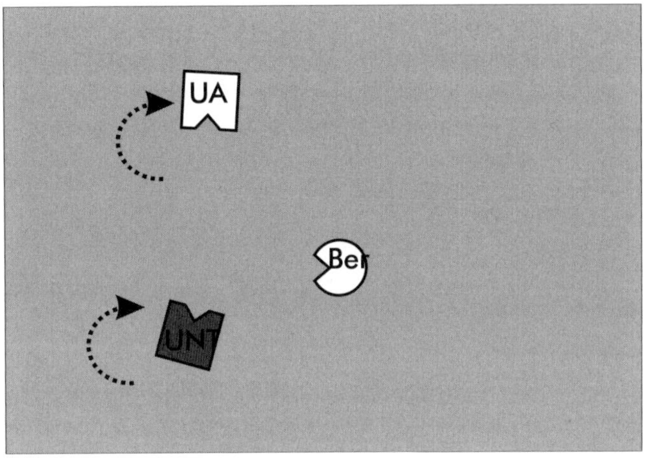

Diese Um-Positionierung ermöglicht dem Berater, Klarheit über die Qualität von angemessener Nähe, Distanz und zu den Grenzen zu finden. Der Unterauftraggeber hatte sich in die Unternehmenspolitik eingemischt und Entscheidungen getroffen und umgesetzt, die vom Unternehmer hätten gefällt werden müssen. Insbesondere auch über die ökonomischen Grenzen: bisher gab es kein Budget und keinen Ausdruck über das Unbehagen des Ausgabe-Gebahrens des Externen.

Ich schlage ihm – sprachlich – eine Extremposition vor: wie es sich für ihn anfühlt, wenn er sich von dem „Unter-Auftragnehmer" trennt (s. Bild 4). Mit Blick auf das begonnene Projekt erschreckt ihn das zunächst sehr. Je mehr er sich aber über die Inhalte und Ziele des anstehenden Gesprächs klar wird, desto mehr Argumente führt er von sich aus an, die eine Zusammenarbeit erschweren bzw. unmöglich machten. Zum Abschluss sagt er, dass ihm klar sei, dass die Nichteinhaltung abgesprochener Grenzen von seiten des Externen eine zukünftige Trennung nach sich zöge. Inwieweit er das auch in dem anstehenden Gespräch erwähnen werde, mache er von dem Gesprächsverlauf abhängig.

Bild 4: UNT: Unternehmer-Berater, BER: Beraterin, UA: Unter-Auftragnehmer

Die wichtigste Intervention in diesem Prozess war die Exploration der „extremen" Lösung, indem meine Kunden spürten, wie sich die Beendigung der Zusammenarbeit mit dem Externen anfühlte. Mehr als eine Orientierung war im Kontrakt zu diesem Aspekt der Beratung nicht gewünscht und auch nicht notwendig (die Informationen zum Handeln lagen ja auf dem Tisch). Die Beteiligten wussten um die Bedeutung der Grenzen und um die Notwendigkeit klarer Absprachen im Kontrakt mit dem Unterauftragnehmer. Dem unternehmerisch tätigen Berater wurden die Konsequenzen bewusst, wenn er die Grenzziehung unterlässt und auch die Führung (weiterhin) nicht übernimmt.

Interessanterweise ging es bei der Grenzziehung vor allem um Fragen der Zugehörigkeit(en): Wer gehört zu welchem System? Eine Frage, die sich in Beratungsfirmen immer wieder stellt, die mit Freelancern arbeiten oder sich als sukzessiver Aufbau von Partnerschaften oder Sozietäten entwickeln.

Hilfsmittel sind natürlich nur bis zu einem gewissen Grad in der Lage, Aufstellungen zu „simulieren", wie ja auch aus den Äußerungen der Beraterin im voranstehenden Beispiel hervorgeht. Ein „Stellen Sie sich vor, die Figuren stehen als Stellvertreter im Raum" kann sicher einen öffnenden Prozess in Gang setzten. Manchmal ist das dann auch eine Vorbereitung für eine „richtige" Aufstellung, in der lösende Wirklichkeiten „gefunden" werden.

Jedoch: In den – über dich vor einigen Jahren bezogenen – Holzfiguren, welche wegen ihrer Größe schon prächtiges Anschauungsmaterial abgeben, sitzt der Holzwurm. Das scheint mir eine geeignete Metapher für die Grenzen ihrer Nutzung ...

Zweierlei Verschränkungen

Der nächsten Facette will ich einige Bemerkungen zur Verschränkung von Persönlichem und dem Handeln in der Berufsrolle vorausschicken. Mit „Verschränkung" bezeichne ich hier die wechselseitige Abhängigkeit bzw. Beeinflussung beider Lebensbereiche. Zunächst: Es ist natürlich einsehbar, dass in der Person einer Führungskraft bzw. eines Mitarbeiters das „Private" und das „Berufliche" zusammenfließen. Insofern ist jede Trennung beider Lebensbereiche künstlich, die über die Absicht hinausgeht, diese dadurch besser unterscheiden zu können.

Die berufliche Rolle ist nicht unbeeinflusst von der persönlichen Biographie. Die Quelle dieser Wechselseitigkeit mag dabei aus der Herkunftsfamilie oder aus „alten" Erfahrungen des Berufsweges stammen. Bei erstem handelt es sich dann um Verschränkungen mit der familiären Verstrickung. Es sei denn, der Klient stammt aus einem Familienunternehmen: dort ist solcherlei spitzfindige Differenzierung obsolet, da meist beides ebenso kaum zu unterscheiden ist, wie für die Betroffenen das grundsätzliche Dilemma zu vermeiden (*Siefer* 1996; *Simon* 1999).

Es gibt in der Beratung, insbesondere in Coaching, Rollenberatung und Supervision, Anfragen bzw. Anliegen, bei denen die – zumindest teilweise – Rekonstruktion des Karriereweges hilfreich ist. Sie kann dazu führen, ungenutzte Ressourcen aufzuspüren oder gegebenenfalls Hindernisse und Blockierungen in erstere zu verwandeln, so dass sie für eine erfolgreiche Gestaltung der beruflichen Zukunft (re-)aktiviert werden können. Ein Beispiel dazu aus einem Aufstellungs-Seminar:

Ein Trainer, wirtschaftlich sehr erfolgreich, sieht sich in seiner weiteren beruflichen Zukunft eher eingeschränkt. Für eine neue Produkt-Entwicklung fehle es ihm an Zeit und für die Weiterentwicklung der Firma zu einem größeren Unternehmen an Mut. Wir stellen zunächst (nur) ihn auf und einen Stellvertreter für seine berufliche Zukunft (s. Bild 5).

Bild 5: Tr: Trainer, bZu: berufliche Zukunft

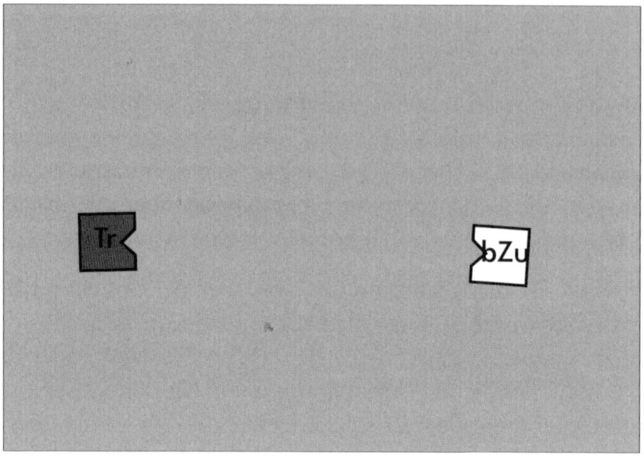

Bei dem Interview zu Beginn der Arbeit stellte sich heraus, dass er den Einstieg ins Trainingsgeschäft durch die Tätigkeit in einer Beraterfirma schaffte. Dort waren maßgeblich zwei amerikanische Consultants, die als seine Mentoren fungierten, ihn vom technischen Vertrieb in die Firma geholt und ihn so gefördert hatten, dass er sich nach einigen Jahren selbständig machte. Diese stellten wir nun an die Seite des beruflichen Weges.

Bild 6: Tr: Trainer, M 1, 2 : Mentoren, bZu: berufliche Zukunft

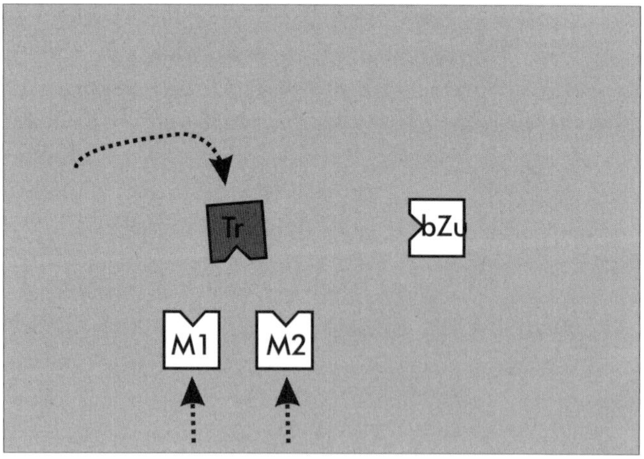

Dann forderte ich den Trainer auf, sich vor die Mentoren zu stellen. Und ihnen für alles zu danken, was er von ihnen an Hilfe und Unterstützung bekommen hat. Auch das Rüstzeug für seinen aktuellen Erfolg. Danach wendete er sich wieder dem Stellvertreter der „beruflichen Zukunft" zu.

Entscheidend war für ihn, dass er durch die Begegnung mit den (Stellvertretern der) Mentoren in eine neue Qualität des Kontaktes mit seiner „beruflichen Zukunft" kam. Es kam etwas zwischen den Personen bzw. Positionen ins Fließen; der Trainer gewann sichtbar an Selbstvertrauen und Bezug zur eigenen Kraft, seine berufliche Zukunft zu gestalten.

Bild 7: Tr: Trainer, M 1, 2 : Mentoren, bZu: berufliche Zukunft

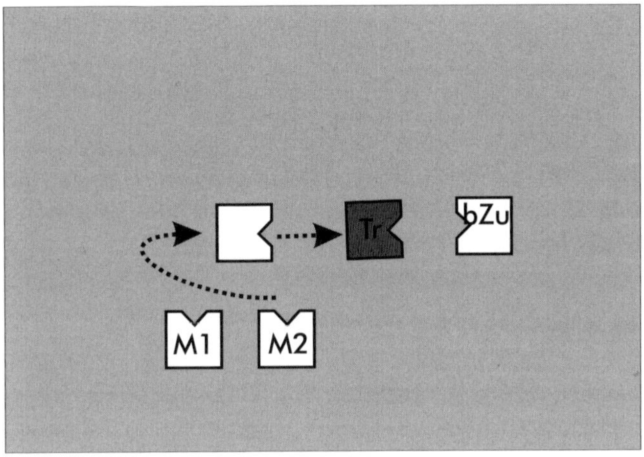

Für den Leser – insbesondere den Familien-Aufstellern unter ihnen – ist es natürlich wichtig, den beruflichen Kontext des Klienten zu beachten. Eine solche symbolische bzw. rituelle Handlung des Dankes an die Mentoren ist in solchen Geschäftsbeziehungen etwas völlig Ungewöhnliches. Damit will ich nicht sagen, dass Danksagungen in den Business-Etagen deplaziert seien oder wirkten, sondern dass die besondere Anerkennung der Unterstützung bei den „Wegbereitern" sowie die herausragend persönliche Bedeutung, die sie in dieser Arbeit erlangt hatte, weit über das hinausgeht, was unter solchen „Machern" üblich ist.

Man nimmt es dort eher sportiv und rational (-isiert): „Potentials" zahlen den Mentoren ihre „Investition" in „Manpower" in Form von Ergebnissen und guten „Zahlen" zurück. Nicht umsonst war ein Artikel im Zusammenhang der – inzwischen gescheiterten – Fusionsabsicht der beiden größten deutschen Banken im FAZ-Feuilleton mit „Zweieinhalb Billionen Seelen" überschrieben (*Siemons* 2000). Dass mit der genannten Zahl die (ak-)kumulierte Bilanzsumme der Institute gemeint war, spricht über die Dynamik der Bezogenheiten unter den Entscheidern ebenso Bände, wie der eigentliche Fokus des Artikels, handelte der im Kern doch von der Subkultur ...

Ich möchte hier keine Binsenweisheiten aussprechen; das Aufsuchen der Mentoren, wie in diesem Fall kann ja durchaus auch mit anderen Arbeitsformen, wie z.B. mit Rollenanalyse, OE-Lifelines oder NLP-Timelines geleistet werden. Ich möchte aber auf ein Potential aufmerksam machen, das die Arbeit mit Aufstellungen im beruflichen Kontext auszeichnet: neben der physiologischen Erfahrung, die ja grundlegend für die Bildung und Entstehung der Bilder bzw. Metaphern ist (*Lakoff/Johnson* 1998), ist es die Qualität des Kontaktes, die auf tieferen Ebenen lösen und berühren kann.

Auch beim Aufstellen im beruflichen Feld geht es um den inneren Vollzug einer Wirklichkeit, die nicht nur um einer „höheren Ordnung" willen (oder gar einer moralistischen Einforderung einer solchen) anerkannt werden will. Ordnungen verhalten sich zur Tiefe wie Öl zum Wasser ... Aufstellungsarbeit stiftet ihren größten Nutzen, wenn der Aufsteller den Vollzug im Blick behält. Und das ist wahrlich revolutionär – sowohl für Berater als auch für Unternehmer bzw. Manager (m/w).

Im Übrigen habe ich den o.g. Trainer in seiner Skepsis gegenüber der Methode und meiner Arbeitsweise, auch die Verschränkungen anzuschauen soweit es mir die Klienten erlauben, bestärkt. Am Ende der Aufstellung meinte er: „Was du daraus (gemeint war seine Verwirrung zu Beginn des Interviews) gemacht hast! Alle Achtung!"

Beruf und Partnerschaft

Bevor zum Abschluss meines Beitrages noch die Dokumentation einer einfachen Aufstellungsarbeit folgt, will ich noch auf einen Aspekt der Verschränkung eingehen, der in meiner Arbeit gegenwärtig an Bedeutung gewinnt: der Verschränkung von Beruf und Partnerschaft bzw. mit der Gegenwartsfamilie. (Wir sind ja in der Gestaltung des Alltages selbst davon betroffen. Und auf der Handlungsebene gibt es ja nur vorläufige Lösungen.) Mein Interesse gilt dabei Fragen der Wechselwirkung von Berufs- und Privat- bzw. Familienleben von berufstätigen Paaren. Also wie sich beides gegenseitig unterstützt, fördert oder auch beschränkt bzw. erschwert. Aus der Beratung/Therapie mit Paaren ist ja bekannt, dass eine gute Lösung sich durch die Erleichterung aller Beteiligten auszeichnet (*Neuhauser* 1999).

Wie du weißt, sind *Albrecht Mahr* und ich 1998 in einem Kurs diesem Phänomen der Verschränkung zum ersten Mal intensiver begegnet; es gelang jedoch (noch) nicht, sie in einer Aufstellungs-Arbeit sichtbar und bearbeitbar zu machen. Daher haben wir uns damals mit einer Trennung von Familien- und Organisations-Aufstellungen bzw. in die Aufspaltung in einzelne Arbeiten beholfen, und dann gesehen, wie die Lösung durch zwei Arbeiten wirkt: z.B. bei Paaren auch in zwei Organisations-Aufstellungen. Die Zeit und die Erfahrungen sind aber fortgeschritten. Inzwischen fließt das mehr ineinander über; dann arbeite ich oft nur mit „Facetten", also Teilaspekten, was der Lösungsorientierung des Klienten aber auch zugute kommt. Andererseits hängt die Bereitschaft des Klienten zu solch einem Lösungs-Prozess der Verschränkung auch von seinen Vorerfahrungen und seiner persönlichen Reife ab.

So ist für den nachfolgenden Fall bezeichnend, dass die Klientin, von Beruf Lehrerin mit therapeutischer Ausbildung, also aus dem Non-Profit-Bereich kommend, große Vorerfahrung in Selbsterfahrungsprozessen hatte und ein Jahr zuvor ihre Paarbeziehung, sie ist ohne Kinder, aufgestellt hatte (was nach ihrer Aussage sehr positive Auswirkungen zeigte).

„Wie schön, dass du mein Herz kennst!"

Der Fall

Neben ihrer Arbeit als Lehrerin arbeitet Magda mit geringem Zeitbudget als Therapeutin. Dabei teilte sie sich lange Jahre mit einer Kollegin Praxisräume. Die Kollegin will sich nun verändern; die Tätigkeit der Klientin bringt aber derzeit nicht so viel ein, dass sich davon die gesamten Praxisräume finanziell tragen. Ihr Mann, selber selbständig, hat ihr auch schon vorgeschlagen, die Räume für seine Tätigkeit anzumieten.

Ihr, wie die Dokumentatorin hier vermerkte, („offizielles") Anliegen: „Gebe ich die Praxisräume – und damit meine Arbeit als Therapeutin auf?"

Ich schlage ihr vor, eine/n Stellvertreter/in für sich, eine/n für die Schule und eine/n für die Praxis aufzustellen (s. Bild 8).

Bild 8: Mag: Magda, S: Schule, P: Praxis

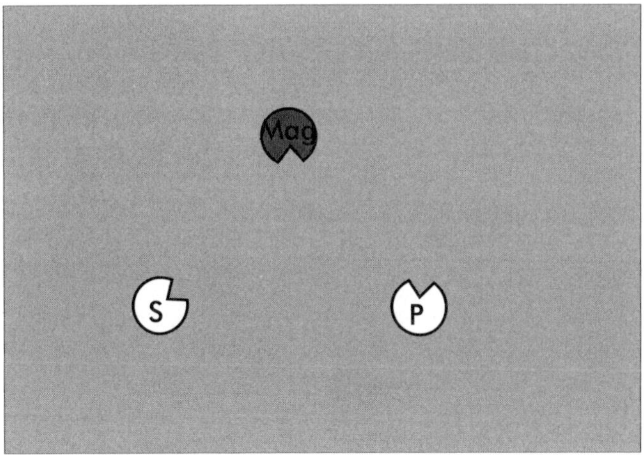

THOMAS SIEFER: Ich frage die Protagonisten, wie es ihnen geht.

STV. SCHULE: Es ist schwer.

STV. PRAXIS: Mir geht es gut.

STV. MAGDA: Ich schaue da hindurch, auf eine dritte Möglichkeit.

THOMAS SIEFER: Stellt einen Stellvertreter für Magdas „Mann" in deren Blickrichtung. Und dreht die Stellvertreterin für die Praxis so, dass sie sich ansehen können (s. Bild 9).

THOMAS SIEFER: Wie ist das, was ist anders?

Bild 9: Mag: Magda, M: Magdas Mann, S: Schule, P: Praxis

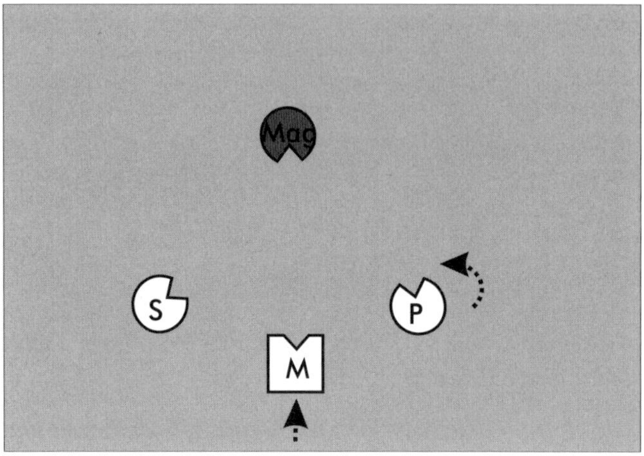

STV. SCHULE: Für mich ist es entlastend.

STV. PRAXIS: Die Sonne geht auf!

STV. MAGDA: Ich bekomme mehr Luscht. (Dialekt: „Lust"; A.d.V.)

STV. MANN: Mir geht es gut.

THOMAS SIEFER: Stellt die Stellvertreterin der „Praxis" neben den des „Mannes" (s. Bild 10).

Bild 10: Mag: Magda, M: Magdas Mann, S: Schule, P: Praxis

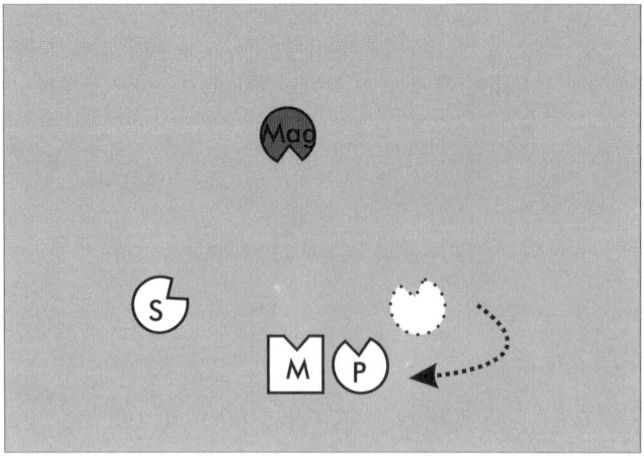

STV. SCHULE: Entlastend.

STV. PRAXIS: Für mich auch.

STV. MANN: Gut.

STV. MAGDA: Mein Mann und die Praxis nebeneinander haben für mich eine gute Energie!

THOMAS SIEFER (zu Magda): Was sagst du denn dazu?

MAGDA: Ich trau dem nicht so ganz.

THOMAS SIEFER: 1. Stellt die Stellvertreterin von „Magda" an die andere Seite ihres „Mannes", ihm leicht zugewandt. 2. Wendet ihr die Stellvertreterin der „Schule" zu. 3. Stellt die Stellvertreterin der „Praxis" nach rechts den Stellvertretern von „Magda" und ihrem „Mann" zugewandt, so dass alle sich im Blick haben (s. Bild 11).

Bild 11: Mag: Magda, M: Magdas Mann, S: Schule, P: Praxis

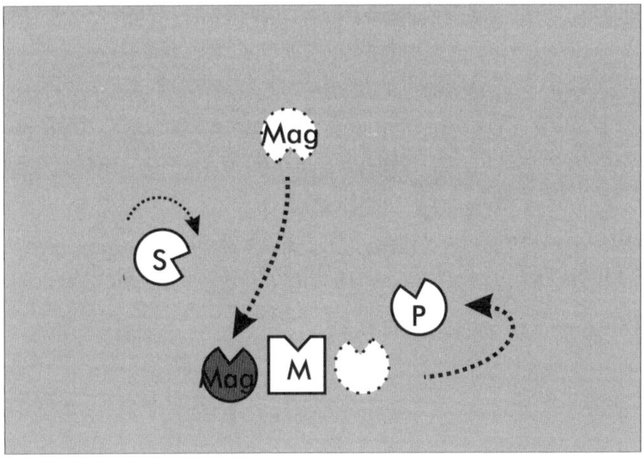

THOMAS SIEFER: Wie ist es jetzt?

Allen Stellvertretern geht es gut.

Magda stellt sich an ihren Platz.

THOMAS Siefer: Sollen wir noch etwas machen ?

Magda stimmt zu.

THOMAS SIEFER: Sag deinem Mann: „Wie schön, dass du mein Herz kennst!"

MAGDA (bewegt): Wie schön, dass du mein Herz kennst!

STV. MANN: Stimmt nickend zu.

Da du dir, lieber Heribert, auch eine „Prozessbegleitung“ gewünscht hast, möchte ich gerne zum Abschluss noch einen Auszug aus dem Brief der Klientin wiedergeben, welcher mich einige Wochen später auf meine Bitte erreichte, ihre Aufstellungs-Arbeit veröffentlichen zu dürfen:

Lieber Thomas,

herzlichen Dank für deinen Brief, er hat mein Herz erfreut – wie schön, von dir zu hören. Ja, dein Seminar und meine Aufstellung haben mir sehr gut getan – gerade zu diesem Zeitpunkt. Ich habe mit meinem Mann alles besprochen, und es war und ist ganz klar: „Ja, wir machen das gemeinsam!“ Das bringt unserer Beziehung viel Kraft, Spaß und neue Perspektiven, es stimmt so rundum.

In den Tagen nach der Aufstellung hat das Ganze noch an Brisanz gewonnen – es ist doch nichts umsonst -, als meine Kollegin mir fast vier Monate nach ihrer Entscheidung, aus der Praxis wegzugehen, mitgeteilt hat, dass sie doch gerne – zumindest tageweise – bleiben möchte ...

Ich konnte mir das in Ruhe anhören, habe ihr kurz von der Aufstellung erzählt und sie um eine Woche Zeit gebeten. Ziemlich schnell fiel mir dein Satz ein: „Achte darauf, was dich schwächt und was dich stärkt!“ Ich habe sofort gemerkt, wo die Kraft liegt, und meiner Kollegin später liebevoll abgesagt.

So hat die Aufstellung im Nachhinein zusätzlich an Bedeutung gewonnen und weiter gewirkt. ... – und natürlich kannst du meine Aufstellung veröffentlichen ...

Herzliche Grüße auch von meinem Mann.

Magda

Das war’s.

Herzliche Grüße aus Velbert!

Christa Biewer: Erfahrungen aus der Aufstellungsarbeit im Rahmen der kollegialen Supervision eines Teams, das mit schwerst mehrfachbehinderten Menschen arbeitet

Der hilfreiche Weg, Beziehungen, Gefühle sichtbar werden zu lassen, zu klären, neue Wege oder auch den nächsten Schritt erkennen, einen guten Platz für alle zu finden

Vorbemerkung

Dies ist ein sehr persönlicher Bericht, und ich möchte darin die Erfahrungen beschreiben, die ich mit der Aufstellungsarbeit als Leiterin eines Förder- und Betreuungsbereiches machte. In diesem Kontext wird die Aufstellungsarbeit nicht als Familienaufstellung eingebracht, sondern als Aufstellung der verschiedensten Systeme, die in unserem Beruf wirken:

- die Gruppe (Betreute und ihre Betreuer),
- das nächst größere System derer, die in Betreuungsarbeit stehen, also auch die mit uns in enger Verbindung stehenden Angehörigen,
- das Gesamtsystem der Einrichtung oder
- Probleme (Problemaufstellung).

Die Aufstellungsarbeit stellt bei uns also eine Möglichkeit der kollegialen Supervision dar. Da die Arbeit im „Förder- und Betreuungsbereich" meist unbekannt ist, werde ich diesen besonderen Aufgabenbereich innerhalb der Behindertenarbeit kurz beschreiben.

Die Menschen, das Arbeitsfeld, seine Zielsetzungen und Besonderheiten

Der Förder- und Betreuungsbereich, auch „Fördertagesstätte“ genannt, bietet für erwachsene Menschen, die aufgrund der Schwere und Komplexität ihrer Behinderung einer besonderen Betreuung bedürfen, ein „tagesstrukturierendes Angebot“. Dieses ist sehr vielfältig und breit gefächert und orientiert sich – ganz allgemein formuliert – an den elementaren Bedürfnissen des Menschen. Als oberstes Ziel dieser Arbeit sehen wir die Vermittlung und Verbesserung von Lebensqualität für die von uns betreuten schwerstmehrfach behinderten Menschen.

Das Spektrum der verschiedenen Angebote reicht von der pflegerischen Versorgung über entsprechende Beschäftigung bis zu heilpädagogischen und therapeutischen Angeboten. Die Betreuung in einem klaren, überschaubaren Rahmen wird dadurch ermöglicht, dass die Betreuten ihren Tag in Kleingruppen mit familienähnlicher Atmosphäre verbringen. Eine solche Kleingruppe besteht aus sechs bis sieben Betreuten und zwei hauptamtlichen Fachkräften.

Die in unserer Einrichtung betreuten Menschen bringen unterschiedliche Behinderungen mit. Dies können sehr schwere geistige Behinderungen, häufig verbunden mit Störungen oder dem Ausfall bestimmter Sinne sein; unter Umständen auch gekoppelt mit einer körperlichen Behinderung. Aber es gibt auch Menschen mit autistischer Behinderung bei gleichzeitig bester körperlicher Verfassung, sowie Menschen mit schwersten Mehrfachbehinderungen ohne geistige Einschränkung.

Daneben betreuen wir Menschen, die als Unfallfolge ein schweres Schädelhirntrauma erlitten haben, verbunden mit einer Mehrfachbehinderung. Sie erleben ihre Behinderung häufig als ein für sie fast unerträgliches Schicksal, gegen das mit Wut gegenüber anderen Menschen oder Sachen rebelliert wird. Erinnerungsfetzen an ein früheres Leben sind vorhanden, jedoch fehlt hier aufgrund der geistigen Behinderung und der Unfähigkeit sich zu artikulieren die Möglichkeit, das Geschehen zu bearbeiten. Betreuer und Angehörige sind mit all diesem Schmerz und all dieser Wut konfrontiert; und mit einem Gefühlsspektrum, das von Hoffnungslosigkeit und Apathie bis hin zur Todessehnsucht reicht.

Anforderungen an das betreuende Personal, die weit über rein fachliche Qualifikationen hinausgehen

Der Förder- und Betreuungsbereich stellt ein Arbeitsfeld dar, in dem Intensivarbeit zu leisten ist. Als wichtigste Grundlage dieser Arbeit muss der Aufbau und die Pflege der Beziehung angesehen werden.

Wir sind mit Menschen konfrontiert, die neben oder als Folge ihrer Behinderung erhebliche Probleme haben mit der Umwelt und mit deren Anforderungen zurecht zu kommen. Ihr Verhalten wird deshalb häufig als störend, als schwer auszuhalten erlebt und bis auf wenige Ausnahmen leben sie seit ihrer Geburt fremdbestimmt. Die von uns betreuten Menschen sind darauf angewiesen, dass wir als professionelle Betreuer alle Möglichkeiten der Unterstützung ausschöpfen.

Das bedeutet, dass wir verstehen, was über einzelne Laute, über die Mimik oder unter Zuhilfenahme von Bildern und Symbolen ausgedrückt wird – dass wir entschlüsseln, was da ausgedrückt wird in der Sprache von selbst- oder fremdverletzenden Handlungen, durch schrille Schreie, durch Rückzug und sonstige Verhaltensweisen, die im allgemeinen als schwere Verhaltensstörung beschrieben werden. Von dem Betreuten wird erwartet, dass wir auf die zugrunde liegenden Bedürfnisse eingehen.

Das Betreuungspersonal wird so tagtäglich mit hohen Anforderungen an die Persönlichkeit jedes Einzelnen konfrontiert. Das bedeutet physische und psychische Belastbarkeit bei gleichzeitig hoher Sensibilität und Empathie. Wir müssen Nähe geben können und gleichzeitig die notwendige Distanz haben; die Betreuten annehmen und trotzdem konsequent, aber auch kongruent im Umgang mit ihnen sein können; eine anstrengende und andauernde Gratwanderung.

Meine Grundsätze, Vorgehensweisen und Erfahrungen beim Einsatz der Aufstellungsarbeit

Zwangsläufig ergibt sich aus den zuvor beschriebenen Aufgabenstellungen beim Betreuungspersonal ein hoher Bedarf bezüglich Anleitung, Reflexion und Unterstützung in Form von Supervision. Neben den verschiedensten Formen der Teamarbeit und der Fallbesprechung nimmt die Aufstellungsarbeit innerhalb des Förder- und Betreuungsbereiches bei der Mehrzahl der Betreuer einen ganz selbstverständlichen Platz ein. Dies ergab sich aus dem Sachverhalt, dass ich diese „Methode“ in der kollegialen Supervision anbot. Ich stellte den verschiedenen Teams die Methode vor und teilte den Betreuern einiges an Hintergrundwissen mit. Schon bald traten die Betreuer an mich heran, um die Methode einmal auszuprobieren. Das phänomenologische Vorgehen war für die meisten neu und unbekannt, und es weckte Neugier. Und seit die Betreuer sahen und erlebten, welche guten Erfahrungen damit gemacht, welche Lösungen dadurch gefunden werden können, hat sich dieses Angebot in der internen Supervision etabliert.

Die an der Aufstellungsarbeit interessierten Kollegen treten inzwischen von sich aus mit der Bitte nach einer Aufstellung an mich heran. „Wir haben schon so vieles ausprobiert, wir wissen nicht mehr weiter und möchten deshalb aufstellen.“

Das in einer Aufstellung zu bearbeitende Anliegen ist überwiegend die Suche nach dem „guten Platz“ von Betreuten. Daneben können auch Konflikte der Betreuer untereinander oder Probleme zwischen Betreuern und dem Elternhaus der Betreuten zur Lösung anstehen.

Zu Beginn der Aufstellungsarbeit in unserer Einrichtung, aber auch heute noch, wenn neue, bislang unerfahrene Kollegen dazu kommen, gebe ich immer wieder Informationen über die Grundsätze der Arbeit und über die phänomenologische Vorgehensweise. Hier entstehen die meisten Fragen. Für jemanden, der noch nie mit phänomenologischem Arbeiten in Berührung kam, bedeutet es nun einmal eine Herausforderung zu erleben, dass Gefühle oder Beziehungsmuster innerhalb eines Systems in der Aufstellung sichtbar und vor allem spürbar werden, dass da jemand Gefühle äußert, von deren Existenz er als Außenstehender doch gar nichts wissen kann. An diesem Punkt entscheidet sich, ob jemand bereit ist, sich einzulassen auf einen Weg, der einerseits zwar einfach und klar und für alle sichtbar vor uns liegt, andererseits auch die Enthüllungen von Geheimnissen birgt und außerdem noch ganz neue Geheimnisse über die Welt, in der wir leben, aufwirft: Es wird in Aufstellungen eine Art von „Wissen“ in uns allen sichtbar, das nicht auf die übliche Art erklärbar ist, und es hat offensichtlich auch Auswirkungen innerhalb des Systems, obwohl diejenigen behinderten Menschen, um deren Geschichte es geht, von dieser Arbeit und dem, was sichtbar geworden ist, in der Regel nichts wissen. Sie spüren Veränderungen in der Haltung der sie betreuenden Menschen, Veränderungen in dem, was wir ihnen anbieten oder auch Veränderungen in der Umgebung. Und dann kann Ruhe eintreten; neue Wege tun sich auf.

Wir können keine Erklärung dafür liefern, warum etwas so und nicht anders sichtbar wird. Alles, was wir wissen ist, dass das, was sichtbar wird, für diesen Moment so stimmt und uns den Lösungsweg oder zumindest den nächsten Schritt auf dem Weg zu einer Lösung zeigt.

Ich habe es mir zur Regel gemacht, den Zweiflern ihre Zweifel zu lassen und niemanden überzeugen zu wollen.

Die Teilnahme an einer Aufstellung ist absolut freiwillig und nur, wenn der Wunsch von den Mitarbeitern kommt, arbeiten wir auf diese Weise. Schließlich werden die teilnehmenden Personen mit zum Teil sehr heftigen Gefühls- und Körperreaktionen konfrontiert und jeder muss für sich selbst entscheiden können, ob er sich dem aussetzen will und kann. Ich betrachte dies als Teil meiner Fürsorgepflicht den Mitarbeitern gegenüber. Denn hier geht es nicht um eine Familienaufstellung, über die jemand seine eigene Geschichte bearbeiten will, sondern es handelt sich um das Arbeitsfeld und die sich daraus ergebenden Probleme. Mir steht es nicht zu, ohne weiteres einem Mitarbeiter die Gefühle anderer zuzumuten. Wenn sich jemand jedoch darauf eingelassen hat und Fragen oder Schwierigkeiten bei der Bewältigung des Erlebten auftauchen, stehe ich zur Verfügung. Dies hat sich bewährt und es zeigt sich, dass der achtsame

Umgang mit dem Einsatz von Aufstellungsarbeit letztendlich dazu beigetragen hat, dass die Mitarbeiter sich darauf einlassen konnten.

Lösungen oder Teilschritte, die in Aufstellungen sichtbar wurden, sprechen eine überzeugende Sprache. Wir konnten feststellen, dass mit Hilfe einer Aufstellung von 60 bis 90 Minuten (einschließlich Nachbesprechung) schneller und effektiver Lösungen gefunden wurden als je zuvor. Vor allem werden Lösungsansätze sichtbar, die wir auf anderem Wege möglicherweise nie erkannt hätten.

Der gute Umgang mit der Aufstellungsarbeit setzt voraus, dass ich als Leiterin mit Achtsamkeit und einem hohen Maß an Verantwortung gegenüber allen Beteiligten – den Betreuten und ihren Problemen, den betroffenen Mitarbeitern, den Stellvertretern und dem, was sie erleben – die Ernsthaftigkeit und Seriosität dieser Arbeit deutlich mache und selbst lebe. Dazu gehört auch die Bewusstheit, in wessen Interesse wir handeln und was generell unser Auftrag in dieser Einrichtung ist.

Mittlerweile wissen alle Beteiligten, dass es sich bei den wahrgenommenen Körperreaktionen keinesfalls um ein nettes „Zauberkunststückchen" handelt, auch wenn es Gefühle und Impulse sind, die allemal sehr heftig sein können und nichts mit der allgemeinen Befindlichkeit des Einzelnen zu tun haben. Diese Methode wurde von uns als Methode der kollegialen Supervision genutzt, auch wenn sie aus der psychotherapeutischen Arbeit *Bert Hellinger*s mit Familienaufstellungen entwickelt wurde.

Ich konnte feststellen, dass die Mitarbeiter des Teams von Beginn an sehr ernsthaft in die Aufstellungsarbeit eingestiegen sind und sehr interessiert waren. Eine achtsame und sensible Arbeitsatmosphäre und als Folge davon ein starkes Energiefeld ließen uns stets eine gute Lösung und einen guten Platz für alle in der Aufstellung finden.

Unter „Lösung" sehe ich im gegebenen Rahmen beispielsweise
- ein besseres Verstehen der Situation und daraus resultierend einen ersten Schritt in eine neue Richtung,
- das Erkennen, dass eine größere Veränderung, z.B. ein Gruppenwechsel für eine Person, ansteht,
- die Wiederherstellung einer guten Ordnung,
- die Klärung der hierarchischen Situation.

Unsere Vorgehensweise bei Aufstellungen sieht folgendermaßen aus: In der Regel stellen wir während der Betreuungszeit auf. Das bedeutet, die Mitarbeiter müssen die Betreuung ihrer Gruppe durch andere Kollegen organisieren. Sie müssen auch selbst für die notwendige Anzahl Stellvertreter sorgen. Wie bereits erwähnt, arbeite ich nur mit Personen, die sich freiwillig zur Verfügung stellen.

Mit den Mitarbeitern, die eine Aufstellung wünschen, bespreche ich zunächst, wer zur Aufstellung gehört und wie das Anliegen am besten formuliert werden könnte. Die genaue Formulierung ist Sache der Aufstellenden. Wenn es sich um einen behinderten

Menschen handelt, wird in dieser Phase auch bereits geklärt, ob das Anliegen tatsächlich in dessen Interesse liegt.

Um die Mitarbeiter auf die Aufstellungen einzustimmen und einen Abstand zur Alltagssituation herzustellen, lade ich die Mitarbeiter vor der Aufstellung zu einer Entspannungsübung ein, bei der wir den Atem in alle Körperteile schicken und durch das Spüren des eigenen Körpers die Aufmerksamkeit nach innen richten. So helfe ich den Mitarbeitern, in die Aufstellungssituation hinein zu kommen. Hinterher achte ich sorgfältig darauf, dass sie die eingenommenen Positionen und das „In-den-Dienst-genommen-Sein“ wieder verlassen können. Dazu eignen sich Übungen wie das „Abschütteln“.

Wir halten uns strikt daran, dass das Wohl der Betreuten im Mittelpunkt unseres Handelns steht und nicht sonstige Interessen in den Vordergrund rücken. Nur das, was für eine Lösungsfindung notwendig erscheint, wird zunächst in die Aufstellung eingebracht. Wir vertrauen darauf, dass sichtbar wird, wenn etwas fehlt oder ein Aspekt übersehen wurde. Damit wurden bis jetzt gute Erfahrungen gemacht.

Beispiel I: Ein guter Platz für Frau C.

Der Fall von Frau C. wurde mit dem Anliegen „Missbrauch“ eingebracht. Obwohl der Missbrauch bereits lange vor unserer gemeinsamen Zeit stattgefunden hatte, wurde ihr auffälliges Verhalten (Frau C. war sehr unruhig, wollte sich nicht am Gruppenleben beteiligen, war statt dessen extrem auf eine Person aus dem Team fixiert) mit dem damaligen Missbrauch in Verbindung gebracht.

In der Vorbesprechung wurde schnell klar, dass wir dieses Thema nicht in einer Supervisionsaufstellung bearbeiten *dürfen.* Ohne einen therapeutischen Auftrag steht es uns nicht zu, in das sicherlich schwere Schicksal der behinderten Frau einzugreifen, etwas für sie lösen zu wollen, auch wenn es noch so gut gemeint ist. Es geht hier um den Respekt vor dem Schicksal eines Menschen.

Und so konnte es in der Supervision nur um unsere Beteiligung bei dem auffälligen Verhalten gehen. Unter dieser Zielsetzung lief unser Anliegen bald darauf hinaus, zu klären, wie diese Frau einen guten und sicheren Platz in ihrer Gruppe finden kann. Doch das ursprünglich eingebrachte Anliegen blieb im Hinterkopf und aus unserer Erfahrung wussten wir, dass es sich zeigen würde, wenn das Thema Missbrauch im Mittelpunkt stünde.

Während der Aufstellung sahen wir von Beginn an eine Frau, deren Stärke und Power für alle im Raum anwesenden Personen – in diesem Falle alle Mitarbeiter des Teams – spürbar war. Und sie ließ „die Puppen tanzen“.

Sie sagte jedem der Beteiligten, wo dessen Platz sein sollte, damit sie den besten Blick auf die einzige Person hatte, die ihr wichtig war: eine Mitarbeiterin, die über einen langen Zeitraum mit ihr heilpädagogisch gearbeitet hatte. Niemand sonst interessierte sie in diesem Augenblick.

Nachdem eine gute Ordnung gefunden worden war, ließ ich die von ihr so fokussierte Kollegin vor sie treten und ihr sagen: „Ich bin nur deine Betreuerin, ich bin nicht deine Mutter. Und meine Aufgabe ist es, auch noch für andere da zu sein"

Das ließ Frau C. zur Ruhe kommen und brachte auch für alle anderen ein Gefühl der Entlastung. Nach diesem Vollzug konnte sich auch die heilsame Wirkung einer zuvor gefundenen guten Ordnung zeigen. Wir konnten die Aufstellung abschließen.

In der anschließenden Nachbesprechung, bei der alle im Raum anwesenden Personen ihre Beobachtungen mitteilten, kam noch einmal ganz klar zum Ausdruck, dass plötzlich ein starkes Gefühl der Entlastung, vor allem bei den unmittelbaren Betreuern, aber auch bei den übrigen Gruppenkollegen von Frau C. entstanden war.

Das Entlastende war, ihre Stärke zu spüren und zu sehen und dass sie im Augenblick gar nicht so viel brauchte, sondern selbst sehr gut für sich sorgen konnte. Wichtig war auch der Fokus-Wechsel: Wo sich zuvor alles auf das Thema „Missbrauch" konzentriert hatte, fand nun die Auseinandersetzung mit einem anderen Thema statt. Wie man die Erfahrungen der Aufstellung konkret umsetzen könnte, wurde mit den Mitarbeitern in einer späteren Besprechung erarbeitet.

Durch die Aufstellung war den Betreuern auch klar geworden, dass ihre Bemühungen, Frau C. stärker in das Gruppenleben einzubinden, deshalb ins Leere gingen, weil dies überhaupt nicht dem Bedürfnis von Frau C. entsprach. Sie brauchte vielmehr einen angemessenen Freiraum, in dem sie sich genau die Aufmerksamkeit und Zuwendung holen konnte, die sie tatsächlich brauchte.

Über den Vollzug in der Aufstellung war die Beziehung zu der früher mit ihr arbeitenden Kollegen geklärt worden. Das wirkte sich auf beide entlastend und beruhigend aus. Alle Betreuer können seither entspannter mit Frau C. und ihrer „Umtriebigkeit" umgehen. Es hat sich gezeigt, dass sie über sehr viel Kraft verfügt und einen Weg gefunden hat, mit ihrem Schicksal zu leben. Niemand muss es ihr abnehmen oder lindern.

Unsere Aufgabe besteht vielmehr darin, Frau C. einen guten und angemessenen Rahmen für die Tagesgestaltung zu bieten, Unterstützung beim Ausprobieren von Neuem, um ihr dadurch ein Ausweiten ihrer Handlungsspielräume zu ermöglichen, ihr also insgesamt bei der Weiterentwicklung ihrer Persönlichkeit hilfreich zur Seite zu stehen. Darunter verstehen wir auch, einfach für Frau C. da zu sein und ihr eine achtsame und geduldige Begleitung anzubieten, wenn es ihr weniger gut geht.

Beispiel II: Ein guter Platz für Herrn A.

Auch in dieser Aufstellungsarbeit wurde deutlich, dass die Ursache für das Verhalten eines jungen Mannes ganz woanders lag als ursprünglich angenommen.

Herr A. verhielt sich unerklärlich aggressiv und abwertend gegenüber einer Mitarbeiterin, gleichzeitig zeigte er sich in Gesprächen einsichtig, konnte jedoch keinen Grund für sein Verhalten benennen. Herr A. ist nicht geistig behindert, er wird lediglich aufgrund seiner sehr schweren Körper- und Sprachbehinderung in unserer Einrichtung betreut.

Herr A. wusste von dieser Art der supervidierenden Arbeit und hatte zeitweise erwogen selbst aufzustellen, sich dann aber doch anders entschieden. Er war darüber informiert, dass wir auch ohne ihn aufstellten und hatte bis zuletzt die Möglichkeit teilzunehmen.

In der Aufstellung, deren Anliegen lautete: „Was ist zu tun, damit Herr A. einen guten Platz in der Gruppe hat", wurde sehr schnell deutlich, dass diese Frage ohne Bedeutung war. Er zeigte neutrale bis wohlwollende Gefühle gegenüber der von ihm angegangenen Betreuerin. Gleichzeitig wurde offensichtlich, dass es zwischen zwei Betreuerinnen eine Spannung gab. Wir haben an diesem Punkt die Aufstellung unterbrochen, um sie später fortzusetzen.

In der Nachbesprechung kamen wir zu der Arbeitshypothese, dass Herr A. es übernommen hatte, für die Betreuer zu handeln, denn aufgrund einer ungeklärten Situation war das Verhältnis einiger Betreuer untereinander gestört. Dies wurde durch Herrn A. sichtbar und er lebte es auf seine Weise aus. Er brachte deren Störung also „auf den Tisch", weil die Klärung von den beiden Beteiligten bislang vermieden worden war.

Wir haben Herrn A. am nächsten Tag in einem Gespräch mitgeteilt, was uns die Aufstellung gezeigt hatte, nämlich dass sein Platz in dieser Gruppe ein guter ist. Wir haben ihm auch mitgeteilt, dass es eine Störung gibt, die jedoch mit ihm nichts zu tun hat und dass wir deshalb über eine weitere Aufstellung die Lösung des Problems erarbeiten wollen. Auf sein bisheriges Verhalten gingen wir in diesem Gespräch nicht mehr ein. Diese Informationen genügten Herrn A., er war mit dem Ergebnis zufrieden, wirkte ruhig und ausgeglichen.

In der Folge fand eine weitere Aufstellung statt, bei der es um die Auflösung der Spannung zwischen den Mitarbeiterinnen ging. Meine Arbeitshypothese, dass eine Klärung der hierarchischen Ordnung in diesem System anstand, bestätigte sich und wir konnten über Vollzüge die Ordnung herstellen.

Seither ist in dieser Gruppe Ruhe eingekehrt, jeder hat seinen guten Platz gefunden. Herr A. hat sich entschieden, nun doch in der Gruppe bleiben zu wollen. Das frühere Verhalten hat sich erledigt.

Beispiel III: Herr B. und seine Eltern

Dass das Thema unserer Supervisionsaufstellungen nicht immer der „gute Platz“ für den Patienten ist, zeigt das folgende Beispiel.

Herr B., ein junger Mann Mitte zwanzig, sehr schwer körper- und sprachbehindert, kam nach seiner Schulentlassung in unsere Einrichtung. Aussagen von Ärzten, dass er wohl nicht alt werden würde, sorgten sowohl bei den Eltern als auch bei ihm selbst für Ängste. Die Eltern waren ständig um ihren Sohn bemüht. Ihre gesamte Lebensgestaltung richtete sich auf den so schwer behinderten Sohn aus – das war zumindest unser Eindruck.

Der junge Mann kam sehr gerne in unsere Einrichtung, zeigte sich jedoch sehr fordernd in Bezug auf die Zuwendung der Betreuer. Herr B. tat sich schwer zu akzeptieren, dass in einer Gruppe mit fünf ebenfalls schwerbehinderten Menschen jedem das gleiche Anrecht auf einen Betreuer zustand und er somit nicht ständig einen für sich alleine zur Verfügung hatte.

Einmal pro Woche hatte Herr B. neben anderen Angeboten und Beschäftigungen eine Stunde Intensivarbeit mit einer entsprechend ausgebildeten Mitarbeiterin.[1]

In der Folge zeigte sich zwar, dass diese Intensivarbeit für Herrn B. und dessen grundsätzliches Wohlbefinden von Vorteil war, jedoch fiel gleichzeitig auf, dass er sich sehr stark auf diese Mitarbeiterin fixierte. Er hätte sie am liebsten für sich alleine gehabt. Wenn die Kollegin seinem stark fordernden Verhalten nicht entgegenkam, reagierte Herr B. aggressiv bestrafend, indem er einnässte. Einige Male schlug er die Mitarbeiterin gar; auch mit der Faust; auch ins Gesicht.

Gespräche mit Herrn B. veränderten nichts an der Situation, obwohl er sich einsichtig zeigte. Im Elternhaus sprach er nach Aussage der Eltern häufig von der Kollegin. Hier hatte sich offensichtlich einseitig eine starke Bindung entwickelt.

Parallel dazu verhielt sich die Mutter von Hern B. gegenüber der Mitarbeiterin in Gesprächen gereizt und aggressiv. Das Verhältnis zwischen diesen beiden war angespannt. Wir vermuteten einen Zusammenhang zwischen dem Verhalten der Mutter und der starken Hinwendung ihres Sohnes zu der mit ihm arbeitenden Betreuerin.

Aus diesem Grund entschlossen wir uns zu einer Aufstellung. Das Anliegen der Aufstellung bezog sich auf die Spannungen zwischen Herrn B., dessen Mutter und der Betreuerin. Das Ziel war die Auflösung dieser Spannung.

---

1 Gestalttherapie nach *Thijs Besems*, aus der klassischen Gestalttherapie heraus entwickelt für die Arbeit mit behinderten Menschen.

Wir entschieden uns für folgende Personen:

- Herrn B.
- Seine Eltern
- die Betreuer einschließlich der betroffenen Mitarbeiterin
- und eine Person, die für die übrigen Gruppenmitglieder stand.

Die in besonderer Weise betroffene Mitarbeiterin stellte alle an ihren Platz. Die Eltern standen den Betreuern frontal gegenüber. Dazwischen stand Herr B., blickte zwar zu den Eltern, lehnte sich aber fest an die Betreuerin an.

Beim ersten Abfragen der Befindlichkeit wurden bei den Eltern sehr heftige Gefühle sichtbar. Der Vater brach vor Schmerz über die schwere Behinderung seines Sohnes fast zusammen, die Mutter äußerte Konkurrenzgefühle und Wut, gegenüber der Betreuerin. Sie hatte die Befürchtung, dass man ihr den Sohn wegnimmt bzw. dass er ermuntert wird, sich von ihr zu lösen.

Der Sohn stand wie festgenagelt an die Betreuerin angelehnt. Die Betreuerin selbst nahm die heftige Aggression der Mutter wahr, ärgerte sich darüber und fühlte sich gleichzeitig von Herrn B. vereinnahmt. Sie erlebte dies alles als eine Belastung, die für sie nur schwer auszuhalten war.

Beim Sohn war vor allem die Tendenz sichtbar, möglichst weit weg von der Mutter und in unmittelbarem Kontakt zur Betreuerin zu stehen. Sowohl die beiden anderen Betreuer als auch „die Gruppe“ spürten Anspannung; sie waren nicht so heftig tangiert, fühlten sich aber dennoch unwohl auf ihren Plätzen.

Mutter und Vater nahmen sich gegenseitig nicht wahr, beider Blickfeld richtete sich nur auf den Sohn aus; die Mutter mit ihren Ängsten und ihrer Aggression, der Vater mit seinem tiefen Schmerz.

Dann äußerte die Stellvertreterin der Mutter plötzlich, sie halte das alles nicht mehr aus, sie werde gleich ohnmächtig.

Wir haben an dieser Stelle die Aufstellung unterbrochen. Mehr war an diesem Tag nicht möglich. Eine Nachbesprechung mit dem Ziel, das Erlebte noch einmal aus der Meta-Ebene zu betrachten und vor allem alle Protagonisten gut zurückkommen zu lassen schloss sich an. Da dies eine der ersten Aufstellungen war, fühlte ich mich auch dazu verpflichtet, die Mitarbeiter zunächst einmal „verdauen“ zu lassen, was sie erlebt hatten.

Wir setzten die Aufstellung an einem anderen Tag mit Stellvertretern fort. Als erstes veränderte ich die Position der Eltern, so dass sie sich gegenseitig wahrnehmen konnten. Dann ließ ich die Betreuerin vor die Mutter treten und ihr sagen: „Du bist hier die Mutter, ich bin nur die Betreuerin.“ Das brachte für alle spürbare Entlastung. Die Mutter konnte das Gesagte gut annehmen. Den Sohn hatte ich währenddessen neben einen männlichen Betreuer dieser Gruppe gestellt.

Danach konnte sich Herr B. links neben der Mutter aufstellen. Er benötigte dabei zwar immer noch Abstand, konnte aber alleine stehen. Nachdem die Ordnung zwischen Mutter und Betreuerin sichtbar gemacht und gewürdigt worden war, spürten alle, dass Herr B. selbst noch etwas zu erledigen hatte.

Ich ließ Herrn B. ebenfalls vor die Mutter treten, um ihr zu sagen: „Du bist meine Mutter, ich bin dein Sohn und so wird es immer bleiben. Bitte Mama, lass mich gehen." Die Mutter war in der Lage dies anzunehmen und dem Gesagten zuzustimmen.

Zuletzt standen alle auf einem Halbkreis; Herr B. in der Mitte, die Eltern links und die Betreuer rechts von ihm. Die für ihn so wichtige Betreuerin stand in einem für alle stimmigen Abstand hinter ihm. Mit diesem guten Bild beendeten wir die Aufstellung.

Auch hier – obwohl Herr B. nichts von der stattgefundenen Aufstellung wusste – kehrte sofort Ruhe im System ein. Das war in der Folgezeit deutlich spürbar. Herr B. zeigte sich ruhiger und nicht mehr so fordernd. Er wirkte insgesamt zufriedener. Sein aggressives Verhalten trat in dem bisherigen Ausmaß nicht mehr auf.

Das Verhältnis zwischen Mutter und Betreuerin war von diesem Augenblick an ein anderes: Beide gingen in der Folge sehr entspannt miteinander um. Die Kollegin teilte mir später mit, dass dies auch in der Folgezeit so anhielt.

Herr B., die anderen Gruppenkollegen und das Betreuerteam konnten wieder entspannter miteinander umgehen und sich Neuem zuwenden, nachdem sich die „Stolpersteine", die so viel Energie gekostet hatten, aufgelöst und zu ganz normalen Kieselsteinen geworden waren.

Zusammenfassung / evaluierende Berichte

Ich habe die Aufstellungsarbeiten und den Hintergrund dafür nur ganz grob beschrieben. Mein Anliegen war, vor allem die Dynamik in diesen Systemen deutlich zu machen. Weitere Details, die für einzelne Beteiligte von Bedeutung waren, habe ich um der Klarheit und den Schutz der Personen willen weggelassen.

Ein wichtiger Aspekt bei der Aufstellungsarbeit ist bislang unerwähnt geblieben: die Anzahl der benötigten Stellvertreter. Wir arbeiten in der Regel pro Team mit etwa sechs fest angestellten Mitarbeitern plus Zivildienstleistende und Praktikanten. Da jedoch die Teilnahme absolut freiwillig sein muss und wir zumeist während der Betreuungszeit aufstellen, also nicht alle Mitarbeiter zur Verfügung stehen, ist es nicht immer einfach, die benötigte Anzahl Stellvertreter zu haben.

So haben wir in den Aufstellungen oft einen Protagonisten, der für eine „Gruppe von Personen" aufgestellt wird; etwa die Gruppe der „Betreuer", der „übrigen Betreuten" oder auch der „Umwelt". Dies ist immer dann möglich, wenn alle diese „übrigen Betreuten“ als Gruppenverband existieren, zum System gehören, am Thema aber eher in ihrer Gesamtheit denn als Einzelperson tangiert sind. Wir konnten feststellen, dass auf diese Weise das „Gruppengefühl“ gut zu spüren und abzufragen ist.

Wenn die Personalsituation sehr eng war, haben wir statt eines Stellvertreters auch mit einem Stuhl gearbeitet. Ich, als Leiterin der Aufstellung, bin – ähnlich wie es auch bei Einzelaufstellungen möglich ist – kurzfristig und ganz bewusst in das System hineingegangen, um auf diesem Platz abzuspüren, was an Gefühlen und Körperreaktionen auftaucht.

Danach ging ich wieder ganz bewusst aus dem System heraus, um die Position der Leitung einzunehmen. Beim Herausgehen ist es gut, dies auch auszusprechen, tief ein- und auszuatmen, sich gegebenenfalls zu schütteln, um alle Sinneskanäle wieder frei zu haben für das Energiefeld und die Ebene der Leitung.

Schwerstbehinderte Menschen brauchen immer den für sie persönlich sichersten Platz im System. Der tatsächliche Standort spielt keine so bedeutende Rolle. Bei einer Aufstellung wurde stets deutlich, welchen der Betreuer der Betreute tatsächlich an seiner Seite und in seiner Nähe braucht.

Wenn wir die Erfahrungen im Alltag umgesetzt hatten, dann zeigte sich Beruhigung im System. Nicht immer ist die Person, die sich in besonderer Weise um einen Betreuten bemüht oder sich als seine Bezugsperson sieht, tatsächlich auch die Person, die gebraucht wird. Da schwerst mehrfachbehinderte Menschen uns diese Information nur selten selbst mitteilen können, müssen wir auf andere Art und Weise versuchen, den wahren Grund für problematisches Verhalten herauszufinden. Hier kann die Fachlichkeit der Mitarbeiter an ihre Grenzen stoßen. Eine Aufstellungsarbeit, die Gefühle und Beziehungen sichtbar macht, lässt auch in diesem Falle neue oder umfassendere Erkenntnisse zu.

Abschließende Gedanken zur systemischen Arbeit

In der Aufstellungsarbeit habe ich für mich eine sehr effektive Methode der kollegialen Supervision gefunden.

Daneben hat das Denken in systemischen Zusammenhängen nicht nur meinen eigenen Blickwinkel, sondern auch den meiner Mitarbeiter erweitert. Konkret bedeutet dies, dass man mehr sieht: Der Hintergrund erweitert sich, und es rücken auch solche Dinge ins Blickfeld, die sich zwar im Vordergrund, aber an der Peripherie befinden und deshalb nicht oder kaum sichtbar waren. Wenn ich aber mehrere und neue Zusammenhänge erkennen kann, erweitert sich auch mein Verstehen. Dieses Verstehen wiederum stellt die Basis für meine innere Haltung, Menschen und ihren Problemen gegenüber, dar und beeinflusst auch mein Handeln.

Meine persönlichen und beruflichen Werte und Ziele haben dadurch in der Vergangenheit eine Erweiterung und Vertiefung erfahren, und ich kann mit den daraus hervorgegangenen Erfahrungen eine kompetentere Beratung leisten.

Das Erkennen und Anerkennen von Ordnungen und deren Würdigung, das Wissen um grundlegende Dynamiken eines Systems und dessen Bedürfnis, sich zu reorganisieren, wenn Ungleichgewicht entsteht, erweist sich als hilfreich in allen Bereichen.

In der Arbeit mit schwerst mehrfachbehinderten Menschen begegnet uns ein solches Ungleichgewicht und dessen Folgen für das System tagtäglich.

Ein Kind mit schwerer Behinderung zu haben, bedeutet nicht nur ein besonderes Schicksal für den behinderten Menschen, es bedeutet immer auch ein besonderes Schicksal für alle anderen Familienangehörigen. Wenn man durch eine Aufstellung einmal die Gelegenheit hatte, dies aus der Sicht der Eltern zu betrachten, fällt es uns professionellen Betreuern leichter, die besonderen Belastungen und Leistungen einer solchen Familie zu würdigen. Man hält sich dann viel weniger mit kleinlichen Verärgerungen über zu wenig Anerkennung unserer eigenen Leistung auf.

Und letztendlich hat unsere Organisation dadurch auch gelernt, dass keiner von uns unter anderen Bedingungen der gleiche Mensch wäre, der er ist!

Achim Kowalczyk: Der Einsatz von Systemaufstellungen in Supervisionen von Jugendamtsmitarbeitern

Einleitung

Die Anwendung von Systemaufstellungen in der Supervision von Mitarbeitern in unterschiedlichen jugendamtlichen Teams (bspw. für Erziehungshilfe oder Jugendhilfe), kann deren Anliegen und Fragestellungen zu typischen Aufgaben (insbesondere Beratung von Adoptiv- und Pflegefamilien, Alleinerziehenden und Stieffamilien) klären helfen. Bislang standen neben den verschiedensten ‚digitalen' Beschreibungen der Anliegen in erster Linie das Genogramm zur visuellen und die Skulptur zur ‚analogen' Darstellung in der Supervision zur Verfügung. Die Systemaufstellung ist ein noch relativ junges Instrument, das mehr noch als jede andere Methode ein zu intervenierendes System mit seiner speziellen Dynamik für den Sozialarbeiter in der Supervision erfahrbar macht und ihm helfen kann, eine gute Lösung für alle Beteiligten zu entwickeln. Über Erfahrungen der Supervision in diesem speziellen Bereich (ganz gleich mit welchen Theorien oder Methoden) ist in den letzten fünfzehn Jahren kaum etwas veröffentlicht worden, laut der wissenschaftlichen Datenbank „Psyndex" gar nichts.

Das Jugendamt

Jugendamtsmitarbeiter nehmen im Rahmen des Kinder- und Jugendhilfegesetzes sehr wichtige Aufgaben wahr. Sie treffen bei der Beratung im Rahmen von Trennung und Scheidung, bei der Herausnahme von Kindern aus Familien, bei der Vermittlung von Kindern in Pflege- und Adoptivfamilien, bei der Mitwirkung in Verfahren vor den Vormundschafts- und den Familiengerichten, sowie in vielen weiteren Arbeitsbereichen für Kinder und Familien teilweise zukunftsweisende Entscheidungen für die Klienten.

Als Sozialarbeiter und Sozialpädagogen inmitten von Verwaltungsbeamten kommt ihnen der schwierige Balanceakt zu, sich einerseits zwischen den Belangen der Familien und andererseits den Verwaltungs- und Gesetzesvorschriften einer Behörde zu bewegen. Was für die Jugendamtsleitung gelegentlich eine gute, weil regelkonforme oder auch preiswerte Entscheidung ist, passt nicht immer zu den Bedürfnissen von Eltern und Kindern und umgekehrt. Jugendhilfemaßnahmen kosten nicht selten große Summen, und die Sozialarbeiter müssen dies den Kostenträgern in den entsprechenden Konferenzen begründen. Hinzu kommen häufig drückende Fallzahlen, die manchmal zu Überlastungsanzeigen bei den Vorgesetzten führen. Die Verantwortung der Sozialarbeiter gegenüber ihren Klienten ist sehr groß, und der finanzielle Ausgleich für diese Arbeit, die einen Fachhochschulabschluss erfordert, ist im Vergleich zu vielen anderen Berufen derselben Gehaltsgruppe im öffentlichen Dienst (bspw. Krankengymnasten, Diätassistentinnen, Medizinisch-technische oder Pharmazeutisch-technische Assistenten mit Fachschulabschluss) nicht adäquat. Dieser Punkt wurde bisher (von wenigen Ausnahmen abgesehen) von vielen kommunalen Verwaltungen dahingehend entschieden, dass das besoldungstechnische Merkmal „besonders schwierige Tätigkeit“ als Kriterium für eine Höhergruppierung nicht anerkannt wurde. Für mein Dafürhalten spielen hier eher finanzielle Erwägungen eine Rolle, als die realistische Bewertung der sozialen Arbeit mit Menschen, die sich in schwierigen und schwierigsten Lebenssituationen befinden. So findet leider auf monetärer Ebene nur selten ein leistungsgerechter Ausgleich für die geleistete Arbeit statt, und die entsprechende Anerkennung müssen sich die Betreffenden meist selber geben, da jugendamtliche Interventionen, besonders wenn sie Eingriffs- oder Kontrollcharakter haben, nur in seltenen Fällen von den Klienten geschätzt und anerkannt werden, anders als in Fällen, wo Beratungsarbeit mit Eltern und Kindern oder pädagogische Arbeit mit Kindern und Jugendlichen geleistet wird und Jugendsamtsklienten „Kunden“ sind, die auch wirklich etwas wollen. Für die allermeisten Klienten stellt das Jugendamt einen Zwangskontext dar, den sie sich nicht freiwillig gesucht haben, und bekanntermaßen ist die Arbeit mit unfreiwilligen Klienten häufig frustrierend. Leider gibt es in Behörden, wie auch in einem Jugendamt selten Rituale der Anerkennung für gut geleistete Arbeit. Mein Respekt gilt der täglichen Fallarbeit von Sozialarbeitern, die nicht selten von Psychologen, Psychiatern und anderen Akademikern im Feld zu wenig gesehen und auch kaum anerkannt wird. Schnell sind abwertende Beschreibungen zur Hand, wenn es um administrative Sozialarbeit geht. Klienten und bspw. Psychotherapeuten sind sich oft rasch einig, dass von hier nicht viel Gutes kommen kann. Entweder greifen sie nicht dann ein, wenn sie es tun sollten, oder sie greifen ganz falsch und uneinfühlsam ein, so die gängigen Meinungen. Ich habe bis heute nicht verstanden, warum es bspw. in Kinder- und Jugendpsychiatrien manchmal ein Personal-Patienten Verhältnis von 2:1 gibt, Jugendamtssozialarbeiter aber mit Klienten arbeiteten, deren Störungsverteilung ganze Kapitel des ICD abdeckt, bis zu hundert Fälle betreuen müssen und dann auch noch etwas Nützliches bewirken sollen. Hier herrscht, wie in vielen anderen Bereichen in der Bundesrepublik auch, eine stabile Fehlsichtigkeit: präventive Beratung und frühzeitige Behandlung fristet zum Vorteil von kurativen und rehabilitierenden Angeboten ein Schattendasein. Um dieser

Fehlallokation finanzieller Ressourcen entgegenzuwirken, sollte dem Jugendhilfebereich zukünftig mehr Bedeutung zukommen.

Supervision

Supervision, wie wir sie heute im psychosozialen Feld verstehen und anwenden, speist sich hauptsächlich aus drei Quellen:

- zu allererst in der Anleitung und Kontrolle (so auch die tatsächliche ursprüngliche Semantik des Wortes) ehrenamtlicher Helfer der Sozialfürsorge zur Unterstützung von Armen in den U.S.A. am Ende des vergangenen Jahrhunderts und später in den 20er Jahren dieses Jahrhunderts in der Praxisanleitung auszubildender Sozialarbeiter, ebenfalls begonnen zuerst in den U.S.A. (*Weigand* 1989);
- der Kontrollanalyse eines Psychoanalytikers in Ausbildung (seit *Karl Abraham* 1920 im Berliner Psychoanalytischen Institut innerhalb der psychotherapeutischen Ausbildung dieselbe eingeführt hat);
- den Reflexionsgesprächen, die *Michael Balint* zuerst in Budapest in den dreißiger Jahren mit Ärzten und später nach seiner Emigration nach England 1939 an der Tavistock Clinic in London mit Ärzten und Sozialarbeitern führte, die nicht im eigentlichen Sinne psychotherapeutisch arbeiteten. Hier ging es um eine Verbesserung der Arbeitsbeziehung und das Auflösen von sogenanntem Gegenübertragungsagieren seitens des professionellen Helfers („Mut zur eigenen Dummheit finden", 1957, 19).

Somit ist die Supervision in ihr „Ursprungsland" der Sozialarbeit (*Weigand* 1989) wieder zurückgekehrt. Sehr zu begrüßen ist, dass in vielen Jugendämtern heute Supervision ein normaler Bestandteil der Praxis geworden ist, obwohl der zeitliche Rahmen von Supervisionssitzungen aufgrund der dafür entstehenden Kosten oft knapp bemessen ist. *Rappe-Giesecke* (1997, 1) stellt hierzu treffend fest:

> „Der Beratungsbedarf in sozialen Organisationen und Unternehmen hat sich in den letzten Jahren enorm verändert. Klassische Supervision mit ihren Settings: Einzel-, Gruppen- und Teamsupervision hat sich zur ‚Supervision in Organisationen' gewandelt. Die ratsuchenden Systeme lassen sich den klassischen Settings nicht mehr zuordnen, die Ziele der Beratung sind anders und der vorgegebene zeitliche Rahmen ist oft zu kurz für Supervisionsprozesse."

Supervision mit Sozialarbeitern im Jugendamt

Da Supervisionen meistens als Gruppensupervisionen durchgeführt werden, bietet sich bei entsprechender Gruppengröße manchmal nicht jedem Mitarbeiter auch nur einmal im Jahr die Gelegenheit, ein Fallanliegen einzubringen. Gelegentlich hindern auch unbearbeitete Teamkonflikte oder ungelöste Organisationsprobleme Mitarbeiter daran, ihre Anliegen vertrauensvoll in der Supervision zu artikulieren. Nur selten wird seitens der Leitung einem Mitarbeiter ermöglicht, eine Einzelsupervision für Fragen zu nutzen, die er nicht in der Gruppensupervision einbringen kann oder will.

Nach § 72,3 KJHG[1] (Sicherstellung der Praxisberatung) findet in den allermeisten Jugendämtern Fallsupervision statt. In diesem Rahmen habe ich es mit mehreren Teams verschiedener Jugendämter zu tun, für die ich bei klar umrissener Auftragslage Supervision anbiete. In vielen der vorgestellten Fälle kommen schwere Belastungen der zu betreuenden Familien zur Sprache wie Sucht, psychiatrische Erkrankung, Misshandlung und Delinquenz oder auch Ereignisse wie Migration, Armut, Scheidung, Behinderung, (Auslands-)Adoption, Inpflegenahme, Heimunterbringung etc. Häufig sind die Dynamiken einiger Multiproblem-Familien so brisant und komplex, dass selbst Psychiater und Vormundschaftsrichter scheitern, es aber Sozialarbeiter richten sollen, die sich dann am Ende nicht selten in der Rolle des Sündenbocks für erfolglose Veränderungsversuche wiederfinden.

Die Schwierigkeiten mit der Organisation

In diesem Erfahrungsbericht geht es ausschließlich um die Fallsupervision von Sozialarbeitern im Jugendamt. Teamsupervision habe ich in dieser Organisationsform nicht durchgeführt und entzieht sich in diesem speziellen Bereich meiner persönlichen Erfahrung. Notwendige Teamsupervision kommt meines Wissens in Jugendämtern nur äußerst selten vor. In aller Regel werden Supervisoren von der Leitung ausschließlich mit der Klärung von Fallanliegen der Sozialarbeiter beauftragt. Auf gelegentliches Nachfragen hin wurde mir einige Male deutlich gemacht, dass Teamsupervision gemeinsam mit den Verantwortlichen seitens der Leitung nicht gewünscht wird und die innerorganisatorischen Angelegenheiten des Amtes nicht zum Inhalt von Supervisionssitzungen gemacht werden dürfen. Die Scheu von (Abteilungs-)Leitern an notwendigen Gesprächen teilzunehmen, die die Organisations- und Teamentwicklung betreffen, erkläre ich mir mit den zugrunde liegenden, geschichtlich gewachsenen hierarchischen Bedingungen einer Behörde, in der Amtsleiter, Dezernenten und andere Führungskräfte kaum oder fast gar nicht Teamsupervisionen bzw. Organisationsberatungen in Anspruch nehmen. Des weiteren ist die professionelle Sozialisation von Verwaltungsfachleuten eine völlig andere, als die von Sozialarbeitern. So sprechen der sozialarbeiterische Dienst und die vorgesetzten Entscheidungsträger eine ganz andere Sprache und lassen sich von völlig unterschiedlichen Ideen leiten. Hinzu kommt, dass Jugendamtsleiter Verwaltungsbeamte sind und in den seltensten Fällen zugleich So-

---

1 KJHG = Kinder- und Jugendhilfegesetz.
Auch haben vielerorts Reformen in der Jugendhilfe durch neue outputorientierte Steuerungsmodelle noch keine Annäherung dieser beiden Bereiche hervorgebracht.

zialarbeiter, Psychologen o.ä. Ihr Handeln ist verwaltungsgesetzmäßig weitestgehend festgelegt.

Die aus dieser Reorganisation entstandenen Effizienzanforderungen an sozialarbeiterische Interventionen, die ihrerseits auf menschliche Systeme mit ihren komplexen und nicht planbaren wirklichkeitskonstituierenden Prozessen abzielen, scheinen diesen Abstand im Moment eher zu vergrößern als umgekehrt. Gerade hier könnten Organisationsberatungen eine Annäherung der unterschiedlichen Aufgaben, Ziele und Interessen leisten und Verantwortlichkeiten und Kompetenzen klären helfen. Es bleibt abzuwarten, ob nicht die Evaluation genau dieser neuen Steuerungsmodelle in puncto „leistungsfähige Jugendhilfe" die Notwendigkeit moderierter Organisationsentwicklungsgespräche gemeinsam mit Verwaltung und sozialarbeiterischem Dienst aufzeigen wird.

Die Fallsupervision

So bleibt vielerorts die Supervision meist auf die „Fälle" beschränkt. Aber auch in dieser Begrenzung kann sie den Mitarbeitern Unterstützung für die Betreuung ihrer Problemfamilien anbieten und hilfreiche Ideen zum Fallverstehen und zum lösenden Vorgehen entwickeln, wenn sich Team und Supervisor über diese Begrenzungen im Klaren sind. Falls institutionelle Konflikte vorhanden sind und es im Jugendamt keine Teamsupervision gemeinsam mit Verantwortlichen gibt, besteht häufig für den Supervisor die Gefahr, dass er bei den in die Fallsupervision hineingetragenen Teamkonflikten konspirativ Leitungsaufgaben übernimmt und scheitert. Selten sind diejenigen „Aufträge" – Anliegen, die lösbare Konflikte zwischen einzelnen Mitarbeitern oder Untergruppen betreffen.

Methodisch biete ich in den Fallsupervisionen neben der Diskussion eines Falles (Fragen zur Auftragsklärung bzw. zum Kontext und Fragen, die Unterschiedsbildungen anregen, sowie abduktives Spekulieren, Hypothetisieren und provokatives Kommentieren) in der Gruppe auch andere systemische Arbeitsweisen wie das Reflektierende Team (*Andersen* 1990), das Rollenspiel, die Interaktionsskulptur und schließlich die von *Bert Hellinger* begründete und erstmals von *Weber* (1993) beschriebene Systemaufstellung an (eine schöne Übersicht systemischer Supervisionsmethoden findet sich bei *Herwig-Lempp* 1997).

Meiner Erfahrung nach ist die sozialarbeiterische Tätigkeit in Jugendämtern sehr aufgabenorientiert und nicht wie in vielen anderen psychosozialen Einrichtungen stark von Beziehungsklärungen und anderen Dynamiken überlagert, die dazu führen, dass Aufgaben und Ziele der Arbeit aus dem Blick verloren gehen. Im Vordergrund der Fallsupervision steht das Anliegen des Falleinbringers. Hier verhalte ich mich nutzerorientiert und richte mich klar auf das aus, was der Supervisand für sich und seinen Fall aus der Bearbeitung seines Anliegens herausbekommen möchte.

Systemaufstellungen in der Supervision

Eine neue Sicht- und Vorgehensweise hat *Bert Hellinger* (1994) in die Systemische Therapie und Supervision eingebracht und damit einhergehend hat sich das Feld vorübergehend in „Wirklichkeitsauflöser“ und „Wirklichkeitsvorfinder“ polarisiert. Viele Vertreter der ersten Gruppe lehnen die der zweiten als tendenzielle Fundamentalisten, die nicht selbständig denken können, ab und umgekehrt kritisieren eine Reihe der „Wirklichkeitsvorfinder“ an den „Wirklichkeitsauflösern“, dass diese kritische Lebensereignisse und die oft damit verbundenen generationsübergreifenden Dynamiken ignorieren. Für die ersteren ist diese Methode eher ein Segen, für die zweiteren mehr eine Gefahr. Hier spielt die Person und die Erfahrung des Supervisors im Umgang mit dem Aufstellen eine entscheidende Rolle. Wie so oft kann ein und dasselbe Instrument in der Hand des einen schaden und in der Hand des anderen nützen. Von dem, der mit Aufstellungen arbeitet, dürfen die Inanspruchnehmer erwarten, dass er oder sie über ausreichende Vorerfahrungen in Bezug auf Theorie und Praxis verfügen und verantwortlich damit umgeht.

Supervisionen, die nach diesem Modell verlaufen, sind u.a. von *Schneider* (1998) und *Essen* & *Baxa* (1998) beschrieben worden. Aufgrund der noch anhaltenden Polarisierung im Feld passiert es mir gelegentlich, dass ich von Klienten oder Supervisanden gefragt werde, ob ich „nach *Hellinger*“ arbeite und dann erfahre, dass das nicht gewünscht wird. Ebenso wird eine differenzierte Sichtweise, die das Zusammenspiel klassischer systemischer und systemisch-phänomenologischer Arbeitsweisen ermöglicht, von vielen Puristen der einen wie anderen Gruppe abgelehnt. Zum einen liegt dies daran, dass viele konstruktivistische Systemiker sich dem Blick auf mehrgenerationale Ausgleichsdynamiken verschließen und einseitig auf die Gegenwart und Zukunft fokussieren, sowie eine Reihe aversiv einstimmender Vorurteile mit den Begriffen „*Hellinger*“ und „Aufstellung“ verbinden. Zum anderen haben viele Kollegen, die mit der systemisch-phänomenologischen Vorgehensweise von *Hellinger* ausgehend arbeiten, wenig oder auch gar keine Kenntnisse von den systemischen Modellen bspw. der Palo Alto-, Philadelphia-, Mailänder-, Heidelberger- oder Milwaukee-Gruppe, die lange vor *Hellinger* die vielfältigen Formen der Systemischen Therapie entwickelt haben, aber fröhlich das Wörtchen „systemisch“ auf den Lippen führen. Wichtige richtungsweisende Beiträge haben in diesem Zusammenhang *Weber* (1997, 1998) und *Varga v. Kibéd* & *Sparrer* (2000) geleistet. Ersterer hat sich entscheidend um eine Integration der systemisch-phänomenologischen Arbeitsweise in den Kanon der vielfältigen Modelle systemischer Therapie und Beratung sehr verdient gemacht und letztere haben einen wesentlichen Schritt zur Konzeptualisierung von systemischen Strukturaufstellungen, die weit über Familien- und Organisationsaufstellungen hinausreichen, beigetragen.

Grundlagen der Systemaufstellungen

Hellinger beschreibt (an dieser Stelle sehr verkürzt wiedergegeben) eine gewisse natürliche Ordnung von Familienbeziehungen, die er „Ordnungen der Liebe" nennt, die nicht ohne Schaden zu nehmen, verletzt werden dürfen und meint damit insbesondere

- Rangfolgen (Vorrang des Früheren),
- das Bedürfnis nach Zugehörigkeit (die Bedingung der vollen Zahl),
- die Würdigung von Verdiensten jetziger oder früherer Familienmitglieder und
- die Zustimmung zu schicksalhaften biographischen Ereignissen im Leben der Klienten (die Anerkennung des Vergänglichen).

Er spricht von einer „**phänomenologischen Vorgehensweise**", in der er genau mit der Information arbeitet, die ihm die Stellvertreter in der Aufstellung über das Familiensystem vermitteln. *Hellinger* beschreibt seine Erkenntnisse in Form folgender drei Grunddynamiken in Familien:

1. (erwachsene) Kinder können sich mit einem ausgeklammerten Familienmitglied identifizieren und diese auf unbewusste Weise wach halten, indem sie deren Probleme, aufgrund derer diese meist ausgeklammert wurden, übernehmen und dem Ausgeklammerten so zu seinem Recht verhelfen, dazugehören zu dürfen: *„Ich verhalte mich so wie du"*,

2. (erwachsene) Kinder folgen aufgrund ihrer Bindungsliebe einem Elternteil in dessen Verhalten nach: *„Ich folge dir nach"*, oder

3. (erwachsene) Kinder übernehmen für einen Eltern- oder Großelternteil etwas, was dieser hätte selbst tun müssen: *„Ich gehe an deiner Stelle."*

In den Aufstellungen, die die problematischen und oft verstrickten Situationen widerspiegeln, lässt er sich von den Wahrnehmungen der Stellvertreter leiten, um ein gutes Lösungsbild zu entwickeln, das allen Beteiligten gerecht wird. Neben Personen bieten sich auch das Stellen nichtpersonaler Strukturelemente an, wie bspw. Symptome, Organe, Heimat, Ehre, Schande.

Systemische Strukturaufstellungen

Eine nützliche Erweiterung des Verfahrens der Personenaufstellung haben *Varga v. Kibéd* & *Sparrer* (2000) mit ihren systemischen Strukturaufstellungen geschaffen, mit Hilfe derer neue Impulse für das Ausloten von Lösungswegen gewonnen werden können. Strukturelle Elemente wie bspw. die Gegensatzpaare „das Problem" und „die Lösung" oder „der Fortschritt" und „der Rückschritt" oder auch „das Richtige" und „das Falsche" werden von einem Dilemma in ein Tetralemma überführt, in dem prozesshaft aus den Positionen „das Eine" und „das Andere" ein „Sowohl-als-auch" entsteht, das „Beides“ miteinander verbindet, oder auch „Keines von Beiden“ aus der Wahlmöglichkeit des „Weder-noch“ entsteht. Der Vorgehensweise der Autoren liegt eine Synthese aus Konstruktivismus, Phänomenologie, Logik, Sprachtheorie und anderer Disziplinen zugrunde, mit deren Hilfe sie Lösungen durch Querdenken in Aufstellungen erzeugen.

Das Vorgehen

Kurz zum konkreten Vorgehen: Supervisanden, die ein klares Anliegen haben, stellen mit Hilfe von Stellvertretern, die sie aus der anwesenden Gruppe rekrutieren, ihre inneren Bilder von den Beziehungen in den Klientenfamilien im Raum auf. Der Supervisor achtet dabei darauf, dass die aufgestellten Familien nicht zu komplex werden und auf wen möglicherweise verzichtet werden darf, ohne dass eine Informationsquelle verloren geht oder jemand ausgegrenzt wird. Dazu gestellt werden auch Stellvertreter für die Person des Sozialarbeiters und eventuell für weitere Helfer oder wichtige Themen. Häufig haben erste Aufstellungen notwendigerweise zu Anfang den Charakter der Hinführung zur Methode, da noch nicht vertraute Supervisanden manchmal nicht gesammelt aufstellen, sondern den Stellvertretern Informationen anhand von skulptierendem Modellieren vermitteln wollen. Die häufigste Frage, die mir hier begegnet, ist die, was denn eine Skulptur von einer Aufstellung unterscheidet. Diese Frage kommt besonders dann, wenn die Aufstellung noch nicht „lebt“ und Stellvertreter eher das sagen, was sie persönlich meinen und nicht, was sie aus einer repräsentierenden Wahrnehmung vom Platz her an Empfindungen haben. Das Aufstellen der durch die Zusammenarbeit bekannten Klienten durch den Falleinbringer und das Stehen der Stellvertreter für fremde Menschen, benötigt für Supervisanden zuerst ein gewisses Sich-vertraut-machen mit der Methode, zumal sie meist in den Räumen der Institution mit all den damit verbundenen atmosphärischen und jugendamtsspezifischen Aspekten stattfinden. So etwas schafft eine nicht zu vernachlässigende Umgebungsbedingung, die Denken und Handeln der Anwesenden strukturell wechselseitig beeinflussen.

Drei Fallbeispiele

Die folgenden drei ganz unspektakulären Fallbeispiele zeigen einen kleinen Ausschnitt aus dem Spektrum der Supervision anhand von Systemaufstellungen.

„Das andere Thema“

Eine Sozialarbeiterin sucht für zwei kleine Kinder einer Familie eine Kurzzeitpflegestelle, da die Mutter der Kinder aufgrund einer psychiatrischen Erkrankung für einige Wochen stationär behandelt wird. Ihre Frage ist, warum es ihr bisher nicht gelungen ist, die Mutter für dieses begrenzte Modell zu gewinnen, dem der Vater bereits zugestimmt hat. All dies hatte bisher die notwendige und rasche Aufnahme der Mutter in die Klinik verhindert. Das Nachfragen bei den Beteiligten und das Ausloten einiger Hypothesen hatte die Sozialarbeiterin bisher nicht weitergebracht. In einer Aufstellung äußern sich die Stellvertreter der beiden kleinen Kinder, dass sie gut bei Kurzzeitpflegeeltern stehen, der Vater äußert sich zufrieden über seinen Platz und die Positionen der anderen Familienmitglieder. Die Mutter fühlt sich bei der symbolisch dazugestellten Klinik gut, äußert aber ein Unbehagen über den Platz der ältesten Tochter beim Vater. Auch die Stellvertreterin der ältesten Tochter will nicht beim Vater stehen und äußert spontan den Wunsch, sich zur Mutter zu stellen. Einige Versuche, für die Tochter einen besseren Platz zu finden, der nicht bei der Mutter ist (nur auf den anstehenden Klinikaufenthalt bezogen), scheitern. Die Stellvertreterin will partout zur Mutter. Bei der Entfaltung dieser Dynamik fällt der Supervisandin ein, dass ja die älteste Tochter einer früheren Verbindung der Mutter entstammt und der Vater ein Stiefvater ist. Diese Information, die sie wohl am Anfang ihrer Zusammenarbeit mit der Familie aus den Unterlagen erhielt, hatte sie für ihr Vorgehen ganz unberücksichtigt gelassen, da die Familie selbst diesen Unterschied nicht wach hielt und das Thema streng tabuisierte. Das Hinzunehmen des leiblichen Vaters bringt für alle ein rundes Gefühl an ihrem Platz. In der Folge konnte die Falleinbringerin mit diesem neuen Bild eine gute Lösung des Stieffamilienthemas finden, so ihr Feedback später: „Als ich das Bild sah, hat es bei mir geklickt."

Kommentar: Die Aufstellun g bringt ein ganz anderes Thema ans Licht, als die Falleinbringerin behandelt wissen möchte, nämlich das Fälligste in der Familie. Der Nutzen für die Supervisandin (und somit für die Familie) ist nach ihrer eigenen Einschätzung groß. Sie konnte beherzt ihre Verstrickung zur Aufrechterhaltung eines tabuisierten Familienthemas auflösen.

„Nach in jetzt wieder up"

Eine Sozialarbeiterin, die als sozialpädagogische Familienhelferin arbeitet, war mit der Entwicklung ihrer Zusammenarbeit mit einer alleinerziehenden Mutter sehr unzufrieden. Trotz aller Bemühungen gelang es ihr nicht, die Fremdplatzierung eines der Kinder durch den allgemeinen Sozialdienst des selben Jugendamtes zu verhindern. In der Folge entzog ihr die enttäuschte Mutter von heute auf morgen den Auftrag. Nach langer Zeit der aufsuchenden Familienarbeit stand die Sozialarbeiterin ihrem Gefühl nach vor einem Scherbenhaufen und konnte sich nicht einmal von den Kindern verabschieden, die sie so lange Zeit betreut hatte. In einer Teilaufstellung mit ihr, der Mutter und den Kindern konnte im abschließenden Bild durch die Verwendung einiger Lösungssätze ein gutes Abschiedsritual entwickelt werden, indem es der Falleinbringerin gelang, sich von der Mutter und ihren Kindern achtungsvoll zu verabschieden. Als Wirkung beschrieb sie später, dass ihr die Aufstellung geholfen habe, sich nicht gegen diese Entwicklung gestellt zu haben und ihr „Scheitern" neu zu überdenken. Aus ihrer Erfahrung heraus würden sonst negative Ereignisse in der Zusammenarbeit mit Klienten lange bei ihr nachwirken und sich auch negativ auf eine psychosomatische Erkrankung auswirken, was in diesem Fall nicht geschah.

Kommentar: Nicht selten werden SPFH's Teil der Familie, wenn sie bis zu zwei Jahren mit dieser mehrmals in der Woche arbeiten. Ihr Denken und Fühlen ist stark von der Familie und deren Problemmustern bestimmt. Nicht selten greifen nach Beendigung von SPFH[2] diejenigen Maßnahmen, die schon zu Beginn geplant waren, aber eben mit Hilfe von SPFH verhindert werden sollten. Dieser Fall hat einen solchen Verlauf genommen und die Falleinbringerin konnte ihre professionelle Distanz wiedergewinnen, aus der heraus sie ihre Verstrickung erkennen und auflösen konnte.

„Wieder zu den Großeltern gehen dürfen"

Ein Bezirkssozialarbeiter stellt einen Fall vor, bei dem er sich z.Z. manövrierunfähig fühlt: Nach der Scheidung lebt eine Mutter mit ihren beiden Söhnen zusammen in einer Wohnung. Der Vater lebt wieder auf einem Bauernhof seiner Eltern, hat aber auch in einer Kleinstadt in der Nähe eine eigene Wohnung, in der er sich aber nur gelegentlich aufhält. Wenn die Söhne ihren Vater besuchen, wünscht die Mutter, dass dies ausschließlich in der Wohnung des Vaters stattfindet. Daran hält sich dieser aber nicht und nimmt seine Söhne zum Unwillen der Mutter am Wochenende mit zu seinen Eltern. Die Mutter will nun, da der Vater auf ihren Wunsch keine Rücksicht nimmt, die Besuchskontakte der Kinder beim Vater beenden. Der Sozialarbeiter wollte dem zustimmen, da er sich dem Wunsch der Mutter angeschlossen hatte, bekam aber Zweifel, als er feststellte, dass sich die Söhne gerne bei den Großeltern aufhielten und sie dort keinen Schaden nahmen, was die Mutter aber behauptete. Da die Mutter dies auf keinen Fall mehr hinnehmen wollte, gab sie seit kurzem die Kinder nicht mehr für die Besuche des Vaters heraus. In der Aufstellung zeigen die Stellvertreter der Eltern große Abneigung dem jeweils anderen gegenüber. Etwas Beruhigung kam auf, als die Eltern der Mutter mit aufgestellt wurden. Meine Intervention bestand darin, dass ich die Eltern sich gegenüberstellen ließ und Sätze der Zustimmung zum Schlimmen und zum Guten in der vergangenen Beziehung anbot. Dies ermöglichte der Stellvertreterin der Mutter, die Söhne beim Vater und seinen Eltern stehen zu sehen und dem Falleinbringer, der sich zuerst zur Mutter stellte, einen größeren Abstand zu allen Beteiligten im Schlussbild zu finden. In der Folge gelang es ihm zuerst, Abstand von der alleinigen Sichtweise der Mutter zu bekommen und sich für eine Lösung, in der der Vater mit seinen Eltern vorkommt, einzusetzen, was ihm schließlich auch kompromisshaft gelang: wenn auch Besuche beim Vater in dessen Wohnung stattfinden,

2 SPFH = Sozialpädagogische Familienhilfe

wollte die Mutter Besuche der Kinder gemeinsam mit ihrem Vater bei dessen Eltern zustimmen.

Kommentar: Gerade die Allparteilichkeit ist in der Jugendamtssozialarbeit ein schwerlich zu erreichender Zustand. Den häufig von Klienten ausgesprochenen Einladungen, einseitig Partei zu ergreifen, zu widerstehen fällt nicht leicht. Gerade das Stellen solcher Dynamiken ermöglicht manchmal Lösungsschritte, die allen Beteiligten gerecht werden und die niemanden ausgrenzen oder abwerten.

Zusammenfassung

Grundsätzlich lässt sich sagen, dass in Jugendämtern, in denen Mitarbeiter systemisch fortgebildet sind,

a) familiendynamisches, konstruktivistisches und lösungsorientiertes Denken in die Fallarbeit einfließt,
b) die eigene Bedeutung als Helfer im Leben der Klienten nicht überschätzt wird,
c) ein Schutz vor dem weit verbreiteten Machbarkeitswahn existiert und
d) auch die institutionellen Rahmenbedingungen immer wieder reflektierend in den Blick genommen werden.

Supervision in Jugendämtern gehört heute zum ganz normalen Alltagsgeschäft von Supervisoren. Ganz unspektakulär hält mancherorts mehrgenerationales Ausgleichsdenken und wirklichkeitsanerkennende Lösungen, die anhand von Systemaufstellungen erfahrbar werden, Einzug in diesen Bereich. Von den Supervisanden größtenteils als Bereicherung erlebt, kommt dieses Denken auch vielen ihrer Problemfamilien zu gute. Gerade bei diesem Klientel gibt es die vielfältigsten Konflikte und Notlagen, die nach einer familiensystemischen Optik der Professionellen förmlich verlangen. Es wäre fast ein Kunstfehler, hier mit einer Praxis zu kommen, deren Theorie keine generationsübergreifenden Muster, grenzverletzende Verstrickungen und durch Kommunikation sich wechselseitig aufrecht erhaltende Problemtrancen nebst lösenden Interventionen kennt.

Die Systemaufstellung bietet für die Supervision viele Vorteile, indem sie

- eine Metaposition anbietet,
- das Problemsystem im Raum verkörpert und erlebbar macht,
- einerseits auf der Ebene der Sozialarbeiter-Klienten-Beziehung und andererseits auch auf der Ebene des Falles selbst Informationen erzeugt werden können, die neue Betrachtungsweisen und Handlungsoptionen generieren,
- durch die repräsentierende Wahrnehmung der Stellvertreter allen, aber immer auch den oft negativ gesehenen Systemmitgliedern eine Stimme verleiht,
- Komplexität reduziert und für den Falleinbringer durch sein Anliegen definierte relevante Teilausschnitte beleuchtet, sowie

- lösende Entwicklungen „da draußen“ für den Supervisanden mit seinen Klienten vorweg erfahr machen kann und schließlich
- eine analoge, bildhafte und dadurch eine besonders einprägsame Darstellung bietet.

Ursula Schumacher:
„Leiden ist süß"

... und was ich daraus ableite, um von der Kraft, die von Vater und Mutter kommt, mehr nehmen zu können.

Meine Erfahrungen mit Familienaufstellungen nach Bert Hellinger im Rahmen einer zweijährigen Fortbildung in Karlsruhe

Warum diese Fortbildung?

Die Gründe für diesen Entschluss lagen auf mehreren Ebenen:

- Beruflich hatte ich einen Wiedereinstieg genommen, was nach 10-jähriger Familienpause keine leichte Sache war. Die Arbeit forderte viel von mir.
  Nach einer einjährigen Tätigkeit im „Betreuten Wohnen für mehrfach geschädigte alkoholkranke Menschen" entstand das Bedürfnis nach Wissens- und Erfahrungserweiterung, nach mehr fachlicher Kompetenz.
- Privat entstand – zeitlich parallel – in mir immer mehr der Wunsch nach Klarheit über meine persönliche Situation. So weit ich zurück denken kann, hatte ich immer das Gefühl gehabt, fehl am Platz zu sein.
  Bei einer Veranstaltung in Karlsruhe sah ich, wie *Bert Hellinger* mit seinem systemischen Ansatz Familienaufstellungen mit Suchtkranken anleitete. Ich erkannte, wie man damit zu einer Erfassung und Einschätzung von Systemen und Strukturen gelangen kann, und wurde sehr tief berührt. In mir erwachte die Hoffnung, auch ich könnte damit *meinen* Platz innerhalb *meiner* verwandtschaftlichen Großfamilie finden.
- Darüber hinaus faszinierte mich die Art der Aufstellungsarbeit und das ihr innewohnende Weltbild:
  - die Möglichkeit aktiv an fremden Lebensgefühlen teilnehmen und emotional mitgehen zu können,
  - die hohe Konzentration an Energie beim Individuum, im System und im Raum,
  - die vielen Dinge, die sich über einen Menschen und sein System zeigen, ohne dass viel gesprochen wird.

Trotz aller Faszination für die Arbeit und dem aufrichtigen Wunsch, alte Kindheitsillusionen loszulassen, hatte ich zunächst große Angst, meine Familie aufzustellen. Und diese Angst war überall: Sie hatte ihre Wurzeln in der Vergangenheit, weil ich die einst erlebten Schmerzen nicht wieder spüren wollte; sie warf ihren Schatten in die Zukunft, weil ich der Notwendigkeit zur Veränderung noch nicht ins Auge blicken wollte.

Bei einer Aufstellung einer anderen Seminarteilnehmerin konnte ich sehen, wie durch das Würdigen der Eltern das eigene Leben angenommen und als Geschenk empfunden werden konnte. Ich meinte zu sehen, wie sie daraufhin auch ihre innere Kraft und Stärke mehr spüren und zulassen konnte. Das freute mich für sie und machte mich trotzdem traurig; war es doch das, wonach ich mich ebenso sehnte. Nun wollte ich auch eine Aufstellung „machen“. Und tatsächlich erhielt ich eine Chance dazu. Meine Aufstellung musste jedoch abgebrochen werden. Die Protagonisten spürten nichts, und es gab keine Bewegung zu einer Lösung. Vermutlich war ich noch nicht so weit gewesen.

Zunächst war ich bestürzt. Doch dann erfuhr ich, dass der Abbruch einer Aufstellung kein Versagen ist. Ganz im Gegenteil: In mir kam dadurch ein Prozess in Gang, den ich im Folgenden beschreiben will. Und da ich als Teilnehmerin einer Fortbildung alle Phänomene auch aus der Meta-Perspektive erfahren habe, werde ich meinen Weg in diesem Bericht auch aus dieser Perspektive beleuchten. Diese Perspektive unterstütze ich mit Zitaten aus Büchern von *Bert Hellinger* und *Thomas Schäfer*, die mir sehr dabei geholfen haben, diese Arbeit und auch meinen eigenen Prozess besser zu verstehen.

Systemische Verstrickungen

Einige Wochen später war ich bereit, erneut eine Familienaufstellung zu wagen. In einem explorierenden Gespräch, wurde zunächst eine Anamnese aufgenommen. Ich bin das einzige Kind meiner Eltern. Als ich geboren wurde, war meine Mutter 39 Jahre alt, mein Vater war 40. Beide Eltern haben viele Geschwister: Meine Mutter war das siebte von neun Kindern. Von meinem Vater weiß ich nicht viel. Seine Mutter ist an oder nach der Geburt eines Geschwisters gestorben. Es folgte eine Stiefmutter und Stiefgeschwister; insgesamt hatte er acht oder neun Geschwister. Meine Mutter starb sehr früh, ich war erst 11 Jahre alt. Von 11 bis 24 lebte ich mit meinem Vater allein. Dann starb auch er.

In der ersten Aufstellung stellte ich zunächst meine Eltern und mich auf:

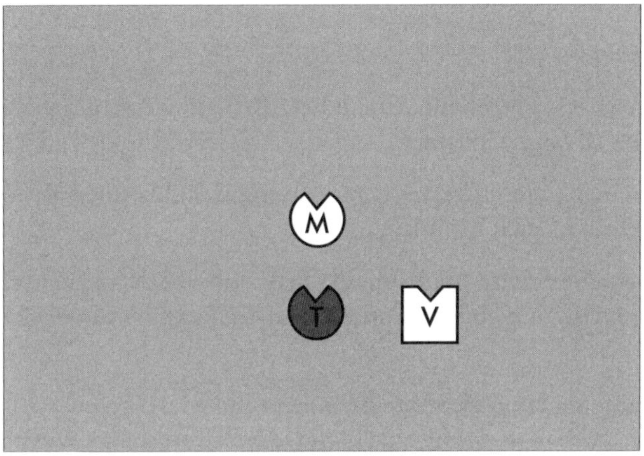

M = Mutter
V = Vater
T = Tochter

Hier springt sofort ins Auge, dass alle in eine Richtung schauen. Jeder ist für sich allein. Die Tochter ist traurig. Sie nimmt den Vater aus dem Blickwinkel wahr. Umgekehrt ist es genau so. Die Aufmerksamkeit aller ist nach vorne gerichtet; auf einen Platz, an dem (noch) niemand steht.

Im Seminar mit *Bert Hellinger* in Karlsruhe 1995 habe ich folgendes erfahren: *Bei solchen Aufstellungen kann man davon ausgehen, dass an jenem Platz, auf den alle schauen, auch etwas ist. Wer da jeweils steht, kann man heraus bekommen, indem man dort jemanden hinstellt. Meist hat dann jemand aus der Aufstellung einen spontanen Impuls – oder die Person, deren System aufgestellt wird.*

Als ich von *Heribert Döring-Meijer*, der die Aufstellung leitete, gefragt wurde, wer dort stehen könnte, wusste ich sofort, dass es die beiden jüngeren Brüder meiner Mutter sind. Sie sind beide im Krieg gefallenen. Also werden dort zwei Männer aufgestellt.

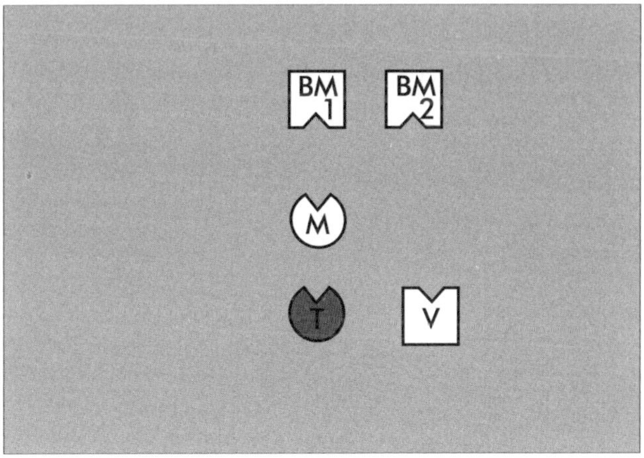

BM1/BM2 = Brüder der Mutter

Diese beiden Brüder wirken gut und entlastend auf alle anderen. Es tut gut, zu sehen, dass die beiden Männer ins System genommen werden.

Die Mutter würdigt ihre Brüder:

MUTTER: „Liebe Brüder, ihr habt mir gefehlt. Schaut her, es ist gut weiter gegangen. Das ist mein Mann und hier ist meine Tochter."

Damit erhalten die Brüder einen guten Platz im Familiensystem und können als Ahnen zu einer guten Kraft werden. Auch für mich.

Aus der zeitlichen Distanz erhebt sich für mich nun die Frage, ob es sich – sowohl für meine Mutter als auch für mich – um eine systemische Verstrickung im Sinne einer **Nachfolge** handelt.

Von einer Nachfolge spricht man dann, wenn ein Familienmitglied das Schicksal anderer Familienmitglieder wiederholt und ihnen nachfolgt; durch Taten oder Wesenszüge; auch in schweres Schicksal oder sogar in den Tod. Dies sind keine bewussten Akte, sondern sie entstehen aus der Bindungsliebe, die innerhalb einer Schicksalsgemeinschaft wirkt und dadurch ausgleicht. Auch wird dadurch die Erinnerung an Personen wachgehalten, die ansonsten vergessen oder verstoßen wurden. *Ursula Franke* schreibt hierzu: „*... dass in den Familien und Sippen ein allen gemeinsames Bedürfnis nach Bindung und Ausgleich keinen Ausschluss von Mitgliedern duldet. Sonst wird deren Schicksal von denen, die nach ihnen kommen, weitergeführt und wiederholt, ohne dass jene sich dessen bewusst sind.*"[1]

Eine solche Verstrickung stellt also den Versuch eines Ausgleichs dar. Doch da es ein Ausgleich im Schlechten ist, wird bei einer Aufstellung statt dessen nach einem Ausgleich im Guten gesucht. Wie ein solcher „guter Ausgleich" bei einer Familienaufstellung aussehen kann, habe ich erlebt und ist bei *Bert Hellinger* nach zu lesen: „*Werden aber die Ausgeschlossenen von den Verbliebenen als zugehörig gewürdigt, dann gleichen Liebe und Achtung das an ihnen begangene Unrecht aus, ohne dass ihr Schicksal wiederholt werden muss.*"[2]

Nach der Würdigung der Brüder und mit ihrer Kraft im Rücken kann sich die Mutter ihrer Familie zuwenden.

1 Franke 1997, S. 93.
2 Hellinger 1997, S. 19.

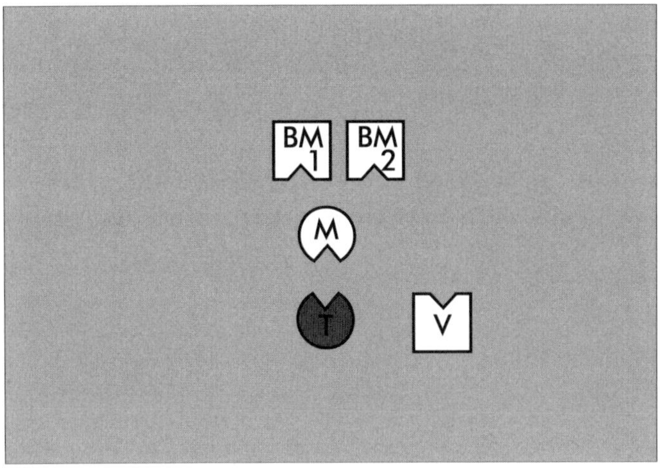

Die Protagonistin, die an meiner Stelle im System steht, ist leblos, versteinert und gelähmt. Sie weint. Das bewegt mich sehr, entspricht eine solche Gefühlslage doch genau der Situation meiner Kindheit. Es tut mir leid, dass meine Stellvertreterin das so empfinden muss. Sie wird dann auch erlöst, indem ich in die Aufstellung genommen werde. Zunächst stehe ich meiner Mutter gegenüber.

Und hier, ganz nah vor der Mutter, spüre ich, dass es um Annäherung zu ihr geht; um das Zulassen der verdrängten Gefühle wie Trauer und Schmerz, denn *„gerade Verluste jeglicher Art müssen betrauert werden, wenn eine seelische Reifung und eine psychologische Trennung stattfinden soll. Oft bietet eine Aufstellung die Möglichkeit, diese Erlebnisse ... ein erneutes Mal zu durchleben und somit der Trauer Raum zu geben.“*[3]

Um die Trauerarbeit zu unterstützen spricht die Tochter zur Mutter:

TOCHTER: „Mama, du hast mir sehr gefehlt.“ *(Bei diesen Worten fallen mir die Bilder dazu ein. Der Verlust gelangt ins Blickfeld; der Moment, an dem der Schmerz am größten ist. Und in dem Augenblick nimmt die Mutter die Tochter in den Arm. – Ja, es tut gut, von der Mutter gehalten zu werden.)*

Im Nachhinein erinnert mich dies an die Ausführungen *Hellinger*s zur „Unterbrochenen Hinbewegung“. Dies bezeichnet eine emotionale Hinbewegung, die in den ersten drei bis vier Lebensjahren statt findet. In dieser Zeit bewegt sich das Kind zu den Eltern hin; hauptsächlich zur Mutter. Wenn in dieser Zeit etwas geschieht, das die Vollendung dieser Bewegung unterbricht und somit nicht ans Ziel kommen kann, spricht *Hellinger* von der „unterbrochenen Hinbewegung“. Ursachen dafür können etwa der Tod eines Elternteils sein, oder die Trennung der Eltern, auch längere, meist durch Krankheit bedingte Abwesenheit von einem Elternteil oder Kind können die Ursache

3 Franke 1997, S. 100.

sein. Eine solche Unterbrechung ist ein großer Schmerz, und das Kind wird in seinem späteren Leben nicht in der Lage sein, sich in einer Beziehung näher zum Partner hinzubewegen, als es in dieser früh unterbrochenen Hinbewegung zur Mutter der Fall gewesen war.

Das Entscheidende beim therapeutischen „Ans-Ziel-bringen" liegt darin, den (Zeit)-Punkt der emotionalen Unterbrechung aufzuspüren, um an dieser Stelle den Ansatz für eine Lösung zu suchen. *„Daher ist entscheidend, dass man in der Therapie den Punkt findet, an dem die Liebe sich sammelt."*[4]

Anmaßung

In der Gegenüberstellung zur Mutter taucht in mir auch ein Vorwurf auf. Ja, sie ist zu früh gegangen. Sie hat mich alleine gelassen. Ich bin mit dem, was sie mir gegeben hat, nicht zufrieden. Obwohl dieses Gefühl in mir völlig stimmig ist, ist es mir auch unangenehm und peinlich.

In diesem Vorwurf steckt auch eine große Anmaßung, weil ich glaube, das Recht auf Forderungen zu besitzen. Mit einer solchen Haltung stelle ich mich über diejenige, von der ich noch etwas will. Dass in dieser Forderung auch ein anmaßender Aspekt steckt, hatte ich zuvor nicht gesehen, doch da ich in mir die Stimmigkeit dieser Aussage spürte, ließ ich mich darauf ein. Diese „Anmaßung" hat mich seither immer wieder beschäftigt. Bei *Thomas Schäfer* fand ich dazu folgende Passage: *„Wer Ansprüche stellt, verweigert das Nehmen und fühlt sich groß. Wenn er nehmen würde, was ihm die Eltern geben, müsste er die Ansprüche aufgeben. Viele halten lieber den Anspruch aufrecht, und deshalb kann ihnen die Trennung von den Eltern nur schwer gelingen."*[5]

Und *Bert Hellinger* schreibt dazu: *„Beim erwachsenen Kind steht der Hinbewegung [zu den Eltern] manchmal entgegen, dass es ihnen Vorwürfe macht, weil es von ihnen anderes will, als sie ihm geben."*[6]

Durch diese Forderung steht das Kind nicht auf seinem Platz, sondern auf der Eltern-Ebene. Es nimmt einen Teil Verantwortung des Erwachsenen. Dadurch macht es sich groß, aber nicht frei!

---

4 Hellinger 1997, S. 510.
5 Schäfer 1998, S. 84.
6 Hellinger 1997, S. 126.

Würdigung der Eltern

Die Möglichkeiten, um eine „Verstrickung in die eigene Anmaßung" zu lösen, stellen nach *Hellinger* einen tiefen Vollzug dar. Dazu ist in einer Aufstellung eine tiefe Verneigung oder gar das Knieen vor den Eltern mit nach oben geöffneten Händen nötig. Es geht darum, den Eltern die Ehre zu erweisen. Dies wird von den Kindern auch gesagt: Liebe Mami, ich gebe dir die Ehre.

Die Kraft und der Segen in diesem Vollzug liegt in der Rückwirkung auf den, der es in tiefer Achtung aussprechen und annehmen kann. *„Wer seine Eltern verachtet, lehnt gleichzeitig auch sich selbst ab, denn jeder Mensch ist sein Vater und seine Mutter ... [und er hat] nur dann eine Chance zur Blüte zu gelangen, wenn er seine Eltern so nimmt, wie sie sind."*[7]

Dieses Zitat hat mich sehr berührt und ich frage mich weshalb, denn es war nie Verachtung, was ich für meine Eltern verspürte. Allerdings gelingt es mir nur vom Kopf her, meine Eltern so anzunehmen wie sie sind. Gefühlsmäßig gelingt mir das noch nicht ganz.

Ich weiß, dass ich mir so selbst im Weg stehe und es mir erschwere, mein eigenes Leben oder eine dauerhafte Partnerbeziehung zu leben. Ist das meine Art, mich zu bestrafen? Aber es ist wie bei der Verachtung: Ich weiß es nur. Im Gefühl ist das (noch) nicht. *Heribert Döring-Meijer* sagte einmal zu mir, als ich diese Zweifel ausdrückte: „Leiden ist süß, und du bist nicht umsonst in der Suchtarbeit." Das saß. So ist es. Es ist leichter, am verkrusteten Alten und am bekannten Unglück festzuhalten, als etwas Neues, Unbekanntes zu beginnen; womöglich noch erleichtert und frei.

Irgendwo hörte ich während der Fortbildung die Aussage: Der Druck (des Festhaltens) kommt aus dem System. – So empfinde ich das manchmal; als wäre ich an einem Gummiband festgezurrt.

Und wie ersetzt man den Teil der Anmassung, mit dem das Kind sich über die Eltern stellt? Hier sind die Positionen vertauscht und es geht darum, die Positionen wieder in die richtige Ordnung zu bringen. Die heilenden Sätze hierzu werden bei Aufstellungen oft gehört: „Du bist der/die Große - ich bin die/der Kleine. – Du bist für mich die Richtige und ich bin dein richtiges Kind."

In der Gegenüberstellung mit der Mutter geht es darum, sie zu ehren und ihr zu danken für das, was sie mir gegeben und für mich getan hat. „Ich danke dir, Mama, für das, was du für mich getan hast und was du mir gegeben hast. Es ist genug. Du hast so lange gewartet, bis ich mit dem Papa alleine weiterleben konnte. Ich danke dir dafür, dass du mir das Leben geschenkt hast. Ich nehme es von dir und mache was daraus, dir zur Ehre und zum Andenken."

---

7 Schäfer 1998, S. 77.

Und die Mutter möchte, dass die Tochter sie gehen lässt; mit ihrem eigenen Schicksal und ihrer eigenen Verantwortung.

Doch da fällt mir ein, dass ich hin und wieder ja das Gefühl habe, nicht richtig zu leben. Hier, im Angesicht mit meiner Mutter kommt mir der Gedanke, dass ich in der Nachfolge stehen könnte; dass ich ihr nachfolgen will; weil es mir nicht (immer) gelingt, mein Leben voll zu leben.

In der Aufstellung überprüfen wir das. Der Satz „Ich folge dir" bleibt ohne Kraft. „Nein, Mama, ich folge dir nicht nach. Ich lebe noch ein bisschen und dann sterbe ich auch. Ich will das noch lernen, das Leben genießen und dabei bin ich zuversichtlich. Außerdem habe ich noch eine Aufgabe hier auf Erden: Ich habe zwei Kinder. Bitte, Mama, segne mich."

Ich spüre, wie ich den Segen meiner Mutter empfange. Und meine Mutter möchte, dass ich mein eigenes Leben lebe.

Im nächsten Schritt folgte die Gegenüberstellung der Tochter zum Vater.

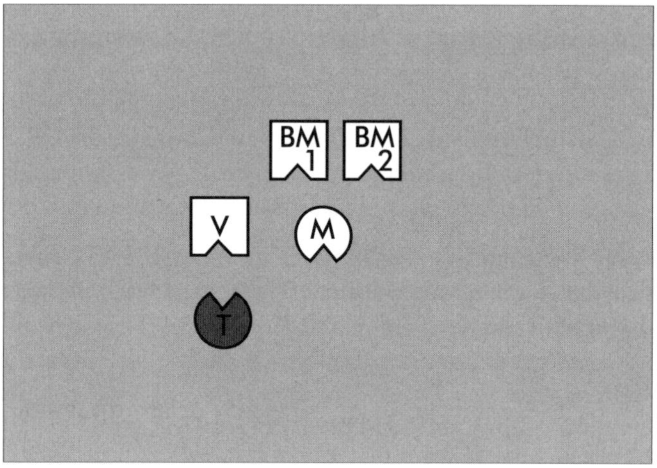

„Papa, du hast mir sehr gefehlt ... Ich habe mich immer alleine gefühlt ... du warst gar nicht richtig da."

Der Vater bestätigt diese Äußerung: „Ja. Ich war immer so weit weg ... Aber ich habe dir gegeben, was mir möglich war." Das ist sehr traurig für mich. Der Vater nimmt mich in den Arm, und das ist gut. Und da kommt auch Respekt vor dem Schicksal des Vaters auf, das von so viel Verlust durch Tod und Einsamkeit gezeichnet ist (Tod seiner Mutter, leben in der Stieffamilie, Tod seiner Frau).

Bei *Ursula Franke* habe ich etwas zu diesem Thema gefunden, das mich in Bezug auf diese Dynamik sehr nachdenklich machte: *„Wenn dem Kind keine Beachtung und*

Würdigung seines Gebens entgegengebracht wird, wenn also Mutter und Vater nicht die aktuelle Beziehung wahrnehmen, so liegt das möglicherweise daran, dass sie selbst in ihrem System verstrickt sind, z.B. jemandem aus ihrer Ursprungsfamilie nachfolgen. Das ist, als ob sie rückwärtig gebunden wären, so dass ihre Energie nicht in der Gegenwart oder zu den nachfolgenden Generationen fließen kann und sie als Beziehungspartner nicht zur Verfügung stehen. Auf diese Weise können Störungen durch die Generationen weitergegeben werden.“[8]

Das wäre eventuell ein Hinweis auf die eigene Verstrickung meines Vaters zu seiner vorhergehenden Generation. Es könnte eine Erklärung dafür sein, dass er nicht frei war, sich ganz auf mich als Tochter einzustellen.

Aber dies ist sein Schicksal, das ich bei ihm lasse: „Papa, ich achte dein Schicksal ... Ich kann dein Leid sehen, aber es ist deins: Ich lasse es bei dir.“ Aber auch: „Papa, ich gebe dir die Ehre und verneige mich vor dir. ... Bitte segne mich. Schau, bei mir ging es trotzdem gut weiter. Ich habe zwei gesunde Kinder, deine Enkelinnen.“ Der Vater ist froh, dass es gut weitergegangen ist. Und die Tochter auch. Es war nicht umsonst.

Das Nehmen des eigenen Lebens als Geschenk

Schließlich werde ich beiden Eltern gegenüber gestellt.

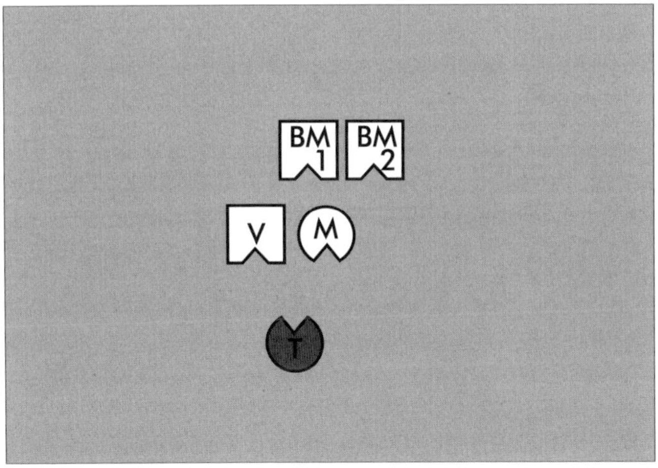

Das Ziel dieser Konstellation ist es, die Eltern zu nehmen; und mit ihnen das Leben. *Thomas Schäfer* schreibt dazu: *„Die Eltern zu nehmen setzt vor allem Demut voraus, Demut vor der Größe des Lebensgeschenkes* [...] *Hier geht es namlich nicht um ein beliebiges*

8 Franke 1997, S. 98.

Geben und Nehmen, sondern um das Geben und Nehmen des Lebens."[9] [...] *„Das demütige Ehren der Eltern bedeutet auch die Zustimmung zum Leben und zum Schicksal, wie es die Eltern mir vorgeben. Dazu gehören die Grenzen und die Möglichkeiten meines Lebens und auch die Verstrickungen der Familie, in die ich hineingeboren wurde. Dadurch erkenne ich an, dass das Leben mit seinen Ordnungen größer ist als meine Person.*"[10]

Und so spreche ich die Sätze: „Liebe Mama, ich nehme dich als meine Mutter, und du darfst mich haben als dein Kind. Du bist für mich die Richtige, und ich bin dein richtiges Kind." „Lieber Papa, ich nehme es auch von dir, alles, das Ganze, mit allem Drum und Dran, und zum vollen Preis, den es dich gekostet hat und den es mich kostet."

Diese Worte berühren mich eigenartig. Sie sind mir fremd und trotzdem vertraut: fremd sind die Worte, vertraut ist das Gefühl, das dazu gehört; es scheint aus einer „Ur-Zustimmung" zum Leben zu kommen, und es fühlt sich gut an. Diese Worte machen mich stark, weil ich mich endlich eingebunden fühle, und sie machen mich frei, weil ich damit alles nehme, was es für mich gibt.

Hellinger schreibt dazu: *„Der Übergang von der Verstrickung zur Lösung ist auch ein existentieller Vollzug. Das heißt, ich begebe mich auf eine andere, eine höhere Ebene, und das ist verbunden mit einem tiefgreifenden Abschied von dem, was war. [...] Der Übergang vom Problem zur Lösung gelingt uns daher nur, wenn wir uns, statt dem längst Bekannten, einem Unbekannten anvertrauen, das unberechenbar und dunkel bleibt.*"[11]

Und so hat diese Freiheit, die ich durch das Nehmen der Eltern spüre, auch etwas Unbekanntes. Es ist das oben bereits beschriebene Neue und Unbekannte (im Gegensatz zu Altem, Verkrusteten).

Neu war auch – und zwar sofort – dass ich zum ersten Mal zu meinen Eltern aufschauen konnte. Und zwar zu beiden! Das war mir unbekannt, denn durch den Tod meiner Mutter war ich ungewollt in die Rolle der Partnerin geraten.

Bei *Thomas Schäfer* findet sich dazu eine Aussage: *„Wenn ein Kind in die Rolle gerät, Tröster für die Eltern zu spielen, weil es diese als bedürftig erlebt, belastet dies die Seele des Kindes. Gegen diese Umkehrung der natürlichen Verhältnisse ist ein Kind machtlos. Es gerät schuldlos in diese Situation hinein und muss dennoch die Folgen tragen. Diese überzogene Position den Eltern gegenüber kann jedoch später, wenn das Kind älter und einsichtig geworden ist, rückgängig gemacht werden. [...] Ein Sicherheitsgefühl kann in einem Kind aber nur entstehen, wenn es zu den Eltern aufschauen und sie als stark erleben kann.*"[12]

---

9 Schäfer 1998, S. 78.
10 Schäfer 1998, S. 80.
11 Hellinger 1997, S. 332.
12 Schäfer 1998, S. 90.

Bei einer weiteren Aufstellung stand ich mit dem Rücken zu meinen Eltern. Ich konnte mich anlehnen. Und wieder spürte ich die Kraft und Stärke. Ich spürte sie strömen; von meinen Eltern durch mich hindurch und weiter zu meinen Kindern. Liebe Eltern: „Ich danke euch für die Kraft und das Leben, das ihr an mich weiter gegeben habt. Endlich weiß ich, dass mir dies voll und ganz zusteht. Und dass ich sie mir holen kann, wann immer ich sie brauche. Dann lehne ich mich zurück und spüre diese Kraft. Ich nehme sie an als euer Geschenk und ihr habt dabei einen guten Platz in meinem Herzen. Und in meiner Wohnung habe ich ein paar Bilder von euch aufgestellt. Und von Zeit zu Zeit stehe ich davor und schaue sie mir an, manchmal auch mit euren Enkelkindern. Und wenn sie fragen, erzähle ich ihnen von euch."

Eindrücke aus einer (eigenen) Aufstellung bleiben oft lange im Bewusstsein. Auch bei mir. Und am deutlichsten erinnere ich mich an die Aufstellung, bei der ich mich vor meinen Eltern verneigen konnte („Ich gebe euch die Ehre"), mich dann aber umdrehen und mit der Kraft im Rücken nach vorne ins Leben blicken konnte.

Und ich merke immer mehr, dass es nicht nur beim Blicken bleiben soll.

Silvia Souy: Psychokinesiologie nach Dietrich Klinghardt – Systemisch-phänomenologische Arbeit nach Bert Hellinger

Die fruchtbare Begegnung zweier außergewöhnlicher Arbeitsmethoden

Im Herbst 1997 fand im Rahmen eines Kongresses für Ganzheitsmedizin in Garmisch Partenkirchen eine sehr schöne Begegnung statt. *Dietrich Klinghardt*, Begründer der Psychokinesiologie und Regulationsdiagnostik, war einer der Vortragenden und veranstaltete einen 3-Tage-Workshop. *Bert Hellinger* war ebenfalls ein Vortragender.

Der persönliche Austausch dieser beiden außergewöhnlichen Menschen, den ich miterlebte, war einer der besonderen Art und brachte für die Psychokinesiologie eine tiefgreifende Bereicherung.

Die Folge davon war eine intensive experimentelle Arbeitszeit vor allem mit Dipl. Psych. *Michaela Kaden,* die sich die Psychokinesiologie genauer ansah und vielen Psychokinesiologen die Grundlagen der phänomenologisch systemischen Arbeit näher brachte. Die Frage, die sich uns in unserer Zusammenarbeit damals stellte, war, inwieweit ist es sinnvoll und möglich ist, diese beiden Methoden zusammenzuführen, und was es dabei zu beachten gilt.

Nach umfangreichem Erfahrungs- und Gedankenaustausch sind die Meinungen zu dieser Frage nicht einhellig, jedoch hat der Versuch auf beiden Seiten große Bereicherungen gebracht und zu weiteren Entwicklungsschritten angeregt. Nachfolgend möchte ich aus meiner Sicht – der einer Psychokinesiologin – schildern, wozu uns die Entwicklungen der letzten Jahre geführt haben.

Die Grundlagen der Psychokinesiologie nach Dietrich Klinghardt

Die Psychokinesiologie ist eine psychotherapeutische Behandlungsmethode, mit der man punktgenau den versteckten unbewussten Zusammenhang eines ursprünglichen traumatischen Ereignisses in bezug auf ein Symptom, einen Glaubenssatz oder eine problematische Situation herausfinden und aufdecken kann. In der Psychokinesiologie (kurz PK) nennen wir diese traumatischen Ereignisse **„Unerlöster seelischer Konflikt (kurz USK)"**.

Definition für USK: *„Ein unerlöster seelischer Konflikt entsteht, wenn das Vertraute, das im Leben abläuft, oder das, was fest erwartet wird, plötzlich durch ein als schockierend empfundenes Ereignis unterbrochen wird, während der Körper und das Nervensystem in einem Zustand verminderter Resistenz bzw. Stärke ist" (Klinghardt 1998, 44).*

Wesentliches Merkmal zur Entstehung eines USKs ist auch, dass zum Zeitpunkt des Ereignisses die angemessenen Gefühle nicht gespürt und/oder ausgedrückt werden konnten. Solange jedoch die damaligen Gefühle nicht gefühlt, d.h. identifiziert, eingeordnet (in Zusammenhang mit bestimmten Körperbereichen gebracht) und dadurch „entladen" werden, baut sich die elektrische Energie im Konfliktareal immer wieder auf → es kommt zu einer chronischen Reizung der zuständigen Hypothalamuskerne und damit zu einer chronischen Funktionsbeeinträchtigung der entsprechenden Organe. Das ist die Hauptursache aller chronischen Erkrankungen oder (auf anderer Ebene) chronisch belastenden Lebensumstände und Verhaltensformen. Daher suchen wir zur „Heilung" oder „Lösung" dieser Konflikte folgende drei Koordinaten:

- **den Zeitpunkt**, bzw. der vom Unterbewusstsein erinnerte Zeitpunkt;
- **die Umstände**, die zu diesem Zeitpunkt eindrücklich waren;
- **die Gefühle**, die damals im Körper tatsächlich vorhanden waren, ohne ausgedrückt werden zu können.

Die Lösung eines USKs nennen wir „Entkoppeln", eine Form der Dekonditionierung. D.h. wir führen den Klienten in den gleichen Reaktionszustand des Autonomen Nervensystems (Anspannung, Erhöhung des Blutdrucks, Ausschüttung bestimmter Neurotransmitter, ...) der damals erlebten Situation und setzen zur gleichen Zeit Interventionen, die eben den Herzschlag ruhiger werden lassen, einer Muskelverspannung entgegenwirken, ... Wir verwenden zur Entkopplung eine bestimmte Form der Klopfakupressur, eine Augenbewegungsmethode in Kombination mit Farbbrillen, und die Arbeit mit Glaubenssätzen.

Wenn ein unerlöster seelischer Konflikt ans Licht gebracht wird und mit der geeigneten Methode entkoppelt wird, haben wir freien Zugang, um die in der damaligen Situation entstandenen Glaubenssätze aufzufinden und zu verändern. Glaubenssätze, die in einer Situation unterdrückter Gefühle entstehen, sind meist tief und einschränkend für unser weiteres Leben. Die Art, wie wir unsere Umwelt und unser Leben wahrnehmen, ist geprägt durch die Enge oder Weite unserer Glaubenssätze und Glaubenssysteme. Ein Ziel der PK ist es, so viele einschränkende Glaubenssätze als möglich in freimachende Glaubenssätze umzuwandeln, um ein breiteres Spektrum im Agieren und Reagieren in unserem Leben zu erlangen. Das heißt, wir führen in der psychokinesiologischen Sitzung einen Dialog mit dem Unterbewusstsein, um an die nicht bewusst erinnerten Informationen heranzukommen. Als Testinstrument für diesen Dialog verwenden wir ein manuelles Biofeedbacksystem – den Muskeltest.

Ich möchte hier anmerken, dass die PK ein Teil des viel komplexeren Systems der Regulationsdiagnostik nach Dr. Klinghardt ist und auf dieser Basis, d.h. auf ganz wesentlichen Vortests aufbaut. Die RD misst als ersten Schritt die Regulationsfähigkeit des Autonomen Nervensystems (kurz ANS), denn der Muskeltest funktioniert über das regulierende ANS, was die Grundlage für richtige Antworten mittels Muskeltest sein muss → man kann den Antworten, die man im Dialog mit dem Unterbewusstsein erhält, vertrauen, wenn man die Funktionstüchtigkeit eines Systems überprüft hat. Das ANS wiederum ist jener Teil des Nervensystems, der alle diejenigen Körperfunktionen steuert, die nicht unter dem ständigen Einfluss des bewussten Gehirns stehen. Das ANS fungiert in gewissem Sinne als Antenne zwischen der feinstofflichen, unsichtbaren und der grobstofflich, sichtbaren Welt. Daher eignet es sich besonders als Mittler zwischen Unterbewusstsein, unbewusstem Körperbewusstsein und Bewusstsein.

Ich möchte an dieser Stelle nicht näher auf das sehr gute System der Regulationsdiagnostik eingehen, da es hier den Rahmen sprengen und der Methode nicht gerecht werden würde. Ich empfehle aber das Buch „Lehrbuch der Psychokinesiologie“, in dem die neurophysiologischen Hintergründe von Muskeltest und USK leicht verständlich und gut nachvollziehbar erklärt werden.

Lineare Lösungen

In der Psychokinesiologie arbeiten wir mit linearen Informationen und finden lineare Lösungen, d.h. wir finden die Resonanz zwischen zwei Bezugspunkten (Störfeld – Organ, Organ – Gefühl, Gefühl – Zeit, Gefühl – Person, ...) und stellen einen Zusammenhang her. Wir suchen nach dem Gefühl, das wir zu einem bestimmten Zeitpunkt zu einer Person oder zu einer Situation gehabt haben.

Beispiel aus meiner Praxis

Eine 34-jährige Klientin kam wegen massiven Schmerzen im rechten Knie, die durch eine Operation gelöst werden sollten. Kinesiologisch zeigte sich ein USK dahinter.

Wir fanden heraus, dass die Klientin vor 12 Jahren einen Mopedunfall hatte. Sie war auf dem Rücksitz; der Fahrer war ein Mann, in den sie verliebt war. Er fuhr zu schnell und ein Auto erwischte sie am rechten Knie. Sie lag daraufhin sechs Wochen mit verletztem Knie im Bett. Durch den Test zeigte sich das Gefühl Wut. Die Klientin erinnerte sich, dass sie eigentlich sehr wütend auf den Mopedfahrer war, die Wut aber aufgrund ihrer Verliebtheit unterdrückt hatte, aus Angst den Mann einzuschüchtern. In der Sitzung zitterte die Frau vor Wut, bis wir entkoppelten. Es dauerte einige Zeit, bis ihr Gefühl schwächer und sie ruhig wurde. Das Knie besserte sich eine Woche nach der Sitzung und musste nicht operiert werden.

Systemische Lösungen

In der systemischen Arbeit beobachten wir ein größeres System und suchen Lösungen dadurch, dass die Veränderung der Position einer Person automatisch eine Veränderung der Positionen aller im System bewirkt. Selbst wenn wir nur zwei Personen aufstellen, stehen sie in einem größeren Feld und bewegen sich unter dem Einfluss dieses größeren Feldes. D.h. Familienstellen, aber auch das systemische Arbeiten im Einzelsetting, z.B. mit Tonfiguren, Papierblättern oder in der inneren Bildarbeit, bringt einen Teil eines größeren Systems in den Blick. In der phänomenologisch-systemischen Arbeit schauen wir in erster Linie, was bei allen Beteiligten passiert und daraus leitet sich die Lösung ab, oft ganz von selbst aus den Bewegungen im Feld heraus, ohne einen Schritt des Therapeuten.

In der Psychokinesiologie arbeiten wir auch mit Informationen aus einem größeren Feld (vergl. „das vertikale Heilsystem" aus „Lehrbuch der Psychokinesiologie": *Jede höhere Ebene hat einen durchdringenden Effekt auf alle darunterliegenden Ebenen, daher können wir auch Informationen aus den höheren Ebenen, d.h. aus dem größeren System durch den Muskeltest sichtbar machen. Vorausgesetzt natürlich, dass man dem Muskeltest vertrauen kann = dass man das ANS vorher überprüft und gegebenfalls behandelt hat.).*

Jedoch zeigen sich alle Informationen einzeln (da nacheinander mit Muskeltest abgefragt) und immer im Bezug auf eine Person, nämlich im Bezug auf den Klienten. D. h. das Ich des Klienten steht im Mittelpunkt und das Gefühl, das zu einem bestimmten Zeitpunkt vorherrschend war. In dieser Arbeit nutzen wir oft vordergründige Gefühle, Gefühlszustände oder Verhaltensreaktionen als Einstieg in das Thema, um dann an die tiefe Schicht der Primärgefühle, in denen die Kraft zur Heilung liegt, heranzukommen.

Diesen Punkt in der psychokinesiologischen Methode empfinde ich aus meiner persönlichen Erfahrung heraus als sehr vorteilhaft, nämlich dass wir dem Ich auch die Möglichkeit geben, seine vordergründigen Gefühle ausgesprochen und gesehen zu wissen.

Wie wichtig das Fühlen der ganzen Gefühlspalette aus biochemischer Sicht für unseren Körper ist, wird sehr eindrücklich und ausführlich in dem Buch „Moleküle der Gefühle" von *Candace Pert,* Professorin für Physiologie und Biophysik in den USA, dargestellt.

Ich muss als Therapeut dem nicht viel Zeit und Gewicht einräumen, da bei diesen Gefühlen oft keine Kraft, sondern Schwäche dahintersteht, aber ich kann diese Gefühle und Haltungen sich zeigen lassen. Denn das Leben spielt sich auch auf der vordergründigen Ebene ab. Wir sind oft mit den tiefgründigen großen Bewegungen der Seele nicht bewusst in Kontakt, sondern mit den Bewegungen des Lebens an der Oberfläche. Die haben für mich auch Berechtigung und eignen sich daher – meiner Meinung nach – sehr gut als Eingang zu dem, was dahinter wirkt.

Das war nun auch bereits die Überleitung zu dem, wo für mich die Schnittstelle der beiden Methoden liegt, die bei mir in der Praxis zu einer unglaublichen Bereicherung und Vertiefung meiner bisherigen psychokinesiologischen Tätigkeit geführt hat.

Ich möchte das gerne anhand eines Falles in meiner Praxis verdeutlichen

Eine Klientin, ca. 40 Jahre alt, kam zu mir wegen ungeklärter Herzrhythmusstörungen und aufgrund dessen steigender Nervosität.

In der ersten Sitzung testete ich das Autonome Nervensystem, um in Regulation zu kommen auf ein bestimmtes Entgiftungsmittel, das dann auch eingenommen wurde. Über das kinesiologisch getestete Störfeld Herz zeigte sich ein dahinter liegender unerlöster seelischer Konflikt. Das Gefühl, das ich durch semantisches Testen (= aussprechen eines Gefühls oder eines Umstandes löst eine Veränderung im Muskeltest aus) herausfand, war chronischer Kummer, den die Klientin im Alter von 10 Jahren vom Vater gespürt hatte. Im bewussten Gespräch mit der Klientin bestätigte sie mir, dass sie ihren Vater eindrücklich so erlebt hatte und dass es in der Ehe der Eltern, die dann auch ein paar Jahre später geschieden wurde, viel Streit gab. Sie konnte sich sehr gut an das Gefühl ihres Vaters, für das sie vor allem im Alter von 10 Jahren empfänglich war, erinnern. Ich testete Farbbrillen und Augenbewegung aus und entkoppelte nach unserer psychokinesiologischen Methode. Der einschränkende Glaubenssatz, der damals bei der Klientin entstanden war, lautete: „Das Leben ist voller Kummer."

In der nächsten Sitzung erzählte mir die Klientin zu Beginn, dass sie in den letzten Jahren immer wieder an Depressionen gelitten hatte, und dass sie oft Angst habe zu sterben, wenn ihre Kinder noch klein sind. Aus der Familiengeschichte, die ich mir als Genogramm bei jedem Klienten aufzeichne, war ersichtlich, dass die Mutter des Vaters der Klientin an einer schweren Krankheit gestorben war, als der Vater 10 Jahre alt war.

In dieser Sitzung kamen wir über den Muskeltest wieder zum Gefühl des chronischen Kummers des Vaters aufgrund des frühen Verlusts seiner eigenen Mutter; als Zeitpunkt, an dem die Klientin für dieses Gefühl empfänglich war, ermittelten wir die ersten Monate der Schwangerschaft. Die Klientin spürte sofort ein tiefes Gefühl von Trauer und Schmerz, und ihr Herz raste und stolperte merklich. In dieser Sitzung war das für mich der Moment, um aus der PK auszusteigen, d.h. nicht mehr zu testen, und in die systemische Arbeit zu gehen. Ich wählte die Form der inneren Bildarbeit, da die Klientin auf dem Massagetisch lag. Aufgrund der Informationen aus dem Familiensystem war für mich klar, dass die Klientin in einer Übernahme – „lieber ich als du, Papa" – für ihren Vater stand. Ich ließ sie von außen folgendes Bild beobachten: Vater steht vor Vater und Mutter, und schaut Mutter in die Augen; aus diesem inneren Bild kamen die heilenden Lösungssätze, die sich die Klientin zu hören vorstellte. Die Klientin kam in der letzten Bewegung zu ihrem Vater in einen tiefen bewegenden Schmerz, der kurz und heftig war. Danach fühlte sie große Erleichterung.

In der nächsten Sitzung erzählte sie mir, dass die Herzrhythmusstörungen und die Angstzustände seither nicht mehr da waren. Diese Schwierigkeiten sind bei ihr bis zum heutigen Tag nicht wiedergekehrt.

Die Lösung kam in diesem Fall durch das Erweitern des Feldes auf drei Generationen. Das Schauen auf drei Generationen und die Wahl der ersten wichtigen Bewegung, nämlich vom Vater zu seiner früh verstorbenen Mutter, kamen für mich aus dem systemischen Schauen und nicht aus dem Muskeltest.

In unseren eigenen Reihen der Psychokinesiologen wird viel beobachtet, inwieweit es möglich und sinnvoll ist, Dynamiken und Personen, die im System fehlen und hereingenommen werden müssen, über den Muskeltest auszutesten, oder wie gerade beschrieben, aus der PK „auszusteigen" und phänomenologisch-systemisch weiter zu arbeiten.

Eine weitere Möglichkeit, die Verbindung dieser zwei Methoden zu nutzen ist, zu Beginn der Sitzung über das mit Muskeltest erfasste Symptom eine Resonanz zu einer Person im System zu finden durch das „in die Augen schauen, sich anschauen lassen", indem der Klient in seinem inneren Bild verschiedenen Personen seines Systems in die Augen schaut und sich anschauen lässt. So können wir Zusammenhänge bestimmter Verstrickungen mit bestimmten organischen Störungen sichtbar machen und auch bei der Lösung die Verbindung durch Berühren dieser Körperstelle verstärken.

Ich habe in Sitzungen die Erfahrung gemacht, dass es noch einmal die tiefe innere Verbindung zu der hereingenommenen Person verstärkt, wenn z.B. der Klient sich im inneren Bild vorstellt, dass diese Person ihre Hände auf sein krankes Organ legt und damit der wiederhergestellte Fluss der Liebe an die Körperstelle gelenkt wird, die die seelische Störung im großen System physisch repräsentiert hat. Die Rückmeldungen der

Klienten verstärken unser Bild, dass das vielleicht eine heilende Unterstützung darstellen könnte.

Ob sich allerdings die heilenden Kräfte, die sich aus ans Licht gebrachten Seelenbewegungen entfalten, auf bestimmte Körperbereiche steuern lassen oder dieser „Hilfe“ bedürfen, bin ich mir nicht sicher. Daher habe ich mich selbst – aus meiner Erfahrung – in dem Sinne noch nicht festgelegt, sondern möchte offen bleiben für das, was sich verändert und zeigt.

Resumee

Die bereichernde Verbindung der beiden Methoden besteht für mich persönlich für die Psychokinesiologie darin, die Grundlagen der systemischen Arbeit und die phänomenologische Haltung gut zu kennen und in meinem Blick zu haben, wenn ich mit einem Klienten in der PK-Sitzung feststelle, dass sichtbar Ordnungen nicht stimmen (z.B. Glaubenssatz: *„Ich bin verantwortlich für die Gefühle meiner Mutter.“*) oder dass eine unterbrochene Hinbewegung stattgefunden hat, oder dass ein besonderer Bezug zu einer anderen Person im System besteht, oder sich über den Muskeltest Schuldgefühle zeigen, die zu einer anderen Person im System gehören. Dann findet für mich, wenn man es in der PK-Sprache ausdrücken will, die Entkopplung über die systemische Arbeit statt, ohne dass ich die heilenden Lösungssätze dadurch „missbrauche“, dass ich sie wie Glaubenssätze austeste.

Für die systemische Arbeit, denke ich, könnte die PK eine Bereicherung darstellen, wenn das System des Klienten „stockt“, weil eben das ANS durch verschiedene Faktoren in der Regulationsfähigkeit so eingeschränkt ist, dass der Klient Schwierigkeiten hat, das Erlebte oder Gesehene in sich zu integrieren.

Es gibt noch zwei große Unterschiede in den beiden Methoden zu beachten. Gerade durch die letzten Entwicklungen in *Bert Hellinger*s Arbeit – ich denke da zum Beispiel an die Aufstellung in Bern aus dem Video „Die Toten“ – zeigt sich, dass der Blick immer mehr auf das ganz große System gerichtet ist und uns Bewegungen in der großen Seele sichtbar werden. Die Dimension der Heilung auf dieser Ebene ist viel größer und weniger fassbar, als wenn mein Blick stark am einzelnen Klienten bleibt. In der PK bleiben wir aber ganz nah am Individuum, am Klienten und am Körper, und es ist in der PK ein Anliegen, den Einzelnen mit allen uns bekannten Mitteln zu unterstützen, in Richtung körperlicher und psychischer Gesundheit zu gehen.

Wenn ich mir dieser unterschiedlichen Ansätze bewusst bin, kann ich als Therapeut oder als Berater beide Methoden so anwenden, wie es mir in einem bestimmten Moment für eine bestimmte Person angemessen erscheint.

Ich konnte jedenfalls durch diese vorhin beschriebene „Kombination“ der Methoden sehr tief gehende Sitzungen mit Klienten erleben, deren Auswirkungen weit in ihre

Familien hinein gereicht haben. Die Integration des Erfahrungs- und Gedankenguts der phänomenologisch-systemischen Arbeit von *Bert Hellinger* hat mir in der effektiven psychokinesiologischen Arbeit weite Dimensionen geöffnet und mein Tätigkeitsfeld immens erweitert.

Wir können mit Spannung beobachten, wie die kommenden Entwicklungen in beiden Methoden weitergehen und zu welchen Erkenntnissen sie uns noch führen.

Anstatt eines Nachwortes: *Karl Geck:* Männerrituale

Der Vater

Jeder Mann hat einen Vater, selbst wenn er ihn nie zu Gesicht bekommen hat. Und er hat seine ihm eigene Vorstellung, was es heißt Vater zu sein, auch wenn er kein leibliches Kind hat.
Immer, wenn durch dich etwas entsteht, bist du Vater.
Das kann eine Arbeit sein, eine Freundschaft, ein Umweltprojekt oder ein Fest. Natürlich auch ein eigenes leibliches Kind.
Vor allem für den kleinen Jungen in dir wirst du immer Vater sein. Für den Verspielten, den Zärtlichen, für den, der sich schämt, für den, der zornig ist, für den, der Angst hat, für den Wissbegierigen ... Der Junge in dir hat unendlich viele Gesichter.
Er braucht dich, damit du ihn schützt und tröstest, ihm die Welt erklärst, ihn ermutigst und anspornst. Auch dass du Grenzen setzt und Nein sagst, wenn dies notwendig ist.
Du darfst dich über ihn freuen und stolz sein, wie er wächst.
Lass vor deinem inneren Auge ein Bild einer Szene auftauchen, in der du Väterliches erfahren hast.
Das kann ein Blick deines eigenen Vaters sein oder etwas, was du in einem Roman gelesen oder in einem Film gesehen hast.
Das kann der Erinnerungsklang einer wildfremden Männerstimme sein, oder eine Farbe.
Das kann eine Geste sein oder ein Satz.
Es kann etwas sein, was gerade jetzt unvermutet in dir auftaucht oder es kann etwas sein, was du schon Jahre mit dir trägst.
Es kann eine kleine Banalität sein oder etwas wirklich Großes. Lass dich überraschen.

Was immer dein leiblicher Vater dir gegeben oder vorenthalten hat, das Allerwichtigste hat er dir gegeben: dein Leben.
Es liegt jetzt in *deiner* Hand. Wenn du es *von Ihm* annimmst, genauso, wie er gewesen ist und nicht anders, findest du Zugang zu der Kraft, die du brauchst, um ein Mann zu sein.

Dann wirst du auch ein guter Vater sein – deinem eigenen inneren Kind, deinen leiblichen Kindern, anderen Menschen, die Väterliches bedürfen, den Projekten, die du ins Leben gerufen hast; allem, was durch dich entsteht.

Lies die nächsten Zeilen und *merke dir*, was zu tun ist: **Schließe jetzt die Augen, lehne dich zurück und nimm dir etwas Zeit.**

Inneres Ritual mit dir selbst
Lasse vor deinem inneren Auge ein Bild auftauchen:
Hinter dir steht ein Mann. Dein Vater.
Drehe dich um und sehe ihm in die Augen. Sage ihm:
„Vater, von dir nehme ich mein Leben, zum vollen Preis, den es dich und mich gekostet hat – und kostet. Mit deiner Unvollkommenheit und deiner Schuld musst du mit dir selbst ins Reine kommen. Ich danke dir, lasse dich deinen Weg gehen und gehe den meinen. Ich werde das Leben weitergeben, auf eine mir gemäße Art und Weise."
Dann verneige dich vor Ihm, drehe dich um und sieh in dein Leben, dahin, wo es dich als Vater braucht.
Du hast genommen und nun gibst du das Leben weiter. Du bist Vater für Vieles.

Der Sohn

Das Leben ist ein geheimnisvolles Abenteuer, das ich staunend erlebe, ohne es zu verstehen.
Da ist etwas unendlich Blaues über mir und darin ein großes rundes Etwas, golden und so leuchtend, dass ich die Augen schließen muss. Da ist die samtige prallgewölbte Wärme, aus der Iebensspendender süßer Saft in meinen Mund fliesst. Da ist etwas, was über meine Haut streicht, zärtlich und sanft, unsichtbar, was meine Nasenflügel beben lässt und mich berauscht.
Da sind Farben. Und da sind die unendlich vielen ineinander verwobenen Gerüche.
Da sind Geräusche und Töne.
Langsam, unmerklich entsteht aus all dem ein Netz von Bedeutungen und Wirklichkeit.

Wer bin ich?
Ich bin die tiefen dunklen Augen, die noch von der Welt künden, aus der ich kam.
Ich bin das helle Giggeln, das Entzückte, das Erschrecken, ich bin die Geborgenheit, das Vertrauen und das staunende Entdecken.
Ich bin das Hungernde und das selige Lallen der Sättigung.
Ich bin die Angst und der Zorn.
Ich bin Liebe.

Ich bin ein Kind.
Wer sind all die anderen und all das andere?
Da sind meine Eltern, meine Mutter und mein Vater, die zwei Menschen, ohne die ich nicht auf die Erde gekommen wäre.
Was bedeutet das Ganze?
Wie soll ich mich verhalten?
Wie kann ich am Leben bleiben?
Im Kontakt mit dem Körper meiner Mutter und allem, was mich berührt, entdecke ich meinen Körper. Durch ihn spüre ich mich – bin ich ich.
Da ist Lust.
In meinem Körper lebt die Kraft des Lebens.
Ich bin voll von dieser Kraft, sie fließt über, will die Welt erforschen und sie sich zu eigen machen.
Ich rufe in die Welt hinaus. Und die Welt antwortet.

Die Welt ist Zauber und Musik.
Die Welt ist Tanzen.
Die Welt ist Spiel.
Die Welt ist Herausforderung.

In jedem Moment neu.
Ich bin Zauberer und Verzauberter.
Ich singe und höre.
Ich male und schaue.
Ich spiele im großen Spiel des Lebens.
Und alles ist so wirklich, dass auch die Gefahren wirklich sind.
Ich entdecke Angst und Vorsicht.
Ich entdecke meinen Mut, meine Klugheit, meine Kraft.
Ich bin König in einem Wunderreich.

Ich bin Liebe. Und ich bin geliebt. Da ist Zärtlichkeit.
Ich will schmusen, Wärme und Haut mit meiner Wärme und an meiner Haut beantworten.
Will die Freude in den Augen von Mutter und Vater sehen und ihnen meine Freude zeigen.
Ich will beschenken und mich beschenken lassen. Da sind so viele Geschenke.
Da ist der stolze Blick, der auf mir ruht, da ist die weiche Hand auf meinem Haar, da ist der Trost in meinen schlechten Träumen und wenn ich mich verletzt habe. Da ist köstliche Nahrung.
Und da sind die Geschichten, die mir erzählt werden.

Ich habe eine Mutter und einen Vater.
Meine Mutter ist eine Frau und mein Vater ein Mann.
Ja, ich bin ein Junge und ich werde einmal ein Mann sein, wie mein Vater.
Und es ist schön, dass es die anderen gibt. Die Mutter und die Mädchen.
Es ist schön, mit ihnen zu spielen.
Es gibt so viele Spiele, die ich mit ihnen spielen kann.
Ich bin stark und ich bin sanft und weich.
Ich habe das Herz eines Löwen und lasse mich trösten.
Und das Leben ist ein großes Abenteuer, das erlebt werden will.

Lies die nächsten Zeilen und *merke dir*, was zu tun ist: **Schließe jetzt die Augen, lehne dich zurück und nimm dir etwas Zeit.**

Inneres Ritual mit dir selbst
Du wirst zum Mann heranwachsen.
Auf diesem Weg brauchst du Kraft, Ermutigung und Führung. Sie kommt zu dir durch alle Männer, die vor dir waren.
Verneige dich vor dieser Männerreihe, empfange von Ihnen Segnung wie einen Ritterschlag.
Und dann richte dich auf, drehe dich um, schaue nach vorne, in das Leben, und gehe deinen eigenen Weg.

Zur Entstehung der Texte

Bert Hellinger, dem ich 1974 zum ersten Mal begegnet bin, hatte auf meine persönliche und professionelle Entwicklung großen Einfluss. Obwohl auch heute noch manches, was von ihm kommt, auch Widerspruch in mir auslöst, habe ich doch viel von ihm genommen und Eigenes daraus entstehen lassen. Das ist der schönste Dank, den ich mir vorstellen kann.

In meiner Entwicklung der letzten Jahre war das Thema, „Erwachsenwerden" etwas ganz Zentrales. Erwachsenwerden heißt für mich, dass ich mein Leben im allerrealsten Sinn annehme als meines und im Wissen um meine Verwurzelung in dem Größeren, über mich Hinausgehenden, dem ich meine Existenz verdanke, die ungeteilte Verantwortung für mein Tun und Lassen übernehme. Getragen von der Kraft in meinem Rücken kann ich mich dem Leben stellen wie es ist, und nicht wie ich es gerne hätte.

In diesem Zusammenhang habe ich mit über 50 Jahren angefangen zu schreiben, habe meine künstlerische Kreativität entdeckt und entwickelt. Mein Zugang dazu war mir lange verschüttet, denn ich konnte meinen Vater und das Künstlerische in ihm nicht wirklich ehren.

Auf der CD „Männerrituale" (Musik *C. Deuter*) sind wie in meinen Büchern zum Thema Liebe und Beziehungen Elemente aus seinem systemischen Ansatz eingeflossen.

Die Texte sind eingebettet in *Deuters* unnachahmliche Musik und sollen demjenigen, der sie hört, den Zugang zu den unterschiedlichen Wesensanteilen ermöglichen, die ihn zu dem einzigartigen Mann werden lassen, der er ist, sollen ihm das Gewahrwerden seiner inneren Größe, Stärke und Schönheit erleichtern, ihn unterstützen, seine männliche Energie und Ganzheit zu leben. Da ist ‚Der Sohn', ‚Der Liebhaber', ‚Der Vater', ‚Der Krieger', ‚Der Alchemist' und ‚Der Weise'.

Ausgewählt für dieses Buch habe ich den ‚Sohn' und den ‚Vater'. In diesen beiden Texten werden Grundsätze des systemischen Denkens von *Bert Hellinger* am deutlichsten, und ich glaube gerade diese beiden Texte (Rituale mit dir selbst) lassen sich auch ohne Musik genießen/erleben.

Mit freundlicher Genehmigung des Hermann Bauer-Verlages Freiburg (erschienen als CD mit der Musik C. Deuters und weiteren Texten von Karl Geck unter dem Titel „Männerrituale", Freiburg 2000).

Anhang 1
Heribert Döring-Meijer: Genogrammarbeit

Genogrammarbeit als Vorklärung in der systemischen Therapie, zur Arbeits-Hypothesenbildung, im Vorfeld von Systemaufstellungen, bei systemischer Beratung und Supervision

In der Arbeit mit Genogrammen – dem Fingerabdruck eines Gesamtsystems – wird eine Verbindung von Daten und inneren Bildern hergestellt. Ein Genogramm ist ein Familienstammbaum, durch den der Klient/das System sowohl in seiner historischen Dimension als auch in seinem gegenwärtigen Familiensystem und soziokulturellen Rahmen erfasst und wahrgenommen wird. Diese Möglichkeit, einen Menschen, ein System in seiner Ganzheit zu erfassen, stammt in seinen Grundzügen von *Murray Bowen* und wird seit ca. 25 Jahren vor allem in der Familientherapie eingesetzt. Auch als **Vorklärung bei Systemaufstellungen**, in systemisch orientierten Beratungen und Supervisonen hat das Genogramm zwischenzeitlich seinen festen Platz. Es geht im Besonderen auch darum, vergessene, ausgegrenzte und nicht in die Sicht kommende Systemmitglieder durch das vorherige Genogramm erst einmal sichtbar werden zu lassen. In einer folgenden Aufstellung ist es für Therapeut und Klient von Bedeutung, wer auch hier vergessen, bzw. nicht aufgestellt wird.

In der Supervisionsliteratur ist die Genogrammarbeit noch wenig zu finden, eventuell liegt es daran, dass es ein schnelles und übersichtliches Verfahren ist, das in einigen wenigen Sitzungen Sichtweisen eröffnet bzw. eröffnen kann, die bis in die frühe Kindheit zurückgehen (ein Bereich, der traditionellerweise häufig noch der Psychoanalyse vorbehalten bleibt).

Ein Genogramm ist eine übersichtliche grafische Darstellung eines Systemgefüges, in der Regel über mindestens die letzten drei Generationen (bis Großeltern). Durch Abfragen des aktuellen Kontextes wird der Fragende in die Lage versetzt, das Eingebundensein seines Gegenübers und die unmittelbaren Mitglieder des Familiensystems einzuschätzen und die Schicksale, Krankheiten, Stärken, Schwächen, Bindungen, Verstrickungen, Besonderheiten, Verletzlichkeiten etc. der Familie/des Einzelnen

(Klienten/Patienten/Supervisanden) bezogen auf das Gesamtsystem besser kennen zu lernen und zu verstehen.

Es werden alle systemrelevanten Informationen gesammelt: *„Ganz systematisch wird die Verbindung zwischen Ereignissen und Beziehungen in Lebensgeschichten einerseits und Mustern von Gesundheit und Krankheit andererseits verdeutlicht“* (*McGoldrick, Gerson* 1990).

„Sämtliche emotionale Erfahrungen, also auch jene, die Menschen in gestörten Beziehungen und unbewältigten Konflikten machen, werden unbewusst mittels mannigfacher intrafamiliärer Übertragungsprozesse an die jeweilige Kindergeneration weitergegeben, so dass sich die Beziehungs- und Konfliktkonstellationen von Generation zu Generation wiederholen, jedoch jeweils in eskalierter Form, bis hin zu dem Punkt, wo sie nicht länger verleugnet werden können, wo sie sich gewissermassen über das Symptom Bahn brechen und so einer Be- und Verarbeitung zugeführt werden“ (Roedel 1994).

Das Genogramm ermöglicht sehr rasch einen tiefen Einblick in die Geschichte und das Wesen der Klienten/Supervisanden. *„Genogramme bieten oft einen fast direkten Zugang zu komplexem, emotional besetztem Familienmaterial“* (*McGoldrick, Gerson* 1990). Deshalb ist die Vorbereitungsphase der Arbeit wichtig und entscheidend. Eine Vertrauensbasis muss da sein und die Klienten/Supervisanden müssen bereit sein, viel von sich zu zeigen. Dabei ist die klare Struktur des Verfahrens eine große Hilfe.

„Das neutrale sachliche Sammeln von Informationen führt zum ebenso sachlichen Bereitstellen von Informationen. Auch zurückhaltende Menschen, die für direkte persönliche Fragen unzugänglich sind, sind oft bereit, innerhalb eines vorstrukturierten Rahmens über ihre Familie Auskunft zu geben“ (McGoldrick, Gerson 1990).

„Anders als bei einer familientherapeutischen Situation, in der oft mehrere Familienmitglieder anwesend sind, die dadurch verschiedene Perspektiven gleichzeitig anbieten, kommt in die Supervision ein einzelnes Mitglied einer Familie oder bei Gruppen lauter einzelne Elemente aus verschiedenen Familien. Ausnahmen gibt es nur bei Familienbetrieben. Die Supervsandin kommt nicht mit einer Familienproblematik an, sondern meist mit einer Krisensituation am Arbeitsplatz“ (aus der SV-Abschlussarbeit von M. Caselli an der ev. FHS Freiburg, 1992).

Zusammenfassend bietet das Genogramm ein übersichtliches Bild eines Menschen und seiner/seines Familie/Gesamtsystems an, an dem sich seine Geschichte, seine Ängste, Stärken, Schwächen, Hoffnungen usw. ablesen lassen. Dieses Schaubild lässt sich verändern und aktualisieren, es liegt immer bereit, greifbar und einsatzbereit. Es bietet die Grundlage für Annahmen und erste Arbeitshypothesen. Das, was sich **in Familien zeigt, findet sich oft auch ähnlich in Teams und aktuellen Arbeitsbezügen** wieder, z.B. Kronprinz (1. männliches Kind) ↔ leitender Angestellter, Konflikt mit dem Vater ↔ Stress mit männlichen Vorgesetzten, ungewolltes Kind ↔ läuft mit innerer Kündigung herum, Stellung in der Geschwisterreihe usw ...

In der Supervision wird gefragt nach → und es ist eine Querverbindung möglich zwischen:

- Familienstruktur ↔ Teamstruktur (Hierarchie, Stellung, wer steht wo ↔ usw.),
- wichtigen Lebensereignissen ↔ wichtigen Ereignissen am Arbeitsplatz (Verlust, Verkauf),

- traumatischen Erfahrungen ↔ Mobbing, Bossing usw.,
- sozialen, ökonomischen und politischen Zusammenhängen ↔ Familie versus Arbeitsplatz,
- Rollenverteilungen in Familie ↔ Betrieb (Krach mit Männern, Frauen, Vorgesetzten),
- Beziehungsmustern innerhalb der Familie ↔ in der Kollegschaft,
- Konflikt- und Lösungsstrategien in der Familie ↔ im Betrieb,
- Ressourcen, Stärken, Besonderheiten etc. in der Familie ↔ im Betrieb.

Im Folgenden nun ein Raster für die Datenerhebung mit den wichtigsten Anhaltspunkten – Bearbeiten eines Genogramms (siehe auch nachfolgendes Schaubild)

Wichtige Anhaltspunkte zur Erstellung eines Genogramms (Datenbild):
- immer mit der Familie des Vaters beginnen,
- alle Familien-/Sippenmitglieder bis zur Großelterngeneration schematisch aufzeichnen,
- für Männer ein Viereck, für Frauen ein Kreis,
- die Familienmitglieder werden durch eine Verbindungslinie miteinander verbunden,
- Großeltern, Eltern, Kinder chronologisch untereinander (siehe Schaubild),
- gleiche Namensgebungen beachten, z.B. traditionelle Namensvererbungen (Vater → Sohn), oder ein nachfolgendes Kind bekommt den gleichen Namen eines vorherig verstorbenen Kindes aus dieser Familie,
- sonstige Namensgebungen nach wem und warum,
- innerhalb der Geschwisterreihe ist auf die Reihenfolge, die zeitlichen Abstände der Geburten und auf das Verhältnis von Jungen und Mädchen zu achten,
- sollte ein Junge, ein Mädchen werden → mögliche Identitätsprobleme,
- Warst du ein gewünschtes Kind?
- Erstgeborene und Zweitgeborene sowie in der Geschlechterfolge Erstgeborene und Zweitgeborene (Kronprinz/Kronprinzessin/Sandwich-Kinder/Nesthäkchen),
- Abtreibungen,
- Vaters oder Mutters Liebling,
- sich wiederholende, besondere Merkmale in der Familie und bei den Kindern,
- eheliche und uneheliche Kinder,
- untergeschobene Kinder,
- Verleugnung von Kindern,
- Pflege- oder Adoptivfamilie,
- Akzeptanz der angeheirateten Familie/Verwandtschaft,
- Beziehung der Großeltern untereinander und zu ihren Kindern,
- Beziehung der Eltern untereinander und zu ihren Kindern,

- Beziehung der Kinder untereinander,
- Elternhaus verlassen/Gründe,
- Kontakt im Erwachsenenalter unter den Geschwistern,
- andere Bezugspersonen (der Familie nahstehend, z.B. aus dem Bekanntenkreis),
- berufliche Stellung Großeltern, Eltern, Kinder,
- Konkurse, Pleiten, schwere wirtschaftliche Einschränkungen etc.,
- Wohnverhältnisse, Wohnortwechsel wann und warum,
- Kirche, Politik, Glauben, Ideologien,
- Todesfälle und Gründe, Selbstmorde und Selbstmordversuche und mögliche Gründe,
- schwere Krankheiten und Unfälle,
- voreheliche und andere wichtige Beziehungen,
- Scheidungen, Trennungen,
- neue Lebenspartner,
- bekannte Rollenzuschreibungen,
- Kriegserlebnisse, Nazivergangenheit, Lager, Gefangenschaft,
- Trennung (nicht Scheidung), Abwesenheit, Krieg, lange Kur und Krankenhausaufenthalte,
- Kinder, die in der Abwesenheit des Vaters geboren wurden.

Zum Schluss das Schaubild eines einfachen Genogrammes (Eduard). Für Ihre Hypothesenbildung in der Familientherapie, Fallsupervision bei Systemaufstellungen. Die Verbindungslinie zeigt *eine* mögliche Arbeitshypothese.

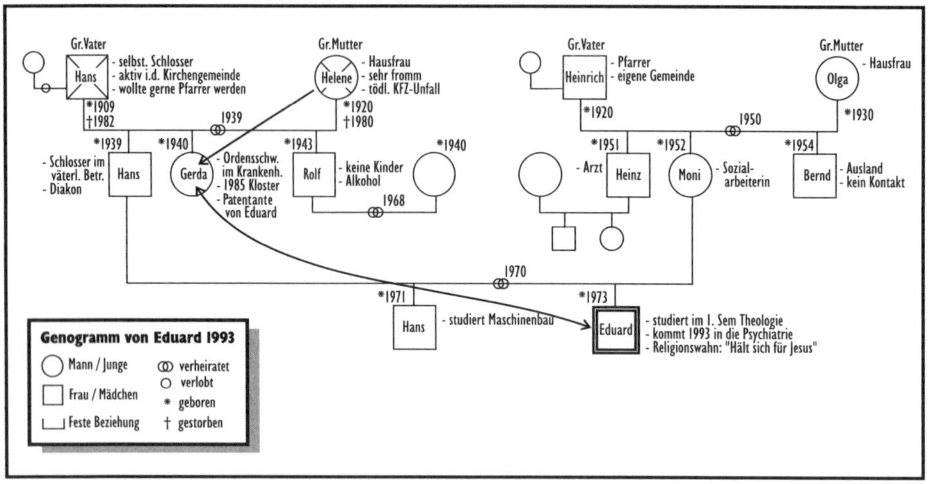

Anhang 2
Heribert Döring-Meijer, Roland Schilling: Zu Familienaufstellungen, zum phänomenologischen Ansatz nach Bert Hellinger

Zur Wirksamkeit und Durchführung von Familienaufstellungen

Die Rekonstruktionsarbeit bei Familienaufstellungen (auch bei Teams und Organisationen anwendbar) ist eine Möglichkeit, die uns helfen kann, die Art und Weise unseres Eingebundenseins in Gegenwarts- oder Ursprungssysteme zu verdeutlichen.

Dem morphogenetischen Kraftfeld der Familienaufstellung wohnt eine Weisheit inne, die uns führt, wenn wir uns führen lassen und ihr vertrauen. Wahrzunehmen, was ist – und es an der Wirkung zu überprüfen (phänomenologisch – das, was sich zeigt) – kann der Weg zu einer guten Lösung sein.

„Für mich ist die Wahrheit etwas, was mir der Augenblick zeigt und durch das er die Richtung weist für den nächsten fälligen Schritt. Wenn ich etwas so gesehen habe, sag ich das auch voller Sicherheit und überprüfe es an der Wirkung. Ich schaue immer wieder neu hin, die Wahrheit des einen Augenblicks wird von der Wahrheit des anderen Augenblicks abgelöst. Das Wichtigste war, dass ich gesehen habe, dass hinter allem Verhalten und mag es noch so seltsam erscheinen, Liebe wirkt. Daher ist es entscheidend, dass man in der Therapie den Punkt findet, an dem die Liebe sich sammelt. Die Lösung führt immer über die Liebe." (Bert Hellinger 1993)

„In diesem Sinne ergänzt Hellinger den konstruktivistischen Ansatz der »Systemischen Therapie« (Heidelberger Modell) durch seine phänomenologische Sicht und Arbeit, denn bei ihm hat die Wahrnehmung Vorrang vor der Vorstellung. Es ist keine objektive Wahrheit – auch wenn Hellinger das gelegentlich wegen der therapeutischen »Wirkung« so präsentiert. Es handelt sich bei diesen Einsichten ausschließlich um Wahrnehmungen von »Wirkungsweisen des Gewissens«. Sie können durch Wahrnehmungen anderer Art verändert werden. Es geht dabei ausschließlich darum, den nächsten Schritt zu ermöglichen." (Eva Madelung 1996)

Nach *Bert Hellinger* zeigen Familienaufstellungen die unbewussten Grundstrukturen der Beziehungen innerhalb einer Familie auf. Durch das Familienaufstellen wird allen Teilnehmern vor Augen geführt, dass in den Familien ein allen gemeinsames Bedürfnis nach Bindung und Ausgleich – außer bei schwerer Schuld – keinen Ausschluss von Familienmitgliedern duldet. In aller Regel wird deren Schicksal sonst von denen, die nach ihnen kommen, weitergelebt, weitergeführt oder wiederholt, ohne sich dessen bewusst zu sein. Familienaufstellungen können diese Verstrickungen ans Licht bringen und Lösungen aufzeigen. Die Ausgeschlossenen werden von den Verbliebenen als „dazugehörig" gewürdigt, und jetzt können Achtung und Liebe das an ihnen begangene Unrecht ausgleichen, ohne dass ihr Schicksal wiederholt werden muss. Die Ausgeschlossenen bekommen so wieder den ihnen zustehenden Platz im System. Der jeweilige Anleiter von Familienaufstellungen führt zu Beginn der Aufstellung ein kurzes Vorgespräch mit dem Aufsteller, in dem er die wichtigen Personen und Fakten aus der Familiengeschichte ermittelt.

Der Aufsteller wählt daraufhin aus der Gruppe, die sich zur Verfügung gestellt hat (15 bis 20 Teilnehmer), jeweils für sich und seine Familienmitglieder eine Person aus, die diese Rolle übernimmt. Der Aufsteller stellt die einzelnen Personen, dem inneren Bild folgend, das er in diesem Moment von seiner Familie hat, in einem Raum auf. Nach einer kurzen Besinnung und einem „sich Einfühlen" beschreiben die Aufgestellten nacheinander ihr Befinden, ihre körperliche Wahrnehmung und ihre Beziehungen innerhalb des Familiensystems. In aller Regel fühlen sich mehrere Aufgestellte an ihrem Platz nicht wohl. Ihren Aussagen und einer „vorgegebenen Ordnung"[1] folgend verändert der Leiter des Familienaufstellungsseminars die einzelnen Positionen so, dass jeder – nach einigen Zwischenschritten und Zwischenpositionen – am Ende an einem Platz steht, an dem es ihm besser geht, der ihn kräftigt. Häufig sind dazu Zwischenlösungen, klärende Aussagen der Aufgestellten untereinander notwendig. In manchen Rollen ergeben sich zum Teil heftige Körperreaktionen und starke Gefühle. Es scheint sich um Wahrnehmungen und Gefühle zu handeln, die der Person entsprechen, in dessen Rolle der Stellvertreter geschlüpft ist.

Oft wird vom Aufsteller bestätigt, dass Wortwahl, Tonfall, Gestik und körperliche Befindlichkeiten, wie Unruhe, Schmerz, Zittern usw., mit bekannten Reaktionen der dargestellten Person übereinstimmen.

Ob das Gegenwarts- oder Herkunftssystem aufgestellt wird, richtet sich nach dem Anliegen, das der oder die Aufstellende mitbringt. Ganz häufig fällt die Wahl auf das Stellen der Herkunftsfamilie, da die aktuellen Schwierigkeiten fast regelmäßig in den Strukturen der Herkunftsfamilie zu finden sind. Sicherlich ist auch der richtige Zeitpunkt wichtig, zu dem der Aufsteller die Bereitschaft mit sich bringt, Veränderung zuzulassen, um einerseits vermeintlich sicheres und andererseits leidvolles Terrain zu verlassen.

Nach Zustandekommen des jeweiligen Lösungsbildes nimmt der Aufsteller den Platz seines Repräsentanten ein, um das Lösungsbild und alles damit Verbundene auch aus

---

1 Siehe „Zusammenfassung »Phänomenologischer Ansatz nach Bert Hellinger«" auf der folgenden Seite.

der Innenperspektive wahrzunehmen. Für den therapeutischen Prozess ist es, bis auf Ausnahmen, wichtig, dass der Aufsteller die wichtigen „lösenden Schritte", „versöhnenden Sätze" selbst sagt und entsprechende Handlungen, wie zum Beispiel Verneigungen vor dem Vater, vor der Mutter, auch selbst vollzieht.

„Das Gefühl der Vollkommenheit stellt sich ein, wenn jeder, der zu meinem System gehört, in meinem Herzen seinen Platz bekommen hat. Erst aus dieser Fülle heraus ist einer frei, sich zu entwickeln. Wenn auch nur einer von denen, die zu ihm gehören, fehlt, fühlt er sich noch unvollkommen." (Bert Hellinger 1994)

Manchmal reicht es für den Aufsteller auch aus, ohne weitere Intervention das neue Bild der Familie in sich aufzunehmen und wirken zu lassen.

Phänomenologischer Ansatz nach Bert Hellinger (Zusammenfassung)

- Das „wissende Feld" zeigt die Wirklichkeit/die Wahrheit *für diesen Augenblick.*
- Der/die TherapeutIn vertraut aus einer *Haltung der absichtslosen Mitte* dem, was sich ihm/ihr zeigt.
- Der/die TherapeutIn arbeitet nur mit den Fakten (d.h. mit der Wirklichkeit erster Ordnung).
- Der/die TherapeutIn steht eher auf der Seite der Täter – der sogenanten „Bösen" –, der Ausgeschlossenen.
- Wir *sind* Teil einer „großen Seele", die uns „in den Dienst nimmt". Daraus resultieren generationenübergreifende systemische Verstrickungen.
- Die Ordnungen dieser „großen Seele" – die sogenannte Ursprungsordnung – übt auf die Systemmitglieder eine bestimmte Wirkung aus.

- **Die wichtigsten Ordnungen sind:**
  - das gleiche Recht auf Zugehörigkeit (⇒ Existenz);
  - der Vorrang des Früheren vor dem Späteren (⇒ Wachstum/Fortpflanzung);
  - der Vorrang des Neuen vor dem Alten (⇒ Entwicklung/Individuation);
  - der Ausgleich von Geben und Nehmen (⇒ Bewältigung von/Entwicklung durch Krisen).

Interventionen

- Wiederherstellung der Ursprungsordnung durch Stellungsarbeit,
- Hereinnahme ausgeschlossener/vergessener Systemmitglieder,
- Umstellung des Bildes mit schrittweiser Annäherung an das Lösungsbild,
- Prozessarbeit,
- Rituale,
- „lösende Sätze".

Zeichenerklärung

Mann

Frau

Die Auskerbung gibt die Blickrichtung an

Die Färbung gibt den Indexpatienten bzw. den an, dessen System aufgestellt wird.

Jemand, der für sich einen Protagonisten eines anderen Geschlechts wählt.

Gibt Bewegungen und Platzwechsel an

Gibt eine Grenze an und verkörpert das Verlassen bzw. Rausstellen aus dem System (vor die Tür stellen)

V	Vater
M	Mutter
VV	Vater des Vaters
MV	Mutter des Vaters
MM	Mutter der Mutter
VM	Vater der Mutter
HB	Halbbruder
BM	Bruder der Mutter
BV	Bruder des Vaters
PM	Pflegemutter
PV	Pflegevater
F	Frau (jeweils mit Nummer / bei mehreren Partnerinnen)
Mn	Mann (jeweils mit Nummer / bei mehreren Partnern)
1M 2.F	die 2. Frau des 1. Mannes
+	Gestorben
1, 2, ...	Kinder in der Altersreihenfolge

In aller Regel gehen aber alle Bezeichnungen auch aus dem Text hervor.

Literatur

Andersen, T. (Hrsg.) (1990): *Das reflektierende Team. Dialoge und Dialoge über die Dialoge.* Dortmund: Modernes Lernen.

Anonyme Alkoholiker (1974): *Ein Bericht über die Genesung von Männern und Frauen (Das Blaue Buch).* Anonyme Alkoholiker deutscher Sprache.

Anonyme Alkoholiker (1983) (Herausgeber und Copyright: AA deutsche Sprache): Ein Bericht über die Genesung von Männern und Frauen.

Appell, R. G. (1995): „Homöopathische und psychoanalytische Initiation – zwischen Selbsterkenntnis und Selbstüberhebung." In: *Der verwundete Heiler.* Heidelberg: Haug.

Baitinger, H. (1997): „Wege zum Patienten, seiner homöopathischen Arznei und seiner Heilung – systemische Zusammenhänge in der Homöopathie". Vortrags-Manuskript für die Jahrestagung Homöopathischer Ärzte der Landesverbände Baden-Württemberg und Bayern in Ulm.

Baitinger, H. (1998): „Systemorientierte Familien-Aufstellungen nach Bert Hellinger und die Homöopathie." Zwei Ansätze phänomenologischer Heilkunst und ihre zugrundeliegende therapeutische Haltung. In: *Praxis des Familienstellens.* Heidelberg: Carl Auer.

Baitinger, H. (1998): „Wege der Arzneimittelfindung bei Hahnemann und seine therapeutische Haltung aus heutiger Sicht." Vortrag, gehalten auf der 150. Jahrestagung des Deutschen Zentralvereins homöopathischer Ärzte in Mainz.

Baitinger, H.: „Phänomenologie in Homöopathie und Psychotherapie" (Arbeitstitel). In Vorbereitung.

Balint, M. (1957): *Der Arzt, sein Patient und die Krankheit.* Stuttgart: Klett.

Beaumont, H. (1999): *Die Erlösung der Väter.* (Audio-Kassette). Karlsruhe: Verlag Angelika Steinhardt.

Berg, I. K. (1995): *Kurzzeittherapie bei Alkoholproblemen.* Heidelberg: Carl Auer.

Bönninghausen, C. M. von (Hrsg.) (1986): *Kleine Medizinische Schriften.* Heidelberg: Arkana.

Boszormenyi-Nagy, I. (1987): *Foundations of Contextual Therapy.* New York: Brunner & Mazel.

Casriel, D. (1995): *Die Wiederentdeckung des Gefühls.* Oberursel: 12 & 12-Verlag.

de Shazer, S. (1989): *Der Dreh. Überraschende Wendungen und Lösungen in der Kurzzeittherapie.* Heidelberg: Carl Auer.

de Shazer, S. (1996): *„... Worte waren ursprünglich Zauber". Lösungsorientierte Therapie in Theorie und Praxis.* Dortmund: Modernes Lernen.

Deutsche Krebsgesellschaft e.V. (1999): *Stammzelltherapie – ein Patientenratgeber.* Frankfurt.

Döring-Meijer, H. (1997): „Eine Familie wird aufgestellt – Wozu?" In: *Suchtreport* 2/97.

Döring-Meijer, H. (1998): „Systemische Lösungen mit Suchtkranken." In: *Netzwerk „Gemeinsam genesen"* 2/98.

Döring-Meijer, H. (1999): *Ressourcenorientierung – Lösungsorientierung. Etwas mehr Spaß und Leichtigkeit in der systemischen Therapie und Beratung.* Göttingen: Vandenhoeck und Ruprecht.

Döring-Meijer, H. (Hrsg.) (2000): *Leiden ist leichter als lösen. Ein Praxiskurs mit Bert Hellinger. Familienaufstellungen mit Suchtkranken.* Paderborn: Junfermann.

Efran, J. S. et al. (1988): „Alkoholismus als Auffassungssache“. In: *Zeitschrift für Systemtheorie 6 (3).*
Essen, C. & Baxa, G.-L. (1998): „Hilfe! Was ist Hilfe? Zur Anwendung systemischer Aufstellungsarbeit bei Supervisionen und Konsultationen größerer (Helfer-) Systeme.“ In: Weber, G. (Hrsg.) (1998a), S. 377-393.
Essen, S. (1998): „Woher hab' ich das nur?“ Ein Rückgaberitual für die Einzeltherapie. In: Weber, G. (Hrsg.) (1998a), 135-141.
Farrelly, F. et al. (1986): *Provokative Therapie.* Berlin, Heidelberg, New York: Springer.
Franke, U. (1996): *Systemische Familienaufstellungen.* München: Profil.
Fuchs, T. (2000): „Familienaufstellungen aus phänomenologischer Sicht.“ In: Weber, G. (Hrsg.) (1998a).
Gilligan, S. (1991): *Therapeutische Trance.* Heidelberg: Carl Auer.
Gräff, C. (1983): *Konzentrative Bewegungstherapie in der Praxis.* Stuttgart: Hippokrates.
Grof, S. (1995): *Geburt, Tod und Transzendenz.* Reinbek: Rowohlt.
Grossmann, K. E. & K. (1994): „Bindungstheoretische Grundlagen psychologisch sicherer und unsicherer Entwicklung.“ In: *GWG – Zeitschrift der Gesellschaft für wissenschaftliche Gesprächspsychotherapie* Nr. 96, S. 26-41.
Hahnemann, S. (1835): *Die chronischen Krankheiten, ihre eigenthümliche Natur und homöopathische Heilung.* Erster Teil. Zweite, viel vermehrte Auflage. Dresden und Leipzig. Heidelberg: Haug (Reprintausgabe).
Hahnemann, S. (1992): *Organon der Heilkunst.* Textkritische Ausgabe der von S. Hahnemann für die 6. Auflage vorgesehenen Fassung. Heidelberg: Haug.
Hellinger, B. (1993): *Finden, was wirkt.* München: Kösel.
Hellinger, B. (1997): *Die Mitte fühlt sich leicht an.* (CD). Heidelberg: Carl Auer.
Hellinger, B. (1997): *Die Mitte fühlt sich leicht an. Vorträge und Geschichten.* München: Kösel.
Hellinger, B. (1997): *Familien-Stellen mit Kranken.* Heidelberg: Carl Auer.
Hellinger, B. (1997): *Schicksalbindungen bei Krebs.* Ein Kurs für Betroffene, ihre Angehörigen und Therapeuten. Heidelberg: Carl Auer.
Hellinger, B. (1997): „Schuld und Unschuld aus systemischer Sicht.“ In: *Die Mitte fühlt sich leicht an.* 3. Aufl. München: Kösel.
Hellinger, B. (1997): *Verdichtetes.* Heidelberg: Carl Auer.
Hellinger, B. (1994/2000): *Ordnungen der Liebe. Ein Kursbuch (für Anwender).* (Vollst. überarb. u. ergänzt. Aufl. 2000) Heidelberg: Carl Auer.
Hellinger, B. (2000): *Wo Ohnmacht Frieden stiftet.* Heidelberg: Carl Auer.
Hellinger, B./ten Hövel, G. (1996): *Anerkennen was ist.* München: Kösel.
Hellinger, B.: Lehr-Videos: „Familien-Stellen mit Kranken“ (1995), „Bert Hellinger arbeitet mit Krebskranken“ (1997), „Das Überleben überleben“ (1998), „Haltet mich, dass ich am Leben bleibe“ (1998), „Wo Schicksal wirkt und Demut heilt“ (1998), „In der Seele an die Liebe rühren“ (1998).
Herwig-Lempp, J. (1997): „Die Ressourcen der Teilnehmer nutzen – Handwerkszeug für die systemische Supervision in der Gruppe.“ In: *Familiendynamik* Heft 2, S. 264-287.
Höfner, E. (1995): *Das wäre doch gelacht.* Reinbek: Rowohlt.
Hohnen, H. (1999): Interview mit Bert Hellinger Aug./Sept. 1999 in Südamerika. In: *RAG (Praxis der Systemaufstellung)* 2/99, S. 60-69.
Holzapfel, K. (1997): „Strömungen der gegenwärtigen Homöopathie.“ In: *Klassische Homöopathie 5/97,* Bd. 41, 175-180.
Ingwersen, D. & F. (1997): „Erfahrungen mit dem Familien-Stellen in einer psychosomatischen Rehabilitationsklinik.“ In: Weber, G. (Hrsg.) (1998a).

Ingwersen, D. & F. (1999): „Das (unbekümmerte) Miteinander und Füreinander der Methodiken der ‚Neuen Heidelberger Schule' und der ‚Phänomenologischen Methode' Bert Hellingers im stationären psychosomatischen Setting der Klinik Rastede." Referat im Rahmen der 2. Arbeitstagung der Arbeitsgemeinschaft Systemische Lösungen nach Bert Hellinger mit dem Motto: „Derselbe Wind lässt viele Drachen steigen", 14. bis 17.4.99 in Wiesloch. Text bei den Autoren.

Ingwersen, D. (1997): „Konzentrative Bewegungstherapie." In: Ingwersen, F. (Hrsg.): *Der Klinikreader 1.* Rastede: Selbstverlag Klinik Rastede.

Ingwersen, F. (1997): „Ansteckende Gesundheit." In: Ingwersen, F. (Hrsg.): *Der Klinikreader 1.* Rastede: Selbstverlag Klinik Rastede.

Ingwersen, F. (Hrsg.) (1997): *Der Klinikreader 1.* Rastede: Selbstverlag Klinik Rastede.

Ingwersen, F. (Hrsg.) (1999): *Reader 2.* Rastede: Selbstverlag Klinik Rastede.

Janov, A. (1973): *Der Urschrei. Ein neuer Weg der Psychotherapie.* Frankfurt: S. Fischer.

Kinder- und Jugendhilfegesetz (KJHG). In: *Sozialgesetzbuch* (SHG). Achtes Buch VIII, Kinder- und Jugendhilfe. BGBI. I, S. 637.

Klinghardt, D. ([3]1996): *Lehrbuch der Psychokinesiologie.* Freiburg: Hermann Bauer.

Kripke, S. A. (1975): „Outline of a Theory of Truth." In: *Journal of Philosophy,* vol. 72 no. 19, 1975, S. 690-716.

Lair, J. C. & Lechler, W. H. (1983): *Von mir aus nennt es Wahnsinn.* Stuttgart: Kreuz.

Lakoff, G. & Johnson, M. (1998): *Leben in Metaphern.* Heidelberg: Carl Auer.

Lechler, W. H. (1971): *Alkoholismus eine Krankheit?* Sonderdruck aus AA-Informationen. Kaufbeuren: Anonyme Alkoholiker.

Lechler, W. H. (1983): *Nicht die Droge ist's, sondern der Mensch.* Schritt für Schritt Verlag.

Lechler, W. H. (1994): *Das Bad Herrenalber Modell.* Bad Herrenalb: Förderkreis für Ganzheitsmedizin Bad Herrenalb e.V.

Lindquist & Molnar (1992): *Verhaltensprobleme in der Schule.* Dortmund: Borgmann.

Lorenz, K. (1974): *Über tierisches und menschliches Verhalten.* München: Piper.

Martin, R. L. (1984): *Recent Essays on Truth and the Liar Paradox.* Oxford: Oxford Univ. Press.

Martin, R. L. & Woodruff, P. W. (1975): „On Representing ‚True-in-L' in L." In: *Philosophia* 3, 1975, S. 213-217.

McGoldrick, M., Gerson, R. (1990): *Genogramme in der Familienberatung.* Bern: Hans Huber.

Mehne, S. (1999): *Fingerspitzengefühl.* Ein Plädoyer für systemische Medizin am Beispiel der Systemischen Physiotherapie – SYS PT. Dortmund: Borgmann.

Morgan, G. (1986): *Images of Organization.* London: Sage Publications. (Dt.: Bilder der Oganisation. Stuttgart: Klett-Cotta, 1997.)

Neuhauser, J. (Hrsg.) (1999): *Wie Liebe gelingt.* Heidelberg: Carl Auer.

Orr, L. (1996): *Das Rebirthingbuch. Die Kunst des Atmens ...* Burgrain: Koha.

Pert, C. (1999): *Moleküle der Gefühle.* Reinbek: Rowohlt.

Pogacnik, A. (1997): *Licht des Herzens.* Fischerhude: BigBen.

Prekop, J. (1989): *Hättest Du mich festgehalten.* München: Kösel.

Prekop J./Hellinger B. (1998): *Wenn Ihr wüsstet, wie sehr ich euch liebe.* München: Kösel.

Rappe-Giesecke, K. (1997): „Handwerkszeug für Organisationsberater." Ausschreibung einer Veranstaltung der Ev. Fachhochschule Hannover.

Roedel, B. (1994): *Praxis der Genogrammarbeit oder die Kunst des banalen Fragens.* Dortmund: Borgmann.

Satir, V. et al. (2000): *Familien helfen, sich zu verändern.* Paderborn: Junfermann.

Schäfer, Th. (1998): *Was die Seele krank macht und was sie heilt. Die psychotherapeutische Arbeit B. Hellingers.* München: Knaur.

Schlippe, A. v. & Schweitzer, J. (1996): *Lehrbuch der systemischen Therapie und Beratung.* Göttingen, Zürich: Vandenhoeck & Ruprecht.

Schneider, J. (1998): „Supervision mit Hilfe von Aufstellungen." In: Weber, G. (Hrsg.) (1998a), S. 366-376.

Schweitzer, J., Weber, G. (1995): „Kundenorientierung als Systemische Dienstleistungsphilosophie." In: *Familiendynamik* 3/95.

Schweitzer, J., Weber, G. (1997): „‚Störe meine Kreise!' – Zur Theorie, Praxis und kritischen Einschätzung der Systemischen Therapie." In: *Psychotherapeut* 4/97.

Siefer, T. (1996): *Du kommst später mal in die Firma!* Heidelberg: Carl Auer.

Siefer, T. (1998a): „Anerkennung und Würdigung." In: Weber, G. (Hrsg.) (1998a), S. 421-427.

Siefer, T. (1998): „Und wenn nun schon einer da ist aus der Familie ..." In: *Hernsteiner* (11. Jahrg.), Nr. 2/98. Wien: Hernstein International Management Institute/Wirtschaftskammer Wien.

Siemons, M. (2000): „Zweieinhalb Billionen Seelen. Die Deutsche Bank im Fluss der Identitäten." In: *FAZ* vom 8.3.2000, Nr. 57, S. 49.

Sievers, B. & Auer-Hunzinger, V. (1991): „Organisatorische Rollenberatung und -analyse." In: *Gruppendynamik* (22. Jahrg.), Heft 1, S. 33-46.

Simon, F. (1999): „Familien, Unternehmen und Familienunternehmen." In: *Organisations-Entwicklung* (18. Jahrg.), Heft 4, S. 16-23.

Sparrer, I. (1997): „Modifikationen der Grundprinzipien der systemischen Familienaufstellungen beim Übergang zu Systemischen Strukturaufstellungen." In: *Hypnose und Kognition* 14 (1/2), April 1997.

Sparrer, I. (1999): „Heilsame Rituale und systemische Resonanz." In: Scheiblich, W. (Hrsg.): *Bilder, Symbole, Rituale.* Freiburg im Breisgau: Lambertus.

Sparrer, I. (2000): „Konstruktivistische Aspekte der Phänomenologie und phänomenologische Aspekte des Konstruktivismus." In: Weber, G. (Hrsg.): *Praxis der Organisationsaufstellung.* Heidelberg: Carl Auer (erscheint Herbst 2000).

Sparrer, I. (2001): *Wunder, Lösungen und System. Lösungsfokussierte Systemische Strukturaufstellungen für Therapie und Organisationsberatung.* Heidelberg: Carl Auer (erscheint Frühjahr 2001).

Sparrer, I. & Varga v. Kibéd, M. (1998): „Körperliche Selbstwahrnehmung in Systemischen Strukturaufstellungen." In: Milz, H. & Varga v. Kibéd, M. (Hrsg.): *Körpererfahrungen – Anregungen zur Selbstheilung.* Zürich: Walter, S. 114-141.

Sparrer, I. & Varga v. Kibéd, M. (1998a): „Vom Familienstellen zur Systemischen Strukturaufstellungsarbeit." In: Weber, G. (Hrsg.) (1998a).

Streng, F. J. (1967): *Emptiness. A study in Religious Meaning.* Nashville.

Sturm, H. P. (1996): *Weder Sein noch Nichtsein. Das Urteilsvierkant (catuskoti) und seine Korollarien im östlichen und westlichen Denken.* Würzburg: Ergon.

Varga v. Kibéd, M. (1995): *Ganz im Gegenteil. Querdenken als Quelle der Veränderung.* München: Graphic Consult.

Varga v. Kibéd, M. (1998): „Systemisches Kreativitätstraining: Tetralemma-Aufstellungen und Aufstellungsarbeit mit Drehbuchautoren." In: Weber, G. (Hrsg.) (1998a), S. 504-509.

Varga von Kibéd, M. & Sparrer, I. (2000): *Ganz im Gegenteil. Tetralemmaarbeit und andere Grundformen Systemischer Strukturaufstellungen – für Querdenker und solche, die es werden wollen.* Heidelberg: Carl Auer.

W. (anonym), L. (1979): *Lois remembers.* New York: Al-Anon Family Group Headquarters, Inc.

Watzlawick, P. et al. (1979): *Lösungen.* Bern: Hans Huber, S. 103.

Weber, G. & Gross, B. (1998): „Organisationsaufstellungen." In: Weber, G. (Hrsg.) (1998a), S. 405-420.

Weber, G. (Hrsg.) (1993): *Zweierlei Glück – die systemische Psychotherapie Bert Hellingers.* Heidelberg: Carl Auer. 1. Aufl.-13. Aufl. (1993-2000).

Weber, G. (Hrsg.) (1997): *Einführung in Systemische Therapie und systemisches Denken.* Videoband eines Workshops, gehalten auf der Tagung „Hypnotherapeutische und Systemische Konzepte für die Arbeit mit Kindern und Jugendlichen“ in Heidelberg. Dortmund: VCR.

Weber, G. (Hrsg.) (1998a): *Praxis des Familien-Stellens. Beiträge zu systemischen Lösungen nach Bert Hellinger.* Heidelberg: Carl Auer.

Weber, G. (Hrsg.) (2000): *Praxis der Organisationsaufstellung.* Heidelberg: Carl Auer (erscheint Herbst 2000).

Wegscheider, S. (1981): *Another Chance.* Palo Alto: Celestial Arts.

Weigand, W. (1989): „Sozialarbeit – das Ursprungsland der Supervision.“ In: *Integrative Therapie,* S. 248-259.

Zocker, H. (1989): *Betrifft: Anonyme Alkoholiker.* München: C.H. Beck.

Autorenverzeichnis

Hans Baitinger, Dr. med, Facharzt, eigene Praxis in Nürnberg, Fachbuchautor, Mitglied der Internationalen AG Systemische Lösungen nach Bert Hellinger / www.Hellinger.com.
Anschrift: Am Stadtpark 95, 90409 Nürnberg, Tel.: 0911–3651831, Fax: 0911–359299,
eMail: Baitinger-Nürnberg@t-online.de

Christa Biewer, Jahrgang 1944, Sozialarbeiterin grad., Bereichsleiterin, Fortbildungsreferentin, Fortbildung in gestalttherapeutischer Beratung, Managementtraining, holotropem Atmen, Fortbildung „Genogrammarbeit, Skulpturarbeit, Systemaufstellungen".
Anschrift: Schumacherstr. 31, 76275 Ettlingen, Tel.: 07243-17222

Heribert Döring-Meijer, Jahrgang 1946, Geschäftsführer und Gründer des Forums für ressourcenorientierte Lösungen in Karlsruhe, Supervisor (DGSv), Lehrsupervisor an verschiedenen Instituten, Psychotherapeut (HPG/DVP), Dipl.-Sozialarbeiter, in freier Praxis tätig, Kaufmann im Groß- und Außenhandel, Autor verschiedener Fachbücher und -Artikel, Mitglied der Internationalen AG Systemische Lösungen nach Bert Hellinger / www.Hellinger.com.
Anschrift: Eibenweg 12a, 76149 Karlsruhe, Tel.: 0721-9703932, Fax: 0721-9703933,
eMail: frol.ka@t-online.de

Marianne Franke-Gricksch, Lehrerin für Grund- und Hauptschule, Heilpraktikerin, eigene Praxis für Psychotherapie in München, Mitglied der Internationalen AG Systemische Lösungen nach Bert Hellinger / www.Hellinger.com.
Anschrift: Rümelistr. 6, 81679 München, Tel.: 089-980370, Fax: 089-98105228,
eMail: marianne.franke@planet-interkom.de

Karl Geck, Dr., Jahrgang 1942, Facharzt für psychotherapeutische Medizin, Supervisor, eigene Praxis, Autor mehrerer Fachbücher.
Anschrift: Poststr. 11, 79730 Murg, Tel.: 07763-8899

Klaus Grochowiak, Master-Trainer der INLPTA, Wyatt Woodsmall, Certified Trainer der Society of Neuro-Linguistic Programming, Bandler & Associates, Certified Trainer des Institutes von Chris Hall, The NLP Connection. Der Autor zahlreicher Fachbücher (u.a. Koautor des Buches „NLP & das Familienstellen. Ein Handbuch", Junfermann) arbeitet als Management-Trainer und -Coach für namhafte deutsche Unternehmen. Über seine Tätigkeiten als NLP-Therapeut und -Trainer hinaus bilden die Systemische Familientherapie nach Bert Hellinger sowie deren Übertragung auf Unternehmen und Organisationen in Ausbildung und Anwendung Schwerpunkte seiner persönlichen Arbeit.
Anschrift: Postfach 1806, 65008 Wiesbaden, Tel.: 0611-527237, Fax: 0611-529707,
eMail: cnlpa@cnlpa.de

Dagmar Ingwersen, Dipl. Psychologin, Psychotherapeutin in eigener Praxis, verschiedene Körpertherapieverfahren, Mitglied der Internationalen AG Systemische Lösungen nach Bert Hellinger / www.Hellinger.com.
Anschrift: Achterdiek 35 a, 26131 Oldenburg, Tel.: 0441–5040735

Friedrich Ingwersen, Dr. med, Chefarzt Kleeblattklinik Rastede, Fachklinik für Psychosomatische Medizin, Fachbuchautor, Mitglied der Internationalen AG Systemische Lösungen nach Bert Hellinger / www.Hellinger.com.
Anschrift: Mühlenstr. 80, 26180 Rastede, Tel.: 04402-9370, Fax: 04402-937-999,
eMail: pli@www.klinik-rastede.de

Dietrich Klinghardt, Dr. med., MD, PhD, studierte in Freiburg Medizin und promovierte dort mit einer Arbeit über die Rolle des autonomen Nervensystems bei Kollagenerkrankungen (1979). Nach dem Medizinstudium machte er noch das Vordiplom in Psychologie (1978) und wanderte 1982 in die USA aus. Er praktiziert seither dort als Arzt und lebt zur Zeit in Seattle, Washington. Er ist seit 1986 Präsident der „American Academy of Neuraltherapy" und Chefarzt des „Institute of Neurobiology". Er gilt als einer der einflussreichsten und populärsten Lehrer in der amerikanischen Alternativmedizin und ist auch in Deutschland bekannt durch seine Arbeit in der psychosomatischen Medizin („Lehrbuch der Psychokinesiologie – ein neuer Weg in der psychosomatischen Medizin", Bauer Verlag 1996).
Anschrift (privat und offiziell): 2802 E. Madison #147, Seattle, WA 98112, USA;
Tel.: 001-206-721-3231, Fax: 001-206-732-1367

Achim Kowalczyk, Dipl.-Pädagoge, Dipl.-Sozialpädagoge, eigene psychotherapeutische Praxis, Fachbuchautor, Mitglied der Internationalen AG Systemische Lösungen nach Bert Hellinger / www.Hellinger.com.
Anschrift: Zaunkönigstr. 42, 26135 Oldenburg, Tel.: 0441-203716,
eMail: achim.kowalczyk@t-online.de

Sabine Mehne, Jahrgang 1957, Physiotherapeutin, Familientherapeutin (IGST). Eigene Konzeption zum Thema: Systemische Physiotherapie SYS PT ®, Fachbuchautorin.
Anschrift: An der Steinkante 5a, 64367 Mühltal bei Darmstadt, Tel.: 03464–274216,
eMail: sysmehne@t-online.de

Bernd Mumbach, Jahrgang 1962, Lehrer für Grund-, Haupt- und Sonderschule, Fortbildungen in Gestaltpädagogik, Systemischer Pädagogik (IGST) und „Genogrammarbeit, Skulpturarbeit, Systemaufstellungen".
Anschrift: Steinweg 66 J, 76297 Stutensee-Blankenloch, Tel. & Fax: 07244-400159,
eMail: bernd.mumbach@t-online.de

Klaus von Ploetz, Dr. Dr., Chefarzt an der Fachklinik „Am Kyffhäuser" – Fachklinik für Psychosomatische Medizin und Abhängigkeitserkrankungen, Facharzt für Neurologie, Psychotherapie und Psychiatrie, Fachbuchautor.
Anschrift: Dorfstr. 13–14, 06528 Sotterhausen, Tel.: 03464-274231, Fax: 03464-274216,
eMail: Fachklinik-Sotterhausen@t-online.de

Jirina Prekop, Dr., Jahrgang 1929, Diplom-Psychologin, Festhaltetherapeutin, Begründerin der Festhalte- und Aussöhnungstherapie, Autorin mehrerer Fachbücher und Fachartikel, Mitglied der Internationalen AG Systemische Lösungen nach Bert Hellinger / www.Hellinger.com.
Anschrift: Rotmoosstr. 4 a, 88131 Lindau, Tel.: 08382-78186

Roland Schilling, Jahrgang 1955, Dipl.-Sozialpädagoge, Systemischer Familientherapeut (IGST), Fortbildung „Genogrammarbeit, Skulpturarbeit, Systemaufstellungen".
Anschrift: Fliederstr. 2, 75328 Schömberg, Tel.: 07084-931098, Fax: 07084-931099,
eMail : Rolandschilling@t-online.de

Ursula Schumacher, Jahrgang 1953, Diplomsozialarbeiterin an einer Institution zur Betreuung von chronisch mehrfach beeinträchtigen Abhängigkeitskranken, Fortbildung in „Genogrammarbeit, Skulpturarbeit, Systemaufstellungen".
Anschrift: Durlacher Str. 25, 76275 Ettlingen

Thomas Siefer, Dr., Dipl.-Ökonom, Berater für Organisationsentwicklung, Fachbuchautor, Beratung und Begleitung von Generationswechseln in Familienunternehmen, Mitglied der Internationalen AG Systemische Lösungen (Organisationsaufstellungen) nach Bert Hellinger / www.Hellinger.com.
Anschrift: Blumenstr. 35, 42549 Velbert, Tel.: 02051-55695, Fax. 02051-56727,
eMail: thomas.siefer@t-online.de

Silvia Souy, Jahrgang 1970, Mag. Phil., eigene psychotherapeutische Praxis in Wien.
Tel. & Fax: 0043-1-4034481, eMail: silvia.souy@extranet.at

Insa Sparrer, Jahrgang 1955, Dipl. Psychologin, Psychotherapeutin in freier Praxis, Mitglied der Internationalen AG Systemische Lösungen nach Bert Hellinger / www.Hellinger.com.
Anschrift: Akademiestr. 21, 80799 München, Tel.: 089-332086, 0172-9983151,
eMail: Insa.Sparrer@gmx.de

Matthias Varga von Kibéd, Prof. Dr., Jahrgang 1950, Professor am Institut für Philosophie, Logik und Wissenschaftstheorie der Universität München, Lehrbeauftragter u.a. am Institut für medizinische Psychologie Uni München, Fachbuchautor, Mitglied der Internationalen AG Systemische Lösungen nach Bert Hellinger / www.Hellinger.com.
Anschrift: Syst. Institut für Systemische Ausbildung, Akademiestr. 21, 80799 München,
Tel.: 089-332086, 0172-9983151, eMail: Matthias.Varga@gmx.de

Rita Wyss, Jahrgang 1945, Grund- und Hauptschullehrerin, Abschluss Master of Art in Expressive Therapies am Lesley College USA, Psychotherapeutin (SPV), Fortbildung „Genogrammarbeit, Skulpturarbeit, Systemaufstellungen".
Anschrift: Kirchstr. 10, CH-8104 Weiningen, Tel.: 0041-01-7504610, eMail: rita.wys@bluewin.ch

Adressenliste

Forum für ressourcenorientierte Lösungen
Heribert Döring-Meijer
Mitglied der Internationalen AG
Systemische Lösungen nach Bert Hellinger
Gluckstraße 14
76185 Karlsruhe-West (Musikerviertel)
Tel.: 07 21 / 9 70 39 32
Fax: 07 21 / 9 70 39 33
eMail: frol.ka@t-online.de
Internet: www.frol-ka.de
www.hellinger.com

(Familien-, Einzel-, Organisations-, Lösungs- und Supervisionsaufstellungen, Aufstellen von Arbeitssystemen)

Arbeitsgemeinschaft
Systemische Lösungen
nach Bert Hellinger
c/o Dr. med. Gunthard Weber
Schlosshof 6
69168 Wiesloch
Tel.: 0 62 22 / 9 28 90
Fax: 0 62 22 / 92 89 22
Internet: www.simon-weber.de/weber/

Internationale AG
Systemische Lösungen
nach Bert Hellinger
c/o Akademie im Park
Heidelberger Str. 1a
69168 Wiesloch
Tel.: 0 62 22 / 55 27 61
Fax: 0 62 22 / 55 27 66
eMail: info@simon-weber.de
Internet: www.simon-weber.de

(Hier können Sie die Empfehlungs-Liste der Therapeuten, die nach dem Ansatz Bert Hellingers arbeiten, anfordern!)

Stichwort- und Personenverzeichnis

A

Abhängigkeitserkrankungen 115, 147ff
Abraham, Karl 267
Aggregation 226
Ähnlichkeit 15f
Akupunktur 85
Ambivalenztoleranz 56
Anamnese 13, 131, 163, 165, 278
Andersen, Tom 269
Angelus Silesius 123
Animismus 225
Ankern 126
Arbeitnehmer 228
Armlängenreflextest 78
Arzneimittel 14, 18
Arzneimittelaufstellungen 17f
Arzneimittelprüfung 17f
Arzneitherapie 17
Assche, Raphael von 78
Aussöhnungstherapie 95ff, 186
Autodestruktivität 112
Autonomes Nervensystem 78ff, 290ff
Autonome Regulationsdiagnostik (RD) 78ff
Autonomic Response Testing (ART) 78

B

Baitinger, Hans 10, 13ff
Baitinger, Heidi 18
Balint, Michael 267
Bandler, Richard 99
Baxa, G.-L. 270
Beaumont, Hunter 25, 158, 180
Beauvais, Richard 119, 137
Behindertenarbeit 251
Behinderung 30f, 252f
Berne, Eric 99
Beruf 246
Berufsrolle 243
Besems, Thijs 259
Besucher 37
Bewusstes 223
Beziehungen 251
Biewer, Christa 10, 251ff
Bindungsstörungen 95
Bindungstheorie 130
Bioenergetik 126
Biofeedback-Messmethoden 78, 291
Biofeedback-Psychotherapie 77
Bonding 98, 130, 134f
Boszormenyi-Nagy, Iván 56, 68, 166
Bowen, Murray 303
Bradshaw, John 84
Brennpunktschule 219
Brink, Otto 18
Buber, Martin 56

C

Cannon, Walter 85
Caselli, M. 304
Casriel, Daniel 98f, 139, 142, 199
Castella, Joachim 224
Chaostheorie 92

D

Deuter, Chaitanya Hari 301
Deutungsebenen 52
Diamond, John 77
Dietz, Susanne 18
Dilemma 49, 54ff, 68, 73, 75, 218, 243, 271
Dilts, Robert 190
Döring-Meijer, Heribert 9ff, 21ff, 143, 179, 181, 203, 279, 283, 303ff
Drogen 109, 113ff, 148, 165
Drogenabhängige 111, 117ff, 157ff, 162, 166
Drogenaufklärung 116
Drogensucht 107ff, 165, 171
Drogentherapie 122, 159

E
Eberspächer, Eberhard 18
Ehrenrunde 59
Einzelarbeit 25, 36, 38
Einzeltherapie 41, 158, 160, 166f, 171, 181, 190
Elektroakupunktur nach Voll (EAV) 78ff
Emotionale Gruppenarbeit 139
Entkoppeln 290
Ent-wicklung 21ff, 32
Entwicklungspsychologie 130
Erbfolge 229
Erickson, Milton H. 51ff, 99, 137, 189
Erschöpfungsdepression 182
Erziehungshilfe 10, 203
Essen, C. 270
Essen, Siegfried 30
Externalisation des Symptoms 44
Externalisierung 40f

F
Fallsupervision 268f, 306
Familienbrett 239
Familientherapie 159, 303, 306
Familienunternehmen 229f, 243, 304
Familienunternehmer 238f
Farrelly, Frank 137
Festhaltetherapie 10, 95ff
Filme 23f
Firmenstammbäume 238
formale Logik 58
Franke, Ursula 280f, 284
Franke-Gricksch, Marianne 10, 189ff
Frankl, Viktor 56

G
Ganzheitsmedizin 289
Geburt 125ff
Geburtsnachholung 134
Geck, Karl 297ff
Gefühle 251
Generationswechsel 229f
Genogramm 22f, 43ff, 84ff, 163, 165, 238, 265, 293, 303ff
Gerson, Randy 304
Gesprächstherapie 182
Gestaltpädagogik 203
Gestalttherapie 160, 259
Glaubenssätze 290f
Goethe, Johann Wolfgang von 115
Goodheart, George 77
Gordon, Noah 120
Grimm, Jacob 120
Grimm, Wilhelm 120
Grinder, John 99
Grochowiak, Klaus 10, 223ff
Grof, Stanislav 128
Gross, B. 235
Gruppensupervision 267f
Gruppentherapie 158, 161f, 166f, 181ff, 190
Günther, Gotthard 226
Gutge-Wickert, Angelika 19

H
Häcker-Strohbusch, Elisabeth 18
Hahnemann, Samuel 15f
Hauptschule 219
Hautwiderstandsmessung 78
Heart Rate Variability Test 80, 93
Heilung 30
Hellinger, Bert 7, 9ff, 13, 29, 33, 36ff, 46, 49, 56, 68, 77, 84, 86, 88, 91ff, 111f, 117f, 125ff, 145, 157f, 166, 181, 187ff, 205, 223f, 229, 236f, 255, 269ff, 277ff, 295f, 301, 307, 309
Hellinger, Hertha 127
Hemming, Judith 158
Herwig-Lempp, Johannes 269
Hinausstellen 27
Hinbewegung 36, 39f, 125ff, 139, 142, 281, 295
Hoffmann, Kaye 138
Hohnen, H. 237
Holding 95
Holotropes Atmen 128
Homöopathie 13ff, 81
Hyperventilation 133
hypnosystemischer Ansatz 51
hypnotherapeutische Imaginationstechniken 41
hypnotherapeutischer Sprachgebrauch 64
Hypnotherapeutisches Reframing 58
Hypnotherapie 51f, 99, 189
hypothetische Fragen 42, 44, 160

I
Identifizierung 15
Imaginationsarbeit 41
Imaginationsaufstellung 25, 29f, 38
indische Logik 53, 57f
individuelles Schicksal 16
Ingwersen, Dagmar 10, 33ff
Ingwersen, Friedrich 10, 107ff, 125ff
innere Bilder 34

Intensivtherapiephase 162
Interpretationen 42

J
Janov, Arthur 99, 125f, 139
Johnson, Mark 246
Jugendamt 265ff, 273, 275

K
Kaden, Michaela 289
Kairos 132
Katathymes Bilderleben 182, 190
Kim-Berg, Insoo 53
Kinder- und Jugendhilfegesetz 265, 268
Kindheitsillusionen 278
Kinesiologie 77ff
Klagende 37
Kleinkindverhalten 28
Klinghardt, Dietrich 10, 77ff, 289ff
Knochenmarktransplantation 144
kollegiale Supervision 251ff
kollektives Gewissen 16
konstruktivistischer Ansatz 34, 43
Konstruktivistisch-systemische Therapie 33, 38, 41f, 53
Konzentrative Bewegungstherapie (KBT) 33ff, 126, 138, 141
Konzerne 224
Körperarbeit 34, 38
Körpererleben 35
körperliche Symptome 39
körperorientierte Symbolarbeit 44
Körperpsychotherapie (KBT) 10, 33ff, 38, 125, 136, 139, 142
Körperreaktionen 255
Körpersprache 180
Körpersymptome 40f
Körpertherapien 34, 137, 140
Körperwahrnehmungsübung 38
Kowalczyk, Achim 10, 265ff
Krankheit 15ff
kreativer Schritt 59
Kripke, Saul Aron 58
Kunden 37
Kunst- und Ausdruckstherapie 182

L
Lakoff, George 246
Lechler, Walther 114f, 118f, 123, 136
LehrerIn 189ff, 203ff, 219
Leukämie 145
Liebe 9, 36f, 40, 92, 96, 98f, 106f, 111f, 117f, 121, 128, 133, 135, 155, 160, 203, 271, 307
Logik 57f, 92
Lösung 34, 37, 41
lösungsfokussierte Kurztherapie 53
Ludewig, Kurt 239
Lügendetektor 79f

M
Maaz, Hans-Joachim 150
Madelung, Eva 307
Mahr, Albrecht 18, 246
Management 238
ManagerIn 237, 246
Martin, Robert L. 58
McGoldrick, Monika 304
Meditation 25, 30
Medizin 143ff
Mehne, Sabine 11, 143ff
Mehrdeutigkeit 56
Mehrfachbehinderungen 251f
metakommunikative Position 43
Methodenswitching 10, 33f, 44
Milieutherapie 182
Moreno, Jacob L. 51
Morgan, Gareth 237
Mumbach, Bernd 10, 179, 203ff
Musiktherapie 182
Muskeltest 77, 80ff, 291ff
Muskeltonus 79
Musterrepräsentation 69f

N
Nachfolge 280
Nagarjuna 58, 60
Neuhauser, Johannes 246
Neuralkinesiologie 78
Neurogenes Switching 86
Neurolinguistisches Programmieren (NLP) 99, 126
Neurologie 79
Neutralitätsfragen 43
New Identity Process 139, 142
New Identity Process Bonding 99
Non-Profit Organisationen 224, 230

O
Omura, Yoshiaki 77f
Organisationen 223, 230f, 235f, 239, 267, 307

Organisations-Aufstellungen (OA) 51, 236, 238, 246, 270
Organisationsberatung 223ff, 269
Organisationsprobleme 267
Organon 13
Orr, Leonard 128
Orwell, George 149

P
Pacing 34, 38
Pädagogik 220
Paradoxien 56, 58
Partnerschaft 246
Pathologie 15f
Pert, Candace 293
Physiotherapie 143, 182
Placebo-Effekt 91
Ploetz, Klaus von 10, 147ff
Pogacnik, Ana 8
Politikberatung 228
Posttraumatisches Stress-Syndrom 82
Prägung 130
Prekop, Jirina 10, 29, 95ff, 139, 186
primäre Liebe 16, 18, 39
Primärgefühle 37, 128
Primärtherapie 99, 125, 128, 139, 190
Psychodrama 51
Psychokinesiologie (PK) 11, 77, 80, 83, 91, 289ff
Psycho-Neurobiology (APN) 77

Q
Quadrinity Therapie 99
Quasitautologien 70

R
radikaler Konstruktivismus 157
Rappe-Giesecke, Kornelia 267
Rebirthing 128
Reframing 50, 58, 161
Regelschule 218f
regressive Trance 40
Regulationsdiagnostik 289ff
RepräsentantIn 50ff, 60ff, 75
repräsentierende Wahrnehmung 14, 17
Rilke, Rainer M. 205
Ritual 30, 69, 298, 300
Roedel, Bernd 304
Rollenspiel 269
Rombach, Heinrich 226
Rossi, Ernest 51
Rückfall 59
Rückfallprophylaxe 45

S
Satir, Virginia 51, 60, 126
Schäfer, Thomas 278, 282ff
Scheffler, Johannes genannt Angelus Silesius 123
Schilling, Roland 10, 157ff
Schlippe, Arist von 42
Schmidt, Gunther 51, 59, 159, 190
Schmidt, Johannes 237
Schneider, J. 270
Schönfelder, Thea 126
Schuld 16, 56
Schule 189ff, 212, 217ff
Schüler 204, 213
Schumacher, Ursula 11, 277ff
Schweitzer, Jochen 33, 42
schwerst Mehrfachbehinderte 252, 262f
Sekundärgefühle 37, 127, 132
Shakespeare, William 128
Shazer, Steve de 37, 52f, 65, 189f
Siefer, Thomas 10, 235ff
Siemons, M. 245
Sievers, Burkard 236
Similegesetz 14, 18
Simon, F. 243
Skulptur- und Familienrekonstruktionsarbeit 51
Sonderpädagogik 203
Sonderschulbedürftigkeit für Erziehungshilfe 218
Sonderschule 203ff
Souy, Silvia 11, 289ff
Sozialanamnese 23
SozialarbeiterIn 265ff, 272ff
Sozialfürsorge 267
Sozialpädagogen 265
Sparrer, Insa 10, 14, 39, 49ff, 143, 270f
Sphärenmodell 81
statische logische Analyse 57
StellvertreterIn 14ff, 112, 171, 174f, 186f, 194, 198, 225, 227, 238, 243, 245, 247, 260ff, 271ff
Stierlin, Helm 189f
Streng, Frederick J. 58
Stress 79, 82f, 85
Stresssignal 79, 83ff

Strukturebenenwechsel 52
Sturm, Hans P. 54
Sucht 10, 147, 149, 155, 159, 166
Suchtbehandlung 107
Suchtkranke 157, 277
Suchtschicksal 111
Suizid 115f, 119, 166, 204
Supervision 10, 18, 251, 253, 256, 265, 267ff, 303f
Symbole 41, 44, 50f, 61
Symbolisierungsebene 35
symmetrische Eskalation 36, 42f
Symptomaufstellung 25
Symptome 15, 40f, 136
Symptomverschiebung 59
systemdynamische Unternehmensberatung 230
systemischer Ausgleich 29
systemische Psychokinesiologie (SPK) 77ff
systemische Strukturaufstellungen 49ff, 60f, 74
Systemsimulation 51

T
Tanztherapie 138, 182
Teamkonflikte 269
Teamsupervision 268f
Tetralemma 54, 57, 59f, 63, 76, 271
Tetralemmaarbeit 49ff
Tetralemmaaufstellungen 49ff
Tetralemmaprozess 59f, 76
therapeutischer Impuls 14
Thomas, Christoph 18
Tinbergen, Niko 95
Tod 16, 110f, 114ff, 120, 123, 141, 146, 163, 166f, 191, 280
Todeserlebnis 123
Todesgefahr 121
Todesnähe 111, 114ff
Todessehnsucht 115, 117
Top-Management 226
Trancetheorie 139
Transaktionsanalyse (TA) 99, 125, 160, 190
Transplantation 146
Transplantationsmedizin 11, 143ff

U
übersummative Verbindung 56
Unbewusstes 34, 223
unerlöster seelischer Konflikt (USK) 290f
Unternehmen 223ff, 232, 235, 237, 239, 267
Unternehmensberatung 223, 230, 238
UnternehmerIn 237, 241, 246
Ursprungsfamilie 100
Urteilsvierkant 54

V
Varga von Kibéd, Matthias 10, 14, 19, 39, 49ff, 270f
Verhaltensforschung 130
Verhaltensstörung 253
Verschlimmerungsfragen 43
Versöhnung 21, 25f, 29
Verstrickung 9, 15ff, 31, 46, 90, 99, 136, 166, 204f, 230ff, 239, 243, 274, 278, 280, 285, 294
Ver-wicklung 21, 30
Voll, Reinhard 78

W
Weber, Gunthard 9, 39ff, 56, 143ff, 235, 269f
Wechselwirkung von Berufs- und Familienleben 246
Weigand, W. 267
Welch, Martha 95, 99, 139
White, Michael 40
Wingenfeld, Michael 236
Wirtschaft 237
Wittgenstein, Ludwig 57
Woodruff, Peter W. 58
Wyss, Rita 10, 181ff

Z
Zeig, Jeffrey 190
zirkuläre Fragetechnik 42ff, 137